KOREA-LATINAMERICA CLIMATE COOPERATION

한-라틴아메리카 기후협력

이 논문 또는 저서는 2015년 대한민국 교육부와 한국연구재단의 지원을 받아 수행된 연구임(NRF-2015S1A5B8036201)
This work was supported by the Ministry of Education of the Republic of Korea and
the National Research Foundation of Korea (NRF-2015S1A5B8036201)

KOREA-LATINAMERICA CLIMATE COOPERATION

한-라틴아메리카 기후협력

정경원 외

HU:iNE

서문

기후 변화와 기상 이변은 이제 우리의 일상을 위협하고 있다. 연일 경신되는 한파와 폭염 속의 기록적인 온도, 유래 없는 가뭄과 산불로 인해 지구촌 가족은 몸살을 앓고 있다. 과거 '지구촌'이란 단어는 교통수단과 사회적 관계망의 발달과 통상의 증가로 지리적 거리의 상대적 축소를 의미했다. 그러나 오늘날의 지구촌은 점차 심각해지는 이상 자연 현상과 극심한 환경 오염에 함께 대처해 나가야 할 공동체라는 의미가 더해졌다.

하나뿐인 지구를 보존하는 명제와 함께 우리가 처한 딜레마는 경제 성장과 환경 보호라는 두 마리의 토끼를 어떻게 잡는가에 있다. 주지하다시피 경제 성장은 불가피한 환경 파괴를 유발하고 환경 보호는 경제 성장의 발목을 잡는 경우가 빈번했다. 이러한 이유로 세계 각국은 머리를 맞대고 지혜롭게 경제 성장과 환경 보호 사이에서 균형의 추를 찾아야한다. 그러나 이미 세계 각국은 경제 협력을 지향하며 지역적으로 다양한 경제 공동체를 형성하였다. 이와 함께 대기와 해류 순환이 뫼비우스의 띠처럼 하나로 연결되어 있기 때문에 환경 보호 문제도 범지구적 차원으로 협력을 통한 해결책이 모색되고 있다. 그러나 최근 미국이 자국 우선 정책을 내세우며 무역 당사국들과 무역 분쟁을 유발하고 2015년의 파리 기후 변화 협약에서 탈퇴하면서 국제적 협업이 일시적으로 답보 상태를 유지하고 있지만 장기적으로 선순환의 궤도로 오를 것이다. 이미 중남미 국가 중 에콰도르와 볼리비아에서는 인간도 자연의 일부임을 감안한 자연권법을 입법화하여 경제 성장과 자연 보호를 슬기롭게 병행하며 시도하고 있다. 따라서 경제 성장과 기후 변화 문제를 해결하기 위해서는 각국의 독자적인 노력과 함께 지구상의 모든 국가들의 관심과 협력을 이끌어낼 때 가장 효과적인 결과를 가져올 수 있다.

본서는 저탄소 녹색 성장을 위한 한-중남미 환경 협력에 대한 연구 프로젝트를 마치면서 라틴아메리카 지역에 대한 15편의 대표적인 연구 논문을 4부로 나누어 다음과 같이 수록하였다.

1부는 라틴아메리카의 사상, 문화, 환경, 사회 문제, 2부는 라틴아메리카의 경제 성장, 외국인 투자, 무역, 3부는 라틴아메리카에서의 탄소 배출권에 대한 법적 성격, 재생 에너지 정책, 탄소 추적 시스템, 4부는 라틴아메리카에서의 대기 오염, 예측, 평가 및 정책, 협력 이슈를 내용으로 구성하였다.

라틴아메리카는 지리적으로 한국에서 가장 먼 대륙이다. 그러나 한국과 라틴아메리카는 서로 필요로 하는 국가들이다. 한국은 라틴아메리카의 광대한 자연자원과 젊은 노동력이 절실하고 라틴아메리카는 한국의 선진화된 산업 기술과 경제 개발 경험이 필요하다. 이러한 이유로 라틴아메리카는 이미 우리의 국제 협력 파트너이며 앞으로 그 관계는 더욱 확대 발전될 것으로 전망된다. 더구나 전 지구적으로 기후 변화와 환경 오염 문제를 해결하는데 있어서 세계의 허파인 아마존을 품고 있는 라틴아메리카는 한국과 협업을 통해 중추적인 역할을 해오고 있다. 국제 협력 파트너는 지리적 거리에 의해서 결정되는 것이 아니라 상호 인식의 공유와 협력의 필요성에 의해 결정되기 때문이다.

앞으로 라틴아메리카에 대한 더 많은 관심과 지속적인 연구가 진행되길 바라며, 본서가 이를 위한 초석이 되길 바란다.

한-중남미 녹색융합센터장

정경원

목차

3부 · 기후 변화 온실가스 배출 관리

4부 · 대기 오염 예측 및 평가

| 1부 |

라틴아메리카 지역과 환경

1장

라틴아메리카 유토피아적 사상과 상상력*

정경원

Ⅰ. 서론

인간은 필요성에 따라 행동한다. 추위를 견디려고 옷을 입고 배고픔을 달래려고 식사를 하고 하루의 피로를 풀려고 휴식을 하며 잠을 청한다. 이러한 필요성을 충족시키며 우리는 의식주라는 각기 고유한 생활 풍습과 문화를 형성한다. 일상생활에서 인간은 발로 땅을 딛고 머리는 하늘을 향한 채 앞을 보며 걷는다. 이 단순한 직립 보행이 인간이 필요로 하는 상징적인 의미를 말해 주고 있다. 땅을 딛고 있는 발이 현실을 의미한다면 하늘을 향한 머리는 이상을 뜻한다고 말할 수 있을 것이다.

우리 인간은 현실 안에서 생활하지만 동시에 더 좋은 미래에 대한 꿈과 희망을 품고 삶을 영위한다. 서양 사람들의 기준에 의하면 이 더 좋은 미래의 공간이 다름 아닌 유토피아이다.[1] 유토피아는 말 그대로 우

---

* 이글은 스페인어문학 제76호(2015년, pp 315-336)에 게재되었던 논문입니다.

1 이상향을 뜻하는 유토피아 Utopia의 topia는 원래 이중적인 의미를 내포하고 있다. 토마스 모어는 장소를 뜻하는 topos에 '좋음'을 뜻하는 'eu'와 '없음'을 뜻하는 'ou'라는 두 개의 접두사를 결합해서 만들었다. 좋은 곳이지만 실제로는 그 어디에도 존재하지 않은 곳을 의미한다. 따라서 이 두 의미 중 '좋음'을 강조하면 유토피아의 의미가 '이상 사회'라는 의미를 갖고, '없음'을 강조하면 '공상사회'라는 의미를 갖는다.

리가 원하는 대로 살고 싶은 세상이다. 우리를 구속하는 현실의 모든 제약이 없는 상상의 세계로서 우리의 꿈과 희망을 담고 있는 세계인 것이다. 따라서 우리의 꿈과 희망을 담고 있기 때문에 이상 사회이고 상상의 세계이기 때문에 지금은 존재하지 않는다. 이러한 맥락에서 블로흐 Ernst Bloch(1986, 4)도 유토피아를 현실화되지 않아서 아직 존재하지 않는 것으로 규정했다.

이렇게 늘 인간은 지금보다 더 안락한 미래의 시간과 공간을 희망한다. 하지만 불행인지 다행인지 인간은 시간과 공간의 제약을 받는다. 시간과 공간의 제약으로 인해 현실과 이상의 괴리를 통감하면서부터 인간은 좌절을 하지만 대부분은 그 괴리를 조절하면서 살아간다.

그러나 더 좋은 미래를 꿈꾸는 건 인간의 상상력에서 기인한다. 들뢰즈에 의하면 상상은 현실과 비현실이 구분되지 않은 영역에 있다(들뢰즈 1993, 76). 따라서 상상은 이미지를 통해 현실과 이상 사이의 경계에서 현실적인 지각의 한계를 넘어 가능한 세계를 구체화한다. 다시 말해, 두발로 딛고 있는 현실 세계를 기반으로 머리가 향한 이상 세계를 그리는 것이다. 이 과정을 통해 인간은 상상력이라는 날개를 달고 존재의 근원과 본질을 향한다. 그리하여 인간과 세계, 인간과 인간 그리고 인간과 우주의 관계를 성찰하며 합일을 도모한다. 그러나 전통적으로 서구 문명은 이성에 기반을 둔 합리주의적 사고방식을 신봉해 왔다. 원인과 결과가 분명한 사고만이 행복한 미래를 담보할 수 있다고 확신했다. 이러한 합리주의는 서양의 산업 혁명과 근대화의 발전을 이룩하는 데 공헌을 했지만 인간의 상상력을 바탕으로 한 감성적인 면을 비합리적이라는 이유로 폄하하거나 도외시 했다. 이러한 결과로 인간은 물질문명의 번영이라는 명분 앞에 행복이라는 고유의 권한을 포기한 셈이 되었다. 이러한 상황에서 감성보다 이성을 중요시하는 서구의 이분법에 반론을 제기한 사람이 바슐라르이다. 그에 의하면, 이성을 기반으로 하는 서구 세계이지만 과학적 기술의 객관적 가치보다 이미지와 상상력의 주관적 가치가 우위에 있다. 인간은 과학의 발전으로 행복을 추구하지만 과학만으로 행복을 담보할 수 없었다. 그러한 이유는 이성에 근거한 형식 논리에서 볼 때 감성에 바탕을 둔 이미지나 상상력은 논리적이지 못하고 인간의 이성적 활동을 방해하는 것으로 폄하해 버렸기 때문이다. 하지만 우리의 삶에서 상상력은 인간의 본능이면서 원초적 능력으로 오히려 이성의 개발도 상상력의 활발한 활동과 함께 이뤄진다는 인식이 확산되고 있다. 이렇게 상상력은 인간의 주관적인 의식 아래 이미지를 포착하고 창의성과 독창성을 이루어낸다(홍명희 2005).

이렇게 상상력은 이미지를 통해 인간이 자신을 에워싼 사회와 끊임없이 역동적으로 소통하며 미네시스에서 환상으로 폐쇄에서 개방으로 부정에서 긍정을 지향하며 새로운 세계를 만들어 나간다. 미래 지향적인 인간의 욕망은 늘 상상력의 나래를 펼치게 하는 반면에, 현실에 안주하는 욕망은 상상력을 울타리 안에 가둔다.

이러한 인간의 본성에 기인하는 상상력을 바탕으로 라틴아메리카의 유토피아적 사상이 어떻게 형성되어 발전했는지를 고찰하고자 한다.

II. 유토피아와 상상력

상상력이란 대상을 지각하여 이미지를 형성하고 이 형성된 이미지를 변형시키는 능력을 말한다. 이렇게 함으로써 우리들은 이미지를 우리가 원하는 대로 재단하고 조합한다. 이미지로부터 우리가 자유로울 때 진정한 상상력이 존재할 수 있다. 상상력은 시간과 공간을 넘나들며 다양한 이미지를 산출한다. 이미지로부터 자유로운 인간은 다양한 이미지를 의식체계에서 포착하여 그가 상상하는 이상적인 삶을 그린다.

사르트르는 이미지를 현상학적 측면에서 대상에 대응하는 실체로 파악한 반면에 바슐라르는 이미지를 자율적인 실체로 이해했다. 바슐라르는 상상력을 무의식에서 기인한 것으로 무의식보다는 명료하고 현상학적 의식보다는 몽환적인 이미지의 표상이라고 생각했다. 따라서 바슐라르는 이미지는 개념과 상관없이 몽환적인 상태에서 그려지는 이미지 자체로 연구되어야한다고 말했다(바슐라르 1969, 53).

이미지는 상상력을 끊임없이 자극하며 물질의 질과 양의 객관적 시각에서 벗어나 부재와 침묵을 통해 우리를 각자의 주관적인 상상의 세계로 비약하게 한다. 가스통 바슐라르는 『공기와 꿈』에서 상상력의 역동성을 언급한다.

아무리 그것이 현실적인 세상을 묘사한 것이라 하더라도 상상력의 참된 여행이란 상상 세계로의 여행, 다름 아닌 상상 영역이라는 그 고장을 향한 여행이다. 그러나 우리는 이 말로서 대번에 천국이나 지옥, 또는 아틀란티스나 테바이드의 형태로 나타나는 이상향의 하나를 뜻하지 않는다. 우리의 관심을 끌 수 있는 것은 그곳으로의 여정인데 정작 사람들이 우리에게 묘사해주는 것은 그곳에서의 체류이다. 여기서 우리가 검토하는 것은 현실 속에 내재하는 상상 세계이며 현실에서 상상 세계에 이르는 지속적인 궤도이다(바슐라르 1997, 19).

이 말은 현실 속에서 우리는 늘 상상을 하며 현실과 상상은 우리의 삶 안에 함께 한다는 말이다. 인간은 시간적·공간적 또는 경제적 제약으로 상상을 할 수 밖에 없으며 이 상상은 인간의 행위 중 가장 자연스러운 일이다. 따라서 제약을 뛰어넘는 상상 세계로의 여행은 무한적 여행이며 초월적 이미지가 전개되는 가운데 유토피아에 다다르게 된다. 이렇게 상상력은 현실 세계에서 비롯되지만 동시에 현실 세계를 벗어날 수 있음을 보여준다. 현실 세계를 벗어날 수 있다는 사실은 상상력이 현실 세계와 다른 새로운 세계를 창조하고 그 안에 독창적인 이상 사회를 구축하는 의미를 내포하고 있다.

바슐라르의 이미지와 상상력의 세계에 대한 연구는 우리가 유토피아를 이해하는 데 유용하다. 현실의 세계와 유토피아(꿈)의 세계를 소통시키는 연결 고리는 감성이다. 이 감성은 이성의 장애물이 아니라 현실 세계와 유토피아의 세계가 공존할 수 있는 결정적인 작용을 한다는 사실이다. 이 감성의 세계는 이미지와 상상력으로 구성된 세계로서 후에 그의 제자 질베르 뒤랑이 '상상계(l'imaginaire)'라 명명한 세계이다.[2]

토머스 모어 이후로 사상가들에 의해 제시된 유토피아는 지구상에 존재하지 않는 이상적인 공간으로 이해되었다. 그래서 아무데도 없는 인간의 희망하는 상상 속의 장소였다. 그리고 최근에는 전통적인 이데올로기와 종교적 그늘을 벗어나 공상 과학 소설의 연장선상에서 인터넷의 가상 공간에서 새로운 유토피아를 찾는 시도가 있다.

유토피아는 이상과 현실을 상상력으로 결합한 서양 사상의 독특한 산물이며 합리적 논리성과 더 나은 사회에 대한 열망이 잉태한 유산이

2 질베르 뒤랑은 이미지와 상상력을 바탕으로 인간의 의식과 표현을 대상으로 하는 '상상계의 인류학'을 구성하고자 했다. 이렇게 상상력 연구의 범위를 무한대로 확장시켰다. 그 결과 상상력과 이미지로 구성된 상상계가 인간 행동 양식의 원동력이라는 평가를 받았다.

다. 이러한 의미에서 당시 유럽 사람들에게 라틴아메리카는 그들이 상상하는 유토피아였으며 무엇보다도 지구상에 존재하는 유토피아였기에 열광했다.

Ⅲ. 유토피아로서의 아메리카

1492년은 까스띠야 왕국과 아라곤의 왕국의 역사상 의미 있고 위대한 시기로 기록되고 있다. 첫째, 아라곤의 페르난도와 까스띠야의 이사벨 여왕이 그라나다를 함락하고 무어인들을 추방함으로써 8세기 동안 무어인의 점령시대를 끝냈다. 둘째, 인문학자 안또니오 데 네브리하 Antonio de Nebrija가 최초로 『까스띠야 문법 Arte de la lengua castellana』을 출판함으로써 언어적 통합을 이루었다. 한편, 경제적으로는 콜롬부스의 탐험으로 스페인에서는 중상주의가 강화되었고 이사벨 여왕의 후원으로 대규모의 대륙 정복 사업이 추진되었다. 콜롬부스는 과라니섬에 도달하여 스페인 왕실 깃발 아래 통치권을 장악했다.[3]

당시 신대륙에 누에바 에스파냐를 세워나가는 일은 곧 왕실의 확대를 의미하는 동시에 스페인 제국의 권력이 신대륙에 뿌리를 내리는 것을 의미했다. 신대륙 정복에 대한 이러한 해석은 정치·군사적인 측면에서 당시 스페인 제국의 업적을 평가한 것이다. 반면에 연대기[4] 문학을

3 1493년 4월 중순 콜롬부스가 원주민 여인들과 서인도 제도 포로들을 거느리고 스페인으로 귀국하자 페르난도 왕과 이사벨 여왕은 개선장군을 맞이하듯이 환대했다. 이렇게 콜롬부스는 큰 명예를 누렸으며 그의 명성은 전 유럽으로 퍼져나갔다.

4 스페인 알폰소 10세 때 역사 편찬의 일환으로 시작되었다. 도덕적·교훈적 목적과 올바른 통치를 유도하고자 했으며 15세기 이후 신대륙 정사를 기록한 연대기가 출현하였다.

통해서 확인하겠지만 당시 유럽인들은 경제적 실리를 추구하며 경쟁하는 유럽 사회와 비좁은 유럽의 영토를 탈출하려는 환상을 꿈꾸며 아메리카를 동경하였다. 전자가 이성을 근간으로 하는 합리적인 판단이라고 한다면, 후자는 감성을 바탕으로 하는 이상형에 대한 동경이다. 한 예로 포르투갈의 아비스 왕조 성립 이후 부르주와 계급이 성장한 반면에 귀족은 몰락하였다. 이 몰락한 귀족들은 상실한 그들의 지위를 회복하기 위해 해외 모험을 하며 이상형을 찾은 것이다(주경철 2009, 48). 훔볼트 Humboldt는 아메리카 대륙의 발견이 당시 유럽 사람들에게는 마치 천지 창조의 작업이 또 한 번 이루어진 것 같은 생각이었다고 지적했다. 서양의 땅을 지나 동양의 끝에 다다를 수 있다는 상상은 그 시대 사람들에게는 최초의 경이로움과 이상향의 실현이었을 것이다. 이렇게 신세계는 역사적으로 인류에게 시간적·공간적 상상력을 선사했다.

이러한 환상적인 꿈은 정복이라는 행동으로 이어졌고 아메리카는 유럽인들의 상상력으로 묘사되기 시작했다. 처음으로 유럽인들의 눈을 사롭잡은 아메리카에 대한 묘사는 다름 아닌 콜롬부스의 『항해일지 Diario de viaje』이다.[5] 이 일지는 불행하게도 원본이 유실되어 프라이 바르똘로메 데 라스 까사스의 작품인 『신대륙 역사 Historias de las Indias』에 부분적으로 발췌되어 인용되어 있다. 콜롬부스에게 풍요로운 땅 아메리카의 자연은 지상낙원인 유토피아였다. 기름진 땅과 거대한 나무들, 수많은 강들, 새들이 지저귀는 노랫소리들은 콜롬부스로 하여금 자연에 대한 경탄을 자아내게 했다. 호수와 산의 빛깔, 그리고 수많은 새

5 토머스 모어는 에라스무스의 소개로 콜롬부스의 항해일지를 탐독하고 그의 『유토피아』에 등장하는 섬의 모델을 쿠바에서 착안했다고 한다(Ainsa, 19).

들을 보고 있노라면 그는 황홀해지며, 그때마다 끊임없이 "환상적이다"라는 말을 되뇌었다. 거대한 자연이 불러일으키는 웅장한 느낌을 이미지화하며 다음과 같이 표현했다. "새들의 노랫소리는, 인간이라면 도저히 이곳을 떠날 수 없게 만들었고, 앵무새 무리는 태양을 뒤덮을 정도였다." 그가 아메리카 대륙을 이상향으로 생각했다는 사실은 스페인 국왕에게 다음과 같이 보고 한 점에서도 나타난다. "이 세상에 이보다 좋은 사람들과, 이보다 더 좋은 땅은 없습니다"(정경원 2001, 65-66).

이런 의미에서 애초부터 라틴아메리카는 유럽 사람들에게 실현가능한 유토피아였다. 마누엘 Manuel에 의하면 유럽의 유토피아는 두 개의 전통적 세계관에서 비롯된다. 첫째는 에덴동산과 같이 하느님이 창조하신 파라다이스를 실현하는 기독교적 세계관이다. 둘째는 인간의 손으로 만든 가장 이상적이고 아름다운 도시를 꿈꾸는 그리스적 세계관이다(Manuel, 35). 기독교적인 세계관은 성서 속에서 그 구체적 표현을 찾아볼 수 있으며, 그리스적 세계관은 서양사에 있어 최초의 유토피아 사상가라 불리는 플라톤의 『국가』와 플라톤의 영향을 받은 토머스 모어의『유토피아』로 이어진다. 이러한 유럽의 유토피아적 사상의 영향을 받은 라틴아메리카의 연대기 작가들은 성서 속의 전설이나 환상적인 이야기와 고전 시대와 중세 시대의 유럽 역사를 바탕으로 미지의 오묘함을 간직한 아메리카의 신비스러움을 묘사하였다. 이렇게 해서 연대기에는 현실과 환상이 어우러지며 역사적 사실과 허구적 문학이 공존하는 15세기의 아메리카가 그려졌다. 아마존의 여전사들, 거인족 또는 식인종들이 사는 미지의 아메리카였고 콜롬부스는 인어를 보았다고 그의 항해 일지에 기록하고 있다. "그들은 바다 수면 위로 펄쩍 뛰어올랐는데, 알려져 있던 것만큼 아름답지는 않았다". 또한 베르날 디아스 델 까스띠요 Bernal Díaz del Castillo는 『누에바 에스빠냐 정복의 진정한 역사 Historia verdadera de la conquista de la Nueva España』에서 아스떼까 도시를 기사 소설 속에 등장하는 상상의 세계에 비유했다.

아마디스 책에 쓰여 있는 것들은 우리를 놀라게 하였고, 우리는 그것들이 매우 매혹적이라고 느꼈다. 우리의 군사들 중에 몇몇은, 눈에 보이는 것들이 꿈만 같다며, 내가 이런 식으로 이곳을 설명하는 것도 놀라울 게 없다고 말했다. 왜냐하면 도대체 어떻게 말로 형언해야 할지 모를 이 모든 것들과 지금껏 전혀 듣지도, 보지도, 꿈꿔보지도 못했던 것들에 대해 과장해야 할 점들이 너무 많았기 때문이다(정경원, 49).

반면에 디에고 루이스 몰리나리 Diego Luis Molinari는 『아메리카 발견과 정복 Descubrimiento y conquista de América』에서 성경에서 언급된 천국을 유럽의 탐험가들은 아메리카에서 찾고 있었다고 언급했다.

콜롬부스와 에르난도 데 마가야네스 Hernando de Magallanes로부터 세바스띠안 가보또 Sebastián Gaboto에 이르기까지, 모든 항해자들은 성서 속에 나오는 이 땅의 존재를 믿어 왔었다. 솔로몬 왕은 히람 Hiram과 함께, 3년 마다 타르시스로 배를 출항시켜, 그곳으로부터 금과 은, 상아, 원숭이 그리고 공작새들을 들여왔다. 그 다음에는 타르시스에서 오피르로 건너갔는데, 그곳은 성서의 곳곳에 나와 있듯이 굉장한 보물이 있는 곳이었다. 이 두 지방의 풍족함은, 꿈을 지닌 사람들의 상상력을 자극하였으며, 그로부터 수 세기 후에는 교회의 비호 하에 솔로몬 왕의 보물을 찾으려는 순례의 행렬이 끊이지 않았다. 신앙심이 매우 두텁고 신비로운 영혼의 소유자인 콜롬부스는, 자신이 믿고 있는 신앙과 교리의 중요성을 굳게 믿었을 뿐 아니라 성서에 나와 있는 장소를 확신하면서 여행을 시작하였다. 그는 항해를 계속하면, '인도의 어느 곳에라도' 도착할 수 있을 것이라고 생각하며, "용기 있는 자는 이 금보다 더욱 귀하게 될 것이며, 사나이는 오피르의 금보다도 귀할 것이로다"라는 예언을 실천하려 하였다(정경원, 50).

유토피아의 미래지향적인 측면에서 볼 때 현실 세계에서 유토피아에 대한 구체적인 언급 대신에 우리가 빨리 실현하고 싶은 사회로서의 커다란 밑그림만이 있을 뿐이다. 라틴아메리카의 유토피아는 고전적인 유토피아 텍스트에 의해 고무되었던 유럽 사람들의 손에 의해서 먼저 시도되었고 또 다른 한 편으로는 라틴아메리카에서 자생된 유토피아 사상에서 비롯되었다. 이렇게 두 가지 축에 의해서 라틴아메리카의 유토피아는 실현되었다. 전자의 유토피아는 추진, 적응, 감독, 통제된 유토피아였다면 후자의 유토피아는 고전적인 유토피아 정신에 충실한 가운데 정체성과 자유 그리고 복지적 차원에서 독립을 지향하며 새로운 질서를 찾는 사상의 진실성이 글로써 표현되었다.

16세기의 구체적인 유토피아는 정복자들에 의해서 시도되었다. "자유"라는 구호 아래 효과적인 사회적 통제와 교육에 역점을 두었다. 그 결과 교육, 윤리, 인디오 문화 분야에 각인을 시킬만한 중요한 족적을 남겼다. 그들은 야만인들을 문명화시키는 대신에 유토피아 제도의 효율화를 위해 원주민 문화를 그대로 보호·육성했다. 조화, 자족, 근면, 사회 안정, "자발적"인 복종 등은 아메리카 대륙을 유럽 사람들의 이상향으로 개척

하기 위한 식민지 사업을 추진한 중요한 열매였다. 분명히 "새로운 질서"가 유토피아적인 경험들을 통해 확립되었다. 『유토피아 Utopía』, 『태양의 도시 Ciudad del Sol』의 모델과 유사한 지난날 원주민 문화와 "그리스도교적" 요소들의 복원은 피정복자들 사이에서 그들만의 법과 관습으로 적절한 공동체 생활을 가능하게 했다.

이러한 공동체 생활의 실현이 가능할 수 있게 영감을 준 근대적 텍스트들은 르네상스와 스콜라 철학의 테두리 안에 있었으며 라틴아메리카인들에게는 "자유"라는 의미 있는 구체적이고 개인적이며 유일한 유토피아를 마련해주었다.

19세기의 구체적인 라틴아메리카의 유토피아는 독립 이후에 가능했으며 당시 유럽에서 유행하고 있는 유토피아 모델의 구현이었다. 전반적으로 볼 때 그들의 지도자들은 박애주의자였고 체험을 포기하지 않았던 외국 사람들이었다. 그렇기에 짧게 지속되었다.

레오폴드 세아 Leopoldo Zea는 그들의 태생적인 속성으로, 마치 이룰 수 없는 프로젝트에 선불리 참여했다 미수에 그친 후유증과 실패로 인해 구체적인 유토피아에 참여했던 사람들 사이에 존재했던 열등감을 지적했다. 또한 이 열등감은 모방, 자신의 폄하, 무력감, 과대망상 등의 결과이기도 하다고 말했다. 그에 의하면, 이 열등감은 비관주의, 불신 그리고 유토피아에 대한 낙담 등을 초래했다.

유럽인들에 의해 시도되었던 라틴아메리카의 유토피아에서 공간은 건축학적 설계와 기존의 계획된 것으로 이상화 했고 개인들을 도덕적인 기준과 사회의 규정과 형식의 모델로 이상화 했다. 그럼에도 불구하고 아메리카에서 이타성은 유럽의 유토피아자들에게는 커다란 걸림돌이었다. "타자"를 폄하하는 분위기가 팽배해짐에 따라 유토피아 프로젝트는

가부장적인 성격이 되었다. 더욱이나 유토피아 프로젝트를 수행하는 주체들을 악하고, 비도덕적이고 잔인한 사람으로 취급했다. 분명한 건 라틴아메리카 국가들이 개도국으로 분류되고 있는 한 열등한 국가들이란 낙인이 그들을 괴롭힐 것이기 때문이다.

라틴아메리카의 구체적인 유토피아는 북아메리카의 유토피아와는 달리 종교적이거나 고립적이지 않았다. 결론적으로 말하자면 분파주의나 종교적 그룹을 형성하지 않았다. 라틴아메리카에서 혼혈로써 인종적인 순혈이 점차 사라지는 동시에 보편적인 가톨릭주의는 종교적인 혼합을 초래했다.

이러한 독특한 양상을 나타내는 라틴아메리카의 유토피아는 여러 면에서 유럽의 문학에서 나타나는 유토피아와 차별적인 면을 보여준다. 예를 들어, 그리스도교를 기반으로 했기 때문에 마르크시즘에서 비롯된 무신론적인 유럽의 기준으로 라틴아메리카의 유토피아를 평가할 수 없다. 라틴아메리카에서 마르크시즘이 수용되었다 하더라도 무신론이 전제 조건으로 존재할 수 없다. 아메리카에서 유토피아는 세속적이기 보다는 영적이다.

IV. 반유토피아로서의 라틴아메리카

라틴아메리카의 반유토피아[6]는 유럽의 반유토피아의 개념과 정의를 원용한 것이다. 반유토피아는 존재하지 않은 공간인 유토피아에 대한 비관주의자들의 비판적 사고가 반영된 개념이다. 동시에 파국의 도래가 예견되는 미래에 대한 경고와 치밀한 준비 그리고 안정적인 삶과 근심이 없는 세상을 만들기 위한 필요성에 대한 공감이기도 하다.

신성을 대신한 인간의 이성에 대한 신뢰는 유토피아적 사회 질서를 유지하는 중심축이다. 복음보다는 교육을 통해 훈련된 시민들의 이성적 판단력과 가치 기준은 유토피아를 건설하는 데 있어서 이상적인 법과 제도보다도 더 앞선다. 유토피아라는 말을 처음 소개한 토머스 모어에게 영향을 준 플라톤의 『국가론』에서도 이성적 본성의 함양은 이상 국가를 실현하기 위한 전제 조건이었다.

쏘크라테스: 교육이란 일부의 사람들이 떠들며 선전하고 있는 그런 따위가 아니라는 것이네. 그들의 주장에 의하면 만일 영혼 속에 지식이 없다면 마치 장님의 눈에 시각을 넣어주듯이 자기네가 지식을 넣어주겠다는 걸세. […] 우리들의 영혼 속에는 학습에 필요한 능력과 기관이 이미 내재하고 있다고 보아야 하네(플라톤 1994, 295).

이성에 대한 확신을 가진 유럽의 철학자는 고드윈이었다. 그는 인간의 "개인적인 판단력"으로 정치·사회적 문제점을 해결할 수 있다는 의견을 피력했다(Godwin 1985, 200). 개인이 타고난 이성적 능력을 계발함으로써 유토피아적인 사회 질서를 실현할 수 있다. 이를 위해서 소수의 엘리트들이 대중에게 지식을 전달하며 계몽해야 한다.

프랑스 혁명 당시 유럽의 지성인들은 이성의 힘을 신봉한 가운데 이

6 일반적으로 '디스토피아'라 명명하지만 본 논문에서는 '반유토피아'라는 용어를 사용하기로 한다. 원래 토마스 모어에 의해 유토피아라는 이상향의 용어가 생기고 나서 이에 대립되는 의미로 쓰인 용어이기 때문이다. 디스토피아(Dystopia)의 어원은 고대 그리스어 '디스(Dys)_나쁜'와 '토피아(topia)_장소, 배경'의 합성어다. 이 말은 영국의 사상가 존 스튜어트 밀이 1868년 하원 연설에서 영국 정부의 부당한 아일랜드 지배 정책을 비난하는 연설에서 처음 사용했다고 한다. http://www.bookandlife.co.kr/news/articleView.html?idxno=467

성의 확산을 기대했지만 역사는 늘 그러한 기대를 저버렸다. 영국의 대표적인 워즈워스도 프랑스 혁명에 대한 기대감이 좌절되면서 그러한 심정을 다음과 같이 피력했다.

> 나는 그렇게 지냈다.
> 모든 정열과 개념, 여러 가지 믿음들을
> 죄인처럼 법정에 소환시켜 놓고서.
> 나는 신념에 대한 분별력을 상실했다. 그리고 마침내
> 대립하는 것들로 인해 병들고, 녹초가 된 채
> 좌절 속에서 모든 도덕적 문제들을 포기해버렸다.
> (서곡 10권, 889~901행)

그러나 이러한 이성에 대한 좌절은 또 다른 의미의 유토피아의 도래를 가져왔다. 다시 말해서 유토피아에 대한 희망을 접는 대신에 오히려 또 다른 형태의 유토피아를 희망하고 갈구하는 시발점이 되었다. 이 또 다른 형태의 유토피아는 다름 아닌 문학적 상상력을 도발을 야기시켰다. 낙관적인 진보에 대한 믿음이 무너지면서 서구에서 19세기 말부터 서구에서 비합리주의 조류가 나타난다. 이러한 시대적 경향을 대변하는 대표적인 작품이 1872년에 발표된 버틀러의 『에리훤』이다. 소설 속의 상상의 나라 '에리훤'국은 원래 영문자 Nowhere를 역으로 쓴 Erehwon으로 반유토피아 또는 디스토피아를 상징한다. 에리훤국은 기계 문명이 발달한 선진 공업국이었지만 시간이 지남에 따라 기계 문명은 인간에게 많은 재난을 가져다주었다. 작중 인물 중의 한 사람인 교수는 결국 인간이 기계를 발명하고 많은 혜택을 얻기도 하지만 궁극적으로는 기계가

인간을 지배한다는 메시지로 경종을 울린다. 이러한 메시지로 국민은 기계당과 반기계당으로 나뉘어 오랜 기간 내란이 지속된다. 결국 반기계당의 승리로 내란은 끝나지만 기계, 서적 등 공장 등이 불타고 파괴되는 형국으로 치닫는다. 버틀러는 이 작품에서 단순히 기계 문명을 거부하고 원시 상태로 회귀를 의도하지는 않았다. 진보를 위한 기계 문명을 거부한 것이 아니라 기계 문명이 진보를 담보해 줄 것이라는 맹신이나 낙관적인 태도에 대한 경계를 일깨워 주고 있다.

『에리횐』에 드리워진 비관주의는 웰즈의 『타임 머신』(1895년)에도 짙게 나타난다. 현실을 도피하듯 주인공 시간 여행자는 타임머신을 타고 80만 2701년 뒤로 날아가 인류 쇠퇴기를 암울하게 경험한다. 이러한 비관주의적 분위기는 1930년대의 '반유토피아' 또는 '디스토피아' 의 시대로 연결된다. '반유토피아'의 시대는 헉슬리의 『멋있는 신세계』[7](1932)의 발표와 함께 본격적인 막이 오른다. 헉슬리는 이 작품에서 자유가 보류된 계획 사회의 비인간적인 면을 적나라하게 묘사하고 있다. 헉슬리는 『원숭이와 본질』(1935), 『멋있는 신세계 재방문』(1959)을 이어 발표함으로써 물질문명의 허황됨을 경고하고 있다. 오웰은 『1984년』(1948)을 통해 헉슬리에 화답하듯 기계 문명과 계획 사회의 종말이 얼마나 비참한지 경종을 울렸다. 이러한 반유토피아 작품들은 낙관주의적 유토피아 사

7 『멋진 신세계』에는 헉슬리의 작가 정신이 잘 반영되어 있다. 문학과 과학의 절묘한 조화가 예술적으로 이미지를 통해 형상화된 공상 과학 소설이다. 이 작품은 실질적인 주인공은 무스타파 몬드와 존이다. 몬드는 문명 세계를 상징하는 인물로 희망을 뜻한다. 반면 존은 야만 세계를 상징하는 몬드와 대칭적인 인물이다. 인디언의 자연 환경 속에서 셰익스피어 작품을 통독하는 존은 문명 세계를 늘 동경한다. 문명 세계에 들어가 예술의 순수성을 지키려고 노력하지만 적응하지 못하고 자살을 한다. 헉슬리는 존의 자살을 통해 상상력의 자의적 파괴를 상징했으며 기계 문명과 인간성 보존을 대립시키며 이성과 감성간의 갈등을 극복하지 못하는 한계점을 그려냈다.

상에 대한 비판과 함께 새로운 인간성 회복이 우선된 새로운 미래를 창조하는 움직임이다.

이러한 움직임은 라틴아메리카의 붐 소설에서도 예외가 아니었다. 알레호 까르뻰띠에르 Alejo Carpentier 는 아메리카의 현실이 '경이로운 것'이라고 평하며 1953년 『잃어버린 발자취 Los pasos perdidos』를 발표한다. 이 작품에는 잃어버린 유토피아를 찾고자 하는 인간 내면의 번민과 함께 문명화 세기에 봉착해 붕괴되고 만 태초의 순수함에 대한 매우 생생하고 상징적인 함축이 담겨있다. 까르뻰띠에르는 대도시의 삶에 권태를 느낀 한 음악 이론가가 원주민 악기를 연구하기 위해 남아메리카 열대 지방으로 떠나는 설정을 한다. 음악이론가는 자신에게 고달픈 밀림 여행에 대해 이야기하며 원주민 악기를 위조해 팔아먹으려는 화가를 물리치며 타락한 문명으로부터의 유혹을 거부해야 했다. 그는 자신의 과거와 단절하며 거대한 오리노꼬 강줄기를 거슬러 올라간다. 이렇게 라틴아메리카는 모든 시대가 공존하는 하나의 우주로 형상화 된다. 그는 유토피아를 발견하고자 정글 속으로 들어가지만 그의 유토피아는 깨어져 있다. 그의 공허함을 충만하게 채워주었던 로사리오가 이미 다른 사람의 아내가 되어 있었다. 그는 생각한다. "나는 잠시 스쳐가는 존재였다. 로사리오마저도 나를, 한정된 시간의 계곡에서 무한이 머무를 수 없는 나그네로 몰았던 것이다." 그리고 "오늘 시지프스의 휴식은 끝났다."라고 말한다. 이제 다시 플르톤의 저택으로 돌아가, 끝없이 정상을 향해 돌덩이를 밀어 올려야 할 것이다. 기적은 다시 일어나지 않을 것이라고 생각하며 반유토피아적인 회의주의의 상념에 빠져들었다(정경원 944-945).

후안 룰포 Juan Rulfo는 『뻬드로 빠라모 Pedro Páramo』(1955)에서 역사에 대한 비관적인 시각과 미래의 가능성에 대한 희망 사이에 존재하는 팽팽한 긴장감을 보여주었다. 가브리엘 가르시아 마르께스 Gabriel García Márquez는 『백 년 동안의 고독 Cien años de soledad』(1967)에서 상상력을 통해 쌍곡선적인 현실 속에 내재하는 환상을 묘사한다. 멜끼아데스는 죽음으로부터 환생하고, 아름다운 레메디오는 하늘로 승천한다. 이렇게 마꼰도 주민들은 순차적인 시간 밖에서 시대착오적인 사회를 꿈꾸며 건설한다. 그러나 그들은 '그 누구도 과학으로는 현실의 한계가 어디에 있는지 알 수 없다는' 지혜를 깨달으며 반유토피아의 공간에 머문다.

라틴아메리카의 반유토피아는 유토피아의 부재와 구체적인 유토피아에 대한 환멸 또는 두려움 그리고 인간성에 대한 폄하에 기인하지만 가장 큰 원인은 현대화의 그늘 속에서 생성되는 미래에 대한 비관주의 또는 회의주의이다.

반유토피아는 주로 미래의 더 나은 생활을 위해 현재의 힘든 노동의 고통을 감내할 것을 제도적으로 강요하는 관료주의에서 비롯된다. 반유토피아의 사회에서는 엄격한 통제 아래 인간들은 모든 것을 소유하려고 한다. 이러한 면에서 이미 과거와 전통의 단절이 이루어진 후기의 모더니즘 또는 포스트모더니즘 사회에 상응한다. 유토피아에서 인간의 이성을 바탕으로 법과 제도가 확립되었다면 반유토피아에서는 규정과 절차가 많아지고 복잡해졌다. 이렇듯 인간은 이성을 근간으로 신이 없는 유토피아를 건설했지만 결국에는 이성의 지배를 받는 셈이 되었다. 유토피아를 유지하기 위해 법과 제도에 의해 교육을 시키며 기술 발전을 도모했지만 역설적으로 수많은 규정과 절차로 인간의 자유를 억압하는 반유토피아라는 결과를 가져왔다. 유토피아가 현실에서 구현되지 못하는 이유는 대다수의 대중이 군중 심리에 쏠리는 경향 때문이다. 상상력을 바탕으로 이성적인 판단과 행동을 실천하는 사람은 신념에 찬 소수에 불과하다. 한 예로 토머스 모어도 까스띠야에 파견되어 이성적인 담판으로 지혜롭게 외교적 승리를 이끌어 냈지만 현실에서 영국의 종교 개혁을 반대하다가 목숨을 잃었다(토머스 모어 1972, 196).

토마스 페인은 인간은 평등과 자유를 누릴 수 있도록 선천적으로 태어났지만 지배층의 세습권력이 이를 허용하지 않는다고 주장했다(T. Paine 1987, 256). 그에게 중요한 과제는 세습을 당연시 여기는 미신을 타파하는 일이었다.

결론적으로 기계 문명으로 대변되는 과학의 발전이 인간의 원초적인 상상력을 방해한다면 인간성 파괴와 함께 인간이 기계에 종속된다는 사실을 보여주었다.

4.1. 모더니즘과 포스트모더니즘 그리고 유토피아

소위 진보를 신봉하는 모더니즘은 이상향의 꿈이 이루어진 전형적인 시기이다. 유토피아 사상은 모더니즘이 형성되고 공고화 되면서 진화한 것이 아니라 변화했다.

르네상스의 말기인 1602년 교도소에서 토마소 깜빠넬라 Tommaso Campanella 가 『태양의 도시』를 발표함으로써 신정사회(神政社會)를 지향하는 이상향으로서 '태양의 도시'를 꿈꾼다. 그는 과학과 지식의 힘이 이 이상향의 근간이 될 것이라고 선언한다(Campanella 2006, 142).

근대로 접어들면서, 유토피아적 사상은 신화적 요소와 형이상학적인 요소들로부터 자유로워진다. 프란시스 베이컨 Francis Bacon (1561-1625) 의 『새로운 아틀란티스 New Atlantis』(1624)는 공상 과학 소설의 형태로 출간되어 과학이 인류에게 행복한 유토피아를 만들어 줄 것을 예측하고 있다(Servier 1969, 114). 이러한 과학의 힘을 신봉하는 과학주의는 엥겔스가 언급한 대로 19세기에 이르러 사회주의와 연계되어 '유토피아적 사회주의'와 '과학적 사회주의'의 형태를 띠게 된다.

초창기의 유토피아는 전환기적 성격을 띤 채 종교적 전통으로부터 자유롭지 못했으며 시간이 지나서야 종교적 색채가 지워졌다. 그러나 두 차례의 세계 대전으로 진보에 대한 확신이 무너지면서 진보를 대신하는 모더니즘이 도래했다. 더 이상 혁신이 의미를 갖지 못한다. 목적지가 있는 것이 아니라 회귀할 뿐이다. 사회주의 구상의 실패를 유토피아 사상의 탓으로 돌림으로써 서구에서 유토피아 사상은 쇄락하고 뇌리에서 사라지기 시작했다.

칼 만하임 Karl Mannheim은 그의 『이데올로기와 유토피아』에서 기존 질서를 수용하고 기득권층의 이익을 옹호하는 사상은 이데올로기로, 기존 질서를 거부하고 새로운 질서를 꿈꾸며 저항하는 사상을 유토피아로 규정한다. 따라서 이데올로기는 과거를 지향하고, 유토피아는 상상력을 바탕으로 미래를 지향한다(Rivas García 2009, 128).[8] 우리는 마르크스와 엥겔스가 구체적으로 공산주의에 대해서 언급하지 않았기 때문에 진정한 의미에서 유토피아주의자가 아니라고 말한다. 그러나 에른스트 블로흐는 마르크스가 유토피아를 배척하지 않았으며, 오히려 유토피아적 사상 속에서 그의 공산주의 이론을 태동시켰다고 주장한다(Moltmann and Hurbon 1980, 61-62). 이렇게 네오마르크스주의자들은 유토피아를 사회주의와 재결합시킨다. 이러한 현상은 유럽뿐만이 아니

8 폴 리쾨 Paul Ricoeur도 이데올로기와 유토피아 대해서 비슷한 의견을 피력했다. 이데올로기는 기존 질서를 유지하기 위한 것이고, 유토피아는 기존 질서를 대신하는 새로운 이상적 질서를 창출하는 것이다(Paul Ricoeur 1989, 292).

라 라틴아메리카에서도 나타난다.

고전적인 유토피아 사상은 초창기 모더니즘, 인본주의의 산물이다. 그 후 계몽주의 이후부터 20세기 사회주의 이념으로 그 정점에 이르렀다. 반유토피아 사상은 반면에 쇠락기의 모더니즘에서 가장 적절한 표현을 찾아냈다. 공상 과학 소설은 그 파생물 중의 하나로 포스트모더니즘 시대의 산물이다.

라틴아메리카에 서구의 모더니즘이 뒤늦게 소개되었다. 단지 16세기 일부 가톨릭 수사들에 의해 부분적으로 유토피아에 대한 사상을 구현하려는 시도가 있었을 뿐이었다. 이름 지어 과도기적인 유토피아 사상이다. 18세기에 독립의 필요성이 대두되면서 유럽 사람들에 의해 고안되고 시도된 유토피아 사상은 중남미인들에게는 신선한 사상이었다. 과거와의 단절, 변화의 수용, 새로움의 추구 등이었다. 그러나 당시 중남미 사회의 상황을 고려할 때 이러한 사상은 시대를 앞서가는 면이 없지 않았다. 그럼에도 불구하고 모더니즘은 스페인으로부터 사상적 독립을 희망하는 사람들에 의해 받아들여졌다. 이렇게 함으로써 과거와 전통으로부터 자유로울 수 있었기 때문이다. 아무튼 18세기에 유럽의 유토피아 사상의 라틴아메리카에서 이식은 짧은 시간에 이루어졌다.

이렇게 18세기 유럽의 근대 사상의 아메리카 대륙으로의 진입은 큰 반발 없이 독립의 결정적인 요인이 되었다. 자유주의 사상은 라틴아메리카에서 각광을 받았고 유토피아 사상의 씨앗이 되었다. 이러한 일련의 유토피아 사상의 보급은 유럽 사람들이 아니라 독립을 희망하는 라틴아메리카인들의 손에 의해서 진행되었다는 점이 의의가 있다. 이러한 사상은 수많은 서신, 수필, 선언문, 담화문, 이념 등을 통해 국민들에게 전파되었다. 당시의 많은 문학 작품들은 300년의 식민지 압제로 인한 인디오의 고통을 표현하였다. 시간이 지남에 따라, 라틴아메리카에서 경제 발전과 함께 산업 사회는 근대의 유토피아 이었다.

오늘날 해결될 기미가 보이지 않은 해묵은 라틴아메리카의 빈곤과 소외 문제 그리고 자본주의의 역기능은 피해 당사자들로 하여금 유토피아 사상을 동경하게 만들고 있다.

포스트모더니즘은 반유토피아를 추구한다. 글로벌화된 경제 활동의 영향으로 인해 라틴아메리카인들의 의식에 반유토피아 사고들이 이미 자리 잡고 있다. 따라서 포스모더니즘의 영향으로 유토피아에 대한 확신이 퇴색된 것처럼 보인다.

4.2. 공상 과학 소설

부르주와의 요람에서 태동된 유토피아는 다양한 대중의 목소리를 대변한다. 공상 과학 소설은 단순한 소설이 아니라 부르주아적 표현 예술이다. 미래의 불확실에 대해 최상의 답은 아닐지라도 불확실을 잠시 동안 잊게 해주는 기술주의에 해당한다.

유토피아와 반유토피아의 부정적인 면들을 우리는 종종 보아왔다. 이런 맥락에서 공상 과학 소설이 문학, 영화, 멀티미디어 형태로 흥행에 성공하며 지나친 상업화로 우리를 걱정스럽게 한다. 특히 매번 정교해진 디지털 기술로 미래에 대한 인간의 호기심을 자극한다. 그 결과 젊은이들은 거부할 수 없는 역사물로 치장한 공상 과학 영화에 시선을 빼앗긴다. 이러한 기저에는 과학과 기술이 해낼 수 있다는 믿음이 깔려있다. 또한 공상 과학 영화는 제작자, 감독과 배우들에게 언제라도 백만장자의 꿈을 실현시켜줄 수 있는 것처럼 유혹한다. 동시에 관중에게는 공상 과학 영화를 통해 새로운 것에 항상 접근할 수 있다는 강한 인상을 준다.

그리고 비관주의자들에겐 하면 된다는 적극적인 행동을 유도하고 에너지를 준다. 그 결과로 그들은 경이로움, 두려움을 느끼면서도 종국적으로는 공상 과학 영화를 소장하고 소비함으로써 만족감을 얻는다. 상상력은 소설을 통해 미래를 투영함으로써 사람들로 하여금 즉물적인 것을 소비하는 데에 급급하게 만든다. 공상 과학 소설의 미래 예견은 더 이상 정치적이지 않고 환상이 난무하는 지극히 수동적인 성격을 보여준다.

공상 과학 소설은 이미 오늘날의 어린이와 젊은층의 총애를 받는 소비문화 중의 하나로 자리매김을 했다. 아무리 과학과 기술 지식이라고 포장을 하더라도 공상 과학 소설은 환상을 통해 인간의 정신적 세계를 지배한다. 오락의 방편으로 미적 탐구, 창의적 구성, 다양한 논리를 제공한다. 모더니즘의 장르로서 과학과 기술의 발전에서 나타나는 변화와 새로움을 반영한다. 그런가 하면 포스트모더니즘의 장르로서 불안한 미래를 태동시키고 현기증 나는 스릴로 실존의 공허함을 채우는 가운데 두려움은 인간을 파국으로 치닫게 한다. 공상 과학 소설은 현실을 도피하려는 인간의 욕망을 사로잡는다. 결국 공상 과학 소설에 내재하는 비관주의는 공상 과학 소설을 향한 주체할 수 없는 인간의 유혹을 환멸과 좌절감으로 바꾸어 놓는다.

라틴아메리카에서 공상 과학 소설은 소설, 영화, 그리고 주로 멀티미디어를 통해 괄목할 만한 성장을 이루었다. 이러한 현상은 오늘날 서구의 기준으로 라틴아메리카 문화가 근대화가 이루어졌다는 것을 대변해주고 있다. 따라서 반유토피아 사상이 환상적인 측면에서 오락의 형태로 라틴아메리카에서 광범위하게 확산되었음을 알 수 있다. 반유토피아의 사상을 장려하는 일은 경이로움, 두려움 그리고 복지부동에 관한 끝없는 상상력의 나래를 펼치도록 자극한다. 그러나 공상 과학 소설에 내재해 있던 비관주의는 언제든지 상상력의 창조성과 자유를 초토화 할 수 있다. 그런 가운데 영화 제작자들에게는 막대한 수입을 보장해준다. 그들은 모더니즘의 혁신 정신 그 하나만으로 매 순간 이미지에 목말라하는 관객들을 사로잡음으로써 큰 성공을 거둘 수 있다는 확신에 차있다. 단지 그들은 관객들을 영화를 관람하는 동안 낯선 세계로 도피할 수 있게 해주면 된다고 믿고 있다. 이렇듯 라틴아메리카 사회에서 가장 근대화가 많이 된 분야가 된 데에는 그만큼 많은 소비가 있었기 때문이다.

4.3. 위기의 상상력

상상력은 인식론적 과정으로 서양이나 라틴아메리카에서 위기에 처해 있다. 매체의 홍수 속에 전자 통신을 통한 대량 홍보가 주된 원인이다. 왜냐하면 이러한 대량 홍보는 이미지의 양산과 선진국의 근대성에 조율되어 이윤 창출을 우선하기 때문이다. 이러한 현상은 역사 인식의 부재와 현실에 대한 비판적이고 분석적인 사고가 결여되어 있는 데에서 비롯된다. 르 고프 Le Goff 는 과거, 현재, 미래에 대한 인식에 있어서 균형감의 상실로 인해 야기된 개인의 병리학적 현상이라고 꼬집었다(Carro 2012, 208). 이러한 문제 제기는 향후 라틴아메리카에서 과거에 대한 인식의 결여, 현재에 대한 불완전한 지식, 미래에 대한 무지와 혼돈된 사고로 인해 병리학적 현상이 발생할 가능성이 많음을 경고하고 있다. 상상력은 인식론적 관점에서 보면 위기 상황이 아니다. 단지 지배 문화에 의해 조장된 주제들에 접근하는 새로운 방법이 발견되었을 뿐이다. 예를 들면 미결, 음모, 공포, 유희, 파멸, 질환, 환상, 의심, 과학적인 적용과 달성 그리고 기술 혁신 등이다. 정보 기술은 광범위한 분야의 오락과 그 오락에 접근하는 다양한 경로를 제공한다. 컴퓨터 게임에서부터 드라마,

토크 쇼 그리고 성인들이 더 즐겨보는 공상 과학 시리즈물 영화에 이르기까지 다양하다. 문제는 관객들이 이러한 매체들에 몰입하면서 역사 인식에 있어서 건전한 사고와 판단력을 잃는 데에 있다.

흄Hume은 상상력의 올바른 사용과 올바르지 못한 사용에 대해서 언급했다. 상상력을 올바르게 사용한다면 인간의 이성적 판단력에 도움이 되지만 부당하게 사용하면 이해는 오해를 불러일으키고 이성적인 판단을 방해한다고 지적했다. 반유토피아 사상은 상상력을 올바르게 사용하지 못하는 경우로 혼란, 혼돈 속에서 비이성적인 것을 추구한다고 주장했다. 또한 그는 상상력이 작동하는 원리를 필연적이고 보편적 원리와 가변적이고 불규칙한 원리로 구분하였다. 보편적 원리는 인간의 모든 사유와 활동의 토대를 형성하는 반면 가변적인 원리는 인간을 공상과 망상으로 유도한다(강동수 2012, 151).

V. 결론

희망은 항상 긍정적이 사고에서 시작된다. 부정적인 사고에서 결코 희망이 싹틀 수 없다. 좌절에 빠져 있는 사회에는 반유토피아주의 사상이 팽배해지면서 공상 과학 소설이 유행한다. 희망이 존재하는 장소는 아직도 긍정적인 사고를 배양할 수 있는 요소들이 남아있는 곳이다. 낙관주의자들은 희망을 품고 산다. 그러나 그들도 현실적으로 만연된 부정과 부패에 직면하면서 미래에 대한 믿음을 상실해 간다. 단지 예외가 있다면 일부 종교적 집단의 긍정주의자들 뿐이다.

하지만 비관주의의 급속한 확산과 좌절로부터 우리를 방어하려는 본능은 희망의 가면 뒤에 늘 잠복해 있다. 그러기에 세계화된 경제체제 아래 권위주의의 위협, 그리고 공상 과학 소설이 만들어낸 긴박한 상황, 회의주의, 실망, 두려움, 허무맹랑하고 비현실적인 사상이 난무할지라도 인간은 희망의 끈을 놓지 않는다.

미래에 대해서 그 누구도 완벽한 진리를 남긴 적이 없다. 뜻을 같이 하는 사람들 간에 동의된 일이라 할지라도 반드시 그들에게 동일한 운명을 가져다주지 않는다. 왜냐면 각자 현재와 미래의 삶에 대해 다양하게 반추하기 때문이다.

아르뜨로 로이그 Arturo Roig는 유토피아의 역동적인 힘을 되찾을 것을 제안했다. 라틴아메리카에서 유토피아 사상은 살아 숨쉬기 때문이다. 반유토피아적인 두려움을 떨쳐버리고 긍정적인 힘을 결집할 것을 요구했다(Carro, 209).

라틴아메리카에서 유토피아는 이룩해야 할 대상이 아니라 다시 회복해야 할 대상이다. 과거에 그들이 이룩했던 일상의 삶이 바로 유토피아의 삶이었다. 구체적인 유토피아는 상상이 아니라 실제로 존재했다.

라틴아메리카 주민들이 정복, 독립 과정에서 겪어야했던 역사적 수모, 그리고 글로벌 시대로 편입되면서 감내해야했던 실직, 궁핍, 소외, 종속 등의 고통은 그들이 유토피아를 되찾아야 한다는 희망에 대한 충분한 명분이 된다. 삶에 대한 성찰, 교회의 위기, 본연의 가치 등이 부가적으로 라틴아메리카 사람들에게 유토피아 사상을 자극하지만 근본적으로는 반유토피아적인 성격이 농후하다.

모든 라틴아메리카인들이 희망을 갖기 위해서는 단지 나눠가지는 일회성 성격의 프로젝트에 매달려서는 안 된다. 인간성의 존중과 신뢰를 바탕으로 하는 교육을 통해 자유를 구현하는 삶을 목표로 해야 한다. 이를 위해 구체적으로 환경 보존, 유전자 조작, 빈곤 퇴치, 굶주림, 부패

일소와 같은 당면한 문제들을 해결해야 한다. 현실에 안주하며 유토피아가 다가오길 기다리는 수동적인 자세는 행복한 미래를 담보해 주지 않는다.

유토피아와 반유토피아적 사상은 라틴아메리카에서 각기 고유의 사상적 특징을 간직한 채 지속될 것이다. 유토피아는 혁신을 추구하는 동시에 혼돈 상황에서 질서의 재건을 꾀한다. 반면에 반유토피아는 목표를 수립하는 자체를 중요시하지 않는다. 유토피아와 반유토피아는 공히 인간에게 해로운 무질서를 피하기 위해 규정, 규범 그리고 정의를 끊임없이 요구한다. 유토피아는 규제 없이 무한적으로 개방적일 수 없다. 라틴아메리카에서 유토피아는 방어의 기제이고 열린 사회를 지향하는 경향을 회피하는 수단이기도 하다. 역사적인 과정보다는 개인적인 체험으로서의 과거에 대한 향수는 유토피아의 실질적인 요체이다.

이성은 근대화와 더불어 감성보다 우월한 면을 보여주지 못하고 서양인들을 실망시켰다. 그 결과 이성은 유토피아를 심각하게 훼손하는 비교주의(秘敎主義), 신비주의, 신세대 등과 같은 상상력의 세계로 대체되었다.

라틴아메리카의 유토피아 사상은 원거리 통신의 발전과 함께 현대화 되었다. 예를 들면, 국민들 사이에 블로그, 정보 처리 집단, 사회 연결망, 가상 공간 등을 이용한 이미지의 소통으로 의견을 수렴하고 사회적 항의 및 제안을 하기도 한다. 그러나 경계해야 할 점은 시각적 이미지의 일변도가 아니라 정신적 이미지의 가치를 우선해야 한다. 그러면 이러한 매체들은 분명 상상력이 표현 수단을 찾아 가는 가장 좋은 실례들이 될 것이다. 상상력이 이미지와 감성을 통해 표현되는 멀티미디어 매체들이 긍정주의의 원천이며 궁극적으로 유토피아 사상을 배양하는 창조적 영양소일 수 있기 때문이다.

참고문헌

강동수(2012),「흄의 철학에서 상상력의 성격과 의미」,『철학논총』70, 151-170.

가스통 바슐라르(1997),『공기와 꿈: 운동에 관한 상상력 연구』(정영란 옮김), 서울: 민음사.

들뢰즈(1993),『대담』(김종호 옮김), 서울: 솔.

에른스트 블로흐(2004),『희망의 원리』(박설호 옮김), 서울: 열린책들.

윌리엄 워즈워스(2009),『서곡』(김승희 옮김), 서울: 문학과 지성사.

정경원(2001),『라틴아메리카 문학사 I, II』, 서울: 태학사.

주경철(2009),『대항해시대』, 서울: 서울대학교출판문화원.

토마스 모어(1972),『유토피아』(황문수 옮김), 서울: 범우사.

플라톤(1994),『플라톤의 국가론』(최현 옮김), 서울: 집문당.

홍명희(2005),『상상력과 가스통 바슐라르』, 서울: ㈜살림출판사.

Ainsa, Fernando (1999). La reconstrucción de la utopía, México: Correo de la UNESCO.

Bachelard, Gaston(1969), The Poetics of Reverie, (tr. Daniel

Russel), Boston: Beacon Press.

Campanella, Tommaso (2006). La ciudad del sol, (tr. Emilio García Estébanez), Madrid: AKAL.

Carro Bautista, Judith Esteher(2012), El pensamiento social moderno, México: UNAM.

Godwin, William(1985), Enquiry Concerning Political Justice, Harmondsworth: Penguin.

Manuel, Frank E. (et. al., 1981). Pensamiento utópico en el mundo occidental, (tr. Bernardo Moreno Carrillo), Madrid: Taurus, 1ª edición.

Moltmann, Jürgen y Laënnec Hurbon (1980). Utopía y esperanza: diálogo con Ernst Bloch, (tr. Alfonso Ortiz y Pedro R. Velasco), Salamanca: Sígueme.

Ricoeur, Paul (1989). Ideología y utopía, (tr. Alberto L. Bixio), Barcelona: Gedisa.

Rivas García, Ricardo M (2009). La razón, progreso y utopía, México: UIC.

Servier, Jean (1969). Historia de la utopía, Caracas: Monte Ávila.

Thomas Paine(1987), “The Rights of Man,” The Thomas Paine Reader, Harmondsworth: Penguin.

2장

'라틴아메리카' 환경 보호 담론 발전과 제도화*

하상섭

I. 들어가며

역사적으로 라틴아메리카에서 자연 환경을 보호하려는 움직임은 나름대로 그 발전과 더불어 오랜 역사를 지니고 있다. 하지만 이러한 움직임과 발전은 종종 라틴아메리카 식민사와 수탈의 역사에 묻혀 그리 크게 부각되지 않았다. 1492년 이후 콜럼버스의 라틴아메리카 대륙과의 만남이후 근 300년 동안 계속된 유럽의 라틴아메리카 식민 지배 경험은 그 지배의 역사만큼 환경도 인간에 의해 수탈되고 지배된 역사였다. 식민 지배를 통해 정복자들은 이 지역에서 자연환경 보호는 무시한 채 금과 은을 포함해 수많은 광물 자원과 농작물의 수탈만이 지속되었다. 독립과 함께 시작된 새로운 사회를 건설하기 위한 19세기초 라틴아메리카 지역의 국가 건설의 열망은 정치 경제 발전의 우선순위에서 몇몇 경우를 제외하고 환경 보호 이슈는 고려의 대상이 아니었다. 20세기 초·중반에도 이 지역에서 강력하게 추진되었던 수입 대체 산업화(ISI) 모델의 등장과 경제 성장 우선논리는 자연환경 보호라는 용어의 등장조차

* 이글은 중남미연구 제29권1호(pp.457-490)에 게재되었던 논문입니다.

어렵게 했다. 이에 더하여 개별 국가들마다 다양한 정치적 불안과 수많은 경제 위기 그리고 풍부한 천연자원의 무분별한 채취와 토지 개발 이용 등 자연환경 보호는 고려 대상이 아니었다. 하지만 오늘날 이 지역의 환경 운동 그룹들 및 다양한 환경 공동체들은 '환경 정의'를 세우는 과정 속에서 그들이 거주하고 있는 가까운 환경 공간의 - 대기 오염과 수질 오염을 줄이는 것부터 생물학적으로 중요한 야생 동물 및 식물들의 서식지를 보존하는 것 까지 - 자연환경 보호 권한을 스스로 가지고 있다고 인식하기 시작했다. 이러한 인식의 전환은 '인간이 사용하는 광물 자원 및 동식물 자원, 공기 또는 이와 유사한 능력을 가진 환경 자원을 고려해 볼 때, 생태적 문제점은 분명 이러한 자원이 점차 없어지거나 부족해지는 데서 기인'한다는 환경 위기론에서 살펴볼 수 있다(존 드라이젝 1995: 48; 최병두 2009: 21).[1]

물론 현실적으로 오늘날 라틴아메리카의 환경 운동 단체들 중 가장 활동적이고 자연 보호 운동가들조차도 '미래 세대를 위한 가치 있는 환경유산을 보호하려는 노력은 사실 벅찬 일이다'라고 인정하고 있다(Kevin 2004). 여전히 개발 도상국의 정체성을 가진 라틴아메리카 지역에서 개발과 경제 성장이 우선시되는 사회 경제적 그리고 정치적 경향은 지구상에서 라틴아메리카를 환경 분야를 가장 취약한 지역으로 만들게 하고 있다. 멕시코의 바하 켈리포니아(Baja California)부터 아르헨티나의 케이프 혼(Cape Horn)까지 이 지역의 천연자원인 목재, 광물, 농작

1 이러한 위기론에 대한 인식과 더불어 좀 더 '환경 정의' 관점에서 의미를 묻는다면, '인간의 필요에 부응하고, 삶의 질 - 경제적 평등, 보건 의료, 주거, 인권, 종의 보전, 민주주의 등 - 을 향상시키며 자원을 지속 가능하게 사용하는 방향으로 사회적 전환'(Hofrichter, 1993: 3; 최병두, 2009: 222에서 인용)으로의 인식도 중요하다.

물 등이 국내외의 요구를 충족시키 기 위해서 빠른 속도로 수확되고 소비된다. 식민 역사 '거의 500년 동안, 라틴아메리카와 카리브 지역의 자연 및 자원 유산은 산업 선진국들이 발전하는 데에 공헌을 했고 그로 인해 현재 라틴아메리카는 급속한 자원의 파괴라는 결과에 직면해 있다'라고 한 연구는 밝히고 있다(Kevin, 2004). 이런 의미에서 유엔 환경 프로그램(UNEP)은 '산업 선진국들은 개발 도상국에게 생태학적 채무(ecological debt)를 지니고 있고, 그리고 현재 개발 도상국들에서 발생하는 더 이상의 자연 환경 파괴를 막기 위해서 빈곤 국가 들의 지속 가능한 발전을 지원하기 위한 의무를 가지고 있다'라고 명시할 정도이다(1992). 이러한 '생태학적 채무'는 현재 라틴아메리카에서 셀 수 없을 정도로 많다. 하지만 라틴아메리카의 자연환경 파괴에 대한 현상은 금세기에 들어 새로운 것도 아니고, 수백 년 동안의 이 지역 원주민들에 의해 그리고 수탈적 식민 지배 시대를 거쳐 여전히 다양한 원인들과 더불어 오늘날에도 파괴는 진행되고 있다. 사실 라틴아메리카 자연 환경의 중요한 파괴와 변화는 유럽의 식민지가 시작되기 전에 발생했다. '멕시코는 과거에서부터 커다란 환경적 변화를 겪었다. 1519년에 멕시코에 도착한 유럽인들은 치남빠 농업(Chinampa; 곡물을 재배하기 위한 토양을 만들기 위해 진흙더미를 쌓아 올려 만든 섬)을 위해 만들어진 상수도, 강의 북쪽에서의 산림 벌채 그리고 다양한 동식물의 멸종 등의 현상을 발견하게 된다. 환경 파괴와 사회 변화의 속도는 인간 활동의 시·공간적 확대 및 팽창과 더불어 계속적으로 증가해 오고 있다. 이러한 자연 및 사회 환경의 급속한 변화와 발전은, 비록 시기적으로 그리고 개별 국가별로 차이는 있지만, 20세기에 접어들어 라틴아메리카 산업화의 시작과 함께 라틴아메리카의 여러 국가들에서 일반적으로 발견되는 현상이다. 예를 들어, 집중된 산업화로 인한 환경 보호 의식의 결여는 급속한 산림 파괴, 강 기능의 저하, 무분별한 토지의 개발 이용으로 비옥한 토지 감소, 서식지의 파괴, 생물 다양성의 훼손, 기후 변화, 지구 온난화, 등 수 많은 환경 파괴 및 환경 위기를 초래하고 있기 때문이다.

그럼에도 불구하고, 오늘날 라틴아메리카 국가들에서 환경을 보호하고자 하는 움직임은 증가하여 각 국가마다 다양한 활동을 하는 환경 단체들이 늘어나고 있으며 나름대로 여론을 형성하고 환경 보호를 담론화해 이를 정책적으로 혹은 제도적으로 발전의 노력을 기울이고 있다. 특히 라틴아메리카 환경 보호를 위한 활동 범위를 다변화해 정치, 경제, 사회, 문화, 종교, 생물 영역과 같은 넓은 영역에서까지 뿌리를 내리며 범위를 확대해 오고 있다. 좀 더 제도적 관점에서 보면 자연환경 보호를 위한 19세기 초 이 지역에서 삼림 보존 기구 설립부터 20세기 초반 처음으로 환경 보호 관련 정부 기구들의 설립까지 그리고 현재의 국제적 수준의 주도적인 환경회의 개최 및 국제기구 설립에 이르기까지 라틴아메리카 국가들은 그들의 토지와 대기 그리고 수자원을 보호 하기 위해서 필요한 '지속 가능한 발전(sustainable development)' 논리에 기반한 환경 보호 담론 및 모델을 제도적으로 또는 정책적으로 발전시켜 오고 있다. 물론 이러한 제도적·이슈별·영역별로 그 수준에 있어 발전의 한계는 여전히 존재한다.

이 논문의 목적은 라틴아메리카의 역사 발전 과정에서 발생한 자연환경 보호 운동의 담론과 이의 시기적 제도화 과정을 분석, 조망, 평가해 보는데 목적이 있다. 라틴아메리카 자연환경 보호 운동의 등장과 역사적 발전 과정을 조명해 봄으로서 오늘날 라틴아메리카 자연환경 보호의 현실과 정체성을 파악해 보고 어느 정도나 환경 보호 담론 차원에서 그리고 제도적 차원에서 발전해 오고 있는지 그 현주소를 파악해 보는 데에 큰 의의가 있다. 이론적 배경으로 제II장에서는 보다 개념적이고 인식론적 차원에서 오늘날 환경 담론의 중요성과 함께 환경 보호 담론 및 제도화의 상관관계를 다양한 환경 운동 담론 논쟁들을 통해 고찰해 보겠다. 제III장에서는 논쟁의 시발점으로 그리고 시기적 구분으로 1800년대에서 1950년대 사이 라틴아메리카 지역에서 발생한 환경 보호 담론과 제도화 그리고 이의 역사적 발전 과정을 점검해 보겠다. 물론 초창기이지만 이러한 발전 과정에서 발전해 온 환경 제도화의 과정도 추적해 보겠다. 특히 라틴아메리카 지리학과 자연 과학계의 거장인 '알렉산더 폰 훔볼트(Alexander von humboldt)'의 라틴아메리카 환경 탐험 여정을 따라 이 지역에서 환경 보호에 대한 인식의 역사적 전환을 추적해 보겠다. 이와 더불어 개별 국가 사례들, 특히 이런 전환의 중요한 사례로 충분한 분석 자료를 제공하고 있는 다양한 개별 국가들(특히, 멕시코)에서 발전해 온 환경 보호를 위한 정책적·제도적 발전에 대한 역대 정권들의 노력도 검토해 보겠다. 제IV장에서는 20세기 중·후반 라틴아메리카 지역을 둘러싸고 등장한 다양한 환경 보호 단체 및 국제기구 그리고 이들의 환경 보호를 위한 국내외 연대 활동들을 통해 발전한 다양한 정책적·제도적 노력들을 조명해 보겠다. 특히 다양한 제도적 사례 분석을 통해 이 시기에 중요하게 부각된 환경 제도(법, 정책, 기구) 및 이슈들과 문제점들을 살펴보겠다. 제V장의 논의는 정치적으로 라틴아메리카 민주화 과정과 민주화 이후 논의되어 오고 있는 환경 보호 인식에 대한 시민 사회로의 저변 확대와 환경권의 강화 그리고 환경을 이슈로한 사회 참여의 팽창과 더불어 환경 보호 단체 및 기구들의 협력 네트워크를 통한 제도적 발전 면모들과 이 과정에서 발생한 문제점들을 고찰해 보는 데에 있다.

특히, 민주화 이후 환경 보호 여론 형성과 언론의 폭발적인 주목을 받게 되는 환경 문제들, 이에 대한 사회적 인식의 확산, 시민 사회의 적극적 참여, 환경 관련 국제적 수준의 비정부 기구들과의 연대 및 이를 통한 환경 보호 정책의 제도적 접근 등을 원하는 외부 압력 등이 증가해 오고 있다. 물론 이러한 제도적 발전 과정에는 현재 다양한 한계들도 존재한다. 결론에서 이를 종합적으로 요약해 본다(제VI장).

II. 다양한 환경 담론 발전과 환경 보호 운동의 '지속 가능 발전론'

환경 보호 운동에서 담론이 갖는 의미는 매우 크다. 환경 보호 운동이 환경 보호 문제라는 객관적 문제에 대한 사회적 반응이지만 그 과정을 매개하는 사회적 행위의 의미는 담론을 통해 구성되거나 혹은 '제도화'되기 때문이다. 따라서 인식론적 공동체를 집합적으로 형성하는 과정으로서 담론의 소통은 그 자체로 환경 보호 운동의 핵심 부분이기도 하다. 라틴아메리카에서 환경 보호 운동의 담론은 역사적으로 그리고 제도적으로 어떻게 발전해 왔는가? 사실 환경 보호 운동의 제도적 담론은 그동안 다양한 담론과 융합 되면서 많은 발전을 이루어 왔다. 예를 들어, 자연 보호, 공해, 시민운동, 생명, 생태, 근래에는 지구 온난화 및 기후 변화 지구 환경 담론 등 환경 담론은 이제 '보편적 가치(universal value)' 담론으로서 뿐만 아니라 좀 더 제도적 차원으로 발전해 오고 있다(Guha 2000). 근래에 전 세계적으로 발전한 환경 보호 담론의 경우를 고찰해 보면, 첫째, 지속 가능 발전론이 급속히 확산되면서 정부, 기업, 환경 보호 운동 조직이 모두 사용하는 담론으로 발전했으며, 둘째 좌파 환경주의의 자본주의 비판 담론이 급속히 약화되었다(구도완 2006). 셋

째, 최병두(2009)의 논의대로 '환경 정의'적 담론이 발전했다.[2] 이와 더불어 근본적인 생명 및 생태 담론의 지속적인 확산 속에 오늘날 담론들은 다양한 환경 정책 제안과 환경 보호 감시 운동 등으로 발전해 오고 있다. 보다 광범위한 담론 발전의 분석틀을 제공하고 있는 드라이젝(John S. Dryzek)의 "지구 환경 정치학 담론" 이라는 저서는 이러한 노력의 결정판으로 부각된다. 드라이젝은 환경 파괴를 가져오는 산업주의 혹은 발전주의 담론을 벗어나는 환경 담론으로 개혁적이지만 그 방식이 답습적이라면 행정적 합리주의, 민주적 실용주의, 경제적 합리주의를 통해 문제 해결에는 도움이 되고, 창조적이라면 지속 가능 발전론 혹은 생태적 근대화론적 입장에서 지속 가능성이 있다고 분류한다. 하지만 이러한 두 분류는 근본적인 대안은 되지 못한다고 역설한다. 보다 생존주의적 입장과 녹색 근본주의 방식과 차원의 대안을 모색해야한다는 것이다.[3]

---

2 최병두는 그의 저서 '비판적 생태학과 환경 정의'에서 '환경 정의'의 17가지 원칙들 가운데 중요하게 다음과 같은 사항들을 포함시킨다. "환경 정의는 어머니 지구의 신성함과 생태학적 통일성, 모든 종의 상호 결속 그리고 생태 파괴로부터 자유로울 수 있는 권리를 인정한다. 환경 정의는 공공 정책이 모든 인간에게 호혜적 존중과 정의에 근거하기를 바라며, 어떤 형태의 차별과 편견으로 부터도 자유로울 수 있기를 요구한다..."(2009, 23-24). 이와 같이 환경 정의 운동은 세계적으로 환경 정의 원칙의 주창과 더불어 이를 실천하기 위하여 다인종적, 다민족적, 국가적, 국제적 공동체의 구성을 추구하였다.

3 이에 대한 다양한 논쟁은 드라이젝의 저서 "지구 환경 정치학 담론" 참조할 것. 구도완은 이러한 범주화 작업에 대해 두 가지 분류기준이 모두 산업 사회로부터의 탈피와 관련되어 있어 분류가 모호하다고 주장한다. 두 가지 차원이 어떤 점에서 상호 배제적인 두 차원인지 이해하기 어렵고, 구분 기준이 모호하며 문제 해결 담론과 지속 가능성 담론은 상호 배제적이라기 보다는 오히려 동일한 담론의 다른 측면일 수 있다고 비판한다(2006: 133). 그는 이러한 경향에 대해서 다음과 같은 설명을 들어 부연설명하고 있다. "환경 담론은 모두 과잉 생산 과잉 소비의 산업주의의 폭주 기관차를 수선해야 한다는데 동의한다. 그런데 어떤 사람들은 폭주 기관차를 약간 고치든지 속도를 좀 늦추어서 그 기차를 타고 가야한다고 본다. 또 다른 사람들은 폭주 기관차에서 내리든지 아니면 기관차를 완전히 다른 것으로 바꾸어야 한다고 주장한다"(2006: 133).

이러한 담론 논쟁의 발전에도 불구하고 오늘날 가장 광범위하게 일반화 혹은 대중화되어 있고 그리고 가장 제도적으로 발전된 환경 담론은 '지속 가능 발전론'이다. 이 담론은 경제학적 인간관을 바탕으로 산업주의와 자본주의를 더욱 발전시키면서 환경 문제를 해결하고자 하는 담론이다. 경제, 환경, 사회의 균형적인 발전을 위해 행정적 합리주의, 민주적 실용주의 그리고 경제적 합리주의의 제도화를 통해 가능하다는 담론이다. 이를 이루기 위한 정부의 환경 관리주의 혹은 제도적 접근(환경법, 정책 그리고 환경 단체, 국내외적 환경 기구, 환경 위원회, 국제 차원의 환경보호 조약 등)이 중요하다고 강조한다. 이러한 경향은 1992년 브라질의 리우회의 이후 '지속 가능 발전'이 전 지구적 이념으로 자리 잡으면서 정부·기업·시민 사회 모두 지속 가능 발전 담론을 전유하기 위해 노력해 온 것이 중요한 사례이다. 특히, 정부·기업·시민 사회의 상호 작용이 활발해지면서 운동의 제도화 경향이 급속도로 진행되기 시작했다. 오늘날 근본적으로 지속 가능 발전론은 산업주의와 자본주의적 경제 성장을 지속시키면서 과학 기술을 바탕으로 환경과 빈곤 문제를 해결하고자 하는 담론이다. "미래 세대의 요구 충족 능력이라는 개념을 도입시켜 한계의 개념을 포함시켰지만 동시에 지속적인 경제 성장을 당연시 함으로써 한계 담론을 무력화시켰다"(구도완 2006: 137). 이러한 내재적이고 태생적인 모순에도 불구하고 지속 가능 발전 담론은 지속 가능한 성장, 지속 가능한 기업 경영과 같은 녹색 성장주의 담론으로 더욱 확대 재생산되어 제도화되고 있다. 특히 지속 가능 발전 담론의 제도화 과정에서 다양한 주체들의 참여를 활성화하는 민주주의는 매우 중요하게 요구되는 사항이다. 이러한 유형의 환경 담론은 생태적 근대화론에서 정치적인 참여 민주주의의 중요성을 강조한 크리스토프(Christoff)에 의해서 주장되었다.

그는 '약한 생태적 근대화'와 '강한 생태적 근대화'라는 이분법적 유형 분석을 통해 이전 까지의 '약한 생태적 근대화' 과정의 특징은 다소 경제학적 관점에서 좁은 범위의 기술적이고 도구적이며 기술 관료적 혹은 폐쇄적인 형태로, 국가적 차원에서 단일한 헤게모니 구성으로 진행된 반면, '강한 생태적 근대화' 과정의 특징은 보다 생태학적이고 넓은 범위의 체계적 혹은 제도적, 소통적인 형태로 개방적인 심의(deliberative) 민주주의 차원에서 다양한 행위자들의 참여를 유도하는 형태라고 분석하고 있다(1996: 490; 구도완 2006: 148 재인용). 환경 담론에서 지속 가능 발전론의 제도화는 따라서 '권력을 매개로 기능하는 국가나 화폐를 매개로 기능하는 시장 체계에서 그 힘이 나올 가능성은 낮다'(구도완 2006: 149). 특히나 자유 민주주의 담론은 민주주의의 복잡성을 입헌주의 혹은 선거로 환원하는 경향이 강하므로 다소 담론 형성에서 허약한 감이 있다. 이에 반해 심의 민주주의는 새로운 환경 담론을 공공 영역에서 합리적 토론과 심의를 통해 소수자의 이해와 가치를 배려하면서 공공의 가치와 이익을 확보하는 제도화가 가능하기 때문이다.

본 논문은 이러한 이론들을 바탕으로 - 특히, 오늘날 개념적으로 혹은, 환경 담론의 제도화를 가장 역동적으로 설명하고 있는 지속 가능 발전론을 중심으로 - 라틴아메리카의 환경 보호를 위한 인식론적 담론 형성 과정과 제도적 노력 사례들을 역사적 순서에 입각해 살펴보는데 큰 목적이 있다. 라틴아메리카 지역에서 환경 보호에 대한 인식론적 담론의 시작과 발전 그리고 이의 역사 발전 속에서 함의는 무엇인가를 고찰해 보고자 한다. 개별 정부들의 환경 보호를 위한 정책적 제도적 노력과 이들 사례 분석을 통해 라틴아메리카 국가들이 얼마나 많은 노력을 경주해 왔는지 그 함의를 묻고 이와 아울러 오늘날 환경 보호를 위한 더 많은 제도적 발전을 위한 장애와 한계는 무엇인지를 전망해 보고자 한다. 특히 20세기 후반 1980년대 이후 이 지역에서 민주화와 더불어 환경 및 환경 보호 담론의 제도적 발전은 어떠한 상관관계를 가지고 있는지에 대한 물음에 적절한 해답을 찾아보겠다. 다음 섹션은 보다 역사적 과정에 입각해 라틴아메리카 식민 시대와 독립 시대(19세기 초반) 전후를 관통하면서 20세기 중반까지 라틴아메리카에서 환경 보호 담론은 어떻게 발생했고 그리고 제도적 차원에서는 어떻게 발전을 모색해 왔는지를 간략하게 살펴보겠다.

III. 라틴아메리카 환경 보호 담론의 발생: 식민 시대 이후 19세기- 20세기 초·중반

라틴아메리카 자연환경 운동은 식민 역사와 함께 그리고 18세기-19세기 이 지역의 독립과 더불어 전환점을 맞게 되었다. 사실 식민 이전 시기 이 지역의 원주민들은 그들 자신만의 자연을 활용하는 시스템을 그들의 원주민 문명 발전과 더불어 발전시켜 왔다. 하지만 그 시스템의 많은 부분은 유럽으로부터 온 정착민들과 문제를 일으키기 시작했다. 초기 식민 지배자들은 자연 보호와 보존에 대해서는 거의 관심을 보이지 않았다. 금과 은의 채취, 농산물의 확대 생산 등에만 모든 지배 에너지가 집중되었다. 하지만 이러한 경향은 18세기 들어 조금 변하기 시작했다. 식민 모국인 이베리아 반도의 스페인 군주인 카를로스 3세(Carlos Ⅲ; 1716~1788)와 카를로스 4세(Carlos Ⅳ; 1748-1819)에 이르러 식민지에서의 식물원 건립과 동식물에 대한 연구에 관심이 증가하기 시작하면서 특히 '동식물학 및 지리학계의 콜럼버스'로 불리는 알렉산더 훔볼트(Baron

Alexander von Humboldt; 1769-1859)와의 인연은 라틴아메리카 식민지 환경 보호 중요성을 일깨우는 중요한 역사적 계기가 되었다.[4] 알렉산더 훔볼트의 해박한 과학적 지식과 열의에 감탄한 카를로스 4세는 알렉산더 훔볼트에게 자신이 지배하는 라틴아메리카의 모든 영역의 땅과 바다, 하늘, 식물과 동물, 광물을 탐사할 수 있는 특권을 부여했다. 그것은 스페인이 아메리카 대륙을 손에 넣은 이후 300년 동안 한 번도 없었던 아주 특별한 일이었다.

1800년대 초기에 라틴아메리카를 탐험한(1799년-1804년) 독일 출신의 지리학자이자 동·식물 연구가인 알렉산더 훔볼트로 인해 자연환경 보호 개념은 라틴아메리카의 많은 지역에서 정착하게 된다. 프랑스 식물학자인 아이메 봉플랑(Aime Bonpland; 1773-1858)과 함께 이 지역을 5년 넘게 탐구한 알렉산더 훔볼트는 카리브 지역의 쿠바는 물론이고, 남아프리카인 아마존과 북미 지역인 멕시코의 강 유역까지 넓은 지역을 탐사하였다(그림 1 참조). 비록 그의 초기 목적은 그 당시까지 서구인들에게 알려지지 않는 지역을 탐험하고 지도를 제작하는 것이었지만, 열대 기후 자연의 훌륭함을 발견했을 때 그의 계획은 환경적인 방향으로 전환되었다.

그의 탐험 여정을 따라가 보면, 1802년 훔볼트는 안데스 산맥의 최고봉 침보라소(높이 6,267미터)를 탐험한 후 현재의 에콰도르의 성곽도시 쿠엥카와 말라리아 특효약의 원료가 되는 기나나무 서식지로 유명한 로하(Roja), 태평양 연안의 트루히요(Trujillo), 아마존 상류의 마라뇬 강,

4 카를로스 3세는 그의 재임 시 마드리드의 시민들이 오폐수를 창문 밖에 버리는 것을 금지하였다. 이와 함께 무역과 산업의 성장을 억제하던 오래된 법을 폐지하였고, 도로, 수로 등 기반시설을 지었다. 이러한 조치들은 환경적 고려와 더불어 스페인이 예전보다 좀 더 번영하도록 하였다.

잉카제국 제2의 왕도이던 카하마르카 등을 거쳐 1802년 10월23일 태평양 연안의 항구도시 리마(Lima)에 닿았다. 이 코스는 오래전 잉카인들이 다니던 행로로 훔볼트는 여러 차례 이 행로를 따라 고고학적 발굴을 시도 했다. 그가 남긴 데이터들과 기록에는 인디헤나와 야마(낙타과의 동물), 지진과 쓰나미, 광산, 천연두 백신, 잉카인이 비료로 사용하던 바다새의 배설물(구아노) 등에 대해 자세히 관찰되어 있다. 1802년 12월에는 페루의 리마 외항 카야오(Callao)에서 배를 탄 훔볼트 일행은 에콰도르 과야킬까지 해수 온도와 해류의 이동을 관찰하면서 이동했다. 이 과정에서 훔볼트는 해류의 안쪽과 바깥쪽의 온도 차이가 크다는 사실을 주목하고, 그것이 페루 내륙 지역을 건조하게 만드는 이유라는 사실을 발견했다. 그때부터 이 지역 의 해류를 '훔볼트 해류'라고 부른다. 이후에 그의 이름은 그가 발견한 지역과 강, 산, 해류 등에 붙여졌고, 그를 기리는 도시 또한 그의 이름을 빌렸다. 심지어 달에 있는 바다에도 그의 이름이 붙여졌을 정도였다.[5] 이 외에도 훔볼트는 남아메리카의 원주민 부족과 함께 일하면서 그 지역에서 의학적 가치를 가진 많은 식물에 대해서 배웠고 유럽 정부들에게 그러한 자연자원에 대한 보호를 시작해야 한다고 권고하였다 (Humboldt 1811).[6]

---

5 그에게서 깊은 영향을 받은 찰스 다윈은 그가 죽은 바로 그해에 진화론의 출발점이 된 '종(種)의 기원'을 출간했고, 루이 파스퇴르는 저온 살균법을 개발했다. 그의 탄생 100주년이 되는 1869년 9월14일에는 여러 나라에서 기념행사를 열었다. 뉴욕시에서는 2만5000명이 지켜보는 가운데 그의 동상 제막식이 거행됐고, 미국의 보스턴에선 그의 업적을 기리는 강연회가 열렸다. 그는 세계 각국에서 '과학적 여행가 가운데 최고'라는 평가를 받았다.

6 훔볼트의 인생에서 가장 빛나는 부분은 5년간에 걸친 열대 아메리카 대륙 탐험 조사이다. 그가 이룩한 신대륙의 과학적 발견은 30권에 이르는 방대한 보고서로 정리돼 있다. 말년에 쓰기 시작한 5권짜리 대작 '코스모스(우주)'는 미완성으로 끝났으나 여러 언어로 번역되어 출판되었다.

<그림 1> 홈볼트의 라틴아메리카 탐험 여정, 19세기 초

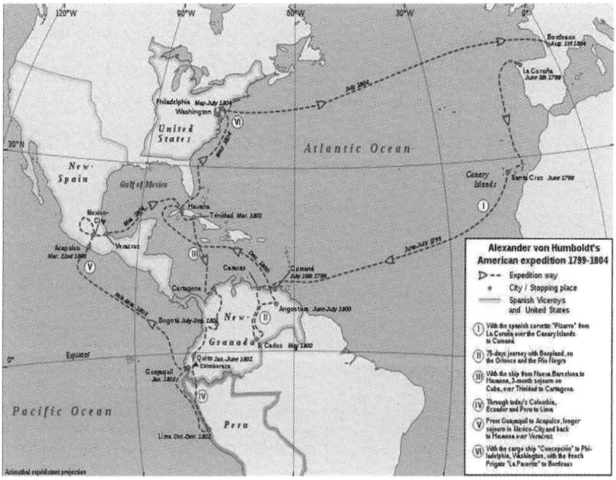

출처: http://en.wikipedia.org/wiki/File:AvHumboldts_Americatravel_map_en.svg

몇몇의 보수 전통주의 식민 지배자들은 알렉산더 훔볼트가 지적한 자연 및 산림 파괴의 위험성에 대해서 알게 되었고, 그들은 이 지역에서의 끊임없는 산림 벌채 현상에 대해 비판적으로 문제점을 지적하기 시작했다. 하지만 이러한 환경 위기에 대한 인식과 옹호자들은 이후 그들의 경제적 혹은 사회적 관점에서 환경 보호는 현실적으로 불가능하다는 사실을 인식하게 되었다. 초기의 낭만주의적 시각은 식민 지배 이데올로기와 부합하기 않았기 때문이다. 에즈꾸라에 의하면, '비록 알렉산더 훔볼트가 산림 파괴에 대한 부정적인 결과를 제시하였을지라도 이 지역의 지배 계층들에게 산림이 제공하는 다양한 환경적 기능과 역할에 대한 지식은 부족했다. 반면에, 천연자원의 무자비한 개발과 파괴는 식량과 땔감으로 사용하기 위해 삼림을 활용하는 원주민들의 탓으로 돌려졌다'(Ezcurra, 1999).

앞에서 언급했듯이, 이 식민 시기 동안 라틴아메리카 자연환경 보호 담론 발전은 몇몇 엘리트들의 낭만주의적 시각과 함께 '약한 생태적 근대화' 과정의 주요 특징인 다소 식민 지배 형태 및 과정에서 드러난 약탈 경제적 관점에서 좁은 범위의 기술적이고 도구적이며 몇몇 엘리트들을 포함하는 관료적 혹은 폐쇄적인 형태로 발전했다. 특히 몇몇 군주들의 관심과 국가적 차원에서 단일한 헤게모니의 구성 속에서 진행되었음을 엿볼 수 있다. 물론 이러한 형태의 담론은 사회 전체적 차원에서 폭넓은 제도화로 이어지지 못한 한계를 지니고 있다. 그럼에도 불구하고 초기 낭만주의적 환경 보호 담론은 몇몇 제도적 발전을 이루기도 했다(Christen et al. 1998). 이런 제도적 노력들을 개별 국가들에서 살펴보면 다음과 같다. 멕시코에서는 '산림의 사도(El Apóstol del Arbol)'로 알려진 미겔 앙헬 데 께베도(Miguel Ángel de Quevedo; 1859-1946)가 환경 보호 운동의 제도화 노력의 대표로 언급될 수 있다. 께베도(Quevedo)는 새로운 산림 위원회인 '훈타 센트로 데 보스께스(Junta Central de Bosques; JCB)의 대표였다. 이 위원회는 라틴아메리카에서 첫 번째 환경 기구로써 널리 알려졌으며 가장 성공한 환경 보호 기구중의 하나가 되었다. 설립과 더불어 이 위원회는 멕시코 정부의 공식적인 산림 정책 자문 기구가 되었고, 멕시코 천연자연 보호를 위한 국가의 원조도 받게 되었다. 그 동안 께베도는 멕시코 강 유역의 '숲 다시 만들기' 사업을 통해서 멕시코 민중의 환경 리더가 되었다. 아울러 그는 '로스 비베로스 데 코요아깐(Los Viveros de Coyoacán)' 지역에 대형 묘목장을 설립하였고, 1914년까지 매년 2백만 그루 이상의 나무를 심었다. 께베도는 멕시코 자원 보호 정책 발전에도 큰 역할을 하여 1917년 멕시코 혁명 헌법은 자연 보호 항목을 포함시킬 정도였다(Ezcurra, 1999). 이와 더불어 이 시기 동안 멕시코에서 국립 공원들이 생겨나기 시작했다. 첫 번째 국립 공원인 '데시 에르또 데 로스 레오네스(Desierto de los Leones)'가 1917년에 개장하였다. 공원의 이름은 '황무지에서도 집 한 채는 있어야한다(Una Casa de Desierto; A House in the Wilderness)'고 명명한 가톨릭 카르멜회의(Carmelite) 수사들에게서 유래 되었으며, 이 공원은 베네스티아노 까란사(Venustiano Carranza; 1859-1920) 대통령의 산림 보호 법령이 선포된 후에는 멕시코의 공식적인 국립 공원이 되었다.[7]

이후에도 멕시코의 환경 보호 노력은 지속되었다. 까란사 대통령의 후임인, 라자로 카르데나스(Lázaro Cárdenas; 1895-1970) 대통령도 멕시코 자원 보호를 위해 계속적으로 노력했다. 1936년부터 1939년까지 카르데나스 정부는 20개 국립 공원 건립과 강 유역의 보호 지대를 만들기도 하였다. 하지만 국립 공원 건립은 서류상에 지나지 않았으며 보호 지대 지정만으로는 증가하는 산림 파괴를 중단하지도 못했다. 새로 건립된 국립 공원이라 할지라도 얼마 지나지 않아서 삼림 파괴가 시작되었다. 대표적인 예를 들자면, 1946년 멕시코의 최대 제지 업체 중 1개가 수목 벌채에 대한 허가를 받았고 그 작업은 이후 6년 동안 지속되었다(Ezcurra, 1999). 멕시코에서 환경 보호 담론의 초기 제도적 노력은 국립 공원 형성 및 환경 보호 지역 지정 등의 노력으로 이어졌지만 여전히 환경 파괴는 제도적 접근 노력 부족으로 보호되지 않았다. 멕시코뿐만 아니라 여타 다른 라틴아메리카 국가들도 비록 초기 단계이기는 하지

7 멕시코의 정치가로 1910년-1917년 사이 멕시코 혁명에 참가하여 주지사로 선임되었다. 1913년 장군 빅토리아노 우에르타(José Victoriano Huerta Márquez, 1850-1916)가 반혁명 쿠데타 를 일으키자 입헌 혁명파의 지도자가 되어 1914년 우에르타 반혁명 정부를 타도했다. 1917년 멕시코 혁명 헌법 제정 후 대통령에 선출되었으나 보수적인 정책으로 지지를 잃었다.

만 국립 공원 건립과 자연 보호 지역 지정과 같은 환경 보호에 대한 제도적 노력은 진행되었다. '서반구의 자연 보호와 야생의 보존에 관한 협약(Convention on Nature Protection and Wildlife Preservation in the Western Hemisphere, 1940)'을 통해서 라틴아메리카 국가들은 국립 공원 건립과 자연 보호 지역 지정과 같은 환경 보호에 대한 제도적·정책적 노력을 공식화하기도 했다. 하지만 실질적인 이행의 측면에서 보면 여전히 환경 파괴는 지속되었다.

이러한 한계를 극복하기 위해 환경 보호에 대한 제도적 노력은 20세기 중반으로 접어들면서 좀 더 과학적인 환경 보호 운동 형태로 발전하기 시작했다. 이러한 움직임은 또한 각 지역 사회와 연결된 환경 보호 네트워크 활동으로 연결되어 갔고 여러 라틴아메리카 국가들은 그들의 자원을 개발로부터 보호하기 위해서 결정적인 역할을 해야 한다고 주장하는 움직임이 나타나기 시작하면서 좀 더 가속화되었다.

Ⅳ. 라틴아메리카 환경 보호 담론의 제도적 발전: 20세기 중·후반

1950년대 들어 라틴아메리카 지역의 환경 보호 운동은 좀 더 과학적으로 변모한다. 1952년 멕시코에서는, 생물학자 엔리케 벨트란(Enrique Beltrán; 1903-)이 '멕시코 재생 가능한 천연자원 연구 센터(El Instituto Mexicano de Recursos Naturales Renovables.; IMERNAR)'를 설립하여 천연자원 활용을 통제 및 지속 가능한 개발을 도모하였다(Simonian, 1995: 133). 그 동안에, 에콰도르에서는 유네스코(UNESCO) 및 세계 보존 연맹과 함께 연구를 진행하던 한 과학 단체가 '종의 기원'으로 잘 알려진 찰스 다윈(Charles Robert Darwin; 1809-1882) 재단을 설립하였다. 1959년에 설립된 이 재단은 환경 연구와 교육을 통해서 에콰도르의 '갈라파고스(Galapagos Islands)' 의 생태계를 보존하는 역할을 하기 시작했다. 갈라파고스 국립 공원에 위치한 이 재단의 본부에서는, 찰스 다윈이 100년 전에 했던 것처럼, 세계 각지에서의 과학자들에게 갈라파고스 제도를 경험할 수 있는 기회를 제공했다. 아울러 이 재단은 라틴아메리카 학생들과 전 세계로부터 오는 관광객들에게도 교육의 기회를 제공했다. 다윈과 갈라파고스 생태담론 그리고 재단 설립과 환경 생태 보호 교육을 통한 제도적 노력 등이 시너지 효과를 내기 시작한 것이다.

<그림 2> Giant Grebe

출처: http://en.wikipedia.org/wiki/Pied-billed_Grebe

자연 보호를 위한 다른 차원의 제도적 노력들도 등장 발전했다. 정책적 차원과 더불어 환경 보호 기구들의 활발한 활동이 전개되기 시작한 것이다. 예를 들어, '세계 야생 기금(World Wildlife Fund; WWF)'은 1961년 미국에서 창설되었으며 라틴아메리카의 환경에 포커스를 맞추었다. 첫 해에 진행된 세계 야생 기금의 다섯 가지 프로젝트 중에서 두

개가 라틴아메리카를 위한 것이었으며 그중 가장 큰 프로젝트는 과테말라의 'Giant Grebe' (일명 '아티틀란 논병아리; Atitlán Grebe' 그림 2. 참조)의 생태 보호를 위한 것이었다.[8] 같은 해 세계 야생 기금은 콜롬비아 환경 보호 단체와 자연 보호 지역을 지정하는 데에도 많은 지원을 하였다. 라틴아메리카의 자연환경 보호를 위한 노력에는 비정부 기구(NGOs)를 비롯하여 국제 조류 보호 위원회(International Council for Bird Preservation), 국제 자연 보호 연맹(International Union for the Conservation of Nature) 등이 열정적으로 참여하였다. 세계 야생 기금이 라틴아메리카 지역에 많은 관심과 지원을 집중시킨 이유는 이 지역에서 환경 연구를 위한 민간 시민 환경 활동 부문의 발전, 혹은 개별 정부의 계획이 다소 부족했기 때문이다. 세계 야생 기금은 이 지역 서식 동물들의 중요성에 대한 관심을 증가시켰고 민간 부문이 참여할 수 있는 분위기를 조성하였다.

좀 더 다른 차원의 환경 이슈 중심 사례로 접근해 보면, 미국 조류학의 아버지라고 부르며 미국에는 그의 이름을 붙인 유명한 자연 보호 단체인 '국립 오듀본 협회 (National Audubon Society)'의 경우, 중미의 벨리즈에 지사를 설립하기도 했다.[9] 이 미국의 환경 보호 기구는 벨리즈의 다양한 조류를 살리는 것뿐만 아니라 그들이 살고 있는 서식지 보존을 위한 연구를 진행하기도 했다. 사실 이러한 환경 단체들은 미국의 '가톨릭 주교 협의회'에 의해서 많은 지원을 받았다. 1965년에 미국 '가톨릭 주교 협의회'는 라틴아메리카와 카리브 국가들을 위한 자금 모금도 실

8 수중 조류인 Giant Grebe, 또는 Pied-billed Grebe (PodilymbusPodiceps)로 불리었으나 현재는 멸종됨(그림 2).

시하였다. 이 환경 보호 자금을 통해서 라틴아메리카 전체적으로 다양한 환경 사업을 펼쳤다. 특히 가톨릭교회는 환경 보호에 대해서 라틴아메리카 국가들과 지역 단체가 환경에 대해서 중요성을 인식할 수 있도록 하는데 중요한 선구자 역할을 했다. 이러한 영향을 받아 라틴아메리카의 국교인 가톨릭은 환경 교육 및 환경 보호 활동을 적극적으로 전개하는 한편 제도적으로 환경 보호를 합법화하는데에도 성공하였다. 환경에 대한 관심뿐만 아니라 이의 정책적 반영 그리고 제도적 접근이 진행되면서 라틴아메리카 몇몇 국가는 환경 이슈가 최우선적이라는 사실을 인식하였다. 많은 개별 국가들의 환경 보호에 대한 제도적·정책적 노력들을 보면 다음과 같다.

코스타리카를 포함한 몇몇 국가들에서도 과거의 환경 제도 및 정책의 불이행성 문제를 개선하기 위한 노력들을 시작했다. 일종의 구조적 제도 개혁을 시작한 것이다. 예를 들어, 1961년에 코스타리카는 토지 개혁을 담당할 기관과 이의 정책적 도입을 통해 환경 보호 운동을 유도했다. 토지가 없는 농촌 공동체에 토지 재분배를 실시하기 위해서 '식민지와 토지 연구소(Instituto de Tierras y Colonización; ITC)'를 설립했다. 이와 유사한 토지 개혁은 온두라스에서도 일어났지만 큰 성과는 거두지 못했다. 대다수의 경우 원주민들에게 다시 돌아간 토지는 경작을 위

---

9 존 오듀본(John James Audubon, 1785~1851)은 도미니카의 산토도밍고 출생으로 화가로서 새에 대한 흥미를 가지고 많은 시간을 채집·관찰·묘사에 쏟았으며, 후반의 생을 조류 화가 및 연구가로 지냈다. 489종 1,065마리에서 435매의 사실화를 얻어 '미국의 새들 The Birds of America(전 4권, 1827~1838)'에 수록하여 출판하였다. 그 밖에 '조류학적 전기 (Ornithological Biography)'와 포유류를 그린 '북아메리카의 포유류(The Viviparous Quadrupeds of North America; 전3권, 1845~1848)'도 유명하다. 미국에는 그의 이름을 붙인 유명한 자연 보호 단체인 국립 오듀본 협회(National Audubon Society)가 있고 100여 개의 지부가 있다.

해 활용하기에는 미미한 수준이었다. 하지만 코스타리카처럼 제도적 혹은 정책적 개혁을 통해 환경 보호를 위해 노력하던 국가들은 유엔(UN)의 적극적인 지원을 받을 수 있었다. 유엔은 환경 문제에 대한 직접적인 협약 혹은 활동 법안을 가결하는 기구였기 때문이다. 그 당시 유엔과 더불어 이루어진 협정 및 협약은 '라틴아메리카 산림 연구 교육 센터 설립 협정'(1959), '라틴아메리카 핵무기 금지 조약'(1967), '멸종 위기 야생 동식물종의 국제 거래 협약'(1973), '아마존 공동 협력 조약'(1978) 등이었다. 이러한 국제적 지원에 힘입어 라틴아메리카 환경 보호 활동은 라틴아메리카에서 비정부 기구들 그리고 개인들이 환경 보호에 대한 의지를 키울 수 있도록 만들었으며, 이러한 변화와 더불어 라틴아메리카 개별 국가들은 새로운 환경 보호를 위한 제도적 기준을 마련하기도 했다(Hillstrom et al. 2004).

1961년 농작물과 환경간의 관계를 연구하는 농학자였던 호세 룩셈베르거(José Lutzenberger)는 '자연환경 보호를 위한 가우초 단체' 기구 설립을 통해 브라질의 환경 전문가 그룹들과 함께 브라질의 환경 보호 운동을 시작했다. 이 전문가 그룹들은 브라질 역사상 처음으로 만들어진 환경 기구였고 동시에 비영리 단체였다. 룩셈베르거는 브라질 환경 분야에서 저명한 인물이 되어 갔고 그의 저서 '미래의 종말: 브라질의 생태 선언문'은 국내외적으로 많은 관심을 받았다.[10] 1987년에 룩셈베르거는 브라질의 '가이아 파운데이션(Gaia Foundation; 지구의 근본원리)'이라는 단체를 설립했다. 이 단체는 브라질의 지속 가능한 발전 농업과 재활용을 통한 환경 보호에 많은 노력을 기울였다.

---

10 http://blog.giselebundchen.com.br/en/planeta/titulo-do-post-de-teste/ 참조.

브라질의 열대 우림에서 이루어진 무분별한 고무액 채취는 현지의 농부들의 경작 혹은 그들의 환경에 부정적인 결과를 가져왔다. 이를 보호하기 위해 노력한 이가 치코 멘데스(Chico Mendes; 1944-1988)이다.[11] 그는 브라질 농촌 공동체에서 고무 채취 노동자 조합(Xapuri Rural Workers' Union)을 만들어서 농촌의 고무 노동자들의 권리를 보호함은 물론, 아마존 열대 우림의 환경 보호를 위해 선두에 서서 고무액 채취자들의 고무 산업 중단을 위해 그리고 고무 채취 산업의 사양과 더불어 새롭게 등장한 가축방목장의 증가로 아마존이 훼손되고 토지오염이 증가하는 것을 방지하기 위해 노력을 했다. 그를 이어 이후에 브라질 사회에는 수많은 환경 보호 담론과 제도적 노력 및 환경 보호 활동들이 증가하기 시작했다.

멕시코에서는 정부 기관과 민간 단체가 연합해서 '환경주의(environmentalism)'의 제도화가 지속되었다. 1972년에 환경 및 인권 운동가였던 이반 레스테포(Iván Restepo)가 '생태 발전 센터(Centro de Eecodesarrollo)'를 설립하여 일반 시민들에게 출판물을 통해서 환경 문제에 대한 경각심을 불러 일으켰다. 또 다른 환경 단체인 멕시코의 '환경 연구소'는 1974년 곤잘로 할프터(Gonzalo Halffter)에 의해서 설립되었으며, 멕시코에서 '환경주의' 담론 형성과 이의 목적을 달성하기 위해서 정부 기관 및 환경 단체들과 직접적으로 환경 보호를 위한 많은 일들을 진

11 치코 멘데스의 본명은 Francisco Alves Mendes Filho Cena이나 Chico Mendes로 더 알려져 있다. 오늘날 그의 환경에 대한 업적은 아마존 밀림에서 2백만 에이커에 달하는 보호 지역인 'Chico Mendes 환경 보호 지역'을 비롯한 많은 부분에서 아직도 살아 있다. 치코 멘데스 관련 저서들로는 1989년 멘데스 본인의 자서전 성격인 '산림을 위한 투쟁', 1990년 쇼마토프 (Shoumatoff)의 '세계는 불타고 있다: 열대 우림에서의 살인', 1997년 콜린손(Colinson)의 '그린 게릴라' 등 다수 존재한다.

행하였다(Carruthers, 1996: 1008). 특히, 이들의 첫 번째 중심 목표는 정책적으로 환경 평가를 제도화시키는 것이었다. 이들이 완성한 환경 평가서는 멕시코에서는 처음으로 실시된 것이었다. 1970년대 이후 멕시코에서 제정된 대다수의 환경법은 1970년부터 1982년 사이 집권한 루이스 에체베리아(Luis Echeverria 재임: 1970년-1976년)와 호세 로뻬스 포르띠요(José López Portillo, 재임 1977년-1982년) 정권들의 제도적·정책적 노력이라고 할 수 있다. 국제적 관심을 불러온 멕시코의 급진적 산업화와 이의 영향으로 발생한 심각한 대기 오염은 에체베리아 정권이 환경 보호 정책과 다양한 환경 사업에 더 많은 시간과 자원을 투자하게 만들었다. 1971년 에체베리아 정부는 멕시코 환경 보호법을 제정하였고, 그의 뒤를 이은 로뻬스 포르띠요 정부는 '환경 개발 사무국'을 창설했다.

다른 라틴아메리카 국가들과 민간 부문들도 환경 문제 해결을 위해서 창의적인 방법을 고안하였다. 과테말라의 경우 1979년 "세계 문화 및 자연 유산 보호 협약"에 서명을 했고 얼마 지나지 않아서 그들의 역사상 처음 국립 공원인 티깔 국립 공원(Tikal National Park)을 지명했다. 이 국립 공원은 1995년까지 존재했다. 이와 같은 환경 보호에 대한 정책적·제도적 노력들은 라틴아메리카 환경 보호를 위한 매우 의미 있는 변화를 대표한다고 볼 수 있다.

자연 유산으로서의 환경을 보호하고 이해하려는 노력은 다른 국가들에게도 이와 유사한 정책적 접근을 하도록 만들었다. 1977년 아르헨티나의 과학자 그룹과 교육자들 그리고 사적 부문의 사업자들이 공동으로 급변하는 환경 상황에 대응하기 위해서 '아르헨티나 야생 재단(FVSA)'을 설립했다. 이 재단은 농업 발전 기금과 교육을 통해서 아르헨티나의 생물 다양성 보존을 위해서 활동했다. 그리고 민간 및 산업 부문과 협력하여 공동 자금을 형성해 공원과 자연 보호 지대를 만들었으며 아르헨티나 환경에 대한 보고서를 출판하기도 했다. 세계 야생 동물 기금은 아르헨티나 야생 재단 등의 단체와 연계하여 라틴아메리카에서의 위치를 더욱 공고히 하였고, 그 당시 세계 야생 동물 기금의 가장 큰 프로젝트 중 한개는 브라질 아마존에서 시작된 '생태계 최소 위험 지수 프로젝트(Minimum Critical Size of Ecosystems Project)'였다. 이 프로젝트를 통해 라틴아메리카와 북미 출신 환경 활동가가 함께 참여하였으며, 라틴아메리카의 환경 파괴 문제에 대한 북미 환경 전문가들의 경고뿐만 아니라 이 두 개의 대륙이 지속적으로 환경 정보를 공유할 수 있는 환경의 국제 협력 기반을 제공하였다. 이러한 과정을 통해서 20세기 후반 라틴아메리카에서 다양한 환경 보호 기구들과 환경 보호 활동들이 점점 제도적으로, 정책적으로 왕성해지는 변화가 시작되었다.

V. 라틴아메리카 민주화와 환경 보호 담론의 지속 가능성: 제도 발전과 다양한 사례 분석

산업화와 발전주의 인식의 팽창 그리고 다양한 개발과 더불어 점증하는 환경 파괴에 대한 걱정과 우려는 20세기 후반 들어 라틴아메리카 국가들이 직면한 최대의 환경 이슈이자 환경 위기 담론이었다. 비록 환경 보호를 위한 수 많은 비정부 기구(NGOs)들이 늘어나 사회적 인식의 전환을 위한 많은 활동을 시작했지만, 이들의 수가 증가 한다는 자체가 환경 파괴가 점점 심화되어 간다는 반증이기도 했다. 1980년대 초반 민주화와 더불어 점점 증가하는 환경 파괴에 대한 일반 시민 사회에서의 위기 의식은 환경을 이슈로 한 사회 운동의 증가로 이어졌다. 물론 사회적으로 대중적 여론을 담론화해 점차 민선 정부의 중요 정책 분야로 이동시켰으며, 라틴아메리카 정부들은 다양한 형태로 환경 보호 기구들을 제도화하는 한편, 기존의 환경법 등 관련 법률들을 정비하기 시작했다. 특히 각 지역 천연자연 보존을 위한 많은 환경 법규들이 만들어지기 시작한 것은 이러한 예증이다. 좀 더 개별 국가들의 사례를 보면 다음과 같다.

20세기 후반 들어, 라틴아메리카 국가들 중에 변화하는 환경 추세에 가장 능동적으로 대처한 국가는 역시 멕시코이다. 1980년대 멕시코 정부와 민간 부문에서 자연 보호 활동이 점차 증가하기 시작했다. 기존의 형태와는 다른 형태의 새로운 환경 보호 단체가 설립 되었는데 이는 환경에 대한 문제 인식과 관심이 점차 개방적인 형태로 다른 영역인 교육, 문화, 예술 그리고 사회학적 영역으로 확대해 갔음을 의미한다. 특히 1981년 멕시코 환경학자들이 설립한 '프로나투라(ProNatura; 친-자연)'의 경우, 환경 보호와 환경 교육을 통한 다양한 노력이 이루어진 사례이다. 특히 이 시기를 통해 설립된 다른 환경 단체들은 1980년 친-황제나비(Pro-Mariposa Monarca)그룹, 1981년 '멕시코 생태학자 운동(Mexican Ecologist Movement)', 1982년 '생물군집(Biocenosis)그룹', 1984년 '국가 생태학자 연합(Alianza Ecologista National; AEN)', 1985년 '100인 그룹(Grupo de los Cien)' 등이 존재했다.[12] 이들이 환경 보호 운동에 참여함으로써 대중적 인식 기반의 확대와 사회 담론화 그리고 광고적 효과로 환경 문제의 사회적 인식 상승에 엄청난 효과가 발생하였다(Ezcurra 1999). 멕시코 생태학자 운동과 '코요아칸 생태학 협회(Ecological Association of Coyoacán)'를 포함하여 멕시코의 여러 환경 단체들은 지역과 지방을 대표하는 환경 단체들로써 그리고 다양한 여론과 대중적 담론을 형성하여 정부의 환경 정책에 막대한 영향을 주는 환경 단체들로서 기능과 역할을 수행했다(Hillstrom et al. 2004). 1990년대 후반에 들어서는 이러한 단체나 기구가 1,000개 이상 설립되었고 이러한 단체에는 다양한 시민 사회 단체는 물론 중산층의 참여가 두드러졌다. 이러한 환경 단체들은 정부 기구나 제도권으로 포섭되는 경우는 드물었고, 순수하게 그 지역과 지방에서 중요한 환경 문제에 집중했다(Simonian, 1995). 여전히 좁은 범위의 기술적이고 도구적이며 기술 관료적 혹은 폐쇄적인 형태로 단지 지역적 차원에서 환경 보호 문제가 다루어지고 있었다.

하지만 이러한 '밑으로부터 환경 보호 운동' 흐름을 정책적·제도적으로 그리고 국가적 차원으로 수용한 멕시코 정부는 1982년 미겔 데 라 마드리드 정권과 1988년 카를로스 살리나스 정권이 대표적이다. 이 두 정권의 환경 리더십은 멕시코의 환경 보호 발전에서 또 다른 세대적 발전(환경 보호 운동의 제2세대)을 이루었다고 평가받는다. 환경 이슈와 환경 문제들은 이 두 정부의 정책 결정 과정에서 최우선적 고려 대상이었고 다양한 정부 기관들은 환경 보호에 전념하면서 새로운 환경 규제와 프로그램을 만들었다. 예를 들어, '멕시코 환경 및 도시개발청(Secretaria de Desarrollo Urbano y Ecologia; SDUE)'은 1984년 멕시코 환경 보호법을 제정했다. 이 보호법은 대기에 자동차 배기가스 방출과 천연자원 활

12 친-황제나비(Pro-Mariposa Monarca)그룹의 경우, 멕시코에서 매년 11월 월동을 하는 황제나비의 종의 보전과 생물 다양성 보호를 위해 결성되었다. 멕시코의 중서부 위치한 미초아깐 (Michoacán)에 마리포사 모나르까(Mariposa monarca,황제나비)가 있다. 이 나비의 특징은 겨 울 동안 멕시코에서 생활하다 봄이 되면 미국 북부 또는 캐나다 남부까지 이동하는데 다시 추워지면 남하하여 멕시코에서 생활한다. 현재 국립 공원으로 지정되어 보호 중이다. '100인의 그룹'은 작가이자 외교관인 호메로 아리히디스(Homero Arijdis; 1940 -)에 의해 결성되었고 이 당시 멕시코에서 저명한 예술가와 지식인 100여명이 이 그룹의 멤버들로 참여했다.

용에 대한 포괄적인 기준을 마련하였으나 그리 큰 실효는 거두지는 못했다. 좀 더 구체적인 예를 들자면, 1983년 멕시코의 많은 환경 단체들과 활동가들은 멕시코 정부에게 멕시코시티로부터 남서부에 위치한 산앙헬(San Angel)지역의 토착 동·식물종 보호를 위해 법을 제정해야 한다고 주장하였다. 1985년 멕시코 정부는 이러한 시민 사회 단체들의 여론을 좀 더 제도적으로 수용하기 위해 '국가 환경 위원회'를 설립하였고, 이 위원회는 멕시코 국내에서 문제가 되는 다양한 환경 이슈를 평가하고 이에 적극적으로 대응하면서 급속하게 증가하고 있었던 국내 환경 단체들과의 의사소통 창구 역할을 하였다(De Voss 1986).

멕시코 환경 보호 담론 및 여론 형성과 이의 제도적 성장을 바탕으로 한 많은 환경 보호 노력들과 환경 보호 단체들의 활동 증가는 점점 라틴아메리카 전역으로 확산되어 나갔다. 다음장에서 다루어지는 내용들은 1980년대 이후 그리고 오늘날 여러 라틴아메리카 개별 국가들에서 발전해 온 환경 보호 활동들과 정책의 제도화 사례들이다. 요컨대, 이러한 환경 보호 활동들과 제도적 노력들은 라틴아메리카 개별 국가들 내부에서 환경이라는 주제가 일반 시민 사회의 일상적 삶과 문화 속에서 어떻게 적절히 담론을 형성하고 좀 더 제도적으로 융합해 들어갔으며 이러한 과정에서 환경 보호 단체들의 중요성과 그리고 이들 간의 환경 보호 협력 네트워크가 얼마나 중요했는지를 보여주는 중요한 사례들이었다.

1980년대 이후 카리브 지역 국가들의 경우, 많은 환경 운동 담론과 국가와 환경 단체 그리고 대외적으로 유엔의 다양한 환경 프로그램 지원 등 제도적 발전이 함께 어우러져 발전했다. 예를 들어, 1974년 유엔 환경 프로그램(UNEP)은 이 지역에 카리브 '지역 해양 사무소(Regional

Seas Office)'를 설립하고 이 해양 사무소를 통해 카리브 해양 국가들의 자원 보존과 환경 협력을 지원하는 역할을 하였다. 좀 더 상세히 살펴보면, 라틴아메리카 경제 위원회(ECLAC)와 유엔의 환경 관련 기관들 그리고 지역의 환경 단체들과의 연계는 유엔 해양 지역 환경 프로젝트를 통해 '66장기 계획(sixty-six long-term)'을 실시하게 했다. 이 프로젝트는 이 지역에서 통제되지 않은 해양 오염, 급속한 환경 파괴 및 토양 침식, 적절하지 못한 환경 보호 시스템, 동식물군의 멸종 위기, 카리브 지역에서의 환경 보호에 대한 무지, 등 다양한 이슈를 다루었다(Mosher 1986). 또한 유엔 환경 프로그램은 1981년에 '카리브 실행 계획(Caribbean Action Plan; CAP)'수립을 적극적으로 지원하였고 이 플랜은 카리브 27개국 중에서 25개국 정상이 참여한 환경 회의의 결과이기도 했다. 카리브 실행 계획의 첫 번째 목적은 카리브 지역의 천연자원을 보존하기 위한 구체적인 행동 전략 수립이었으며 이들의 활동은 다방면에서 이루어졌고 이후 여러 긍정적인 성과를 달성하게 되었다(Mosher, 1986: 236). 이러한 성과의 대표적인 예로는 카리브 해양 지역에서 만일 있을지 모르는 오일 유출 사태에 대해서 향상된 계획 수립을 한 것이다. 또한 카리브 국가들 사이에서 가 장 성공한 활동 단체인 '카리브 환경 보전 협회(Caribbean Conservation Association; CCA)'를 적극적으로 지원한 것이었다.[13]

13 오늘날 바베이도스에 본부를 두고 있는 카리브 환경 보전 협회는 카리브 지역 16개국에서 참여하는 일반 시민들의 적극적인 참여로 구성된 협회이며, 유엔 환경 프로그램으로부터 재정지원을 받아서 지역의 기관과 전문가들과 공동으로 카리브 지역을 위한 환경 교육 안내책자를 출판 배포 하는 일을 담당하고 있다. 대중 교육을 위해 환경 보호 프로그램을 라디오 프로그램 시리즈로 제작하거나 환경 언론의 조성과 미래의 환경 교육자 양성을 위한 활동 등 다방면의 노력을 경주하였다.

좀 더 다양한 개별 국가들에서 환경 보호를 위한 제도적 노력들과 실질적인 환경 보호 활동들을 살펴보면, 남아메리카 베네수엘라 정부의 경우 1985년에 제정된 환경법을 개헌하였다. 그리고 당시 대통령 하이메 루신치(Jaime Lusinchi; 1984-1989)는 독립 기념일 연설에서 환경의 지속 가능한 발전을 강조하며 베네수엘라의 자원은 한정되어 있으므로 다음 세대를 위해서 더욱더 효율적으로 자원을 활용해야 한다고 주장하기도 했다. 인구 만 명이 거주하는 칠레의 아타까마 지역(Atacama Region)의 작은 연안에 위치한 농촌 공동체 차냐랄(Chañaral)에서는, 1987년 환경 운동가와 소규모 농촌 공동체가 '칠레 구리 회사(National Copper Corporation of Chile; NCCC)'에 맞서 환경 소송에서 승리하기도 했다. 사실 칠레 구리 회사는 구리 생산에 있어서 세계적 기업이었다. 이 소송 건은 토지 소유자들과 환경 운동가들이 대기업에 대항해서 싸워 이긴 것뿐만 아니라, 환경 이슈의 중요성과 인식이 점차 농촌 공동체 및 시민 사회로 확대에 나가 다양한 행위자들의 환경 운동 참여와 상호 연대가 필요하다는 것을 입증한 사례였다. 구리 생산은 아황산가스를 배출하는 것으로 악명이 높았고 그 결과로 인해 대기와 수질의 오염이 발생했기 때문에 환경 운동 단체 및 활동 그룹들에 의해서 자금 지원 등 외부와의 연대를 통해 차냐랄 농촌 공동체의 농민들은 끊임없이 발생하는 오염에 대서 저항을 했으며, 아울러 그들의 환경 보호 활동들은 국제적인 관심을 유도했고 칠레의 환경 정책 방향을 바꾸는 결정적인 계기가 되기도 했다(Hillstrom et al. 2004). 이와 유사한 경우는 칠레의 수도인 산티아고에서도 발생했다. 칠레 시민 사회는 피노체트의 독재 정권 이후 새롭게 선출된 민선 정부가 대기 오염에 대한 제도적·정책적 조치를 취하라고 압박하였고 그 결과로 1990년 오염 물질 배출 감소 시스템 설치를 포함하는 새로운 대기 환경 보호 정책이 발효되었다(Hillstrom et al. 2004).

민주 사회 진입과 더불어 브라질에서도 환경 보호에 대한 전진이 많이 이루어졌다. 20세기 후반 브라질은 국제 사회의 지구 환경 이슈에서 가장 커다란 주목을 받은 국가로 등장했다(Szulc 1986). '거의 한 세기 동안 브라질의 아마존 지역에서의 산림 파괴 문제는 브라질 정부의 직접적인 규제 필요성을 불러 왔고 아마존 산림 보호를 위한 대규모 프로젝트들이 실시되었다. 이전에는 산림으로 가득 차고 인간 활동이 거의 없었 던 열대 우림 지역이 이제는 점점 도시적으로 그리고 국내 생산의 큰 역할을 하는 지역으로 변화되었기 때문이다'(De Campos Mello 2001). 하지만 아마존 지역 환경 보호 운동의 초기 상태에서 브라질 정부는 아마존에 대한 자주권을 강하게 주장하여 외부 환경 운동 단체들의 간섭을 철저히 차단하였다. 1980년대 초기의 환경 활동가들은 아마존 보호에 대해 많은 노력을 하였지만 종종 브라질 정부의 반대에 부딪히게 되었다 (Haynes 1986).

이러한 한계가 있었음에도 미국과 유럽 국가들을 포함하여 수많은 비정부 기구들(NGOs, INGOs) 등 다양한 분야의 환경 보호 단체들은 지구 환경 보호의 상징인 아마존을 보호하기 위한 국제적인 환경 담론을 형성하면서 다양한 환경 보호 활동 네트워크를 형성해 동참했다. 이러한 단체들의 상호 협력과 국제 연대는 국내 브라질 시민 사회의 환경에 대한 관심을 고조시켰고 브라질 정부로 하여금 아마존 열대 우림의 파괴를 막 기 위해 조치를 취하도록 압력을 가했다. 몇 년 동안 이러한 환경 단체들을 통한 아마존 환경 보호 담론 형성 그리고 브라질 정부의 제도적 접근 등의 노력은 몇몇 지정된 지역에서의 환경 보호와 동·식물 및 생물 다양성 보호를 위한 새로운 환경 정책을 추진하게 했다.

좀 더 상세히 살펴보면, 1980년대 중·후반 이후 브라질 전역은 환경 단체들로 넘쳐 났다. '브라질의 민주화로 인해서 환경 보호 담론과 환경 이슈는 점차 정치적 담론과 정치적 이슈로 옮겨가기 시작했으며 아울러 환경 정책에는 시민들의 다양한 권리가 반영 되었다'(De Campos Mello, 2001). '이 시기에 태어난 소규모 지역 단위의 환경 단체들은 중산층과 전문직 종사자들로 구성되면서 환경 문제는 이제 비단 중상류층의 문제만 이 아니라 하루하루를 살아가는 사람들까지도 관심을 기울이게 되었다'(Kaimowitz, 1997). 환경 단체가 만들어진 때부터 이들 대부분은 그 지역의 환경 이슈들이나 환경 캠페인 혹은 일반대중을 대상으로 환경에 대한 교육을 실시해 점차적으로 사회적 차원의 환경 보호 담론을 형성했다(Van der Heigden, 2001). 이후 증가하는 환경 단체들의 활동과 역할은 환경을 통한 '사회 정의'의 실현에까지 인식이 발전하기 시작했다. 그러나 1998년 12월 치코 멘데스의 살해 사건과 더불어 환경 운동은 위기를 맞게 된 것처럼 보였다(주석8 참조). 하지만 그의 숭고한 희생은 브라질에서 처음으로 환경 운동과 환경 정의가 어떻게 연결되었는지를 잘 보여준 사례였다.[14] 멘데스의 업적은 그의 죽음과 함께 끝나지 않았다. 그의 죽음은 많은 브라질 사람들에게 환경 보호와 사회 정의는 함께해야 한다는 사실을 일깨워 주었기 때문이다. 멘데스의 사례는 브라질의 아마존 지역에서 발생했다는 다소 지역적 상징성을 띠고 있지만, 환경 문제의 세계적 담론 형성 및 인식의 확대에서 라틴아메리카의 입장을 반영

14 고무액 채취 산업(Seringuiros) 노조 연합의 리더로서 그리고 아마존 유역의 환경 보호 활동 업적을 인정한 UN은 그에게 1987년 'Global 500 Award'를 수여하였다.

한 하나의 역사적 사건이라 할 수 있다. 이 사건은 1990년대 후반 환경에 대한 인식이 점차 줄어들고 있었던 라틴아메리카 사회뿐만 아니라 국제적인 관심도 불러 일으켰기 때문이다. 그 결과로 라틴아메리카의 환경 보호주의는 또 다시 큰 전환점을 맞게 되었다(Williams et al. 1999).

1990년대 초반 들어 환경 보호 담론의 국제화는 더욱 진전되었다. 유럽 및 선진국들의 여론은 라틴아메리카 지역에서 발생하는 환경 파괴 특히, 브라질의 열대림 파괴에 큰 관심을 가졌다. 국제 언론을 통해 환경 보호에 대한 끊임없는 논쟁과 토론이 이어졌다. 이런 흐름은 브라질 내의 환경 관련 비정부 기구 단체들과 국제 비정부 기구 단체들(INGOs) 간의 환경 보호 협력 네트워크를 결성시켰고 국내외적 연대 활동은 다양한 국제적인 지원을 바탕으로 초국가적인 환경 보호 운동으로 발전해 나갔다(Haynes 1986; De Campos Mello, 2001). 이와 더불어 일종의 경제적 채무 이행 대신에 환경 보호를 요구하는 프로그램인 '환경 대 채무 스왑(Debt for Nature Program)' 아이디어는 이런 추세에 맞추어서 만들어진 더욱 혁신적인 개혁 담론이자 실질적인 환경 보호 지원 프로그램이었다. 이 프로그램은 사적으로 활동하는 환경 보호 단체 혹은 선진국들이 라틴아메리카 환경 보호를 위한 노력 대신으로 그동안 라틴아메리카 국가들이 가진 채무를 매입할 수 있도록 하였다.

1987년 6월, 볼리비아가 미국 환경 단체인 국제 보존 기구(Conservation Internation al; CI)와 채무 감소 조약에 서명을 하였다. 이에 따라 볼리비아는 채무액 65만 달러를 면제 받는 대신, 볼리비아에서 생물학적으로 매우 중요한 지역인 '베미 생물학 연구 단지(Bemi Biological Station)'와 야꾸마 공원(Yacuma Park)에 대한 환경 보호를 법적으로 명시해야 했다. 이와 유사한 프로그램이 에콰도르, 코스타리카, 도미니카 공화국 등에서도 진행되었다. '국제 자연 보호 협회(Nature Conservancy)'와 '세계 야생 동물 기금 협회'와 같은 국제 환경 단체 및 미국 '미주리 식물원 식물 정원(Missouri Botanical Gardens)'과 '푸에르토리코 보존 협회(Puerto Rico Conservation Trust)'와 같은 지역 환경 단체들도 이 프로그램에 적극 참여 하였다. 국제 환경 기구들은 지속적으로 라틴아메리카 환경 단체들과 그들의 활동에 직접적으로 혹은 재정적으로뿐만 아니라 다양한 지원을 해 왔다.[15]

다양한 국제적 차원의 환경 보호 프로그램들과 더불어 세계 야생 동물 기금 협회, 세계 자연 보호 기구 등도 환경 보호를 위하여, 특히 사연 보호 지역 지정 및 관리를 위해서 그들의 전문가를 파견하고 재정 지원을 아끼지 않았다. 이러한 적극적인 지원은 '라틴아메리카 국가들에게 환경 보호에 대한 많은 영향을 주어 환경 보호에 대한 인식과 보호 범위를 더욱 확대 발전시켜갈 수 있는 새로운 시각을 갖게 만들었다. '아마존 지역에서 가축 보조금과 살충제 규제와 같은 정책이 개선되었고 이 지역에서 환경 관련 정부 기구와 단체의 설립에도 공헌을 하였다'(Kaimonwitz, 1997).비록 환경 기관들의 자금 집행과 관리에서 한계

15 1980년대 국제 자연 보호 협회는 라틴아메리카에서 환경에 대한 교육을 실시하였다. 아울러 1980년에는 '국제 자연 보호 프로그램(International Conservation Program)'이 시작되었으며 프로그램의 목적은 기술적/재정적으로 지원을 필요로 하고 있는 라틴아메리카 환경 기관을 적극 지원하는 것과 필요한 자연 보호 지역 선정을 지원하는 것이었다. 1982년 '코스타리카 공원 재단 (National Parks Foundation of Costa Rica)'이 설립 되었고 국제 자연 보호 협회는 이 지역에 환 경전문가를 파견하여서 이 단체가 설립하는데 큰 도움을 주었다. 국제 자연 보호 협회의 가장 큰 프로젝트 중 한개는 1989년에 만들어진 '위험에 직면한 공원 살리기 프로젝트(Parks in Peril)'이었다. 국제 환경 전문가들과 미국의 재정 지원을 받은 이 프로그램은 자연 보호 명목 아래 라틴아메리카 국가들과 환경 협력을 통해서 이루어 졌다. 이 프로그램은 라틴아메리카와 카리브에서 5천만 에이커(Acre)상당의 자연 보호 지대 사업 계획과 공원 관리 프로그램들을 만든 결과를 가져왔다.

도 노출시켜 오고 있지만 많은 비정부 기구 단체들은 '지속 가능한' 환경 프로그램을 위해서 경제적인 면과 사회적인 면을 함께 고려한 프로그램을 통해 라틴아메리카 환경 보호에 크게 기여하고 있다.[16] 라틴아메리카 국가들에서 발전한 이러한 환경 보호 운동은 결정적으로 1992년 리오 데 자네이루(Rio de Janeiro) 에서 개최된 지구 정상 회의 개최에 많은 영향을 주었다.[17]

1990년대 들어서는 환경 보호와 경제 성장을 동시에 달성하려는 지속 가능 발전 모델이 새로운 환경 보호 모델로 등장하면서 이의 실현 가능성에 대한 논의가 새로운 담론 논쟁으로 부각되었다. 1994년 멕시코에서는 이웃 국가들인 미국과 캐나다와 맺은 '북미 자유 무역 협정(NAFTA)'의 환경적 영향에 대해서 많은 논쟁이 있었다. 예를 들어, 북미 자유 무역 협정은 멕시코 경제 성장에는 기여를 하였으나 환경 보호에 대한 측면에서는 부정적인 측면도 발생했기 때문이었다(Williams 2001).

16 이러한 환경 보호 운동에 관한 세계적 관심은 외교 영역까지 확대되었다. 1990년 10월 유엔 환경 프로그램은 제 7회 라틴아메리카와 카리브 환경 장관 회의를 개최하였다. 이 회의에서 각국의 대표들은 '환경 보호에 관한 사업 계획(Action Plan for the Environment)'을 채택하였다. 아울러 이들은 이 사업 계획은 잠정적 계획(Working Document)으로 라틴아메리카 경제 위원회 (ECLAC)가 개최한 '예비 지역 회의(Regional Preparatory Meeting)와 '유엔 환경 기술 개발 위원회'와 함께 진행한다는 것에 의견을 함께 하였다.

17 1992년 6월 브라질의 동남부 리오 데 자네이루(Rio de Janeiro)는 세계 최대 회담을 개최하였고 여기에는 175개국 이상의 정부 대표와 1천개 이상의 환경 단체를 포함, 총 3만 명 이상이 참여하였다. 리우 정상 회담에서 결정된 5개 조약은 생물 다양성 협약, 삼림 관리 행동 원칙, 기후 변화 협약, 환경과 발전을 위한 Rio 선언문, 세계의 지속 가능한 발전을 위한 Agenda 21 이었다. Agenda 21은 네 개의 부분으로 나뉘어졌다. 사회-경제적 관점, 개발을 위한 자원의 관리와 보존, 주요 그룹(Major Group)의 역할 강화 그리고 Agenda 21 이행 방법이었다.

환경 이슈별로도 1991년 참치와 돌고래 포획은 미국과 멕시코 사이에서 많은 논쟁을 불러 일으켰고 그 결과로 경제 성장과 환경 보호의 동시 유지라는 지속 가능한 발전논리에 대한 딜레마와 이에 대한 해결 방안 및 제도 및 정책적 대응에 대한 새로운 논의들이 시작되었다. 이와 더불어 미국과 멕시코에서의 시민 사회 및 환경 운동 단체들의 압박은 멕시코 정부가 환경 보호를 위한 새로운 계획을 구상하도록 하였다. 1990년 멕시코 정부는 증가하는 대기 오염을 관리하기 위해서 '대기 오염에 대한 멕시코 프로그램(Mexican Programme against Atmospheric Pollution)'을 만들었고 대응 정책으로는 '자동차 운행 7부제(Hoy no Circula)제도'를 시행했다. 이 제도는 1주에 1번씩 차량을 운행하지 않는 것이었다. 이후 멕시코 정부는 제도적으로 천연자연 보호를 위해서 연방 환경 기관을 세분화 및 확장하였다. 이 세분화는 두 개의 자립적인 환경 사무소 설립이라는 결과를 가져왔다: 천연자연 관리와 활용을 담당하는 '국립 생태학 연구소(National Institu te of Ecology)'와 환경 문제에 대한 법집행을 담당하는 '환경 보호 법무상(Environmental Protection Attorney General)'이었다.

중미 지역에 있는 벨리즈는 환경 문제에 대한 그들의 정책적 창의성을 보여 준 대표적인 사례이다. 비정부 기구의 한 연합체인 '미국 개발청(USAID)'과 벨리즈 정부 기관 그리고 국제 환경 단체가 공동으로 '국립 자연 보호 지역 신용 기금(National Protected Areas Conservation Trust Fund; NPACT)'정책을 구상했다. 이후 이 신용기금을 통해 벨리즈는 환경 수수료 기능을 활성화 했으며 이 환경 수수료를 가지고 벨리즈는 전 세계로부터 많은 관광객을 끌어들이는 '생태 관광(eco-tourism)'산업을 발전시킬 수 있었다(Hillstrom et al. 2004). 축적된 기금은 환경 신탁 자금으로 활용되어 환경을 위한 여러 분야에서 사용됐다. 위와 같은 프로그램의 실시로 벨리즈는 환경 보호뿐만 아니라 경제 성장도 달성할 수 있었다. 자연 보호가 가능하며 경제적 성장도 할 수 있다는 것을 보여 준 사례이다.

Ⅵ. 결론: 라틴아메리카 환경 보호의 제도적 발전 한계와 전망

본 논문의 목적은 라틴아메리카 지역에서 환경 보호에 대한 인식 및 제도적 발전을 '환경주의' 발전 차원에서 혹은 '위기의 환경'을 극복하는 과정에서 라틴아메리카의 환경 보호 담론의 발전과 제도적 접근 사례들을 역사적 발전 과정을 통해 추적해 보는 것이었다. 라틴아메리카 환경 보호의 시작과 이의 역사적 발전 과정을 조명해 봄으로서 오늘날 라틴아메리카 지역에서 나타나고 있는 환경 보호의 현실과 정체성 그리고 다양한 문제점을 파악해 보고 이와 더불어 환경 보호의 현주소를 조명해 보고자했다.

라틴아메리카 환경 보호 담론은 식민 시대 당시의 낭만주의적 혹은 협소한 의미의 자연 보호 차원에서 시작되었다. 1800년대에 라틴아메리카 지리학과 동식물학의 거장인 '알렉산더 훔볼트'의 등장은 이러한 환경 보호 인식의 출발에 커다란 영향을 미친 것으로 파악된다. 개별 국가 사례로 언급한 멕시코의 경우는 이런 담론 및 인식의 전환을 정책적으로 그리고 제도적으로 발전시킨 가장 좋은 예를 보여주고 있다. 발전 초기 상태에서 여전히 다양한 정책적 혹은 제도적 발전과 인식의 대전환에는 다소 부족한 감이 있는 한계를 노출시켰지만 라틴아메리카에서 첫 번째 환경 기구인 산림 보호를 위한 기구가 생겼다는 점은 역사적으로 그리고 제도적 차원에서 보면 상당히 의미 있는 진전으로 보인다. 20세기 중후반에 보다 과학적인 접근 방식으로 발전한 라틴아메리카 환경 보호의 정체성은 좀 더 많은 제도적 정책적 실험들을 통해 다양한 형태로 라틴아메리카 개별 국가들에서 발전했다.

20세기 들어 산업화 과정에서 개발주의 및 발전주의에 중점을 둔 상태로 다소 협소한 차원에서 환경 보호 인식이 개별 국가나 시민 사회에서 발전하기 시작했다. 여전히 라틴아메리카 환경 보호 인식은 20세기 초·중반 수입 대체 산업화와 발전주의의 밀려 담론으로서 발전하지 못했다. 물론 제도화의 노력은 종종 수포로 돌아갔다.

1960년대 70년대에 등장한 라틴아메리카의 군사 정부들 혹은 관료적 권위주의 정권들에서 이슈별로 그리고 지역별로 환경 보호에 대한 스스로의 정당성 회복 과정에서 관심을 증폭시켰지만, 이러한 관심과 자생력 있는 환경 운동으로의 발전은 국내 환경 단체의 자체적 요구를 수용했다기보다는 국제적인 지원과 관심의 측면, 다시 말해서 외부적 지원과 압력 측면이 더욱 강했던 것으로 보인다. 이러한 움직임은 1980년 민주화와 더불어 시민 사회에서 환경 정의 담론의 팽창과 환경권의 요구 그리고 민선 정부들의 그들의 민주적 정당성 확보 차원에서 환경권의 법적 제도적 허용 등을 통해 급속하게 팽창된 측면이 더욱 강하다. 다양한 대내외적 환경 비정부 기구들(NGOs, INGOs)의 등장과 국제 사회의 지원 그리고 민선 정부들의 적극적인 호응이 1980년대 이후 이 지역에서 환경 운동의 새로운 변화를 추동하는 큰 힘이 된 것으로 분석된다. 특히 1980년대 이후 라틴아메리카의 외채 위기와 결부된 '환경 대 채무 스왑' 정책은 국가들로 하여금 새로운 환경 정책을 통한 '지속 가능 발전' 가능성을 타진시킨 획기적인 아이디어로 보인다. 이와 더불어 민주화 이후 다양한 분야에서 언론의 주목을 받게 되는 환경 문제들과 이들의 사회적 인식의 확산, 시민 사회의 적극적 참여, 환경 관련 국제적 비정부 기구들과의 연대 및 지원과 외부 압력 등이 1980년대 이후 얼마나 많은 환경 보호를 위한 법과 정책 그리고 환경 기구들과 단체들을 등장시켰으며 이들을 통한 환경 보호의 제도적 발전이 이루어졌는지를 보여주었다.

1980-1990년대 들어 이 지역에서 등장한 새로운 민선 정부들은 기존의 사회적 담론으로 여겨졌던 환경 보호라는 의제를 정치적으로 이슈화하기 시작했다. 특히 1990년대 들어 대중적 지지를 얻고 있는 지속 가능 발전 담론은 라틴아메리카 지역에서 지속 가능한 성장, 지속 가능한 기업 경영과 같은 녹색 성장주의 담론으로 더욱 확대 재생산되어 정치적으로 혹은 정책적으로 제도화되고 있다. 특히, 지속 가능 발전 담론의 제도화 과정에서 시민 사회, 환경 단체들, 환경 운동 그룹들, 국제 환경 기구들 등 다양한 행위자들의 참여와 연대가 중요한 역할을 했다. 라틴아메리카 '환경 민주주의' 발전이라는 고무적인 찬사로 받아들여지고 있기도 하다. 크리스토프(Christoff)의 논의대로 기존의 '약한 생태적 근대화' 과정의 특징인 다소 경제학적 관점에서, 좁은 범위의 기술적이고 도구적이며 기술 관료적 혹은 폐쇄적인 형태로 국가적 차원에서는 환경 보호의 제도화보다는, 오늘날 '강한 생태적 근대화' 과정의 특징인 보다 생태학적이고 넓은 범위의 체계적 혹은 제도적, 소통적인 형태로 개방적인 심의(deliberative) 민주주의 차원에서 다양한 행위자들의 참여가 이루어지는 방향으로 나아가고 있는 것이다. 하지만 경계해야 한다면 라틴아메리카 정치 민주주의 발전에서 언제나 한계점으로 주목받고 있는 혹은 전반적으로 절차나 제도를 지나치게 강조한 제도적 차원의 민주주의 발전만이 강조된다면 오늘날 다양한 이슈와 행위자들을 통해 발전해 오

고 있는 환경 보호 담론은 다양한 참여 민주주의 발전 논리를 잃고 지극히 단순한 입헌주의에 기초한 혹은 선거 민주주의로 환원되는 결과를 초래 할 수 있는 위험성도 있다. 새로운 환경 담론 형성과 이의 제도화 노력은 특히 다양한 참여가 보장되는 공공 영역에서 합리적 토론과 심의를 통해 소수자의 이해와 가치를 배려하면서 공공의 가치와 이익을 확보하는 방향으로 발전해 가야 하기 때문이다.

그럼에도 불구하고 21세기 현재 라틴아메리카 지역 공동체들의 환경적 삶의 질은 계속적으로 악화되었다. 도미니카 공화국에서는 오염 수준이 일반 시민들의 일상에도 영향을 미칠 정도가 되었나. 멕시코와 마찬가지로 도미니카 공화국의 산업화 집중 현상은 대기 오염과 수질 오염을 시간의 흐름과 비례해 악화되어 갔다. 수많은 국내외 환경 단체들은 이와 같은 환경 악화 현상에 대해서 주목하기 시작했다는 한 연구자의 비판은 이러한 상황을 잘 반영하고 있다. '산티아고 주민들에게 산업 공해는 큰 문제이다. 지역의 환경 단체는 섬유 공장으로부터 배출되는 화학 물질에 대해서 문제를 제기했지만 정부는 뒷짐만 지고 있다. 오히려 지역의 비정부 기구 환경 단체들이 자신들의 단체를 "산티아고를 위한 환경 부서" 라고 부를 정도였다(Lynch 2001). 여전히 정부의 환경 보호에 대한 적극적인 개입이나 규제보다는 산업화를 통한 성장 논리가 앞서고 있다. 이러한 개별 정부들의 환경 방치 현상은 시민 사회 내부에서 다른 연합의 기회를 제공하기도 한다. 예를 들어, 기존의 여성 단체, 종교 단체, 등은 전통적으로 환경 보호 운동에 그리 적극적으로 참여하지 않았다. 하지만 도미니카 공화국의 자연자원이 급속도로 파괴되는 현실을 보고 이런 단체들이 연합하여 환경 운동에 참여하기 시작했다. 특히 '여성 단체의 경우 지역의 수질 오염, 대기의 질, 소음 그리고 쓰레기 처리 등의 문제에 대해서 적극적인 관심을 드러냈다. 지역 주민들과 노동자들은 환경 오염의 주범으로 지역의 중요 산업인 통조림 공장과 양조장을 언급할 정도이다'(Lynch 2001). 이러한 단체들의 노력은 활발하게 진행되고 이들의 지속적인 환경 보호 노력은 지방 정부 혹은 중앙 정부에 압력을 넣어 점점 증가하는 환경 오염에 대처하기 위한 새로운 보호 계획 및 정책을 입안하는 일에 일조를 하고 있다. 이렇듯 민간 환경 단체들은 그들의 정부가 환경 정책의 개혁을 통해 환경 문제를 최우선 정부 정책으로 받아들이도록 수많은 압력을 가하고 있다. 멕시코에서부터 아르헨티나에 이르기까지 환경 단체들은 그들 지역의 환경을 개선하기 위한 노력을 다하고 있으며 그들의 정부들에게 다양한 루트를 통해 연합적으로 압력을 행사하고 있고 환경 이슈에 대해서는 시민 사회 교육에도 많은 시간을 투자하고 있다. 자연 환경 및 생물 다양성을 지키기 위한 투쟁과 사회 운동의 확산 그리고 환경과 사회 정의 실현의 목적을 위한 연대 활동이 활발하게 진행되고 있다. 사회 정의 실현과 함께하는 환경 문제 해결만이 라틴아메리카 경제 사회 발전을 위한 유일한 길임을 깊이 인식하기 시작한 것이다. 국제적 비정부 단체들과의 계속적인 연대 네트워크 또한 지속적으로 이어오고 있다. 세계 자연 보호 기금, 국제 자연 보호 협회, 그린피스, 오더반 협회 및 환경 단체들은 라틴아메리카 도시에 지사를 설립했다. 환경 단체들의 야심찬 환경 보호 캠페인은 라틴아메리카의 새로운 환경 보호 담론을 만들고 있으며 환경 정의가 실현될 수 있는 미래를 위해 큰 도움을 주고 있다. 라틴아메리카 환경 보호 담론과 제도적 발전에서 상징적 의미로 남아있는 브라질 아마존 지역뿐만 아니라, 또 다른 제2, 제3의 아마존 지역들이 발굴되어 가면서 환경 보호에 대한 목소리가 점점 확대되고 가야할 것으로 보인다. 하지만 21세기 라틴아메리카에서 진정한 의미의 환경 정의와 지속 가능한 발전을 위해 더욱 중요한 것은 이러한 다양한 참여자들의 목소리가 개별 국가들의 정책 혹은 제도적 발전에 적극 반영되어야 가능할 것으로 보인다. 여전히 갈 길이 멀다.

참고문헌

서적 및 논문

구도완(2006). "한국 환경 운동의 담론: 낭만주의와 합리주의". 통권69호. 『경제와 사회』. 존 드라이젝, 최승·김태경 외(역)(1995). 『환경문제와 사회적 선택: 정치·경제 생태론』. 신구문화사.

존 드라이젝, 정승진(역)(2005). 『지구 환경 정치학 담론』. 에코리브르.

최병두(2009). 『비판적 생태학과 환경 정의』. 한울 아카데미.

Carruther, David(1996). "Indigenous Ecology and the Politics of Linkage in Mexican Social Movement". Third World-Quarterly.17:5. pp. 1007-1028.

Christen, Catherine, et al.(1998). "Latin American Environmentalism: Comparative Views". Studies in Comparative International Development. 33: 2. pp. 58-87.

Christoff, Peter(1996). "Ecological Modernization, Ecological Modernities". Environmental Politics. 5:3 pp. 476-500.

De Campos Mello, Valérie(2001). “Global Change and the Political Economy of Sustainable Development in Brazil”. International Political Economy of the Environment. Edited by Dimitris Stevis and Valerier Assetto. Boulder. CO: Lynne Rienner.

De Voss, David(1986). “Mexico's City Limits”. Borderingon-Trouble:Resources and Politics in LatinAmerica. Bethesda, MD: Adler and Adler.

Ezcurra, Exequiel, et al., eds.(1999). The Basin of Mexico: Critical Environmental Issues and Sustainability. New York: United Nations Press.

Guha, Ramachandra(2000). Environmentalism: A Global History. New York: Longman.

Haynes, Jeff(1986). “Power, Politics and Environmental Movements in the Third World”. In BorderingonTrouble:Resources and Politics in LatinAmerica. Bethesda, MD: Adler and Adler.

Kaimowitz, David(1997). “Social Pressure for Environmental Reform in Latin America.”. Green Guerrillas: Environmental Conflicts and Initiatives in Latin America and the Caribbean. Edited by Helen Collinson. Montreal: Black Rose.

Kevin Hillstrom and Laurie Collier Hillstrom(2004). Latin America & The Caribbean: A Continental Overview of

Environmental Issues. California: ABC-CLIO.

Lynch, Barbara(2001). "Development and Risk: Environmental Discourse and Danger in Dominican and Cuban Urban Watersheds". International Political Economy of the Environment. Edited by Dimitris Stevis and Valerier Assetto. Boulder, CO: Lynne Rienner.

Mendes, Chico(1989). Fight for the Forest: Chico Mendes in His Own Words. Detroit: Inland.

Mosher, Lawrence(1986). "At Sea in the Caribbean?". Bordering on Trouble: Resources and Politics in LatinAmerica.Bethesda, MD: Adler and Adler.

Shoumatoff, Alex(1990). The World Is Burning: Murder in the Rain Forest. Boston: Little, Brown.

Simonian, Lane(1995). Defending the Land of the Jaguar: A History of Conservation in Mexico. Austin: University of Texas Press.

Szulc, Tad(1986). "Brazil's Amazonian Frontier." BorderingonTrouble: Resources and Politics in LatinAmerica. Bethesda, MD: Adler and Adler.

UN Economic Commission for Latin America and the Caribbean(1991).

UN Environment Programme(1992). The Countries of LatinAmerica and the Caribbean and the Action Plan for the Environment. Lomas Virreyes, Mexico: UNEP.

Van der Heigden, Hein-Anton(2001). "Environmental Movements, Ecological Modernization and Political Opportunity Structures." International Political Economy of the Environment. Edited by Dimitris Stevis and Valerier Assetto. Boulder, CO: Lynne Rienner.

Von Humboldt, Alexander(1811). Political Essay on the Kingdom of New Spain. Translated by John Black. London: Longman, Hurst, Rees, Orme, and Brown.

Williams, Marc(2001). "In Search of Global Standards: The Political Economy of Trade and the Environment." International Political Economy of the Environment. Edited by Dimitris Stevis and Valerier Assetto. Boulder, CO: Lynne Rienner.

Williams, Marc, and Lucy Ford(1999). "The World Trade Organization, Social Movements and Global Environmental Management." Environmental Movements: Local, National, and Global. Edited by Christopher Rootes. London: Frank Cass.

웹문서

http://en.wikipedia.org/wiki/Pied-billed_Grebe http://en.wikipedia.org/wiki/File:AvHumboldts_America-travel_map_en.svg http://www.wwf.org(accessed March 2010) - World Wildlife Fund website. http://www.tnc.

org(accessed March 2010) - Nature Conservancy website.
http://blog.giselebundchen.com.br/en/planeta/titulo-do-post-de-teste/

3장

페루의 자원 개발과 지역 갈등 갈등의 성격과 저항의 정치적 의미를 중심으로*

김유경, 김원호

Ⅰ. 서론

최근 10여 년 간 페루에서는 중앙 정부와 외국인 투자자 간의 일방적인 자원 개발 프로젝트의 추진으로 인한 지역 사회 내 갈등이 증가하면서 잦은 소요 사태가 발생하였다. 이러한 소요는 폭력적 방식으로 확산되어 대규모 유혈 사태로 치닫기도 하였는데 일례로 2009년 6월 바구아(Bagua) 정글 가스 개발 지역에서의 시위로 30여 명이 사망하는 사태가 발생하였다. 한편, 자원 개발을 둘러싸고 발생하는 지역 사회 내 갈등은 이해 당사자 간 이해의 대립을 조정하는데 보다 정치적인 성격을 보이기도 하며 조직적인 저항으로 인해 정부의 일정한 법적, 제도적 대응을 이끌어내기도 했다. 2011년 4월 대선 1차 투표를 앞두고 이루어진 아레끼빠(Arequipa)지역의 띠아 마리아(Tia Maria) 광산 개발 프로젝트의 중단 사례와 6월 2차 결선 투표 직전 뿌노(Puno)지역의 산따 아나(Santa Ana) 광산 개발을 둘러싼 저항으로 개발사인 Bear Creek사의

* 이글은 중남미연구 제34권 제2호(2015년, pp 145-173)에 게재되었던 논문입니다.

사업 추진이 36개월간 정지 처분을 받은 사례는 해당 지역 사회 내 갈등이 보다 정치적인 집단 행동으로 나타나 일정한 성과를 보인 경우라 볼 수 있다.

지금까지 자원 개발을 둘러싼 지역 사회 내 갈등과 분쟁의 증가는 자원 개발이 가져오는 부정적인 효과들, 특히 환경 파괴와 관련된 사회 갈등과 운동의 측면에서, 또는 원주민 공동체에 미치는 영향과 이들의 대응이라는 측면에서 많은 논의가 이루어져 왔다. 또한 신자유주의 경제 정책의 추진으로 인한 빈곤과 불평등, 실업 증가 등의 경제적 조건이 사회적 탈조직화와 집단 행동의 해체를 가져올 것이며 이에 따라 정당이나 노조 등 제도화된 형태의 정치 조직 활동이 약화된다는 주장들이 부각되기도 했다. 그러나 자원 개발을 둘러싼 분쟁의 증가는 신자유주의의 심화에 따라 사회적 탈정치화가 확산될 것이라는 주장(Kurtz, 2004; Wolff, 2005)과는 달리 오히려 하부 단위에서의 재정치화와 집단적 정치 행동이 확산될 수 있음을 보여주는 사례로 주목받기도 한다(Arce, 2007; 2008; Bury, 2002; Bebbington et. al,2008). 라틴아메리카 특히 신자유주의적 자원 개발이 이루어지고 있는 지역에서의 계속되는 저항과 갈등, 이를 둘러싼 협상 과정은 정치적 동원과 조직화, 정치 행위의 또 다른 형태를 보여주고 있다는 것이다.

이러한 맥락에서 이 글은 페루의 자원 개발을 둘러싼 지역 사회의 저항이 기존의 제도적 정치 과정에서 벗어난 새로운 정치적 집단 행동이라 보고, 이러한 갈등의 원인과 유형, 협상 과정과 성과를 검토함으로써 이들 정치적 집단 행동이 갖는 성격과 한계를 살펴보고자 한다. 이 글의 구성은 다음과 같다. 2장에서는 자원 개발을 둘러싼 페루 지역 사회의 갈등 요인을 살펴볼 것이다. 3장에서는 주요 사례들을 갈등 구조를 중심으로 검토하고 이러한 갈등의 성격과 유형을 분석할 것이다. 4장에서는 개발에 대한 저항의 성과와 한계를 사전협의법과 초과이윤세를 중심으로 살펴볼 것이다. 마지막으로 결론에서는 페루 지역 공동체의 저항이 의미하는 정치적 의의와 한계를 논의할 것이다.

II. 자원 개발을 둘러싼 지역 사회의 갈등 배경

페루는 1990년대 후지모리의 집권 이후 자유화와 개방화의 맥락에서 적극적인 외국인 투자유치 정책을 추진해왔다. 특히 페루 수출의 60% 이상을 차지하며 고성장을 뒷받침하는 광물 자원을 개발하는데 있어 거주민의 입장을 고려하지 않은 중앙 정부와 외국인 투자자 간의 일방적인 자원 개발 프로젝트의 추진은 최근 10여 년 간 지역 사회의 불만을 증가시키고 인명희생을 동반하는 잦은 소요사태의 원인이 되었다. 천연자원에 대한 탐사 및 추출의 거래와 관리는 통상적으로 정부와 기업 양자 간 수준에서 협상되어진다. 또한 취약한 공적 제도들은 종종 공정한 거래를 위한 협상에서 갈등의 요인이 되기도 하고 투명성의 부족은 부패를 양산한다. 게다가 일단 외지에 있는 광산에 대한 탐사와 추출을 위한 권리를 얻게 된 프로젝트에 대해 지방 정부와 지역 공동체는 그들의 이익을 위해 협상할 수 있는 권리와 그들 삶을 보존할 수 있는 권리를 제한받게 되고 불만을 갖게 된다(Triscritti, 2013: 438). 2006년 1월부터 2011년 10월까지의 사회 갈등에 대한 페루 국민보호청(Defensoría del Pueblo)[1]의 2011년 10월 보고서에 따르면, 페루의 사회 갈등은 73건에서 217건으로 증가추세에 있으며 표출양상 또한 점차 폭력적으로 나타나는 경향을 보이고 있다. 이러한 사회 갈등 중 광산 개발을 둘러싼 지역 공동체와 정부 또는 기업 간 갈등은 주로 사회환경적 갈등[2]으로 나타나며 페루의 사회 갈등 중 가장 높은 비중을 차지하고 있다. 2011년까지의 사회환경적 갈등은 사회 갈등 전체 217건 중 124건으로 57.1%를 차지하고 있으며 진행 중인 갈등 사례 154건 중 103건으로 전체의 66.9%를 차지할 만큼 절대적인 비중을 차지하고 있다. 또한 자원 개발 특히 광산 개발 사업이 이루어지는 일부 지역에서 집중적으로 나타나고 있다. 일례로 가장 많은 사회 갈등 사례가 발생한 지역은 Puno 지역(20건)이며 그 뒤를 이어 Ancash와 Cajamarca 지역(각각 17건)에서 빈번한 사회 갈등 사례를 찾아볼 수 있다(Defensoría del Pueblo, 2011:10-11).[3]

자원 개발을 둘러싼 지역 사회의 불만은 자원 개발이 단기적이고 경제적인 활동에 그치지 않는데서 발생한다. 석유 및 광물 탐사와 채굴은 장기적인 과정을 요구하며 이 과정에서 환경 오염뿐만 아니라 지역 거주민의 삶과 문화적 다양성에도 많은 영향을 끼치고 있다. 이 때문에 개발을 둘러싼 지역 사회 내의 갈등은 사업기간 및 단계에 따라, 직접적으로 연관되어 있는 행위자들의 관계에 따라, 개발에 대한 관점에 따라 다르

1 1993년 페루 헌법에 의해 만들어진 독립적인 헌법기관으로 국민의 기본권 보호 및 행정기관으로부터의 부당한 대우에 대한 보호를 목적으로 하고 있다. 5년마다 의회에 의해 선출되며 이 기관의 조치는 법적 구속력을 갖지 않는다.

2 사회환경적 갈등은 경제 정책이나 개발정책으로 인한 사회적, 환경적 문제들과 관련된 이해관계의 갈등을 의미한다고 볼 수 있다. Frank(2009)는 다양한 이해관계를 둘러싼 사회 갈등 중 사회환경적 변화로 인한 갈등 요인의 범주를 환경 오염, 자원에 대한 접근권과 경쟁, 개발에 따른 이동 및 재정착, 개발허가 및 중단 등의 정책변화로 인한 혼란에 따르는 비용, 생활방식의 변화에 대한 협의와 동의, 과정에 대한 참여 등으로 구분하여 세부적인 문제들을 제시하고 있다.

3 1993년 페루 헌법에 의해 만들어진 독립적인 헌법기관으로 국민의 기본권 보호 및 행정기관으로부터의 부당한 대우에 대한 보호를 목적으로 하고 있다. 5년마다 의회에 의해 선출되며 이 기관의 조치는 법적 구속력을 갖지 않는다.

게 표출될 수 있다. 또한 불만이 표출되는 방식도 보다 제도적인 정치 과정을 통한 협상이나 타협 및 이의 정책적 반영, 또는 직접적이고 때로는 폭력적인 집단 행동 등 다르게 나타날 수 있다.

페루의 경우, 자원 개발을 둘러싼 지역 사회의 갈등이 부각되었던 배경은 크게 중앙 정부의 외국인 투자 유치를 통한 선개발, 후분배 정책, 환경 문제나 원주민 공동체의 생태문제보다 개발을 우선시하는 정책, 개발에 대한 담론과 정치적 논의를 수렴할 정치제도적 메카니즘의 미비, 상대적으로 취약한 사회 운동적 기반 등을 들 수 있다.

후지모리 정권부터 본격적으로 추진되었던 신자유주의적 경제 정책은 외국인 투자 유치를 통한 경제 성장이 선결되어야 할 과제라 여기며 적극적인 광산 및 에너지 자원 개발에 우선순위를 두는 정책적 배경을 형성하였다. 동시에 이러한 개발 담론에 의문을 갖거나 개발을 통한 이익이 직접적으로 주어지지 않는 것에 대한 불만을 갖는 사람들에 대해서는 매우 강경한 입장을 고수해왔다.[4] 자원 개발에 대한 일방적인 정책은 2004년부터 추진된 Cajamarca 지역의 Conga 금광 개발에 대한 반대, 2008년부터 추진된 Amazona 지역의 Bagua가스개발에 대한 반대 등 자원 개발에 대한 지역 사회의 불만과 저항에 대해 직접적인 물리력을 행사하여 봉쇄한 사례들에서 찾아볼 수 있다.

---

4 특히 알란 가르시아 정부는 아마존의 자원 개발 필요성을 주장하며 원주민 단체들의 저항에 강경하게 대응했다. 가르시아 대통령은 페루의 유력 일간지 El Comercio 2007년 10월 28일자 사설 "l síndrome del perro del hortelano"를 통해, 페루는 아마존과 같은 풍부한 자연자원을 갖고 있으나 투자가 이루어지기 어려운 환경 때문에 일자리가 창출되지 않고 계속되는 빈곤의 악환을 겪고 있다고 주장했다. 이 사설은 자원의 개발을 막고 있는 원주민들을 개에 빗대어 당시 페루사회에 큰 논쟁을 불러 일으켰다. http://elcomercio.pe/edicionimpresa/html/2007-10-28/el_sindrome_del_perro_del_hort.html 참조.

또한 페루는 중남미 국가 중 원주민의 비율이 상대적으로 높은 국가임에도 불구하고 원주민 정책이 취약하다. 원주민의 분포가 높은 남부 지역 대부분은 극빈지역이며 주된 개발대상지역임에도 불구하고 교육 및 보건, 교통 및 운송 인프라의 혜택이 부족한 지역이기도 하다. 따라서 이 지역 주민들은 환경 오염 등의 피해를 가장 직접적으로 감당하면서도 개발의 이익에 따른 혜택은 받고 있지 못하다는 불만을 가질 수밖에 없다.

한편 페루의 경우, 정당과 정당체제의 제도화 정도가 취약하며 지역 정당이나 사회 단체들과 중앙 정당의 제도적 연결성도 부족하다. 때문에 지역 사회의 정치적 요구가 제도적 정치 과정을 통해 효과적으로 수렴되기 어렵다(Mainwaring and Scully, 1995). 게다가 개발 사업이 추진되는 과정의 초기에 발생하는 지역 주민들의 협상요구나 불만 제기에 대해 페루 정부는 이들의 요구를 묵살하거나 효과적인 중재자의 역할을 수행하지 못했다. 제도적 취약성과 정부의 투명성, 독립성 및 정당성 부족에 대한 인식이 확산되면서 개발 기업과 해당 지역 공동체는 공식적이고 법적인 틀 내에서의 협상보다는 비공식적인 조정을 선호하게 되었다(Triscritti, 2013: 439). 그러나 대부분의 경우 지역 공동체와 외국 투자기업 간의 협상력은 비대칭적이었고 개발이 이루어지는 지역 사회의 경우 NGO와 같은 대안적인 외부 행위자들과의 소통 통로가 원활하지 못하다는 문제를 가지고 있었다.

개발대상 지역의 대부분이 지정학적, 정치적으로 소외되어 있으며 주로 원주민들이 거주하고 있는 빈곤 지역이라는 점은 지역적·인종적·정치적 차별이 중첩적으로 나타날 수밖에 없는 구조적 조건을 형성했다. 이러한 구조적 요인은 갈등 발생 시 이를 중재할 수 있는 제도 및 정부 기구의 부재, 기업-지역 공동체 간 직접적인 협상에서 불리한 입장에 있을 수밖에 없는 비대칭적 협상력 등 제도적, 기술적 요인들로 인해 심화되었다. 따라서 많은 경우 지역 공동체는 직접적이고 때로는 폭력적인 집단 행동을 통해 자신들의 요구를 관철시키는 방식을 선택했다.

Ⅲ. 자원 개발을 둘러싼 지역 사회 갈등의 유형과 성격

1. 갈등의 유형과 성격

개발을 시작하는 초기 단계에서는 토지와 자원에 대한 권리의 문제, 프로젝트 내용과 경제적 영향에 관한 참여와 합의의 문제가 중요하게 대두된다. 나아가 개발이 진행되는 과정에서는 물 공급 및 오염의 문제나 대기 오염 등 환경 파괴로 인한 피해, 개발이익의 배분이 이슈로 부각된다. 한편, 이 과정에서 지역 공동체는 환경피해를 가져오는 개발 사업을 아예 중단할 것인가, 피해를 최소화하며 개발로부터 발생하는 이익을 최대한 공동체에 유리하게 배분받을 것인가에 대한 근본적인 입장 차이가 드러나게 된다. 이 때 직접적인 방식으로 나타난 사회적 저항은 잠재적인 불만과 갈등을 수면위로 분출시킴으로써 자원 개발을 둘러싼 보다 세부적이고 실질적인 갈등의 원인, 본질적인 갈등의 성격을 설명할 수 있게 해준다. 나아가 갈등이 지속되거나 해결되는 과정을 통해 이러한 집단 행동이 대안적인 정치 과정 또는 제도로 발전할 수있는지를 가늠할 수 있게 해준다.

Yanguas(2008)에 따르면, 일반적으로 자원 개발을 둘러싼 사회적 저항은 크게 지역 공동체와 광산회사와의 갈등, 광업 세수입의 관리와 사용에 따른 정부와 지역 공동체와의 갈등으로 구분할 수 있다. 또한 지역 공동체와 광산회사와의 갈등이 보여주는 하위 유형으로는 새로운 광산 개발 사업 또는 현재 광산 개발 사업의 확장을 개발의 부정적 효과로 인해 원천적으로 저지하려는 시도가 있을 수 있다. 또 다른 유형으로는 광산회사와의 협상을 위한 전략으로 개발을 반대하는 시도를 들 수 있다. Yanguas가 제시한 갈등의 유형은 다음과 같이 정리할 수 있다.

갈등유형	하위유형
지역 공동체와 광산회사와의 갈등	새로운 광산 개발 사업 또는 현재 광산 개발 사업의 확장을 원천 저지하려는 시도
	광산회사와의 협상을 위한 전략으로 개발반대
광업 세수입의 관리와 사용에 따른 갈등	지방 정부와 지방 주민 간의 갈등
	중앙 정부, 지역 정부 및 지방 정부 간의 갈등
	개발대상 구역에 대한 관리에 따른 갈등
	노사분규

위의 분류에 따르면 페루의 자원 개발 사례들은 지역 사회의 저항이 개발의 사전협의 문제, 개발의 부정적 효과에 대해 감당할 비용의 문제, 개발된 자원의 이익분배와 관련된 문제, 자원 개발권 허가에 대한 문제 등을 핵심 쟁점으로 하는 중앙 정부-지역 사회간의 갈등 유형과 광산 회사-지역 사회 간의 갈등에 중앙 정부가 개입하는 유형으로 나눌 수 있음을 보여준다. 이 중 개발의 사전협의와 관련된 문제나 자원 개발권 허가에 대한 문제는 주로 중앙 정부나 지방 정부 및 지역 공동체와의 갈등 구조를 보이고 있다. 또한 개발의 부정적 효과에 대한 비용 문제와 개발된 자원의 이익분배와 관련된 문제에서는 지역 공동체와 기업 간의 갈등이 우선적으로 표출되고 이후에 정부가 개입하여 삼자간의 갈등으로 확산되어 기업 및 정부의 대응에 따라 저항이 격화되는 갈등 구조를 보

임을 알 수 있다. 따라서 다음 절에서는 대표적인 네 개의 사례를 위의 갈등 유형에 따라 두 가지 유형으로 구분하여 살펴볼 것이다.

2. 갈등유형 1: 중앙 정부-지역 공동체간의 갈등

1) Amazona 지역의 Bagua 가스개발 사업 반대

Bagua 가스개발 사업은 페루 북부 Amazona주 Bagua도에 속한 Chachapoyas구[5]로부터 162km 떨어진 곳에서 추진되었다. 가스개발 사업에 대한 반대 시위는 2009년 2월 미국과 체결한 FTA의 실행을 앞두고 의회가 2008년 8월 아마존 개발 관련법안 개정을 결정하면서 시작되었다. 이 지역의 원주민들은 개정되는 아마존 개발법이 자원안보를 위협하고 외국 기업들이 자신들을 착취할 것이라 우려를 표명하며 아르헨티나 회사 Pluspetro가 개발중이던 천연가스 저장고와 페루 국영기업 PetroPeru 소유의 송유관을 점거하는 시위를 벌였다. 원주민의 저항이 거세지자 8월 20일 국회의장은 페루 우림개발이인종연합(Asociación Interétnica de Desarrollo de la Selva Peruana: AIDESEP)의 지도부를 만나 법률 1015호와 1073호[6]를 폐지할 것과 원주민의 관심사와 문제를 논의할 특별회의를 소집하기로 약속하였다. 이에 AIDESEP는 두 법령의 폐지와 더불어 천연자원에 대한 접근성, 소유권, 투자에 관해 외국인 투자자들의 이익에 편향되었다고 비판받은 법률 1064호와 1090호[6]를 철회할 것을 요구했다. 8월 22일 의회에서 기권없이 찬성 66표, 반대 29표

---

5 페루의 행정구역은 departamento, provincia, distrito로 나뉘며 이 글에서는 각각 주, 도, 구로 구분하였다.

6 법률 1015호는 원주민들의 공유지를 분할하고 판매하는 것을 용이하게 하는 법률이었고 1073호는 이를 수정 보완한 것이다.

로 법률 1015호와 1073호를 폐지하는 법률 2440호가 통과되었고 두 법령의 폐지로 원주민들은 자신들의 삶의 터전을 어느 정도 보호받을 수 있게 되었다.

반면, 가르시아 전 대통령은 법률 폐지를 '역사적인 오류'로 평가하며 법률 1064호와 1090호는 철회할 생각이 없음을 강력히 표방하였다. 2009년 3월 의회는 철회한 법령 이외 기타 법령이 헌법과 충돌하는 부분, 국제노동기구의 규약을 위반하는지 여부를 심의하기 위해 위원회를 구성하였다. 의회가 심의위원회를 구성하자 AIDESEP는 시위를 중단하였으나 4월까지 국회의 응답이 없자 시위를 재개하였다. AIDESEP와 의회는 법령 검토를 위한 위원회 구성에 합의하였으나 시위는 계속되었고 이후 며칠 간 주요 도로를 봉쇄하고 석유 관련 기반시설을 점거하면서 주변 지역으로 점차 확산되었다. 이에 정부는 2009년 5월 10일 5개 주에 비상사태를 선포하였다. Bagua 가스개발 사업 반대시위가 격화되자 UN 원주민 이슈 포럼은 원주민 공동체에 대한 공격을 중단하고 갈등을 격화시킬 수 있는 군 개입을 자제할 것을 촉구하였다. 그럼에도 불구하고 가르시아 정부는 5월 22일에 AIDESEP 지도자에게 반정부 선동 및 공모 혐의를 적용하고 6월 5일과 6일 양일에 걸쳐 물리력을 투입하였다.

---

7 법률 1064호는 농지의 이용에 관한 것으로 특히 제4조 공동 소유에 준하는 개인 농촌 토지에 대해 소관 행정 당국이 정하는 분할의 대상이 될 수 있고 개인 또는 공동 부동산 증기 증서가 존재하는 경우를 제하고 농업 용도로 사용될 수 있는 미개척 토지를 국가소유로 한다는 것을 명시하고 있다. 1090호는 목재의 이용에 대한 법률이며 7조 30항에서 국가는 삼림을 최대한 이용하고 그와 관련된 채굴 작업, 산업화 및 상업화를 장려한다는 내용, 삼림 자원 개발을 위한 사용권, 승인권 및 허가가 있는 지역 내 위치한 처리 시설에서 채굴, 가공, 부가가치가 있는 삼림 자원 생산물의 상업화 등을 종합적으로 행하는 프로젝트 개발 사용권, 승인권 허가권 소유자에게 인센티브를 제공한다는 내용이 명시되어 있다. 원문은 http://www.congreso.gob.pe/ntley/Imagenes/DecretosLegislativos/01090.pdf를 참조

원주민과 군경 사이의 유혈 충돌로 33명이 사망하고 AIDESEP 지도자 5명이 체포되어 형이 선고되면서 Bagua 가스개발 반대시위는 종결되었다. 이후 의회는 6월 18일 법률 1064호와 1090호를 철회하기로 결정하였다(Hinojosa, 2009: 1-3; Defensoria del Pueblo, 2010).

Bagua 가스개발 반대 사례는 페루 정부와 AIDESEP를 중심으로 하는 원주민 단체들이 주요 분쟁 당사자이며 중앙 정부와 지역 공동체의 갈등이 표면화된 갈등 구조를 보여준다. 원주민 단체들은 원주민들 거주 환경의 파괴 및 오염에 대한 불만, 가르시아 정부는 아마존 자원 개발의 필요성을 서로 주장했으나 저항의 시작은 자원 개발 사업을 결정하는데 있어 사전에 원주민들의 의견이 전혀 반영되지 않았다는 것에 대한 불만이라 할 수 있다. 원주민 단체들의 직접적인 요구는 개발 지역에 대한 원주민들의 권리를 제한하고 개발을 장려하는 정부의 정책을 뒷받침하는 법률의 철폐였으며 이는 궁극적으로 개발 대상 지역에 대한 주민들의 소유권과 권리를 확보하고 개발 사업의 결정 및 추진과정 사전에 지역 공동체가 참여, 의견을 반영할 수 있는 제도적 장치를 요구하는 것으로 발전했다. 이 과정에서 가스개발 사업의 일부 구간이 운영을 일시적으로 중단하게 되었으나 이후 다시 재개되었다. Bagua 가스개발 반대는 진행되고 있는 개발의 원천적인 중단을 애초의 목적으로 하지는 않았지만 지역 주민들의 사전협의 권리에 대한 일정정도의 성과를 보였다는 점에서 의미가 있는 저항이라 할 수 있다.

비록 성과를 거두지 못했지만 페루 정부와 지역 공동체 간의 갈등이 표면화된 또 다른 사례들[8]로 Amazona주 Cenepa시 Condorcanqui 지역의 광산 개발 허가를 둘러싼 반대를 들 수 있다. 이 지역의 원주민들은 Sawientsa 강의 오염과 Ichigkat Muja 국립 공원의 훼손을 이유로 Condor 산맥의 공식적, 비공식적 광산 개발 활동을 원천적으로 반대한다는 요구를 2011년 이전에도 계속해서 표명해왔다. 2011년 주정부와 Cenepa 원주민 단체들은 보다 직접적인 이유로 사전 협의 없이 광산 개발 활동이 이루어질 수 있음을 제기하며 10월 주의원인 Eduardo Nayap가 아마존 환경 위원회에 Ichigkat Muja 국립 공원의 환경상태에 대한 조사를 요청하였다. 그러나 중앙 정부는 이에 대한 반응을 보이지 않았다.

이외에 Puno주의 Ananea구와 Crucero구 지역 주민이 Ramis강 유역의 오염을 이유로 공인되지 않은 광산의 불법적인 채굴을 반대하며 이에 대한 해결을 구 당국에 요청한 사례를 들 수 있다. 이 경우 지역대책위원회의 요청에 따라 2011년 10월 Ananea구 당국은 비등록 광산의 가동에 대한 안건을 공식화하고 소규모 광산업자를 양성화하기 위한 채광활동의 절차와 조건을 발표했다. 이후 주민대책위원회는 당국이 해당 절차를 처리하는 기간을 15일로 부여하고 실행되지 않을 경우 물리적 행동을 할 것이라 밝히기도 했다.

반면, 지방 정부의 별다른 대응 없이 갈등이 지속되는 사례로, Puno 지역의 Lampa구에서 제기된 지방 정부와 지역 주민들 간 갈등을 들 수 있다. Lampa구 지역 주민 대책위원회는 로열티 및 광산세금에 관한 정보부족을 이유로 광산 양허의 취소를 Puno 주와 Lampa 구 당국에 요청했으나 2011년 10월까지 당국으로부터 아무런 대화 창구를 보장받지 못하고 갈등이 지속되고 있다(Defensoria del Pueblo, 2011).

8 언급한 사례들은 Defensoria del Pueblo 2011 보고서에서 지역별로 제시된 사회환경적 갈등 사례들을 갈등 구조로 재분류, 정리한 것이다.

중앙 정부 또는 지방 정부와 지역 공동체 간의 갈등 구조를 갖는 사례들은 주로 자원 개발권 허가 이전의 사전협의, 불법적인 광산 채굴에 대한 관리 등과 관련한 갈등, 광산 로열티 이전 및 세수입 할당과 관련한 갈등의 성격을 보임을 알 수 있다. 또한 Bagua 사례와 같이 첨예하게 대립하는 경우를 제외하고 대부분 지방 정부 차원에서 지역 공동체와의 대화 창구를 마련해 일차적인 의견을 듣는데 그치거나 갈등이 표출되지 않는 선에서 별다른 대응이 이루어지지 않는 경우도 다수이다. 이러한 정부의 무대응 또는 무능력은 지역 공동체가 요구하는 바를 관철하기 위해 보다 과격하고 폭력적인 방식으로 선회하는 하나의 요인이 되고 있다.

3. 갈등유형 2: 광산회사-지역 공동체간의 갈등과 정부의 개입

1) Arequipa 지역의 Tia Maria 구리광산 개발 사업 반대

Tia Maria 구리광산 개발 사업은 Arequipa주, Islay도에 속한 Arequipa구로부터 남서쪽으로 127km 떨어진 곳에서 이루어지고 있다. 이 사업은 Grupo Mexico를 모기업으로 하는 남페루 구리회사가 2003년 광산 개발 허가를 얻어 2006년 광맥을 발견하면서 본격적으로 개발이 이루어졌다.

한편 이 지역의 주민들은 광산 개발 사업이 지역 생태계를 파괴하고 인근 Tambo 강의 수량이 줄어들어 농업에 영향을 줄 수 있다는 불안감 때문에 개발 사업을 반대해왔다. 특히 남페루 구리회사에 주어진 개발권에 반대하는 지역 농부들의 저항은 2009년부터 지속적으로 이어져 왔으며 2010년 11월 22일에는 시위로 5명의 주민, 2명의 경찰, 2명의 기자가 부상하기도 하였다. 2010년 11월 27일 지역 공동체는 에너지광업부에 UN의 환경영향평가를 요구했고 잠시 소강상태를 거쳤으나 2011년

3월 개발 사업에 반대하는 시위가 다시 재개되었다. 시위가 재개된 지 5일 후인 3월 28일 가르시아 정부는 시위 진압에 경찰을 지원할 군 병력 투입을 승인했으며 4월 5일 격렬한 시위가 지속됨에 따라 에너지광업부는 해당 사업의 환경영향평가를 180일간 중단하기로 결정했다. Bagua 가스개발 반대 시위 사례가 반복될까 염려한 가르시아 정부는 해당 사업에 대한 최종 결정을 차기 정부에 넘기기로 했다. 또한 정치적 부담을 느낀 Arequipa 주정부는 해당 사업을 이 지역에서 철수시켜 줄 것을 중앙 정부에 요청하기도 하였다. 결국 2011년 4월 8일 17일간의 격렬한 시위 끝에 에너지광업부는 해당 사업의 중단을 발표하였다(El Comercio, 2010/4/14; 2010/4/17; 2011/3/29; 2011/4.8).

Tia Maria 구리광산 개발 사업에 대한 반대는 지역 공동체와 남페루 구리회사 간의 갈등 구조를 가지고 있으며 근본적인 원인은 개발 사업으로 인한 강오염과 부가적인 환경 파괴 및 이로 인한 지역 사회의 경작지 피해였다고 할 수 있다. 때문에 지속적인 갈등 상황에서 남페루 구리회사는 개발 사업이 진행되는 10년 간 해당 사업에 지원될 425억 달러에 해당하는 투자액의 경제적 효과로 빈곤 문제가 해소될 수 있다는 점을 강조하는 한편, 강물 오염과 관련하여 개발 사업에 농업 용수로 이용되는 강물을 사용하지 않을 것이며 30km정도 떨어진 바다에서 바닷물을 길어와 염분을 제거하여 사용할 것이라는 사실을 강조하고 UN의 환경영향평가 권장사항을 준수할 것을 약속하였다(Southern Peru Cpper Corporation, 2009).

그러나 해당 사업에 대한 반대시위에 참여한 지역 공동체 및 전문가들의 입장을 살펴보면 근본적인 원인은 개발로 인한 환경 오염의 문제보다는 남페루 구리회사의 사회개발 사업 계획에 대한 지역 공동체의 불신이 뿌리 깊게 작용하고 있었음을 찾아볼 수 있다. 처음 Tia Maria 구리광산 개발 사업에 대한 권리를 남페루 구리회사가 얻었을 때, 정부와 남페루 구리회사는 해당 사업으로 인해 건설 단계에서 4,000여 개의 일자리가 창출되고 운영 단계에서 600개의 직접 고용과 3,500개의 간접 고용이 생길 것으로 예상했고 이와 같은 경제적 효과를 강조해왔다.

반면, 사회개발연구소의 Ricardo Morel 소장은 Tia Maria 사업이 처음부터 많은 문제를 안고 있었으며, 처음에 사업에 찬성하던 사람들도 남페루 구리회사의 사회관리 능력에 대한 불신으로 점차 남페루 구리회사가 실행하는 개발 사업 자체에 대한 불만이 확산되었다고 지적했다. 즉, 남페루 구리회사의 일방적인 의사결정과 사업의 긍정적 효과만을 강조하는 성향이 지역 사회의 정서와 부딪히며 신뢰관계의 구축을 어렵게 하고 있다는 것이다(Ricardo Morel, 2011). 이러한 의견은 광업 컨설턴트 Óscar Frías에 의해서도 주장되었는데, 그에 따르면 남페루 구리회사가 지역 사회 분위기를 파악하지 못한 채 갈등이 가장 첨예하게 표출되었던 대통령 선거 기간에도 사업을 지속적으로 추진했기 때문에 만일 Tia Maria 개발 사업을 지속하기 위해서는 사업 주체를 바꾸는 것이 필요하다고 지적했다(Business Insight in Latin America, 2011/5/13).

Tia Maria 구리광산 개발 사업을 둘러싼 지역 사회의 갈등은 환경오염에 대한 우려 이면에 처음 기대했던 경제적 효과 및 지역 사회 개발 프로그램에 대한 투자와 관리를 약속했던 남페루 구리회사의 약속에 대한 불신과 불만이 직접적인 원인이라 볼 수 있다. 이는 궁극적으로 개발로 인한 부정적 효과 비용을 상쇄하고 추가적인 이익을 보장해 줄 개발이익이 담보되지 못할 것이라는 불만에서 비롯되었다고 할 수 있다.

2) Puno 지역의 Santa Ana 은광산 개발 사업 반대

Santa Ana 은광산 개발지역은 페루 남부 Puno주 Chucuito도의 Huacullani구 총 5,400헥타르에 해당하는 지역이며 볼리비아 국경과 약 30km거리이며 해발 4,000m의 고지대에 위치하고 있다. Santa Ana 광산에서 채굴 가능한 은 매장량은 6,320만 온스로 사업이 진행되는 11년간 4,740만 온스를 생산하는 것이 가능하며 초기 6년간은 연간 5백만 온스를 생산할 수 있을 것으로 기대되었다. 2007년 개발권을 획득한 Bear Creek 광산회사는 2000년에 설립된 캐나다 벤쿠버 소재의 광물회사로 페루에 투자를 집중했으며 사전 7,080만 달러를 사전에 투자했으며 11년간 연평균 140만 달러를 투자하기로 하였다. 은 1온스 당 14.5달러로 계산했을 경우 약 3년이면 원금회수가 가능하다고 보았기때문에 Bear Creek 광산회사는 수익의 일부를 개발 지역의 직업개발, 농업, 교육, 건강 개선 프로그램 등 지역 공동체의 발전을 위해 사용할 것이라고 약속했다. 페루 정부는 이 지역의 개발을 통해 1천 여 개의 직접고용, 1,500개의 간접고용 효과를 가져올 수 있으며 약 3억 3천만 달러의 로열티 및 세수 효과를 예상하였다(Bear Creek Mining Corporation, 2011/6).

그러나 Santa Ana 은광산 개발은 일반적으로 가장 많이 사용하는 금속 채취 공법인 heap leach 공법을 사용하며 이는 탐사 및 채굴 과정에서 주변 지역의 지형파괴를 가져올 수 있었다. 또한 개발로 인해 티티카카 호수를 비롯한 지역수로가 오염되어 지역 어업 및 농업에 피해가 갈 것이라는 우려가 따랐다. 개발 사업의 타당성과 안정성에 관해 2007년부터 2011년까지 130회의 모임이 있었으며 2011년 2월 지역 주민 4천명이 참여한 공청회가 개최되기도 하였다. 더욱이 Bear Creek 광산회사가 자체적으로 배수시설을 갖추었다는 처음의 약속이 거짓이었다는 주장이 제기되면서 갈등이 격화되었다. 지역 주민들은 Bear Creek 광산회사가 발표한 환경 평가를 위한 기술적 지원에 관해 믿지 않았고 페루 정부에 Bear Creek 광산회사의 Santa Ana 광업권을 취소해 줄 것을 요구하며 2011년 5월 9일 대규모 시위를 벌였다. 시위참가자 5,000여 명은 Puno주의 Manco Capac 공항을 막기 위해 도로를 봉쇄했고 이 시위에서 6명의 사망자와 최소 30명의 부상자가 발생했다.

반대 시위가 벌여졌을 초기에 가르시아 정부는 Bear Creek 광산회사의 활동은 페루의 광산투자 촉진을 위해 필요하며 개발 허가권을 취소할 수 없다는 입장을 표명했다. 대신 지역 공동체의 요구를 반영하여 회사 측이 지역 주민과의 합의를 도출하기 위한 노력을 기울어야 한다고 권고했다. 시위를 주도했던 푸노 남부지역 천연자원 방어 대책기구와 광해지역단체연합(CONAMI)은 주로 아이마라 인디오로 구성되었으며 이들 원주민 단체는 가르시아 정부가 투자회사에 우호적인 입장에서 폭력적 대응을 하고 있다고 비판하며 지형파괴와 환경 오염으로 인한 피해를 상쇄할 수 있는 지역개발 프로그램을 회사 측에 요구했다. 이들은 지역 공항을 건설하고 아이마라 원주민을 대상으로 하는 대학을 세워줄 것을 회사 측에 요구했으며 2011년 6월 대선을 앞두고도 원만한 합의가 이루어지지 않자 2주 동안 볼리비아와 연결되는 국경도로를 봉쇄하고 차량을 불태우고 공공건물을 공격하는 등 폭력수위를 높여갔다. 이에 대해 Bear Creek 광산회사는 이미 9,600만 달러를 투자했으며 개발계획 또한 높은 수준의 국제 환경 보호 기준에 따랐고 페루 정부에서 요구하는 환경영향평가의 모든 절차를 준수했기 때문에 원주민공동체의 추가적인 요구를 받아들일 수 없다는 입장을 고수했다. 결국 시위가 격화되고 폭력수위가 높아지면서 장기화되자 회사 측과 지역 공동체와의 합의보다는 페루 정부가 개입하여 해결하는 것이 바람직하며 차기 정부에게 넘기는 것이 좋다는 여론이 형성되었다. 이에 따라 5월 28일 정부 협상단은 광업권 승인을 12개월간 연기하기로 합의하고 6월 5일 광산회사 직원들이 철수했다. 페루 남부 빈민들의 지지에 힘입어 당선된 우말라 대통령은 6월 25일 Santa Ana 광업권을 취소하고 Huacullani, Kelluyo 지역에서 3년간 모든 광업활동을 금지하는 032-2011-EM 법을 발효했다(Diego, 2011: 15-18; Diego & Renzo,2011).

Snata Ana 은광산 개발에 대한 반대 시위는 앞에서 살펴본 다른 사례들과 비교했을 때 상대적으로 환경 파괴에 대한 우려와 이의 원인이 되는 개발에 대한 원천적인 중단을 요구하는 성격이 강하다고 볼 수 있다. 그러나 시위 과정에서의 원주민 공동체의 요구사항을 보면 Santa Ana 광산 개발 자체에 대한 원천적인 중단보다는 Bear Creek 광산회사에 대한 불신과 불만이 더욱 컸으며 시위는 해당 회사의 개발권 철회 또는 해당 회사의 지역 사회 개발프로그램 수립과 실행 양자 중의 하나를 선택하는 방향으로 쟁점이 변화했다는 점을 알 수 있다.

3) Cajamarca 지역의 Yanacocha Conga 개발 사업 반대

Conga 개발 사업은 페루 북동부 안데스 산악지대 Cajamarca주의 Huasmin, Sorochuco, La Encañada의 3개 구에 걸친 지역에서 이루어지고 있는 사업이다. 약 2천 가구 8천여 명이 거주하고 있는 지역이며 이 지역의 금광산 개발이 미치는 영향은 6개구의 25,000가구 약 10만 명에게 미친다는 언론의 발표가 있기도 했다. Conga 개발 사업은 미국에 본사를 두고 있는 Newmont사가 51.35%의 지분을, Buenaventura

사가 43.65%DML 지분을 그리고 IFC사가 5%의 지분을 가지고 이루어지는 사업으로 페루 역사상 가장 큰 규모인 48억 달러 투자의 금과 동 광산 개발 사업이다. 2010년 말 기준으로 Conga 사업은 대략 금 610만 온스와 동 17억 파운드가 매장되어 있는 것으로 보고되었으며 총 19년간 생산이 가능할 것으로 예상되고 있다. 또한 해당 개발 사업으로 연간 30,000-35,000온스의 금, 8천만-1억2천만 파운드의 동을 생산할 수 있을 것으로 전망되었다. 페루 정부와 투자 기업들은 약 5,000-7,000개의 신규 일자리 창출과 8억-10억 달러의 로열티 및 광업세 수익이라는 경제적 효과를 가져올것으로 예상했고 이에 회사 측은 Cajamarca 지역단체인 ALAC(Asosiacion LoAndes Cajamarca)에 제조업, 동물사육, 농작물 개선, 수공업 등의 기술개발에 지속적인 지원을 약속했다.

상당한 경제적 효과가 기대되었음에도 불구하고 해당 사업에 대한 지역 주민들의 저항이 시작된 것은 개발지역의 수질 오염을 포함한 광범위한 환경 오염과 관련 질병에 대한 불안감, 농업에 대한 피해가 원인이라 할 수 있다. 이미 Conga 개발 사업 1단계에서 8개의 호수 총 69헥타르에 가까운 부분이 파괴된 것으로 알려지면서 농업지대에 식수 및 농업용수로 사용하던 20여 개의 호수가 오염되고 물이 고갈되면서 지역 생태계 파괴로 이어질 것이라는 우려가 확산되었다. 또한 채굴 시 중금속인 수은의 사용으로 동식물의 죽음, 토지, 물, 대기 오염과 이에 따른 질병이 확산될 것이라는 불안감도 가중되었다.[9]

Cajamarca 지역 주민들은 해당 사업으로 인한 환경 파괴로 입게 될 피해 범위가 매우 넓고 지주회사인 Newmont사가 이전에도 이 지역

9 http://www.elaguaprimero.blogspot.com, http://www.yanacocha.com.pe 참조.

에 수은 오염 피해를 입히고도 명확한 사과와 피해보상을 하지 않았다는 점을 들어 개발 자체의 원천적인 중단을 요구했다. 이에 Newmont사 측에서는 지역 주민들과의 대화를 수차례 시도했으며 추가적으로 환경영향평가에 대한 세부사항을 공개하고 보다 구체적인 지역 사회 개발 프로그램을 발표했다. 특히 2015년까지의 지역 공동체 비전을 제시하는 등 지역 주민들에게 신뢰 구축 및 개발이익의 지역 사회 이전을 약속함으로써 개발 사업의 장기적인 기반을 마련하려 노력하였다. 그러나 Newmont사에 대한 불신이 뿌리 깊게 작용했고 정부 측에서도 에너지광업부와 환경부의 입장이 차이를 보이면서 갈등이 격화되었다. 에너지광업부에서는 해당 사업을 승인했으나 환경부에서는 좀 더 폭넓은 환경영향평가 조사가 필요하다고 요청했다. 이에 10월 28일 중앙 정부 관련 부처장관, Cajamarca 지방 정부, 지역 의원, 회사 측이 참여하여 에너지광업부 장관과 광산회사는 환경영향평가서를 제출할 것과 Conga 개발 사업의 정지에 대한 법적 가능성을 평가하고 에너지광업부 장관과 환경부 장관은 Yanacocha 광산의 활동을 감시한다는데 합의하였다. 한편 페루 정부 내에서도 대통령의 입장이 며칠 사이에 바뀌고 각료들의 입장도 서로 대립하면서 시위가 더욱 격화되었다. 11월 초 회사 측은 주민들의 광산 점거를 우려하여 노동자와 중장비를 현장에서 철수하고 개발을 중단하였다. 한편 음용수를 비롯한 생활용수를 고산지대의 수자원에 의존하는 카하마르카 시에서도 24시간 파업이 전개되고 광산 진입 도로를 점거하였다. 주민들의 저항은 더욱 본격화되어 주민들의 반대 시위는 11월 24일부터 12월 4일 정부가 비상사태를 선언할 때까지 11일간 지속되었다. 11월 26일에는 400명의 시위대가 광산 진입을 시도하였으며, 28일에는 Cajamarca 공항이 폐쇄되고 주요 간선도로가 시위대에 의해 점거되었다. 2011년 11월 29일 시위로 인해 5명의 주민과 3명의 경찰이 부상을 입었고 결국 2011년 11월 30일 정부는 Conga 개발 사업의 중단을 발표했고 이어 2011년 12월 4일 이 지역에 60일간의 비상사태를 선포하였다(오삼교, 2014: 129).

Conga 개발 사업에 대한 저항은 지역 사회와 외국 투자기업 간 갈등이 오랜 기간 지속되고 격화되어 결국 정부의 개입을 끌어낸 갈등 구조의 전형적인 사례이면서 동시에 개발의 부정적 효과에 따라 개발을 원천적으로 중단하고 개발보다 환경을 우선시해야 한다는 원칙을 관철시킨 가장 대표적이고 성공적인 사례라고 볼 수 있다. 또한 회사 측이 다양한 지역 사회 개발 프로그램을 제시했음에도 불구하고 장기간의 개발사업에 있어 투자기업이 확보한 지역 사회의 신뢰가 중요한 변수임을 보여준 사례이기도 하다.

4) 개발에 대한 갈등의 성격

앞에서 검토한 지역 사회의 저항 또는 갈등의 사례들은 Conga 개발 사업을 제외하면, 개발에 따른 이익분배 또는 비용부담을 둘러싼 갈등 구조와 이에 대한 대응의 성격을 보이고 있다. 즉, 집단 행동으로 표출되는 과정에서 자원 개발 자체를 원천적으로 반대하거나 중단하는 것을 목적으로 하기 보다는 지역 공동체의 정치적 권리나 경제적 이익 분배를 위한 우호적 조건을 창출하는데 초점이 맞추어져 있다고 볼 수 있다. 환경 파괴와 같은 개발의 부정적 효과에 대한 우려를 표방하기는 하지만 실상 저항의 과정에서 구체적인 요구들은 이러한 부정적 효과를 상쇄할 수 있는 지역 사회 개발과 지원 프로그램을 정부와 기업이 약속하고 실행할 것인가에 놓여 있는 것이다.

그리고 이러한 갈등이 집단 행동으로 표출되는 강도는 개발로 인한 환경 파괴의 비용이 얼마나 높은가에 따라, 광산회사에 의해 투자된 시간과 자원이 얼마나 많은가에 따라, 장기간을 요구하는 개발과정에서 회사에 대해 과거에 형성된 신뢰의 크기가 어느 정도인가에 따라, 독립적 중재자로서의 정부에 대한 확신이 어느 정도인가에 따라 달라짐을 보여주고 있다(Triscritti 2013,445-447).

Bagua의 사례는 독립적 중재자로서의 정부에 대한 불신과 지역 공동체에 대한 정부의 강경한 입장이 저항의 강도를 더욱 높이고 집단 행동의 방식이 더욱 폭력적으로 나타나는 요인이 되었음을 보여준다. 동시에 Bagua 사례를 통해 중앙 정부가 갈등의 당사자가 되었을 때 집단 행동을 통한 저항의 강도가 강할수록 보다 적극적이고 직접적인 법적, 제도적 성과가 나타날 수 있다는 것도 알 수 있다.

다른 한편, Tia Maria 사례는 개발 이외에 지역 사회에 대한 회사의 투자가 지역 공동체의 기대에 미치지 못했을 때 해당 회사에 대한 불신이 높아지고 협상의 여지가 적어짐을 보여준다. 이러한 경우 협상의 과정은 지지부진해지거나 광산회사와 지역 사회의 힘겨루기가 장기화될 수 있다. 또한 저항의 양상도 지역 사회의 다양한 이해관계를 응집시킬 수 있는 조직이 만들어지고 대표적인 협상자의 자격을 부여받지 못할 경우 일시적이면서도 반복적인 형태로 나타날 수 있다.

Conga 사례는 Yanacocha사와 Newmont사의 과거 환경 오염에 대한 대응이 지역 사회에 형성한 불신이 현재의 또 다른 개발과 관련해서도 쉽게 잊혀지지않고 오히려 저항을 격화시키고 개발 자체에 대한 저지로 나타날 수 있음을 보여준다.

Ⅳ. 갈등 표출의 집단 행동으로서 저항의 성과와 한계

사전협의나 개발권 허가와 관련한 저항은 개발 사업의 영향을 받는 지역에 사는 주민들과의 적절한 사전 협의 없이 개발기업에 정부가 일방적으로 권리를 제가하는 것에 대한 저항이며 정부의 관리능력이 부실할 때 저항의 강도는 높아진다. 이와 같은 저항은 근본적으로는 개발과 관련한 생활방식의 변화를 선택할 수 있는 권리에 대한 요구이며 개발의 방향과 이후의 개발 이익을 지역 사회의 발전에 보다 우호적으로 설정할 수 있는 권리를 보장하고자 하는 것이라 볼 수 있다. 이러한 유형의 저항은 성공했을 시, 관련 법규의 제정 또는 철폐 등 가시적이고 즉각적인 성과를 얻을 수 있다는 이점이 있다. 그러나 정부의 대응이 없거나 지역 공동체의 입장이 명확하게 반영될 수 있는 제도가 제한적일 경우 실질적인 영향력을 가지는데 한계를 보일 수밖에 없다. Bagua 가스개발 반대는 관련 법규의 철폐와 새로운 법의 제정을 이끌어냈고 이후 우말라 정부에서는 사전협의법의 제정을 이끌어 내었다.[10]

사전협의법은 원주민들의 권리를 보호하고 차별을 금지하는 것을 골자로하는 국제노동기구(ILO)의 규약 제169조에 기초하고 있다. 페루에서는 1995년부터 유효한 법률체계로서 존재는 해왔으나 실질적으로 거의 적용이 되지않고 있던 상황이었다. 2009년 6월 5일 Bagua 지역 원주민 시위의 무력진압으로 인명피해가 발생하면서 2010년 5월 19일 사전협의법이 국회를 통과했으나 행정부의 승인 지연으로 차기 우말라 정부로 넘어가게 되었다. 우말라 대통령은 2011년 9월 6일 사전협의법에 서명함으

10 Congreso de la Republica Comision de Constitution y Reglamento. 2011. 8.「Ley de Derecho a la Consulta Previa a los Pueblos Indigenas u Originaarios Reconocido en el Convenio 169 de la Organización Internacional del Trabajo」

로써 자원 개발에 대한 원주민단체의 사전 협의권을 인정하였다.

사전협의법은 페루 정부와 원주민 단체가 주체이며 민간기업의 의무사항은 아니지만 PeruPetro에 따르면 사전협의법의 절차에 따라 2011년 9월 29일, 5개의 새로운 탄화수소 개발 계약이 체결되었다. 계약체결 회사는 Tecpetrol (174 광구), Pitkin Petroleum (18 광구), Hydrocarbon Exploration (183, 188 광구), Ecopetrol (179 광구)이며 사전협의법에 명시된 시민 참여 절차 준수를 약속하는 등 변화된 사회 환경 상황을 감안하여 체결되었다.[11] 그러나 국가기관이 한 최종 결정에 대해 합의에 이르지 못할 경우에도 원주민 단체가 개발 사업에 내한 거부권을 행사할 수 없어 실질적인 법적 효용성을 갖지 못한다는 한계를 가지고 있다.

자원 개발에 대한 저항은 개별적으로 관련 투자기업의 지역 사회 개발프로그램의 경제적 효과를 얻을 수 있지만 보다 직접적인 이익의 분배라는 측면에서 우말라 정부의 초과이윤세 신설이라는 제도적 성과를 가져오는데 기여했다고 할 수 있다.

초과이윤세는 가르시아 정부에서 투자기업들에게 '자발적인 기여금'을 제안한 것과는 달리 광산 및 탄화수소 개발권을 가진 기업들에게 법적으로 비용을 부여하는 것이다. 2011년 8월 공약을 구체화한 초과이윤세의 세부적인 내용을 발표하고 의회의 만장일치로 승인을 얻었다. 초과이윤세는 판매액이 아닌 광산 운영수익에 세금을 부과하고 가격별로 누진적인 체계에 따라 모든 광산기업에 강제적으로 부과함으로써 세수입 증대의 효과를 꾀하고 이로부터 발생한 수익을 개발지역의 빈곤퇴치와

11 http://gestion.pe/noticia/1310227/perupetro-suscribio-cinco-contratos-licencia

발전에 일정정도 돌리겠다는 내용을 골자로 하고 있다.[12]

우말라 정부의 초과이윤세는 세금을 내는 기업의 입장에서도 크게 타격을 입지 않고 투자를 감소시키지 않으면서 세수입을 얻을 수 있다는 점에서 긍정적인 평가를 받았지만 증가한 세수입의 관리 및 지출을 둘러싼 정치적 문제가 또 다른 갈등을 야기할 수 있다는 비판을 받기도 한다. 새로운 세제 시스템에서 로열티는 지방 정부에게 귀속되지만 초과이윤세로 인한 추가적 세수입은 중앙 정부에게 귀속되며 광산 개발로 인한 세수입의 관리에 대해 중앙 정부의 영향력이 더욱 커지면서 지방 정부의 불만이 커질 수 있는 것이다. 또한 재원의 관리, 분배의 형평성, 지출의 투명성과 효율성을 둘러싼 갈등이 증폭될 소지가 있다. 한편, 개발의 부정적 효과를 부담해야 하는 개발대상지역은 그렇지 않은 지역에 개발로 인한 세수입 증가분이 사용되는 것에 불만을 가질 수 있어 지역사회 간에도 마찰이 발생할 수 있다.

페루에서 광업 세수입의 관리와 사용에 따른 갈등이 직접적인 집단행동으로 표출되는 경우는 2011년까지는 많지 않았다. 이와 같은 갈등유형은 중앙 정부와 지방 정부 간, 중앙(지방)정부와 지역 공동체 간의 직접적인 갈등으로 나타날 수 있는데 이 글에서 제시한 사례들의 경우, 개발에 관한 사전협의와 개발권 허가에 관한 사항이 주요 내용이었다.

앞으로 광업 세수입의 관리와 사용, 할당 등 개발로 인한 직접적인 이익을 어떻게 배분하고 관리할 것인가는 갈등의 핵심적인 쟁점이 될 것으로 보인다. 그러나 광산 개발이 이루어지는 기간과 전체적인 과정, 이

12 Oxford Analytica 2011. 8. 9. "eruvian windfall tax will not deter investment" 검색일 2011년 12월 3일).

후의 영향까지 고려해 볼 때 초과이윤세가 개발을 둘러싼 이익분배의 갈등을 근본적으로 해소하기 어렵다고 볼 수 있다. 이는 2013년 자원 개발을 둘러싼 지역 갈등이 143건(Defensoría del Pueblo 2014)으로 시행 전보다 크게 줄지 않았다는 점에서도 나타난다.

V. 결론

이 글에서는 자원 개발 과정에서 나타날 수 있는 갈등 유형에 따라 페루 지역 사회의 저항 사례를 검토함으로써 갈등의 성격과 성과, 한계를 살펴보았다.

Bagua 가스개발 반대 사례는 중앙 정부와 지역 사회의 직접적인 갈등과 지역 사회의 정치적 집단 행동을 보여주는 대표적 사례라고 할 수 있다. 또한 정부의 일방향적인 개발정책 추진에 대한 불만, 개발에 대한 인식과 원주민 공동체의 생활터전을 위협하는 개발의 부작용에 대한 광범위한 인식이 기저에 놓여 있지만 직접적인 갈등의 표출이 개발에 대한 사전협의 문제로 집중되면서 법적 해결을 이끌어내는 성과를 보여준 사례라 할 수 있다. 반면 Conga 개발 사업에 대한 저항은 지역 사회와 외국 투자기업 간 갈등이 오랜 기간 지속되고 격화되어 결국 정부의 개입을 끌어낸 갈등 구조의 전형적인 사례이면서 동시에 개발의 부정적 효과에 따라 개발을 원천적으로 중단하고 개발보다 환경을 우선시해야 한다는 원칙을 관철시킨 가장 대표적이고 성공적인 사례라고 볼 수 있다. 또한 회사 측이 다양한 지역 사회 개발 프로그램을 제시했음에도 불구하고 장기간의 개발 사업에 있어 투자기업이 확보한 지역 사회의 신뢰가 중요한 변수임을 보여준 사례이기도 하다.

한편 Tia Maria 구리광산 개발 사업과 Santa Ana 은광산 개발 사업에 대한 반대 사례는 개발의 부정적 효과에 대한 우려에 따른 개발반대 담론의 확산으로 볼 수 있으나 갈등이 집단적으로 표출되는 집단 행동의 동인은 궁극적으로 개발이익의 분배와 비용의 부담임을 보여주는 사례라 할 수 있다. Tia Maria구리광산 개발 사업을 둘러싼 지역 사회의 갈등은 환경 오염에 대한 우려 이면에 처음 기대했던 경제적 효과 및 지역 사회 개발 프로그램에 대한 투자와 관리를 약속했던 남페루 구리회사의 약속에 대한 불신과 불만이 직접적인 원인이라 볼 수 있다. 이는 궁극적으로 개발로 인한 부정적 효과 비용을 상쇄하고 추가적인 이익을 보장해 줄 개발이익이 담보되지 못할 것이라는 불만에서 비롯되었다고 할 수 있다. 나아가 이러한 지역 사회의 불만을 적극적으로 수렴하고 해소해주지 못한 지방 정부에 대한 불만과 결합되어 결국 외국 광산회사에 대한 지역 사회의 협상력을 높이기 위한 정치적 집단 행동의 성격으로 선회했다고 볼 수 있다. 반면, Snata Ana 은광산 개발에 대한 반대 시위는 상대적으로 환경 파괴에 대한 우려와 이의 원인이 되는 개발에 대한 원천적인 중단을 요구하는 성격이 강하다고 볼 수 있다. 그러나 시위 과정에서의 원주민 공동체의 요구사항을 보면 Santa Ana 광산 개발 자체에 대한 원천적인 중단보다는 Bear Creek 광산회사에 대한 불신과 불만이 더욱 컸으며 시위는 해당회사의 개발권 철회 또는 해당 회사의 지역 사회 개발프로그램 수립과 실행양자 중의 하나를 선택하는 방향으로 쟁점이 변화했다는 점을 알 수 있다.

따라서 페루에서 대부분 개발 사업에 따른 갈등 구조와 요인은 개발이익의 분배와 비용부담이라는 경제적 쟁점이 가장 중요한 요인이라 볼 수 있으며 때로는 과격한 폭력으로 분출되는 저항은 기존의 비대칭적 협상구조를 타개할 수 있는 하나의 정치적 행동으로 볼 수 있다. 이를 통해 정치적 제도화가 취약하고 지역 사회의 정치적 요구가 수렴될 수 있는 통로가 제한되어 있을 때, 경제적 쟁점을 중심으로 하는 갈등이 집단적 행동으로 표출되는 과정 자체가 집단 행동을 통해 대안적인 정치적 행위가 이루어지는 방식의 또 다른 유형으로 간주될 수 있음을 알 수 있다. 페루의 사례는 개발에 대한 갈등과 이의 집단적 표출이 개발에 대한 권리와 이익 배분을 둘러싼 경제적 갈등을 정치적 집단 행동으로 해결하고자 하는 정치 과정의 일부라는 것을 잘 보여주는 사례라고 할 수 있다.

페루의 경우 신자유주의적 개발정책에 기초한 자원 개발 사업들이 여러 부정적 효과를 가져오면서 이에 대한 갈등이 증폭되었고 이를 제기하고 관철시킬 수 있는 제도적 통로가 제한되어 있었기 때문에 오히려 지역 공동체의 저항이라는 직접적인 집단 행동으로 갈등이 표출되었음을 알 수 있었다. 집단 행동은 사전협의법과 초과이윤세 신설이라는 법적, 제도적 성과를 보이면서 자원 개발과 관련한 지역 공동체의 경제적, 사회적 요구를 정책 결정 과정 내에 포함시킬 수 있었고, 사회의 다양한 이해관계를 정당이라는 제도적 형태로 수용하지 못하는 페루의 상황에서 다양한 단체들이 정치적 위상을 부여받거나 연대를 시도할 수 있는 토대를 마련하는 계기가 될 수 있음을 보여주었다.

그럼에도 불구하고, 지역 갈등의 표출이 소요-시위 격화-정부의 대응-소강상태를 반복하고 이러한 구조가 고착화되는 것에서 알 수 있듯이, 지역차원에서의 정치적 집단 행동이 보다 보편적인 담론과 정치적 역량을 갖추지 못하고 임시방편적이고 일회적인 과정으로 한정되었을 때 문제를 근본적으로 해결하고 제도적으로 유지할 수 있는 대안적 정치운동으로 발전하기 어렵다는 것도 보여주고 있다고 할 수 있다.

참고문헌

Arce, Moises (2008), "The Repoliticization of Collective Action after Meoliberalism in Peru," Latin American Politics and Society, Vol. 50, No. 3, pp. 37-62.

Bebbington, Anthony, Humphreys Bebbington, D., Bury, J. et al. (2008), "Mining and Social Movements: Struggles Over Livelihood and Rural Territorial Development in the Andes," World Development, Vol. 36, No.
12, pp. 2888-2905.

Bebbington, Anthony, Humphreys Bebbington, D., Bury, J. et al. (2009), "The New Extraction: Rewriting the Political Ecology of the Andes?," Nacla Report on the Americas(sep./oct.).

Bebbington, Anthony, Humphreys Bebbington, D., Bury, J. et al. (2011), Minería, Movimientos Sociales y Respuestas Campesinas, Instituto de Estudios Peruanos, CEPES.

Bear Creek Mining Corporation(2011), 「Investor Fact Sheet」, 2011. 6.

Business Insight in Latin America. “ía María still viable, but not under

SCC-consultant says,”

Carrillo, Hugo (2008), “ecursos naturales y minería: Un encuentro sin diálogo entre sin inversiones sociales y el desarrollo," Peru Hoy. Territorio y naturaleza. Desarrollo en armonía, Núm. 14, pp. 293-304.

Celfincapital (2011), "Peru's new mining tax proposal finalized", Investment Strategy

Defensoria del Pueblo Report 2009. 10.

Defensoria del Pueblo Report 2011. 10.

Defensoria del Pueblo (2010), Actuaciones Defensoriales en el marco del conflicto de Bagua, Serie Documentos Defensoriales - Documento No. 10.

El Comercio. “residente de Bear Creek: “ay Múltiples factores que se han acumulado en Puno””2011. 6. 27.

Franks, Daniel (2009), "Avoiding mine-community conflict: from dialogue to shared futures," Enviromine 2009, pp. 1-10.

Guzmán, Gerardo Castillo (2011), “inería y Sociedad en el Peru: Un panoramatras dos décadas de iniciado el boom,”Gestión Pública y Actualidad 2011.1

Hinojosa, Diana et al. (2009), "¿Perú come o se deja comer?: La matanza de Bagua y los decretos ejecutivos," Letras Verde No. 4.

McNeish, John-Andrew et al. (2010), "Rethinking Resourse Conflict," World Development Report 2011.

Monge, Carlos et al. (2008), "Recursos naturales y conflictos sociales en el Peru del siglo XXI," Peru Hoy. Territorio y naturaleza. Desarrollo en armonía, Núm. 14, pp. 117-141.

Orta-Martínez, Martí and Matt Finer (2010), "Oil frontiers and indigenous

resistance in the Peruvian Amazon," Ecological Economics Vol. 70, pp.

207-218.

Oxfam America (2009), Mining Conflicts in Peru: Condition Critical. Retriered July, 2009. http://www.oxfamamerica.org

Ricardo Morel (2011), "ía María: A look back and a way forward,"Business Insight in Latin America. 2011. 4. 21

Salazar M., Diego (2011), "Movilización y conflictos en sistemas abiertos y represivos: el caso puneño," Perú, No. 7, pp. 1-18.

Salazar M., Diego & Renzo Aurazo D. (2011), "e lo contenido a lo transgresivo: conflictos sociales y consciencia colec-

tiva en el Peru. Puno y Huancavelica en debate,"Perú, No. 7, pp. 1-24.
Spillan, John E., John A. Parnell, and Cesar Antunez de Mayolo (2011), "Exploring Crisis Readiness in Peru,"Journal of International Business and Economy, Vol. 12, No. 1, pp. 57-83.
Southern Peru Copper Coperation (2009), 「Estudio de Impacto Ambiental Proyecto Minero T熤 Mar熤」 5375/RI
Triscritti, Fiorella (2013), "Mining, development and corporate-community conflicts in Peru,"Community Development Journal, Vol. 48, No. 3, pp.437-450.
Yanguas, Javier Arellano (2008), "Canon Minero and Conflicts in Peru,"
http://www.sed.manchester.ac.uk

<인터넷 자료>
Yanacocha 광산회사, www.yanacocha,com.pe
Bearcreek 광산회사, http://www.bearcreekmining.com
페루 의회, www.congreso.gob.pe
페루 에너지광업부, www.minem.gob.pe
Market Watch 신문사, www.marketwatch.com
Business insight in Latin America, www.bnamericas.com
El Comercio 신문사, http://elcomercio.pe
페루 국민보호청, http://www.defensoria.gob.pe

NGO El Agua Promero, www.elaguaprimero.blogspot.com

4장

아바나 열환경 평가와 건축 요소 변화*

장수환, 박일수, 전주람, 최한결

Ⅰ. 서론

아바나에는 세계 문화 유적지로 지정된 구 아바나 역사중심지뿐만 아니라 센트로 아바나 지역에도 식민지 시기 건물들이 많이 남아있다. 아바나 역사 중심지로 불리는 구 아바나와 센트로 아바나 지역은 격자망 거리와 벽을 서로 공유한 채 조밀한 도시패턴을 특징으로 갖고 있다. 구 아바나 지역보다 거리의 폭이 좀 더 넓어지는 센트로 아바나 지역의 경우도 주택은 공유벽을 유지한 채 조밀하게 이어져 있다.

건축물은 지역의 기후에 적응하여, 관습과 전통적 구성요인을 갖추고 지어진다. 기후적응 측면에서 아바나 건축물을 평가한다면, 해양성 열대 기후대에 위치한 아바나 지역의 건축물과 거리망은 열환경 측면에서 미흡하다. 매우 조밀한 거리망과 건축의 정면부가 줄을 지어서 있는 건축물 구조는 쿠바의 고온다습한 기후에 매우 취약한 구조이다(Dania Gonzalez Couret, 2013: 800-811). 스페인 식민 시기에 아바나가 건설될 당시 기후요소를 고려하였다고 할지라도 이는 다습한 카리브 해 섬 지

* 이글은 중남미연구 제36권 2호 (pp. 213~242)에 게재되었던 논문입니다.

역의 기후를 고려하였기 보다는 16세기 스페인 남부 건축 문화가 반영된 것으로 보아야 할 것이다. 아바나에는 고온 건조한 기후 외에 스페인 남부의 이슬람의 전통적인 요소가 건축물에 가미되었다. 이러한 이슬람 양식의 영향으로 건축물은 외부로 향하기보다는 내부로 향하면서 통풍에 취약한 구조를 가진다(A. Tablada et al., 2009: 1947).

아바나는 해양성 기후이기 때문에 대륙성 기후보다는 덜 극심한 기온 변화 경향을 보이며 연중 해양성 기후의 영향으로 동풍 또는 북동풍의 영향을 받는다. 해풍의 영향으로 온화한 열대성 기후를 보이는 것으로 평가되기도 하지만 연중 다습하고 고온을 유지하고 있다. 더군다나 조밀한 도시 형태와 줄지어선 공유벽으로 인해 주택 내에서의 열환경은 매우 취약한 것으로 알려져 있다.

본 논문에서는 예측모델을 통해 아바나의 소지역간 건물 외부의 열환경을 평가하고, 열환경 영향요인인 건축 요소의 변화 과정을 살펴보고자 한다. 구 아바나 지역은 도시 내 불투수면이나 도시화로 인한 열섬현상은 뚜렷하게 나타나지 않고 있다. 실제로 본 연구에서의 모델링 결과 열섬현상은 건물 등 불투수면의 위치보다는 해안가와의 거리에 더 밀접한 영향을 받고 있었으며 건물이 해안가에 위치한 경우는 열섬현상이 일어나지 않았다. 아바나 지역은 대체적으로 열섬영향 요인보다는 해풍의 영향을 받는 지역으로 평가할 수 있다. 그러나 연중 불어오는 해풍에도 불구하고 건축물 내부 열환경은 쾌적하지 않다. 조밀하게 들어서 있는 건축물 내에서 쾌적한 열환경을 추구하는 것이 앞으로 아바나 건축에서 중요한 이슈로 등장할 것이다. 해풍의 영향을 고려한 지역별 도시 세부지역계획과 통풍효과를 극대화하기 위한 창과 베란다, 그리고 공지를 중심으로 한 건축물 구조개선이 필요해 보인다.

본 논문 2장에서 열환경과 건축효과에 대한 사례 연구를 검토하였고, 3장에서는 TAPM을 이용하여 아바나 열섬효과와 풍향, 풍속에 대해 평가하였다. 4장에서는 시대에 따른 아바나 건축 요소의 변화를 소개하고, 5장에서는 아바나 건축물의 특징 및 기후 적응 측면에서 건축 요소의 변화가능성에 대해 기술하였다.

II. 열환경 및 건축 효과에 대한 사례 연구

도시열섬 현상은 지리적 위치, 토지 피복, 풍향, 풍속, 에너지현황 이용 등 다양한 요인의 영향을 받는다. 건물의 외부 열환경에 영향을 미치는 기후 인자는 기온·습도·일조·일사·운량(雲量)·강우량·풍향·풍속 등이 있다. 인공환경인 식재·인공구조물·토지이용과 같은 요인도 역시 도시의 열섬효과 및 열환경에 영향을 주는 주요 요인이다(손원득, 2010: 55-56). 도시열섬 현상은 인공구조물 면적이 클수록, 도시내 에너지 이용이 많을수록, 인구밀도가 높을수록 열섬강도가 강해진다고 한다. 또한 습도나, 강수, 운량, 풍속 등 다양한 기상조건은 도시 열섬의 강도에 영향을 준다. 예를 들면 풍속이 약하고 운량이 적은 맑은 날에 열섬의 강도가 크게 나타나며 풍속, 운량, 강수량이 증가할수록 열섬의 효과는 약해지는 경향을 보인다.

일반적으로 해안 도시는 내륙 도시에 비해 열섬 강도가 약하게 나타난다는 것을 기존 연구에서 확인할 수 있다(김유진, 2012: 1-9; Hua, 2008: 179-194).

오래된 건물의 형태와 배열이 아바나 지역에서 열환경에 어떠한 영향을 미치는가에 대한 연구가 진행되어 왔다. 구아바나(old Havana)

의 거리망에서 보행자에게 열환경을 높이는 방안(Jose Abel Rodriguea Algeciras, 2016: 85-101), 아바나의 각기 다른 아파트의 건축설계 영향 평가(Dania Gonzalez Couret, 2013: 800-811), 조밀한 도시환경에서 열환경과 자연적 통풍에 대한 연구(A. Tablada, 2009: 1943-1958)가 대표적인 예이다. Dania Gonzalez Couret(2013)와 Nieves and Prilipko(1988)의 아바나 열섬에 대한 연구는 아바나 미기후에 좀 더 결정적인 영향을 주는 것은 건물 등 인공적인 구조물이라기보다는 해풍의 영향임을 보여주고 있다.

Dania Gonzalez Couret(2013)에서는 센트로 아바나(entro Habana) 지역에서 밀집한 도시의 형태로 인한 것뿐만 아니라 바다로부터 떨어진 정도가 이 지역의 열섬에 영향을 미친 것으로 보고 있다. 베다도(Vedado)와 미라마르(Miramar)의 건물 내 열환경은 거리와 회랑과 연결된 공간에서 좀 더 양호하며, 안마당과 연결된 실내는 기온이 좀 더 높은 편임을 보여주면서 통풍의 기능을 강조하고 있다. 이러한 안마당은 회랑(corridor)마저 드문 센트로 아바나와 같은 밀집한 도시구조에서는 그나마 열환경에 도움을 주는 공간이기도 하다. 그러나 한편으로는 안마당이 상부만 열려있는 전이적인 공간이고 수직으로 세워진 벽에 의해 막혀있다 보니 공기흐름이 적고 따뜻해진 막힌 공기가 다른 공기로 대체되기에는 불리한 건축구조라는 지적도 일리 있다. 안마당에서 현관을 지나 나온 외부공간은 구 아바나나 센트로 아바나의 경우 협곡과 같은 공간이다. 상부는 열려있고, 양 끝은 주요 축으로 바람이 불고 더운 공기가 제거될 수 있는 통로이다.

III. 아바나 열환경 평가

1. 아바나 기후특성 및 평가개요

아바나는 북위 23.0, 서경 82.3에 위치하고 있다. 기상상태는 해풍(sea breezes)의 영향으로 대륙성 열대지역보다는 온화한 경향을 보인다. 그럼에도 불구하고, 열대 해양 도서 기후를 가진 다른 섬 지역과 마찬가지로 상대적으로 높은 온도와 습도로 인해 1년 중 긴 기간 동안 꽤 덥고 습한 상태가 지속된다. 여름철 평균 최고기온은 섭씨 31도이며 겨울철 평균 최소기온은 섭씨 18도이다. 우기는 5월에서 9월 사이이며, 건기는 10월에서 4월이다. 연중 평균 강수량은 1000-1400mm이며, 상대습도는 76%이다. 우세한 풍향은 북동풍에서 동풍이다. 해풍은 도시를 관통하고 있으며 해안지역에서 강하게 나타난다(Ana María DE LA PEÑA GONZÁLEZ1, 2011: 13-15).

본 연구에서는 아바나 지역 내 위치하는 건물이 기상요소에 미치는 영향을 평가하기 위해 TAPM 을 이용하였다. 건물에 의한 기상요소 영향 평가 시기는 2016.02.29 - 03.11로 12일 동안의 열환경을 평가하였다. 풍속과 풍향, 상대습도, 냉각속도에 대한 시공간적 분포와 빈도를 분석하였다. 예측치는 아바나 국제공항 기상관측소 측정치와 비교하여 IOA(Index of Agreement)를 통해 예측치의 정확도를 확인하였다.

2. 방법

기상모델과 건축물 효과를 묘사할 수 있는 3차원 수치모델인 TAPM을 활용하였다. TAPM은 시간에 따른 기상변화와 건물의 효과를 고려할 수 있으며 지형의 특징을 반영한다. 기상모델은 운동방정식과 연속방정식으로 구성되었다. 모델 원점은 아바나 도시의 한 지점(23°8′N, -82°

24′W)에 두고 5개 둥지 격자(10㎞, 5㎞, 1㎞, 400m, 100m)에서 모델링하였다. 초기 입력 자료인 지형 및 토지피복도(1㎞*1㎞)는 미국 지질조사국 자료를 활용하였으며, 기상자료(1°*1°)는 호주 기상청(Australian Bureau of Meteorology) 자료(LAPS)를 활용하였다. 열섬효과는 비교적 높은 건물인 18곳의 건물 층수, 4개 면의 꼭지점 정보를 모델에 투입하여 풍속과 풍향, 상대습도, 냉각속도, 온도에 대해 평가하였다. 기상 및 열섬효과 예측 결과 분석은 100m의 값을 활용하였다.

<그림 1> TAPM 모델링 연구지역 위치

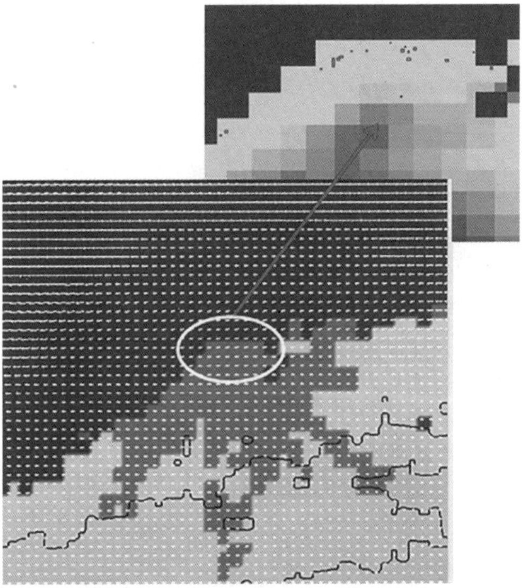

*모델 원점 위경도 좌표값: 23°8′N, -82°24′W

출처: Jang Su Hwan et al.(2016),"Evaluation of Thermal Environment and Change of Architectural Elements in Havana,"p. 274.

<표 1> TAPM 모델링 건물 데이터 입력 정보

지점(명칭)	서경, 북위(건물의 4개 꼭지점 경위도값)			
	x1y1	x2y2	x3y3	x4y4
Neptuno-Triton Hotel(NTH)	82.262816	82.262651	82.262651	82.262816
	23.063694	23.063694	23.063815	23.063815
H 10 Havana Panorama(HHP)	82.262276	82.262009	82.262009	82.262276
	23.064068	23.064068	23.064412	23.064412
Hotel Melia Cohiba(HMC)	82.241081	82.240817	82.240817	82.241081
	23.082177	23.082177	23.082471	23.082471
Tienda Galerias de Paseo(TGP)	82.240801	82.240488	82.240488	82.240801
	23.082506	23.082506	23.082804	23.082804
Residencia Estudiantil 12yMalecon(REM)	82.242826	82.242666	82.242666	82.242826
	23.080831	23.080831	23.081055	23.081055
Hotel Presidente(HP)	82.234042	82.233912	82.233912	82.234042
	23.083333	23.083333	23.083509	23.083509
Edificio Someillan(ES)	82.230051	82.225945	82.225945	82.230051
	23.083919	23.083919	23.084018	23.084018
Edificio Fosca(EF)	82.230409	82.230133	82.230133	82.230409
	23.083251	23.083251	23.083651	23.083651
Hotel Nacional de Cuba(HNC)	82.225115	82.224831	82.224831	82.225115
	23.083494	23.083494	23.083867	23.083867
Hotel Havanan Libre(HHL)	82.225781	82.225464	82.225464	82.225781
	23.082054	23.082054	23.082435	23.082435
Hermanos Ameijeiras Hospital(HAH)	82.221801	82.221469	82.221469	82.221801
	23.081978	23.081978	23.082254	23.082254
Us Embassy(UE)	82.231582	82.231509	82.231509	82.231582
	23.084467	23.084467	23.084588	23.084588
Ministerio de Communicaciones(MDC)	82.230473	82.230343	82.230343	82.230473
	23.072979	23.072979	23.073208	23.073208
Apartamento Cristina(AC)	82.235643	82.235528	82.235528	82.235643
	23.083304	23.083304	23.083471	23.083471
Hotel Havana Riviera(HHR)	82.241551	82.241358	82.241358	82.241551
	23.081285	23.081285	23.082433	23.082433

지점(명칭)	서경, 북위(건물의 4개 꼭지점 경위도값)			
	x1y1	x2y2	x3y3	x4y4
Hotel Capri(HC)	82.225742	82.225598	82.225598	82.225742
	23.083187	23.083187	23.083373	23.083373
Teatro Payret(TP)	82.213069	82.212838	82.212838	82.213069
	23.080832	23.080832	23.081199	23.081199
Bellevue Deauville(BD)	82.214845	82.214774	82.214774	82.214845
	23.083081	23.083081	23.083236	23.083236

3. 평가결과

아바나 지역에서 1시간 간격으로 묘사된 바람장의 시공간 분포에서 보면 풍향은 북동풍이 우세하였다. 기상예측결과의 정확도를 판단하기 위해 IOA(Index of Agreement) 통계방법이 널리 사용된다. 아바나 국제공항(Jose Marti)에 위치한 측정소(22°59′20.36″ N, -82°24′36.25″ W)의 측정치와 예측치의 IOA는 풍향 0.68-0.70, 풍속 0.43-0.52, 기온 0.58-0.59, 습도 0.57-0.59 수준으로 나타났다. IOA의 수준이 비교적 높지 않게 나타난 것은 측정치의 불확실성에 기인한다고 추측된다. 부에노스아이레스의 IOA 값은 풍향 0.79, 풍속 0.73, 기온 0.85로 아바나보다 유의도가 높게 나타났다(장유운, 2017: 143).

아바나의 열섬강도에 대한 모의결과를 보면, 대상기간인 2월 29일부터 3월 11일까지 평균 열섬 강도는 0.91℃이다. 시간별 열섬 강도의 변화를 보면, 늦은 밤 2300 LST(Local Standard Time)에서 일출 이전인 0600 LST에 가장 강하게 나타났으며, 주간인 1300~1700 LST에 지역별 열섬강도가 약하게 나타났다. 주간에는 해풍의 영향을 덜 받는 서쪽 지역이나 내륙 지역이 해안지역에 비해 기온이 더 높게 나타났다. 그러나 야간에는 해안지역이 바람의 영향이 적은 서쪽지역이나 내륙 지역보다 높게 나타났다. 본 연구에서 모델링한 아바나 열섬강도 및 일별 기온 변화는 도시 내에서 해풍의 영향을 받는 지역과 해풍의 영향을 덜 받는 지역사이의 열환경으로 살펴볼 수 있었다. 다음 그림은 18개 지점에 대해 2월 29일부터 3월 11일까지의 1시간 간격 288시간에 대한 최고기온과 최저기온의 차이를 나타낸 것이다. 기온차이의 최고값은 4.6℃였으며, 최저값은 0.1℃였다(그림 2).

<그림 2> 최고기온과 최저기온의 차이(2월 29일~ 3월 11일, 288시간)

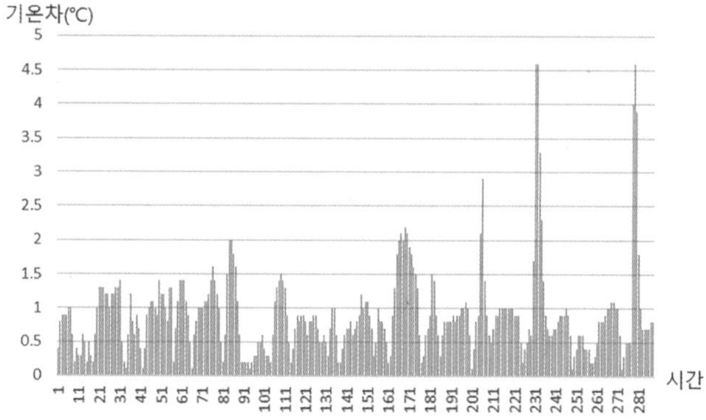

일반적으로 야간의 열섬 효과는 도시와 주변 지역 대기의 냉각 속도 차이로 인해 발생한다. 그러나 해안에 위치한 도시의 특성 상 지점별로 최고기온 발생시각 이후 최저기온 발생 시각 0600 LST 까지 18개 지점의 냉각속도를 보면 (-0.51℃/hr)에서 (-0.68℃/hr)까지 다양하게 나타났다. 냉각속도가 높은 지역은 서쪽 해안지역과 내륙(MDC)에 위치한 지점이었으며, 상대적으로 냉각속도가 낮은 지역은 해안(HNC, UE)에 위치한 지점이었다. 이러한 냉각속도의 차이는 도시를 구성하는 인공구조

물에 의한 열섬효과라기 보다는 해양의 영향에 의한 효과로 볼 수 있다. 아바나는 도시의 발달과정에서 도시공간별 특성이 뚜렷하게 나타난다. 예를 들면 구아바나 지역의 경우 거리 폭은 좁고 밀집된 건물들이 줄지어 건축되었고, 이에 비해 베다도 지역은 거리폭이 넓어지고 공원 등 녹지가 넓게 분포한다. 해안가 건물들은 비교적 해안에 가깝게 건물이 위치하여 매년 침수와 범람을 겪고 있지만 건축물의 밀집도는 구아바나나 센트로 아바나 또는 베다도 지역에 비해 낮은 편이다. 이러한 특수성을 바탕으로 모델링한 지역을 4개의 지역으로 구분하여 기온과 바람의 특성, 그리고 냉각속도의 차이를 검토하였다. 연구 대상 18개 지점을 아바나 서쪽지역(west), 해안지역(coast), 내륙 지역(inland), 그리고 아바나 만(bay)의 4개 그룹으로 나누어 살펴보았다. 이러한 4개의 그룹 지역에 대한 냉각속도(2016년 3월 8일 1400-3월 9일 0600)를 보면, 해안지역의 냉각속도는 0.51-0.52℃, 아바나 만의 경우 0.56-0.59℃, 내륙 지역의 경우는 0.58-0.61℃였다. 아바나의 서쪽지역은 0.67-0.68℃였다(그림 3).

<그림 3> 소지역 그룹별 냉각속도(2016년 3월 8일 1400-3월 9일 0600)

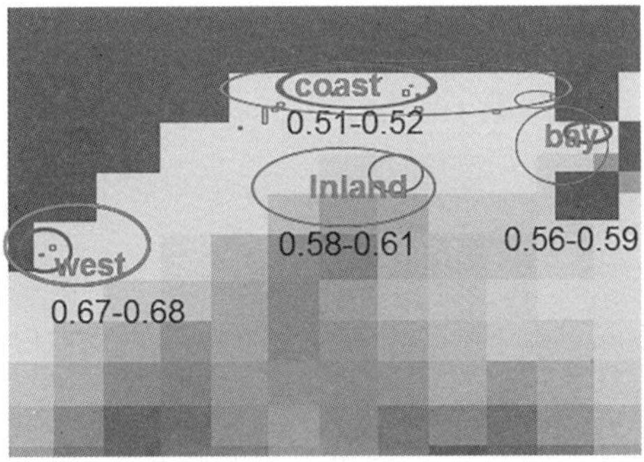

출처: Jang Su Hwan et al.(2016),
"Evaluation of Thermal Environment and Change of Architectural Elements in Havana,"p. 275.

아바나 연구대상지역의 우세한 풍향은 북동풍에서 동풍이었다(그림 4). 풍속은 지역에 따라 변화를 보였는데 서쪽지역과 내륙 지역은 아바나 만이나 해안지역보다 약한 바람 특성을 보였다. 다음 그림은 4개의 지역의 대표적인 사이트의 바람 특성이다. 아바나의 서쪽지역의 경우 풍속 3m/s는 연구대상기간인 총 288일 중 192일로 66%를 차지한 반면 해안지역 경우 총 235일로 81.5%를 차지하였다. 아바나 만의 경우 총 288일중 232일(80.6%)에서 풍속 3m/s 이상을 보였다. 상대적으로 내륙지역의 경우는 163일 동안 3m/s이상의 풍속을 보여 전체 56.6%를 차지하였다. 4m/s 이상을 보인 일 수를 지역별로 비교해보면 서쪽 지역, 해안지역, 아바나 만, 내륙 지역이 각각 82일(28.5%), 165일(57.3%), 160일(55.6%), 65일(22.6%)를 보였다. 해안지역과 아바나 만 인근 지역은 5m/s 이상을 보인 날이 각각 23.6%와 26.7%였다. 이에 비해 서쪽지역과 내륙지역은 각각 38일(13.2%), 32일(11.1%)를 보였다. 해풍의 영향은 아바나의 기온변화에 결정요인으로 보인다. 해안지역이나 아바나만 지역의 경우는 4m/s 이상에서 최고 빈도점이 나타났다. 그러나 서쪽 지역은 해안에 접하고 있는 지역임에도 불구하고, 2-3m/s의 풍속이 가장 높은 빈도를 보였다(그림 5).

<그림 4> 소지역별 풍향 분포의 빈도

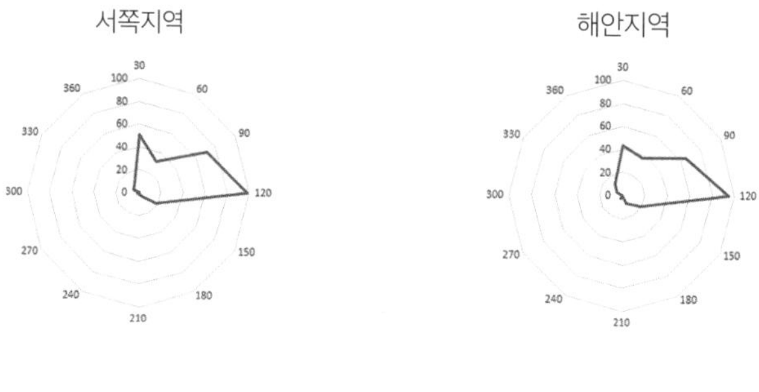

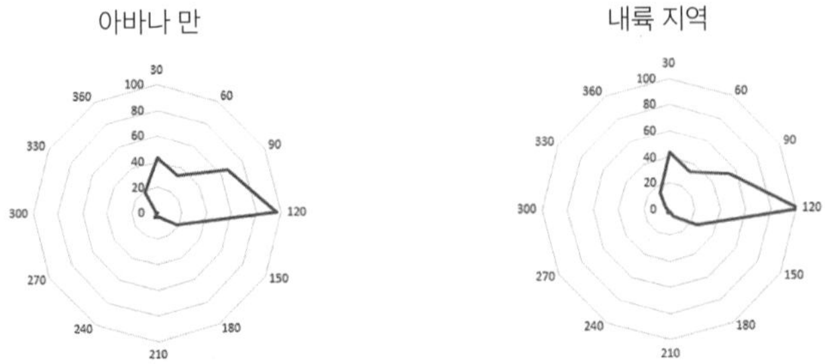

<그림 5> 소지역별 풍속 분포의 빈도

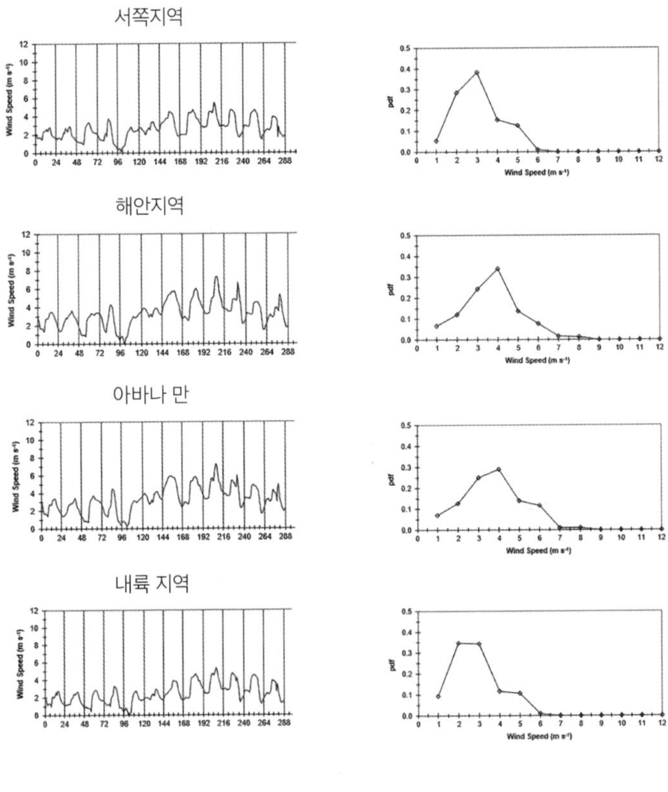

서쪽 지역은 해안임에도 불구하고 아바나 만이나 해안지역과 해풍의 영향이 다르게 나타남을 볼 수 있었다. 이러한 예측은 다음 모델링 결과를 통해 확인할 수 있었다. 앞에서 분석하였던 4개의 지역 구분 중 해안지역(A)과 서쪽 지역(B)에 대해 각각 내륙쪽으로 10.4㎞, 6.8㎞에 대해 400m 간격으로 육지에서 해안으로 이동하면서 온도의 변화를 살펴보았다. 대상기간은 2016년 3월 9일 0600 LST, 1400 LST 였으며, 해안지역에서 0600 LST에서는 육지 내부에서 해안으로 이동하면서 해안에 가까워지면 온도는 1℃ 이상 상승하는 것으로 나타났으며 1400 LST에서는 3℃ 이상 4℃ 가까이 낮아지는 것을 확인할 수 있었다(A). 반면 서쪽 지역에서는 0600 LST에서는 육지 내부에서 해안으로 이동하면서 해안에 가까워지면 온도는 0.3℃ 이하로 미미하게 상승하는 것으로 나타났으며 1400 LST에서도 거의 동일한 폭으로 상승하는 것을 확인할 수 있었다(B).

<그림 6> 내륙에서부터 해안가에 이르는 지역별 온도 변화

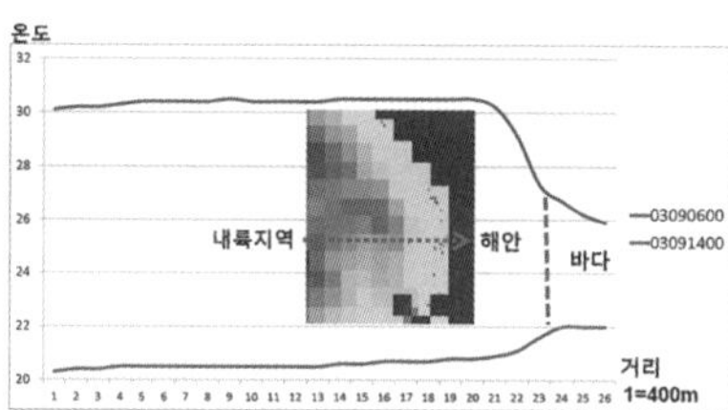

(A)해안지역

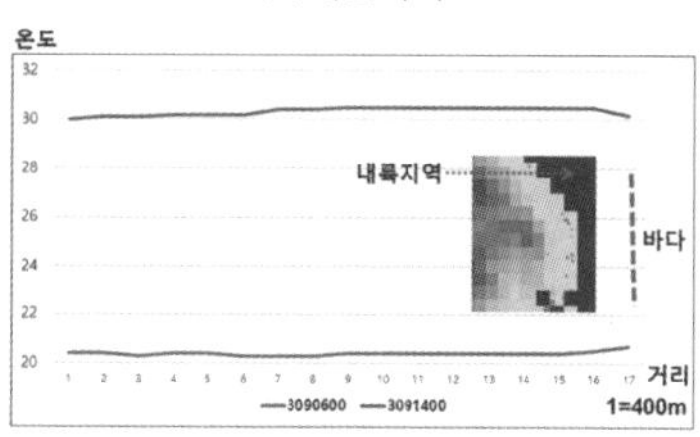

(B)서쪽지역

출처: Jang Su Hwan et al.(2016),
"Evaluation of Thermal Environment and Change of Architectural Elements in Havana,"p. 277.

Ⅳ. 아바나 건축 요소의 변화

1. 아바나 건축물과 거리망 발전 과정

아바나는 도시계획적인 측면에서 흥미로운 역사를 지닌 도시이다. 스페인 건축규정인 "Cáceres Ordinances(1574)" 규정은 1641년에 공표되어 수세기동안 아바나뿐만 아니라 스페인이 점령한 아메리카의 도시들에서 정착지를 만드는 방법에 대한 모델을 제공하였다. 19세기에 들어와 새로운 규정이 생겨났고 1855년에 아바나 시에 대한 규정(Municipal Ordinances)이 만들어졌는데 이는 1861년 만들어진 건축 규정(Construction Ordinances)의 전신으로 이후 아바나와 마을에 적용되었고 이는 약간의 수정만 거친 채 시행되어 오늘날의 도시를 만들어왔다. 역사중심지에 대한 새로운 규정 Las nuevas Regulaciones del Centro Histórico 는 이러한 이전 규정의 후속으로 볼 수 있다. (Plan Maestro-oficina del Historiador de la Ciudad de la Habana, 2011: 3). 1935 ~ 60년 사이 아바나는 건축과 도시개발에 엄청난 변화를 겪는다. 도시인구의 증가는 이러한 변동을 가져온 주요요인이었다. 거주지의 증가와 더불어 도시화가 진전되었다(Ana María DE LA PEÑA GONZÁLEZ, 2011: 345). 1963년 Execution and Inspection Board (JUCEI)는 시의 규정(municipal Coordination)에서 #2069 결의를 만드는데, 여기서는 아바나시의 새로운 건축규정을 포함하여 1861년 법을 개정하였지만 주요한 내용을 개정하지는 않았다. 다만 이 규정에서는 방벽 안의 구아바나 지역을 "Zone of Exceptional Historical and Artistic Value"으로 지정하고 새 건물의 정면을 가능한 한 쿠바의 식민지 시대 양식을 유지하도록 하였다. 구 아바나 지역은 북과 동쪽 그리고 남동 면이 만으로 둘러싸여 있다. 육지는 서쪽과 서남쪽이 열려 있는 지형을 가지고 있으며 격자망으로 나누어져 있다. 격자망의 크기는 큰 규모는 78 m x 153 m, 또는 70 m x 162 m, 중간크기는 73 m x 83 m 또는 79 m x 84 m, 그리고 작은 크기로는 58 m x 62 m 또는 50 m x 61 m 이다. 특히 구 아바나 지역의 경우는 비교적 규칙적인 265개의 직사각형, 정사각형, 사다리꼴, 삼각형 모양의 블록으로 형성되어 있으며, 이 격자모양의 부지 주위에는 도로와 광장이나 공원과 같은 역사적인 공공장소가 있다(Plan Maestro-oficina del Historiador de la Ciudad de la Habana, 2011: 4-5). 이러한 부지 구분은 구획을 정리하고 도시의 토지를 다양한 크기로 판매하면서 연속적인 분리로 인해 나타났다. 먼저 도시 방벽(wall)내에서 나타났고 방벽이 헐리면서 구 아바나 바깥으로 확장되었다.

도시 방벽을 따라 성벽 외부에는 독특한 부지들에는 생겨났는데 까삐톨리오(Capitolio), 베야스 아르테스 박물관(Museo de Bellas Artes), 아바나 연구소(Instituto de La Habana), 발보아 궁전(Palacio de Balboa) 등과 같은 기념적인 건물들이 그 자리를 차지했다. 반면 성벽 안에서 오래된 지역에서는 점차 산타클라라 수도원(Convento de Santa Clara)과 벨렝(Belén)과 같은 종교적인 건축물들이 나타난다. 구획의 모양에 따라 가장 넓은 단면에 건물의 정면부를 가지고 건물이 줄지어 있다. 한 개의 부지 또는 1/3 - 1/2 을 차지하는 교회나 궁전과 같은 구획으로 이루어진 것을 제외하고 정면부의 길이는 6m에서 9m, 12m에 이르고 30m에 이르는 것까지 있다(Plan Maestro-oficina del Historiador de la Ciudad de la Habana, 2011: 4).

2. 열환경에 영향을 미치는 건축 요소의 변화

구 아바나 지역의 매우 조밀한 도시구조는 수세기동안 동일한 거리망을 유지해왔다. 쿠바 내 대부분의 도시들은 1492년 스페인의 도착이후의 식민지 과정 동안에 세워진 것이다. 아바나는 1519년 만들어졌고 그 당시 기후 요소를 고려하여 만들어졌지만 다습한 카리브 해 섬 지역의 기후가 고려된 것이 아니라 스페인 남부의 건조한 기후를 고려하여 건설되었다. 결과적으로 아바나 초기의 도시체계와 건축패턴은 고온 건조지역에서 지어졌던 특징을 그대로 가져온 상태에서 시간이 지나면서 그 지역의 기후에 적응하여 일부를 변형한 형태이다. 더구나 기후에 적응하는 건축 요소의 변화는 혁명이전에 거의 마무리되며, 구 아바나 지역의 경우 베다도 지역으로 도시화가 이전되고 부유계층이 빠져나가면서 19세기말 -20세기 초 이전에 도시의 변형은 이미 완성된 상태로 지금의 모습에 이르렀다고 볼 수 있다. 구 아바나와 센트로 지역의 주택은 안마당(courtyard)과 연속적인 주택 배열이 특징이다. 또한 주택은 내향적인(introverted) 특성을 가진 이슬람 전통의 영향도 받았다. 시간이 지나면서 이러한 내향적인 주택 구조, 벽과 지붕 그리고 창문 등은 점차적으로 지역의 기후요건에 적응해 변화해왔지만 기존의 도시구조 및 건축적 요소는 여전히 남아있다. 안마당형 주택으로 발전단계에서 가장 두드러진 첫 번째 변화는 고립된 형태였던 주택들이 벽을 공유하는 공유벽(parting wall) 주택들로 변화한 점이었다.

<그림 7> 벽을 공유한 주택들(왼쪽: 구 아바나, 오른쪽: 센트로 아바나)

뒤이은 주택의 변형은 안쪽의 마당에서 일어나는데, 안마당은 처음에는 주택의 관리나 말을 두기 위한 열린 공간으로 출발하여 점차 건축재료가 개선되면서 건축물로 둘러싸인 안마당을 가지게 된다. 안마당은 스페인 남부의 건축의 영향으로 볼 수 있다. 당시 대부분의 벽돌공은 남부 스페인으로부터 왔고, 이들의 건축은 쿠바의 건축에 지대한 영향을 주었다. 안달루시아(Andalusia)의 무어 양식의 안마당이 딸린 주택은 부의 상징으로 여겨졌었다. 왜냐하면 그 당시 대부분의 어둡고 통풍이 잘 안되던 서민들의 주택과 대조적으로 안마당은 주택의 내부에 신선한 공기와 빛을 공급해주는 통로였기 때문이었다.

조밀한 환경에서 좁고 길게 연장된 부지에서는 건축적인 다양성이 당연히 제약을 받게 된다. 이는 16세기 말부터 1910년까지 공간이용에서 약간의 변화를 제외하고 1~2층의 한 가구의 집들이 어떻게 유사한 레이아웃을 유지해왔는지를 설명해준다. 조밀하게 길게 연장된 부지에서는 건축적인 다양성을 펼칠 수 있는 여지는 많지 않았을 것이다.

<그림 8> 아바나 건축 요소의 변화

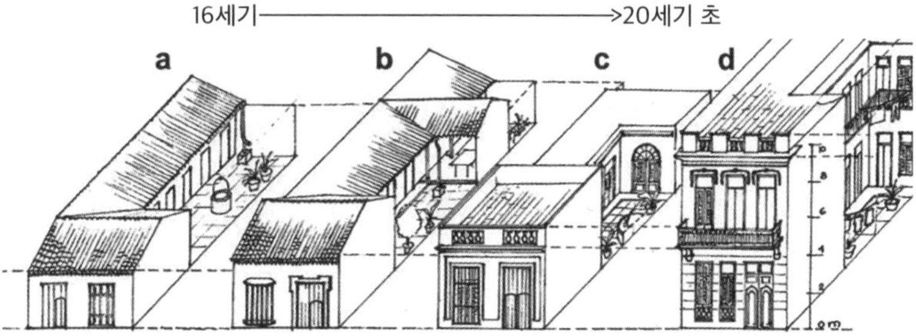

넓은 창--->후면의 테라스-->루버(louvers) ---> 발코니

출처: A. Tablada(2009), "On natural ventilation and thermal comfort in compact urban environments," p. 1948.

좁은 부지의 주택에는 중하계층민이 거주했다. 이러한 주택에는 후면에 마당이 있었다. 아바나 주택에는 부지의 앞쪽에서 뒤쪽으로의 길이에 따라서 하나 또는 두 개의 안마당이 있었다. 두 번째 안마당은 "뒤뜰 traspatio"라 불렸고, 주로 가사활동에 쓰인 반면에 첫 번째 안마당은 좀 더 장식적인 특성을 가지고 있었다. 입구나 "현관 Zaguán"은 내부가 보이지 않도록 위치했는데, 이는 이슬람 전통이기도 했다. 현관은 안마당의 축에 위치하여, 거리-안마당-뒤뜰로 이어진 축은 1층에서 통로를 거쳐서 횡단적인 통풍을 가능하게 했고 열쾌적성에 기여했을 것이다. 시간이 지나면서 지붕의 높이는 3미터에서 5.5미터로 변했다. 지붕은 새료와 형태 모두 변했다. 알파헤(alfarges)라 불린 천정장식에는 역청을 도포하였고, 붉은 기와로 덮었다. 그러나 시간이 흐르면서 중세시대 이베리안 반도에서 유행했던 건축 스타일인 알파헤는 평평한 지붕으로 대체되었다.

<그림 9> 일반적인 도시내 토지구획과 각 부지안의 안마당

(a) 조망된 마당, 붉은 기와 지붕, 평평한 지붕(b)

(a) (b)

출처: (a) Plan Maestro-Oficina del Historiador de la Ciudad de La Habana(2011), Cuadernos de cultura urbana regulaciones urbanisticas Habana Vieja, p. 6.

건물 정면부(facade)는 유행에 따라 변했고, 창문은 점차적으로 외부의 환경을 더 많이 받아들일 수 있도록 변형된다. 창 사이즈는 커지고 창문크기에 대한 건물정면의 비율은 더 커진다. 이런 구조의 변화는 더 많은 빛과 통풍을 가능하게 하였고, 주택 내부의 공기 흐름 속도와 공기 흐름 분산에 긍정적인 효과를 주었다. 창 디자인은 점차 루버(louvers)나 베네치안 블라인드(Venetian blinds)를 추가하였고 이후에는 문과 창문 위쪽 부분에 루세따(luceta)또는 스테인드글라스를 추가하였다. 횡단 통풍을 가능하게 한 하나 이상의 안마당과 더 높은 천장과 더 넓어진 창은 주택 내부의 열쾌적성과 통풍에 긍정적인 영향을 주었다. 이러한 변화들은 지역의 기후에 적응하기 위한 과정으로 사료된다(A. Tablada, 2009: 1947-1948).

<그림 10> 창문 요소(사진 공통: 난간(blaustrade), 오른쪽: 루버와 루세타)

아바나의 발코니는 각각의 창문에 부속되어 있는 형태에서 전체 건물 정면부를 따라 이어지는 형태로 발전했다(그림 10의 가운데(중)와 오른쪽 사진 비교). 초기에 아바나의 발코니는 본래의 지붕보다는 낮은 높

이의 별도의 지붕을 가지고 있었다. 그러나 19세기에 신고전주의 양식이 도입되면서 이러한 별도의 지붕은 각각의 발코니 위에 코니스(cornice)로 대체되었다. 발코니는 방안으로 바람이 들어올 수 있도록 난간(blaustrade)이 있다(그림 10과 11의 베란다 난간 참고).

<그림 11> 창문 위의 코니스

18세기에는 광장으로 나있는 건축물의 정면부에 포르티코(porticoes)를 추가하기 시작하는데, 포르티코는 지층에서는 열린 공간이었다. 이러한 포르티코에는 지붕이 있는 현관 또는 통로가 있었고, 빌딩의 정면부에서 일정한 간격의 기둥에 의해 지탱되었다. 안마당과 마찬가지로, 포트티코도 내부의 안마당과 연결된 현관을 통해 주택 안으로 이동하는 전이 공간을 만들어냈다. 또한 보행자에게는 그늘을 제공했고 비를 피할 수 있는 통로였으며, 거주자에게는 내부보다 빠른 풍속을 느낄 수 있는 공간이기도 했다. 이러한 유형의 주택에서 건축상의 변화는 자연적인 통풍 및 열쾌적성 측면에서 일종의 진보로도 평가할 수 있다. 건축물들은 그 지역의 기후와 풍습을 적용하는데 어느 정도 진전을 보였다. 그

러나 발코니 지붕을 제거한 것은 오히려 기후에 적응하지 못한 예이기도 했다.

<그림 12> 포르티코 모습과 덮개가 제거된 발코니

부유계층의 넓은 안마당은 좁은 안마당에 비해 안마당 바닥에서의 그늘을 더 적게 드리우는 효과를 가져왔다. 그러나 부유한 가구들이 새로운 도시화지역으로 이전해 나가면서 기후와 지역의 풍습에 대한 아바나 주택의 "적응(adation)"과정은 구 아바나 지역에서 멈췄다. 이러한 적응의 과정과 문화적인 변형은 자연지역이 더 많고 덜 조밀한 형태의 베다도와 미라마르 지역에서 계속되었다.

19세기에서 20세기로 들어오면서 쿠바에서 결정적인 변화가 생긴다. 스페인 식민화에 맞선 두 번의 전쟁(1868-1878, 1895-1898)과 이후의 미국의 개입(1898-1902)이 그것이다. 미국의 영향 하에서 공화국이 수립(1898)되었고, 미국의 영향은 1959년 혁명까지 계속되는데 이는 아바나의 건축물과 도시에 큰 변화를 가져온다. 19세기 말부터 도시 방벽내의 다가구 빌딩들이 많이 건축되었다. 다가구빌딩의 출현은 주택 내부의 열환경에 부정적인 영향을 주었다. 새로운 아파트 빌딩의 건설로 인한 집중화 과정은 안마당의 가로 세로비율(폭/높이)에 영향을 미쳤고, 안마당은 쉼과 전이의 공간에서 빛과 통풍에 취약한 좁은 공간으로 변했다. 게다가 근대 건축 원리의 도입, 예를 들면 창문 디자인의 간소화, 벽돌로 된 난간, 그리고 낮아진 지붕은 아파트 내부의 통풍에 부정적인 영향을 주었다.

<그림 13> 베다도 지역의 다가구 주택 외부와 내부

특히 베다도 지역에서 새롭게 출현했던 다가구 주택은 <그림 13>의 (A)에서 볼 수 있듯이 기존의 난간(blaustrade)보다는 벽돌로 막힌 베란다로 대체됐다. 근대건축에 들어와서 대부분의 발코니에는 막힌 구조가 적용되었다. 1956-1957년에 지어진 베다도 지역의 주택(B)의 다이닝룸에서는 루세타의 변형도 찾아볼 수 있다. (C)는 침실 창에 적용된 루버로 햇빛을 차단하는 역할을 한다는 점은 열쾌적성 측면에서 장점으로 작용할 수 있겠으나 통풍을 통제한다는 점에서는 개선이 필요해 보인다. 이 건물은 베다도 지역 리네아(Linea)거리 말레콘 인근이기 때문에 높은 풍속으로 바람이 불 경우 이러한 루버는 안전장치이기도 하다.

<그림 14> 베다도 지역의 건축물

또한 대표적인 주택단지인 시우다델라스(ciudadelas)라 부르는 주택은 단조로운 직사각형 구조의 반복으로 형성되어 있으며 내부 구조는 통풍에 취약한 창구조로 되어 있다(Dania Gonzalez Couret et al., 2013: 800-811). 이러한 형태의 주택은 식민 시기의 주택을 다가구가 이용할 수 있도록 분할한 것으로 현재에도 흔히 볼 수 있는 주택형태이다. 통풍은 실내에서의 기온과 습도에 영향을 미치는 주요한 인자이다. 물론 실제 거주자의 온열감은 온도와 습도, 대사량과 착의량, 그리고 연령과 성별, 건물의 기능과 설계, 계절과 기후, 그리고 열적 선호도 등에 따라 달라진다(송두삼, 2007: 254). 앞에서 지적한 바와 같이 아바나에서 있었던 일련의 건축 상의 변화들이 기후 변화에 적응하는 과정이지만 이러한 적응과정은 구 아바나에서 부유한 가구들이 새로운 도시화지역으로 이주하면서 구 아바나 지역에서의 기후 "적응"과정은 멈춰진다. 이러한 적응과정과 문화적인 변형과정은 좀 더 공간이 넓고 녹지가 많은 새로운 주거

지역에서 적용된다.

한편 "꾸아르떼리아(Cuarteria)"는 노동자 계급을 위한 주택으로 1-2층으로 건설되어 측면 또는 중앙에 안마당이 있었고, 하나나 두 개의 방들을 사용하는 가구들이 여럿이 있다. 이러한 주택의 정면부는 신고전주의 양식이나 이후의 절충주의식 양식으로 외부의 이미지는 다른 "상류계층"의 건물과 크게 다르지 않다. 그 외에도 꾸아르떼리아(Cuarteria)는 빛과 통풍을 위한 의무적인 요건으로 루버와 루세따스(lucetas)가 딸린 창문과 안마당을 있었고, 정면부를 따라 발코니를 차용하는 등 이전 주택의 디자인상의 긍정적인 측면을 유지할 수 있었다. 그러나 다가구빌딩의 출현은 열환경과 관련해서는 부정적인 영향을 주었다. 새로운 아파트 빌딩의 건설로 인한 집중화 과정은 앞서 지적한 바와 같이 안마당의 가로 세로비율(폭/높이)에 영향을 미쳤고, 안마당은 쉼과 전이의 공간에서 빛과 통풍에 취약한 좁은 공간으로 변했다.

<그림 15> 꾸아르떼리아 또는 시우다델라스 내부 모습

주) 시계방향으로 (1)입구 (2)내부 계단 (3)내부 통로 (4) 천장이 높은 방을 수직으로 나누어 다락방 구조로 만들고 과거 긴 창문을 막아 놓은 모습 (5) 입구 안쪽의 여러 개의 검침기 (6) 좁은 안마당

V. 결론

본 연구에서 아바나 시의 18개 지점에 대한 열환경 모델 결과 도시 내 열섬현상은 건물 등의 불투수면의 위치보다는 해안가와의 거리에 더 밀접한 영향을 받는 것으로 나타났다. 모델 결과 해안가에 위치한 경우는 열섬현상이 일어나지 않았다. 따라서 아바나의 옥외공간에서의 열환경은 일반적인 열섬영향 요인보다는 해풍의 영향을 받는 것으로 사료된다. 그러나 건물 내 열환경은 다양한 건축적 요소에 따라 달라질 것으로 보인다. 특히 아바나는 다양한 건축양식의 건물이 오랜 시간동안 축적되어 왔기 때문에 건축물 내 통풍환경은 매우 다양할 것으로 사료된다. 아바나의 기후적 특성상 고온 다습한 지역이면서 동시에 해풍의 영향을 받는 지역에서는 통풍을 적극적으로 받아들이는 건축 요소가 열쾌적성을 얻고 에너지사용을 줄이는데 절실한 요인인 것으로 보인다. 아바나는 해풍의 영향을 고려한 지역별 도시세부지역계획과 통풍효과를 극대화하기 위한 창과 베란다, 그리고 공지를 중심으로 한 건축물 구조개선이 필요해 보인다. 아바나 건축물은 낡고 일부는 붕괴위험에 처해있어서 많은 건축물은 복원하는 작업이 필요하다. 이 과정에서 이 지역의 기후에 적합한 건축 요소의 적용을 위해 주변 환경을 통제하거나 혹은 적극적으로 우호한 여건을 수용할 수 있는 "적응 기회(adaptive opportunity)"와 "적응 통제(adaptive constraints)(A. Tablada et al., 2009: 1953)"개념이 아바나의 재건축에서 적극 고려되어야 할 사항으로 보인다.

본 연구가 가지는 한계는 실내 열환경에 대한 실측조사가 이루어지지 못한 점이다. 향후 도시 내 옥외공간과 실내공간에서의 온도, 습도 등의 열환경 비교분석이 필요할 것으로 보인다. 이러한 제약에도 불구하고 본 연구가 갖는 함의는 모델을 통해 아바나의 지역별 열환경 특성을 확인하였다는 점이다. 향후 도시개발과 건축계획에서 과학적 데이터에 근거한 열환경 조건을 고려할 수 있다. 또한 역사적으로 진행되어온 건축 요소 발달과정과 기후와의 영향을 검토하여, 향후 건축 요소의 변화와 에너지 절감을 유도할 수 있는 방향을 제시했다는 점에서 의의가 있다.

참고문헌

김유진, 최영은(2012), "기상 조건에 따른 서울의 열섬 강도 특성에 관한 연구," 국토지리학회지, Vol. 46, No. 1, p. 1-9.

손원득 외(2010), "건물과 녹지배치가 외부 열환경 변화에 미치는 영향 분석," J. Korean Society of Industrial Application, Vol. 13, No. 2, p. 55-61.

송두삼 외(2007), 에너지절감을 위한 실내 온열환경 Adaptive Model의 검토, 한국생활환경학회, Vol. 14, No. 3, p.253-262

장유운(2017), "쿠바 아바나에서 고정 오염원의 대기 오염 예측 및 평가," 중남미연구, Vol. 36, No. 1, p. 135-164.

Ana María DE LA PEÑA GONZÁLEZ1, Ramón RAMÍREZ LI(2011), "Neighborhood-garden. A favorable answer in a warm, humid climate," PLEA 2011 - 27th Conference on Passive and Low Energy Architecture, Louvain-la-Neuve, Belgium(2011. 07. 13-15)

A. Tablada(2009), "On natural ventilation and thermal comfort in compact urban environments," Building and Environment, Vol. 44, Issue 9, p. 1943-1958.

Dania Gonzalez Couret et al.(2013), "Influence of architectural design on indoor environment in apartment buildings in Havana", Renewable Energy, Vol. 50, February 2013, p. 800-811.

Hua, L. J., Ma, Z. G., and Guo W. D.(2008), "The impact of urbanization on air temperature across China," Theoretical and Applied Climatology, Vol. 93, Issue3, p. 179-194.

Jose Abel Rodriguea Algeciras et al.(2016), "Spatial-temporal study on the effects of urban street configurations on human thermal comfort in the world heritage city of Camaguey-Cuba," Building and Environment, Vol. 101, 15 May 2016, p. 85-101.

Nieves, M., et al.(1988), "Urbanismo y Régimen Térmico", Arquitectura y Urbanismo, No 3, p 8-12.

Jang Su Hwan et al.(2016), "Evaluation of Thermal Environment and Change of Architectural Elements in Havana", Conference of Climate change in the ocean, impact and policy(2016.10.18.).

Plan Maestro-Oficina del Historiador de la Ciudad de La Habana(2011), Cuadernos de cultura urbana regulaciones urbanisticas Habana Vieja.

| 2부 |

환경과 무역 및 투자

1장

쿠바의 외국인 투자와 투자 분쟁 해결 제도에 관한 연구

2장

Regional Growth and Development in Mexico and South Korea: A comparative analysis of Kaldor's laws

3장

멕시코의 자유 무역과 환경 상관관계 고찰

4장

중국과 브라질의 대두 무역 동향 분석과 예측

1장

쿠바의 외국인 투자와 투자 분쟁 해결 제도에 관한 연구*

조희문

I. 서론

쿠바는 1959년 피델 카스트로의 혁명으로 공산화된 후 미국과 외교관계가 단절되면서 한국 등 일부 서방국가들과도 외교관계가 끊어졌다.[1] 혁명이전의 쿠바는 1인당 GDP로 본다면 미주 5위의 경제력을 갖고 있었다.[2] 피델 카스트로는 혁명을 통해 빈부차를 해소했지만 경제는 혁명이전보다 더 낮은 수준으로 하락했다. 쿠바의 경제지표를 보면 에너지와 식량의 자급률이 극히 낮다.[3] 반면, 수출품목이 한정되어있어 지난 60여 년간 항상 엄청난 무역적자에 시달려왔다. 이러한 무역불균형은 지난

---

* 이글은 국제지역연구 제20권 제2호 (2016, pp 199-222)에 게재되었던 논문입니다.

1 쿠바는 1949년 7월에 대한민국을 승인했고 1950년 한국 전쟁시 구호를 원조한 우방이었다. 그러나 1959년 한국과 외교관계를 단절하고 북한과 우방관계를 유지했다. 한국이 쿠바와 관계 개선을 하게 된 계기는 1999년 제54차 유엔총회에서 쿠바 금수해제 결의안에 찬성표를 던지면서 부터고 2005년 Kotra가 아바나에 무역을 개설했다(정경원 외, 2015:46).

2 출처 (http://www.pbs.org/wgbh/amex/castro/peopleevents/e_precastro.html) (검색일: 2016년 5월 15일)

3 2008년 라울 카스트로가 식량생산의 증대를 위해 제4차 농업개혁(Cuarta Reforma Agraria)을 단행했을 때 쿠바의 식량자급도는 20%에 불과했고 나머지는 수입에 의존했다. 농업개혁은 농업용지를 넓히고 생산성을 증대하는 것이 골자였다(Paz, 2011:50).

90년까지는 구소련의 원조교역으로 지탱되었다. 그러나 91년부터 연간 60억불에 달하던 원조교역이 끊기면서 심각한 식량과 에너지난에 빠졌다. 90년대 후반에 와서는 이웃 베네수엘라의 에너지 원조로 무역적자를 지탱했다.(김달관, 2006:95)[4] 그러나 양 우방이 국제에너지가격 하락으로 어려움을 겪자 쿠바경제는 혁명이래 최대위기에 봉착했다.

2006년 피델 카스트로는 정책변화의 신호탄으로 혁명동지인 동생 라울 카스트로에게 정권을 임시 이양했다. 라울 카스트로는 2008년에 공식취임하여 2011년부터 본격적으로 시장개방과 자본주의 경쟁질서를 도입하기 시작했다.[5] 2014년에는 기존 외국인 투자법(법률 제77/1995호)을 전면 개정한 신외국인 투자법(법률 제118/2014호)을 발표했다. 그리고 미국과 2015년 국교정상화를 선언하고 외국자본에 대해 문호개방을 확대하고 있다.

라울 카스트로는 지난 4월 19일 공산당 대회에서 국가평의회 의장에 재선되었지만 자신의 퇴임의지를 밝히고 쿠바의 장래를 이끌 지도부의 세대교체에 대해 흥미로운 발언을 했다. 당과 정부요직의 피선연령을

4 쿠바는 베네수엘라와 긴밀한 관계를 유지했다. 우고 차베스 대통령시절인 1999년부터 석유-인력(의사와 근로인력)의 바터제를 실시했다. 소련이 붕괴되자 쿠바는 베네수엘라 원유와 식량에 상당부분 의존하게 되었다. 대신 쿠바는 의사, 교수, 군인, 정보 등을 제공했다. 무역통계로 볼 때 2005년 이래 베네수엘라 수출이 가장 큰 대외 수익원이었다. 양국간 합작투자인 씨엔푸에고스(Cienfuegos) 정유소는 가장 큰 협력사업이었다. 소련과 베네수엘라의 경제원조는 시장경제로는 설명이 어려운 정치이념에 기초한 인위적인 경제 협력 구조였다.

5 라울 카스트로는 2008.2.24 의회연설에서 정부조직개편과 개방정책이 진행될 것임을 예고했다. (Key address by Comrade Raul Castro Ruz, President of the State Council and the Council of Ministers, at the closing session of the First Session of the 7th legislature of the National Assembly of People's Power. Convention Center, Havana, February 24, 2008, "Year 50th of the Revolution: https://hcvanalysis.wordpress.com/2008/02/24/cuba-pres-raul-castro-speech-at-the-national-assembly-of-peoples-power-havana/)

낮추겠다는 연령제한이었다(Torres, 2016.4.16).[6] 새 술은 새 포대에 담듯 젊은 세대가 국가를 이끌어야 한다는 상당히 혁신적인 구상이다.

쿠바의 개혁의지와 개혁방향은 어느 정도 확인된 셈이라 앞으로 상당한 외국인 투자가 쿠바로 향할 것이다. 이에 따라 외국인 투자와 관련한 투자 분쟁은 피하기 어려운 현실이 되었다. 아무리 투자여건이 좋고 투자전망이 있다고 하더라도 투자 분쟁이 발생할 때 구체적이고 유효한 분쟁해결제도가 없으면 투자의 제약요소가 된다. 외국인 투자자 입장에서는 투자 유치를 보장해줄 수 있는 투명하고 효과적인 분쟁해결시스템이 절실하다. 그래서 본 논문에서는 쿠바정부가 발표한 외국인 투자 유치정책과 신외국인 투자법이 투자 분쟁의 해결시스템에도 구체적으로 반영되었는지 그 상관관계를 분석해보려고 한다. 이를 위해 첫째, 쿠바 정부의 신외국인 투자 유치 정책의 내용을 보고, 둘째, 신외국인 투자법의 주요 내용, 그리고 투자법제에 나타난 국제분쟁의 해결제도와 최근 투자 분쟁 사례를 검토하여 분쟁해결제도의 문제점을 살펴보도록 하겠다.

II. 쿠바의 개방과 외국인 투자 유치 정책

2008년 공식 취임한 라울 카스트로는 시장개방에 앞서 내부정비를 단행했다. 2008년 법률(Decreto-Ley) 제259호를 발표하여 국가소유 토

6 세대교체를 위해 당 중앙위원의 선출연령을 60세, 당과 정부의 요직은 70세로 지도층의 연령 상한선을 두는것과 시장원리를 통한 사회경제 개혁의 달성이다. 향후 국가평의회에서 공식 논의되고 표결에 부쳐지겠지만 지도부의 세대교체와 연령제한은 쿠바의 개혁방향을 암시하고 있다. 이미 라울 카스트로는 2010년 경제개혁에서 조직쇄신을 위해 정치적 보직의 연한을 10년 이내로 제한했다(이성형, 2011:153).

지를 소규모 소작농에게 장기임대를 할 수 있도록 했다. 그 결과 2010년까지 2백만 에이커 이상의 토지가 10만 영농자에게 배분되었다. 2012년에는 개인과 조합에게 제공하는 장기임대 토지규모를 확대했다(정경원 외, 2015:130).[7]

라울정부는 개방정책에 속도를 내었다. 목표는 전체 국영기업에서 활동하는 근로자의 20%까지를 민영시장에서 근무하도록 함으로써 국가의 부담을 덜고 세수원을 확보하는 것이었다. 이를 위해 민간경제의 범위를 넓혀주기 시작했다. 이때까지 채택한 주요 경제개혁 조치들은 국영부문의 축소와 민간 부문의 점진적 허용, 국가소유 토지의 장기임대를 통한 농업생산성 향상 등이다.

이렇게 쿠바는 경제의 국가부문을 줄이고, 미국과의 수교추진, 언론자유의 확대 등 개방 및 외국인 투자 유치를 위한 내부개혁을 추진했다. 이를 통해 해외투자자들의 신임을 얻을 수 있는 토대를 닦았다.

1997년 이후 처음 개최된 2011년 4월 18일 제6차 공산당 전당대회는 쿠바개방정책의 굳건한 의지를 재확인한 기회였다. 4일간 진행된 전당대회에서 "당과 혁명의 경제·사회 정책 가이드라인 (LINEAMIENTOS DE LA POLÍTICA ECONÓMICA Y SOCIAL DEL PARTIDO Y LA REVOLUCIÓN)"을 채택했는데 쿠바에서는 "lineamientos"로 통용된다. 동 문서는 향후 국내정책의 청사진을 밝힌 것으로 라울 카스트로 정부의 개방정책이 몇 년간의 시험기를 거쳐 좀 더 공고해졌음을 보여준다. 쿠바에서는 개혁(reforma)이나 개방(abiertura)이라는 말을 공식적으로 사

7 전문은 다음을 참조할 것: 영문은 (http://www.cuba.cu/gobierno/documentos/2011/ing/l160711i.html);스페인어는 (http://www.juventudrebelde.cu/file/pdf/suplementos/lineamientos-politica-partido-cuba.pdf).

용하지 않는다. 대신 경제모델을 갱신(actualizacion)한다는 표현을 쓴다. 즉, 사회주의 경제모델을 바꾸는 것이 아니라 쿠바경제 발전이 생산성 등 제반 요인으로 낙후되었기 때문에 이를 현대화하는 것이라는 의미를 강조한다. 어떤 용어를 사용하는지는 그리 중요하지 않다. 중요한 것은 lineamientos가 쿠바 경제를 외부경제와 어떻게 조화되어 연착륙하는가를 지켜보는 것이다.[8]

동 개혁안의 핵심목표는 민간경제의 확대를 통해 정부의 경제적 부담을 더는 것이다. 경제문제를 해결하지 않고는 쿠바 사회주의를 유지할 수 없다는 위기의식을 반영한 것이다. 민간 부문을 확대해 경제에서 국영부문을 최대 50%까지 축소하겠다는 야심찬 계획을 갖고 있다. 지금까지 국가 단독주도의 경제모델에서 탈피하여 민간과 외국자본이 같이 참여하는 혼합경제로 국가경제를 살리겠다는 정책이다. 물론, 교육과 의료 등 공공 서비스는 국가가 책임진다.

쿠바정부는 "lineamientos"에 따라 순차적으로 민간경제를 육성하기 시작했다. 2011년에는 식량배급에 대한 정부보조금을 축소시켰고, 178개 업종에 대해 민간 영리활동을 허가했다. 식당, 민박, 택시, 렌트카, 이발소, 정비공 등 관광과 직결되는 분야를 중점적으로 허가했다. 2015년 말까지 이미 50만 명이 넘는 쿠바인이 자영업 신고를 했다. 정부로서는 정부고용 근로자를 줄이고 세수원을 확보하는 셈이다. 또한, 2012년부터는 쿠바인의 해외여행을 허가했다. 그리고 2013년 10월부터는 중고자동차와 주택의 매매도 허가했다. 동 조치는 상당히 중요한 의미를 갖

8 Lineamientos의 주요내용은 다음과 같다: 민간 부문의 확대를 통해 공공부문의 과잉 근로자 이전을 가속화, 인센티브를 통한 노동생산성의 향상(소득과 재산의 사유화 허용), 수출품목의 다변화 그리고 국가 유휴토지의 분배를 통한 농업생산량 확대 등이다.

고 있다. 1959년 혁명이래 개인소유 자산의 매매를 금지함으로써 자산을 부의 축적수단으로 이용할 수 없도록 했었다. 그러나 개인자산의 매매를 허가함으로써 부동산의 매매를 통한 부의 축적이 가능해졌다. 쿠바 국민의 약 80%가 주택을 소유하고 있고 연간 5천여 대의 승용차가 수입되고 있기 때문에 해외 친인척을 통한 외화송금으로 주택과 자동차 매매가 활발하게 이루어지고 있다.

라울 카스트로는 2011년 민간 부문 육성과 외자유치의 발판을 마련하면서 공무원의 부패단속에 나섰다. 이러한 과정에서 정권과 상당히 긴밀한 유착관계에 있던 3개 외국인 회사가 부패혐의를 받고 철수했다. 후술하겠지만 피델 카스트로정권과 상당한 유착관계에 있던 칠레인 막스 마람비오도 부패혐의로 실형을 선고받고 쿠바를 탈출해야 했다. 라울정부가 개방개혁을 본격적으로 추진하기 전에 내부단속이라는 필요적인 면도 있었지만 외국인 투자자에게는 상당히 부정적인 영향을 주었다. 2013년 1월에는 쿠바인의 해외 여행시 필요로 했던 출국비자를 폐지했다. 그리고 2013년 12월부터는 일반인도 수입차량을 구매할 수 있도록 허가했다. 이러한 준비과정을 거쳐 드디어 2014년 3월 외국인 투자 유치를 위한 신외국인 투자법이 공표되었다.[9]

신외국인 투자법의 주요목적은 쿠바가 필요로 하는 외국자본과 기술의 유치를 통한 경제 발전이다. 이를 위해 외국인 투자자에게 다양한 조세특전과 더 강력한 투자보호를 제공하고 있다. 그리고 통관절차를 간소화함으로써 이전 외국인 투자 법인 법률 제77호에서 발생했던 문제점

9 신외국인 투자법은 법률 제118호로 공표되었다.(법률 전문은 http://www.cubadiplomatica.cu/LinkClick.aspx?fileticket=IsdG-CVp5To%3D&tabid=21894.)

들을 최소화시켰다. 그러나 법률 제118호가 정말 외국인 투자 환경을 개선할지의 여부는 외국인 투자자들의 경험과 결과를 갖고 평가해야 할 것이다.

외국인 투자법 개정에는 브라질이 상당히 중요한 역할을 했다고 한다. 브라질은 외국인 투자 유치를 촉진하기 위해서는 신외국인 투자법이 좀 더 유연하고 탄력적이어야 한다고 조언했다. 브라질은 쿠바와 마리엘 자유 무역 지대(Zona Especial de Desarrollo Mariel) 개발에 대한 정부간 합의에 따라 개발비용으로 약 10억불정도를 투자했다. 라울 카스트로도 쿠바개방의 시금석인 마리엘 자유 무역 지대에 외국인 투자 유치를 바랬기 때문에 외국인 투자 유치 관련 법제는 전에 비해 유연하고 투자보호적인 색채를 띠게 되었다. 쿠바는 시장개방을 통해 연간 약 20억불의 외국인 투자 유치를 목표하고 있다. 이러한 목표를 달성하려면 단순히 조세특전 등 투자 유치를 위한 유인책으로는 부족하고 투자환경의 전반적인 개선이 필요하다.

III. 신외국인 투자법의 주요 내용

쿠바는 소련붕괴로 연간 약 60억불의 무역보조금과 약 70%의 대외교역액의 손실을 입었다. 쿠바는 무역 손실을 외국인 투자 유치로 메우려했다. 1992년에 외국인 투자법(법률 제77/92호)이 공표되었다. 동 투자법은 외국인 투자 유치를 위해 투자금지·제한분야에 대한 규제를 전에 비해 많이 풀었다.[10]

법률 제118/2014호는 총 17장 61조문으로 구성되어 있다. 구체적으로는 제1장 목적과 내용 (제1조), 제2장 용어정의 (제2조), 제3장 투자자

보장 (제3조 - 제10조), 제4장 외국인 투자 대상 분야와 외국인 투자 기회 포트폴리오 (제11조 - 제13조), 제5장 외국인 투자 (제1절 외국인 투자 유형 - 제13조, 제2절 합작투자 - 제14조, 제3절 국제 경제 협력 계약 - 제15조, 제4절 순수 외국자본회사 - 제16조) 제6장 부동산 투자 (제17조), 제7장 투자물과 가치환산 (제18조), 제8장 외국인 투자 협상과 승인 (제19조 - 제24조), 제9장 은행제도 (제25조), 제10장 수출과 수입제도 (제26조), 제11장 노동제도 (제27조 - 제33조), 제12장 특별조세제도 (제34조 - 제47조), 제13장 유보금과 보험 (제48조 - 제50조), 제14장 등록과 금융정보제도 (제51조 - 제53조), 제15장 과학, 기술, 환경과 기술 혁신 (제54조 - 제58조), 제16장 통제행위 (제59조), 제17장 분쟁해결 (제60조 - 제61조), 특별조항, 임시조항 그리고 최종조항까지 외국인 투자에 대해 비교적 상세한 규정을 두고 있다.

신외국인 투자법의 특징 중 하나는 외국인 투자에 대한 국유화나 수용규정을 비교적 명확히 했다는 점이다. 국유화나 수용은 제한적인 경우에만 가능하고 보상은 합의에 기초하되 국제법 기준을 반영하려고 했다. 법률 제118호는 제3장 (투자자 보호) 8개 조문(제3조~제10조)을 외국인 투자보호에 할애하여 외국인 투자자들의 관심사항을 세심하게 신경 썼다.

법률 제77/1992호와 제118/2014호의 차이는 외국인 투자 유치에 대한 절실함이다. 소련의 붕괴이후 제정된 제77호는 어쩔 수 없는 선택으로 피델 카스트로정부가 외국인 투자 유치에 큰 공을 들였으나 체제유지와 맞물려 비교적 소극적이었다. 반면, 제118호는 라울 카스트로 정부가 들어서서 민간 부문의 육성과 외국자본의 도입을 통한 혼합경제라는

---

10 그러나 외국인 투자가 금지되는 분야는 법률 제77호나 지금의 제118호나 마찬가지로 의료(민영병원 금지), 교육(민간학교 금지)와 군사분야(사설군대 금지) 등이다(법률 제118호 제11.1조).

비교적 명확한 경제 정책 하에 추진했기 때문에 외국인 투자에 적극적이라는 차이점이 있다.

예를 들어 세제혜택의 경우 제118호는 투자이익세(impuesto sobre utilidades)를 종전 30%에서 15%로 낮추었는데(제36조 1항) 대부분의 투자분야에 적용된다. 광산이나 석유 등 원자재투자에서 발생하는 수익에 대한 과세도 22.5%로 낮추었다. 투자자들은 투자계약을 체결하면서부터 8년간 투자 이익세와 소득세 면세혜택을 받는다. 그리고 종전 25%의 노동세를 없앴다. 또한 100% 전액 외국인 투자가 가능해졌다. 이전 법률에도 외국인 단독투자를 금지하지는 않았지만 성사된 적은 거의 없었다. 부동산투자를 허용함으로써 민박을 위한 개인소유 부동산에 대한 투자도 가능해졌다. 그리고 민간농장의 경우는 예외적으로 외국인 투자자와 합작투자를 할 수 있게 되었다. 외국인 투자의 경우 배당수익과 이익금은 비과세로 태환화폐로 자유롭게 송금할 수 있도록 조치되었다. 다음은 신외국인 투자법의 내용 중 투자 분쟁관련 주요규정만 살펴보도록 하겠다.

1. 외국인 투자자의 보호

외국인 투자자에 대한 보호조치는 통상 국제투자법에서 다루는 보호조치를 규정하고 있다. 쿠바가 사회주의국가이기 때문에 투자자 입장에서 가장 신경 쓰이는 점은 국유화나 수용에 관한 부분과 자본의 자유이전이다. 투자법은 외국투자자와 투자에 제공된 혜택을 그 수혜기간 동안 충실히 보장해 줄 것을 천명하고 있다(제3조). 그 첫 번째로 외국인 투자자들이 걱정하는 국유화·수용에 관한 규정을 제4조에 전진 배치했다. 외국인 투자에 대한 국유화·수용은 헌법과 쿠바가 가입한 조약 그리고 관련 법률에 따라 국무회의에서 정하는 '공공필요성이나 사회적 이익(por motivos de utilidad pública o interés social)'의 경우에만 할 수 있도록 했다(제4조 1항). 즉, 법률규정이 있고 국무회의를 통과해야 한다. 이러한 절차를 거쳐 수용이 결정되면 보상액은 상호 합의해야 한다. 법률은 외국인 투자에 대한 '적절한 보상(debida indemnización)'이 이루어져야 하고 자유롭게 태환이 가능한 화폐로 지불하도록 규정하고 있다. 여기서 '적절한 보상'이 국제투자법에서 논하는 '공정한 시장가격(fair market value)'에 의한 '신속·적절·효과적인 보상(prompt, adequate and effective compensation)'인지는 불분명하다. 그러나 당사자간 합의에 의한 보상이라는 점과 보상액을 국제적 평가기관을 통해 산정할 수 있도록 한 점에 미루어볼 때 국제법상 보상기준으로 볼 수 있을 것이다.

즉, 쿠바정부와 보상액에 대한 합의가 이루어지지 않는 경우에는 쿠바재무·물가부가 사전에 승인하고 수용당사자가 상호 합의한 국제적으로 공신력 있는 평가기관을 통해 보상액을 산정하도록 했다(제4조 2항). 그런데 이러한 평가기관의 선정에 대해 당사자 간에 합의도출이 안 되는 경우에는 복수기관 중 추첨이나 법원을 통해 선정하도록 규정했다.[11] 따라서 투자합의서를 체결할 때 국유화·수용의 경우에 적용할 보상방식에 대해 다툼이 없도록 세밀한 규정을 하는 것이 좋다. 그리고 합의가 안 되는 경우에 대비해 사전에 국제적인 평가기관을 복수로 선정하여 법원을 통한 해결대신 신속하게 추첨을 통해 해결하도록 하는 것이 좋다.

제6조는 외국인 투자의 승인과 기간연장에 관한 규정이다. 동 조문

---

11 제4조 2항의 2문. "... De no existir acuerdo entre ellos con respecto a la selección de la referida organización, a su elección, se realizará un sorteo para determinarla o se acudirá a la vía judicial."

은 쿠바가 외국인 투자를 직접 통제한다는 점에서 비경제적 투자위험(non-economic investment risk)이라 할 수 있다. 최초에 투자기간을 정한다는 점과 투자연장이 자동연장이 아니라 심사대상이라는 점이 외국인 투자자를 심하게 구속할 수 있다. 외국인 투자 승인의 연장은 합작투자 등 투자형태에 관계없이 처음 투자승인을 한 기관에서 재연장이 가능하다. 재연장은 허가기간이 종료되기 전에 신청하면 된다(제6조 1항). 만일 연장허가가 나오지 않으면 외국인 투자는 설립정관이나 투자합의서의 규정에 따라 청산절차를 밟아야 한다(제6조 2항). 별도의 합의가 없다면 외국투자자의 청산대금은 자유롭게 태환이 가능한 화폐로 지불되어야 한다. 투자기간 연장승인의 기준이 영업실적인지 또는 다른 사항인지에 대한 규정이 없기 때문에 쿠바당국의 재량권에 속한다. 외국인 투자자는 투자이익을 향유하기 위해 여러 투자위험을 무릅쓰고 쿠바에 투자하는데 투자기간을 정한 것이나 투자연장이 투명하지 않은 것은 폐쇄적인 공산국가의 특성을 반영하는 것으로 투자 유치에 극히 부정적인 요인이라 하겠다.

Feinberg의 조사보고에 따르면 쿠바정부는 투자허가를 통상 15년 미만으로 해주고 있다고 한다. 외국투자기업들은 특별한 하자가 없으면 자동적으로 투자연장이 되는 것으로 인식하였으나 반드시 그렇지 않다는 것을 경험으로 체득했다고 한다. 쿠바정부는 투자기간 연장시 투자계약의 본질을 바꾸는 조건을 제시하는 경우가 많다고 한다. 예를 들어 외국인 투자자의 지분을 50%미만으로 낮추거나 수출의무를 지우거나 하는 요구들이다. 이러한 투자불확실성이 신외국인 투자법에도 존재하기 때문에 쿠바정부가 투자재연장시 어떠한 태도를 취할지는 불확실하다.

제7조는 주주간 합의가 있는 경우 국제 경제 협력의 당사자인 외국

인 투자자는 주식의 전체 또는 일부를 국가, 제3자 또는 타방 주주에게 매각 또는 이전할 수 있도록 규정했다. 이 경우 별도의 합의가 없는 경우에는 매각대금은 자유롭게 태환이 가능한 화폐로 지불받을 수 있다(제7조 1항). 외국투자자가 단독투자한 회사의 경우에는 당국의 사전허가를 받아서 쿠바정부나 제3자에게 매각 또는 이전할 수 있고, 역시 자유롭게 태환할 수 있는 화폐로 지불받을 수 있다(제7조 2항).

투자연장이 허가되지 않아 청산하거나 (제6조) 투자사를 매각하는 경우(제7조)에 매각대금의 지불은 당사자간 합의로 한다. 그런데 쿠바측 당사자는 쿠바정부의 절대적 영향력하에 있기 때문에 결국 정부당국의 결정이라 하겠다. 당사자 합의가 어려울 경우 쿠바 재무·물가부의 허가를 받은 국제적으로 명망있는 평가기관이 가격을 결정하도록 규정하고 있다(제8조). 그래서 이러한 경우 매각대금의 결정방식을 세밀하게 투자계약에 규정해야 하고 합의가 안될 경우 사용할 국제적 평가기관도 미리 복수로 정해두는 것이 좋다. 신외국인 투자법은 외국인 투자자가 투자이익이나 투자배당금을 자유롭게 해외로 송금할 수 있다는 점을 명확히 하고 있다(제9조).

2. 외국인 투자 가능 분야

외국인 투자법에 따르면 모든 외국인 투자는 투자목적과 내용에 따라 국가위원회의 투자허가를 받아야 한다. 투자허가는 사전심사제로 외국인 투자자는 대외무역·외국인 투자부(Ministerio del Comercio Exterior y la Inversión Extranjera - MINCEX)에 투자계획서를 제출하여 투자심의와 허가를 받아야 한다. 투자계획서의 평가는 사실상 8개 부처와 중앙은행의 대표로 구성된 사업평가위원회(Consejo de Ministros)가

진행하고 MINCEX는 승인을 할 따름이다.

쿠바정부는 매년 외국인 투자 포트폴리오(Cartera de Oportunidades)를 발표하는데 쿠바정부가 필요로 하는 외국인 투자 분야가 담겨 있다.[12] 즉, 포트폴리오는 쿠바정부가 가장 중요하게 생각하는 사업분야를 말하는 것이다. MINCEX가 포트폴리오의 형식과 내용을 총괄하기 때문에 사실상 쿠바가 가장 우선시하는 경제 정책을 담고 있다고 보면 된다.

원칙적으로 보건·교육·군사분야를 제외한다면 외국인 투자가 금지되는 분야는 없다(제11조 1항). 그러나 외국인 투자에 대한 사전 허가제가 있다는 점과 MINCEX가 매년 외국인 투자 포트폴리오를 업데이트해서 외국인 투자 유망분야를 밝힌다는 점을 고려한다면 외국인 투자분야는 사실상 제한되어 있다고 볼 수 있다.

3. 외국인 투자의 형태

외국인 투자 방식과 관련하여 외국인 투자법은 다음의 3가지 방식중 하나를 선택하도록 하고 있다. 즉, 합작투자, 국제 경제 협력 계약 그리고 완전 외자기업이다. 합작투자는 국내기업과 공동 사업하는 것이고, 국제 경제 협력 계약은 호텔, 서비스계약 또는 전문서비스 제공 계약 등 외국의 선진기술이나 경영노하우 등이 필요한 분야에 한정하여 사용된다. 완전 외자기업은 외국인 투자자의 100% 단독투자업체인데 흔하지 않은

12 영문으로 된 2015년 포트폴리오는 다음에 나와 있다. CUBA PORTFOLIO OF OPPORTUNITIES FOR FOREIGN INVESTMENT 2015. http://www.granma.cu/file/sp/cartera-de-oportunidades-de-inversionextranjera-23/datos/documentos/Portfolio%20of%20Opportunities%20for%20Foreign%20Investment%202015.pdf

경우이다. 이러한 방식 중에서 쿠바정부가 가장 선호하는 투자형태는 합작투자이다. 법률 제118호는 합작투자에 많은 부분을 할당하여 합작투자시 준수해야 할 규정들을 명시해 놓았다(제14조 1항).

(1) 합작투자

합작투자(empresa mixta)는 외국인 투자자와 쿠바정부 또는 국영기업이 투자당사자가 되어 공동사업을 하는 방식이다. 현재까지의 경험을 보면 천연자원의 개발, 농업, 건설, 호텔사업 등에 주로 사용되어왔다. 외국인 사업파트너는 주로 쿠바가 필요에 의해 영입하는 형태였다. 예를 들면 Sherritt International (니켈광산), Habanos (담배사업), Havana Club rum (주류), Rio Zaza (과일쥬스) 그리고 Sol Meliá (호텔) 등이다.

쿠바개인은 아직 합작투자의 형태로 사업을 할 수 없다. 쿠바의 합작투자는 앞으로 개척할 여지가 많다. 중남미 여러 국가와 비교했을 때 누적 외자유입액이나 국민 1인당 외자유치액을 보면 확실히 아직 투자여력이 많다. 합작투자 절차는 정부가 관장하기 때문에 국내 합작파트너만 확실하면 생각보다 수월하게 사업할 수 있다. 쿠바정부는 합작투자의 경우 투자분야에 따라서는 회사운영권에 큰 관심을 보이지 않는다. 외국인 파트너가 경영권을 갖고 있는 합작투자회사가 대부분이다.

쿠바투자법에 따르면 합작투자는 국적이 다른 투자자들이 법인을 세우는 것이다(제14조 1항). 투자자들은 회사를 세우는데 주식은 당사자간에 합의되어야 하고 정부당국의 허가를 받아야 한다(2항). 합작투자서는 주주간 서명한 합의서로 회사를 운영하는 기본적인 합의가 담겨있어야 한다(제3항). 설립정관에는 회사의 구성과 운영에 관한 합의규정들이 명시되어야 한다(제5항).

그리고 합작투자는 반드시 공증문서로 해야 하는데 이때 주주합의서, 설립정관과 투자허가증을 별첨해야 한다(제4항). 이렇게 합작투자회사가 설립되어 등록되면 법인격을 갖는다(제6항). 합작투자가 설립되면 주주들은 언제든 주주변경을 할 수 있지만 허가당국의 사전허가를 받아야 한다(제7항). 합작투자사는 쿠바내 또는 외국에 사무소나 지사를 개설할 수 있으며 해외 기업에 투자할 수도 있기 때문에(제8항) 투자 상황에 따라 쿠바자원을 이용하여 해외수출을 고려할 수도 있을 것이다. 합작투자의 청산이나 해산은 설립정관의 규정에 따라야 하며 관련법의 적용을 받는다(제9항).

(2) 국제 경제 협력 계약

국제 경제 협력 계약(contrato de asociación económica internacional)은 쿠바정부가 특수목적을 위해 만든 외국인 투자 방식이다. 신외국인 투자법은 국제 경제 협력 계약을 예시적으로 규정하고 있다. 즉, "국제 경제 협력 계약은 재생 불가능한 천연자원의 개발을 위한 위험계약, 건설, 농업생산, 호텔, 생산·서비스 관리와 전문 서비스 계약 등을 포함한다."(제13조 2항)고 예시규정을 두고 있다. 그리고 관련규정인 제15조에서 국제 경제 협력 계약의 특징을 규정해 놓았다. 이에 따르면 국제 경제 협력 계약은 외국인 투자자와 내국인투자자가 위에서 예시한 특정 경제 분야의 활동을 위해 체결하는 계약으로 합작투자와 같은 별도의 법인 설립없이 협력활동을 하는 것이다(제15조 1항).

일반적으로 자원 개발이나 건설, 농업생산 등은 막대한 자본과 기술투자가 있어야 하기 때문에 자본금이나 공동기금의 출연과 운영이 필요하지만, 호텔경영이나 생산·서비스 운영 등은 이러한 기금을 필요로 하지 않는다. 국제 경제 협력 계약은 국제적으로 알려진 브랜드나 세계적 광고망을 갖고 있는 외국투자자가 국내투자자를 대신하여 호텔이나 생산서비스 운영을 해주고 합의된 실적에 따라 외국인 투자자 몫을 지불하는 방식이 일반적인 형태이다(제15조 3항). 2014년의 통계를 보면 외국인 투자 방식은 합작투자(50%), 국제 경제 협력 계약(45%) 그리고 단독투자(5%)로 구성되어 있다.(MINCEX, 2015:13)[13]

(3) 단독투자

외국인 단독투자도 가능하다. 법률 제77호도 외국단독투자를 인정했었다. 쿠바정부가 발표하는 통계에 따르면 2013년까지 외국인단독투자는 전체 외국인 투자에서 4%, 2014년에는 5%로 늘었다. 그러나 구체적으로 몇 개의 기업이 단독 투자했는지는 불분명하다. Feinberg의 2012년 보고서에 따르면 그때까지 단독투자는 6개 회사에 불과했는데 3개 회사가 석유와 에너지분야, 2개 회사가 해양운송 그리고 나머지가 금융분야에서 활동한다고 했다(Feinberg, 2012:13). 앞으로 단독투자가 활발해질지는 두고 볼 일이지만 전적으로 쿠바정부의 정책적 의지에 달렸다고 본다.

4. 부동산 개발

신외국인 투자법 제17조는 외국인의 부동산투자에 관한 규정을 하고 있다. 부동산투자는 허가를 받아야만 소유권과 관련 재산권을 취득

---

13 2013년의 통계는 합작투자(51%), 경제 협력 계약(45%), 단독투자(4%)의 순이고 경제 협력 계약은 경제 협력 계약(12%), 호텔경영계약(28%), 생산관리계약(4%), 생산협력 계약(1%) 등으로 구성되었다.

할 수 있다(제17조 1항). 외국인의 부동산투자에는 사적 또는 관광목적의 단독주택과 상업건물(제17조 2항 a), 외국법인의 주택이나 사무실(제17조 2항 b) 그리고 관광목적의 부동산 개발 등이 포함된다(제17조 2항 c).

즉, 쿠바법에 따라 투자허가를 받아 부동산에 투자하는 경우 부동산 소유권을 취득할 수 있다. 그런데 이것은 쿠바법의 관점이다. 문제는 쿠바혁명이전에 부동산에 대한 원소유주가 존재한다는 사실이다. 쿠바정부는 캐나다, 영국, 스페인 등 대부분의 국가와 국유화된 재산에 대한 협정을 체결하여 문제 해결을 했다. 그런데 쿠바에 가장 큰 투자를 했던 미국과는 국교단절로 어떠한 해결도 이루어진 적이 없다. 미국과 쿠바는 국유화된 재산과 관련하여 아직 분쟁상태에 있는 것이다. 외국인 투자자의 입장에서는 부동산을 매입할 때 부동산 소유권 관련하여 실사(due diligence)를 할 필요가 있다. 현재, 미국정부에 제소된 개인과 기업의 재산소송이 그 숫자나 소송액이 상당히 크다. 비록 쿠바정부로부터 합법적인 부동산 권리를 얻었다 하더라도 향후 원소유주와 분쟁을 각오해야 한다. 미국정부는 해외불법재산의 회복을 위해 대외청구권해결위원회(the Foreign Claims Settlement Commission)를 설치했다.[14] 대외청구권해결위원회에 따르면 쿠바정부가 수용한 재산에 대한 대외청구건이 총 8821건이 접수되었고 청구금액은 총 70억불에 달한다.[15] 이들 청구사건에는 코카콜라, 프록터앤갬블, 바카르디 등 다국적 기업들도 포함되어

14 United States Department of Justice, Completed Programs-Cuba; First Program (July 6, 1972) http://www.justice.gov/fcsc/claims-against-cuba)

15 Craig Offman, As Cuba-U.S. Relations Thaw, the Thorny Matter of Property Disputes Heats Up, THE GLOBE AND MAIL (Feb. 13, 2015) http://www.theglobeandmail.com/news/world/as-cuba-us-relations-thaw-thethorny-matter-of-property-disputes-heats-up/article22988839/

있다. 미국은 쿠바봉쇄해제의 조건으로 수용된 미국자산의 해결을 포함하도록 LIBERTAD Act (P.L. 104-114) 에 규정해놓고 있어 문제 해결이 쉽지 않다(Sullivan, 2016:61).

그런데 더 어려운 문제는 쿠바에 있는 자산의 소유주들이 지난 60년간 변화가 있었다는 점이다. 외국투자자에게 소유권을 이전한 부동산뿐만 아니라 재산의 사유화를 일정부분 인정했기 때문이다. 더구나 원 소유권을 입증하려면 쿠바정부의 기록과 맞추어봐야 한다. 외국인 투자자로서는 쿠바정부가 투자허가를 했다하더라도 장래에 분쟁이 될 수 있는 원소유주를 확인하는 것 자체가 쉽지 않다. 따라서 부동산과 관련된 분쟁의 불씨는 쉽게 꺼지지 않을 것이다.

불법 수용된 재산을 원주인에게 반환하는 작업은 국제법에서는 중요한 사안중의 하나이다. 미국은 전 세계적으로 해외투자를 많이 하고 그만큼 해외에서 불법 수용된 미국인 재산이 많다. 원주인에게 돌려준다는 의미는 미국시민의 해외재산을 회복시켜준다는 의미이다. 미국과의 관계를 볼 때 쿠바에서 부동산을 매입하는 일은 쉽지 않은 작업이다. 어쩌면 쿠바에서 최근 시장개방으로 활황인 식당, 커피숍, 호텔 등은 미국에서 진행 중인 미국제소인들의 재산일지도 모른다. 그래서 미국과 쿠바에서 실소유주가 누구인지 확인하는 작업이 필요하다.

IV. 쿠바의 투자 분쟁 해결 제도

쿠바투자에 큰 불안감 중의 하나는 투자 분쟁이 발생했을 때 적절한 해결방식이 존재하는가 하는 점이다. 쿠바정부가 외국인 투자를 유치하려고 신외국인 투자법을 제정했을 때에는 그만큼 외자유치가 절실하기 때문이다. 그리고 외국인 투자자가 쿠바투자를 결심할 때에는 정부의 투자유인뿐만 아니라 쿠바시장의 가능성에 대한 확신이 있기 때문이다. 그런데 투자가 이루어지면 규모에 관계없이 투자 분쟁이 발생할 가능성이 상존한다. 부동산관련 분쟁이나 계약분쟁 등이 어떻게 해결되고 집행되는지를 알 수 있어야 쿠바투자의 위험도를 측정할 수 있다. 투자 분쟁에 관한 부분은 변호사들이 가장 큰 관심을 갖고 있는 분야이지만, 쿠바의 사법제도와 분쟁해결제도에 관한 자료와 연구물, 특히 법원판례는 쉽게 찾기 어렵다. 그만큼 외국에 많이 알려져 있지 않아 문제이다. 외국인 투자 유치를 위해서는 투명한 사법제도와 관련 법률이나 자료들이 많이 공개되어야 한다. 특히, 외국인 투자와 관련된 판례연구는 아무리 강조해도 부족함이 없다.

외국인 투자자가 쿠바정부의 투자승인을 받고 투자계약을 체결한다고 하더라도 투자계약이 제대로 이행되고 불이행에 대한 실효적 집행력이 있는지를 파악하는 작업이 필요하다. 투자 분쟁에 대한 공정하고 효과적인 해결제도가 없다면 어떠한 투자협정도 종이쪽지에 불과하다. 그렇다면 쿠바에서 국제상사분쟁과 국제투자 분쟁은 어떻게 해결되는가.

쿠바는 국제중재가 외자유치에 중요하다는 점을 인식하고 중재관련 법제 정비를 했다. 외국인 투자자들이 투자결정시 중재를 통한 투자 분쟁 해결 제도의 존재여부를 확인하기 때문이다. 2007년 중재법(법률 제250/07호, Decreto-Ley No. 250/07)을 제정하여 아바나에 쿠바국제상사중재법원(Corte Cubana de Arbitraje Comercial Internacional - CCICA)을 설립했다(제1조). 그리고 2014년 신외국인 투자법에 분쟁해결방식으로 중재선택을 할 수 있도록 규정했다(제61조). 이러한 국제중재의 인정은 쿠바가 지난 1993년에서 2003년까지 10여 년간 60여개 양자투자

협정(Bilateral investment treaties - BIT)를 체결할 때 국가-투자자분쟁(Investor-State Dispute - ISD)의 해결방식으로 국제중재를 인정한 것과 맥을 같이한다.

1. 쿠바가 체결한 투자협정과 투자 분쟁사례

우선, 쿠바가 해외투자 유치관련 체결한 투자협정을 살펴보도록 하겠다. 쿠바가 공산화되기 이전에는 미국의 영향을 많이 받아 법제가 비교적 투명하고 선진화되어 있었다. 공산화된 이후에도 외국과 문호개방은 계속되어 있었다. 외국인 투자와 관련하여 관심있는 부분은 양자투자협정(Bilateral investment treaties - BIT)의 체결현황, 국제 투자 분쟁해결 센터(International Centre for Settlement of Investment Disputes - ICSID)를 설립한 1965년 워싱턴협약(이하 ICSID협약) 가입여부, 외국중재판정의 승인과 집행에 관한 뉴욕협약(1958년)가입여부, 국제상사중재의 활용여부 등이다.

쿠바는 현재 약 60여 개국과 BIT를 체결했다. 여기에는 주요 교역국인 중국, 독일, 불란서, 스페인, 이태리와 영국뿐만 아니라 멕시코, 칠레, 브라질(미발효) 등이 포함되어 있다.

쿠바는 ICSID협약의 체약국이 아니다. 그래서 쿠바는 일반적으로 BIT에 ISD해결을 위해 국제상업회의소(International Chamber of Commerce - ICC)중재나 임의중재(ad hoc arbitration)의 사용을 규정하고 있다. 쿠바투자법은 BIT와 맥을 같이하여 BIT에서 규정하는 일반적인 내용인 국유화·수용에 대한 보상, 이익금과 배당금의 해외송금, 투자의 정부 또는 제3자 매각권 등을 규정하고 있다. 그리고 투자 관련하여 발생할 수 있는 분쟁에 대한 해결방식으로 법원에 의한 해결뿐만 아니라 당사자들이 외국인 투자법에 따라 합의하는 경우에 중재선택도 가능하도록 폭을 넓혔다.

즉, 신외국인 투자법은 외국인 투자 분쟁의 해결방식으로 원칙적으로 쿠바의 국내법원을 이용하도록 규정했지만 중재를 이용할 수 있는 선택권을 두었다(제61조). BIT의 체결여부는 외국인 투자 유치에 상당히 중요하다. BIT에 투자 관련하여 국가와 외국인 투자자 사이에 발생하는 투자 분쟁의 국제중재를 통한 해결을 규정하기 때문이다. 국가-투자자분쟁은 2000년대 들어와 그 중요성을 입증했다. 따라서 외국인 투자자들은 쿠바진출전에 본국이 쿠바와 BIT를 체결했는지 여부를 확인해야 한다. 쿠바도 이러한 국제현실을 인식하고 국제중재를 인정하고 있을 뿐만 아니라 뉴욕협약에는 1958년 협약채택 시에 가입했다. 신외국인 투자법을 보면 합작투자의 경우 합작투자서에 당사자들이 합의하여 분쟁을 국제중재기구를 통해서 해결할 수 있도록 규정할 수 있다. 당사자들이 명시하지 않은 경우 쿠바국제상사중재법원 (Corte Cubana de Arbitraje Comercial Internacional - CCACI)에서 해결이 가능하다.

일반적으로 BIT에는 두 가지 유형의 분쟁해결조항이 있다. 하나는 BIT를 체결한 국가 간의 분쟁에 대한 중재해결방식이고, 다른 하나는 투자 관련하여 외국투자자가 투자 유치국을 상대로 하는 분쟁해결방식이다.[16] 쿠바는 국유화의 경험이 있기 때문에 이 문제에 관해서도 BIT에 국유화나 수용의 경우 즉각적이고 적절한 보상을 국유화·수용시의 시장가

16 예를 들어 쿠바-영국간 BIT 제8조에서는 SID의 경우 ICC중재를 통해 분쟁을 해결하는 것으로 합의했다.

격으로 해준다는 규정을 명시해 놓고 있다.[17]

투자협정에 국제중재를 규정하는 것은 아주 효과적인 분쟁해결방식이다. 국제소송이 국내관할권의 문제로 승인과 집행이 어렵다면 국제중재는 뉴욕협약을 통해 승인과 집행을 보장받기 때문이다. 투자 분쟁에 관해서는 ICSID투자중재가 가장 선호되기는 하나 그러기 위해서는 쿠바가 ICSID협약 가입국이어야 한다. 그러나 쿠바는 가입을 하지 않았기 때문에 차선으로 ICC중재가 사용된다.

문제는 쿠바가 뉴욕협약을 준수하여 외국중재의 판정을 적절하게 승인·집행하고 있는지에 대한 객관적인 자료가 없다는 점이다. 이에 쿠바가 외국인 투자에 대한 분쟁해결에 어떠한 입장을 취하고 있는지를 확인하기 위해 비교적 최근에 발생했던 3건의 투자중재 사례를 검토해 보도록 하겠다.

(1) 이태리와 쿠바간 국제투자중재 (2003년)

2003년 이태리정부는 1993년 쿠바-이태리 양자투자협정(BIT) 제10조에 근거하여 쿠바를 상대로 국가간 국제투자중재를 개시했다(Bernasconi-Osterwalder, 2014, 9). 동 사건은 BIT에 규정된 국가간 중재소송으로는 최초의 사건이라 국제적 관심을 끌었다. 임의중재(ad hoc arbitration)로 진행된 중재소송에서 이태리는 두 가지 소송을 제기했다. 하나는 쿠바에 투자한 자국민들의 투자보호를 위한 외교적 보호권의 행사이고, 다른 하나는 이태리 국가의 권리보호 소송이었다. 장기간의 중

17 쿠바-영국 BIT 제5조는 국유화 관련하여 '신속, 적절, 효과적인(prompt, adequate and effective) 보상' 기준을 명시해 놓았다.

재절차 끝에 2008년 1월1일 중재판정부는 관할권존부에 관한 본안전 항변과 본안심리를 통해 이태리의 모든 주장을 기각했다.[18]

쿠바는 BIT에 투자자-국가분쟁(ISD)의 해결조항이 있기 때문에 이태리정부가 외교적 보호권을 행사할 수 없다고 주장했다. 중재판정부는 ISD 투자중재가 합의되지 않거나 ISD 중재소송을 제기하지 못하는 경우에 본국이 투자자를 위해 외교적 보호권을 행사할 수 있다는 논지로 쿠바주장을 다수결로 기각했다(Bernasconi-Osterwalder, 2014:9). 즉, 외교적 보호권은 ISD분쟁해결의 보완적 해결수단이기 때문에 외국투자자가 투자중재를 할 수 없는 경우에만 본국이 외교적 보호권을 행사할 수 있다는 것이다.

이태리정부가 대리한 16개 투자 중 10건은 소송 철회했고 나머지 6개 투자자에 대한 본안심리가 이루어졌다. 중재판정부는 국제법상 외교적 보호권 행사의 요건인 국적확인과 국내구제완료의 원칙을 엄밀하게 적용하여 4건을 기각했고 최종적으로는 2건에 대해서만 본안심리를 했으며 모두 기각했다. 동 건은 쿠바가 비록 ICSID 협약국은 아니지만 적지 않은 수의 BIT를 체결해 놓고 있어 ISD중재소송에 비교적 긍정적인 반응을 했다는 사실을 보여준다.

(2) 막스 마람비오 사건 (반부패 사건)

쿠바정부는 2011년 ICC 투자중재에 피소되었다. 칠레-쿠바 BIT에 따라서 2010년 칠레국적의 막스 마람비오(Max Marambio)가 쿠바정

---

18 Italian Republic v. Republic of Cuba, Ad hoc state-state arbitration, Final Award (sentence finale), January 15, 2008. http://www.italaw.com/cases/580

부를 상대로 중재소송을 제기한 것이다. 마람비오는 1993년 쿠바정부와 50:50 합작투자로 세운 리오사사 식품회사(Alimentos Rio Zaza,S.A)의 파트너였다(Feinberg 2012, 53). 동 합작회사는 쿠바의 과일주스와 우유를 생산·판매하는 주력회사였다. 2010년 2월 쿠바정부는 마람비오의 부패혐의를 수사하고 그 결과 합작사의 2개 공장을 폐쇄조치하고 2011년 마람비오를 궐석재판으로 20년 형을 선고했다(Paparelli, 2015:45; Feinberg 2012, 54).

2011년 마람비오는 Rio Zaza합작투자서, 1996년 칠레-쿠바 BIT(1996), 1995년 쿠바 외국인 투자법의 규정을 근거로 쿠바정부를 상대로 파리 ICC에 투자중재소송을 제기했다(Feinberg 2012, 57). 2013년 7월 17일 ICC중재법원은 쿠바정부가 리오사사사의 합작투자계약을 위반했음을 인정하고 마람보의 주식을 매각하도록 판정했다. ICC중재법원은 주식 50%를 소유한 파트너사인 Ingelco사가 Rio Zaza사의 청산에 협력하지 않았기에 주식매각의 보상금으로 US$17.523.095의 지불을 판정했다.[19] 그리고 장래이익의 손실금으로 1억4천3백만불과 정신적 피해금으로 1천만불의 지불을 판정했다.[20]

동 중재판정의 이행에 관한 정보는 없다. 쿠바는 뉴욕협약의 당사국이기 때문에 ICC중재판정에 대한 승인과 집행의 의무가 있다. 이에 대해 성실하게 이행했는지 여부는 쿠바정부의 국제중재와 외국인 투자 유치에 대한 태도를 판단하는데 중요한 시금석이 될 것이다. 마람비오 사건

19 출처:(http://www.lanacion.cl/max-marambio-gano-juicio-internacional-contra-empresa-cubana/noticias/2013-07-26/115144.html)

20 출처:(http://cafefuerte.com/economia-y-negocios/2059-max-marambio-gana-caso-contra-cuba-y-reclama-153-millones/)

은 쿠바에 대한 외국인 투자에 부정적인 영향을 끼쳤다. 마람비오 자체가 피델 카스트로 등 정권실세의 후원을 받아 쿠바에서 큰 사업을 했었기 때문이다. 동 사건은 쿠바사업이 어느 누가하던 위험할 수 있다는 것을 보여주었다. 마람비오 사건이 발생한 이유가 쿠바정부가 발표한대로 정치 부패인지 아니면 또 다른 권력투쟁인지 불확실하다. 하지만 동 사건은 외국인 투자에 부정적 이미지를 준 것은 확실하다. 쿠바정부 기업과 외국인 투자자와의 합작투자는 10여 년 전 700여건에서 최근 300여건으로 크게 줄었다고 한다(Paparelli, 2015:47).

(3) 유니레버 사건 (투자허가 재연장 사건)

다국적기업인 유니레버(Unilever)는 1994년 쿠바 국영기업인 수첼(Suchel)과 50:50 합작투자사를 차렸다. 합작사는 유니레버의 생필품은 럭스비누나 펩소덴트치약 등을 생산했다. 투자인가기간의 만료시점에 허가연장를 위한 협상에서 쿠바정부는 연장허가의 조건으로 주식 51% 취득을 통한 합작사 경영권확보와 생산량의 20% 수출의무를 부과하고자 했다(Feinburg 2012, 51). 유니레버는 쿠바정부가 제시하는 사업연장조건을 받아들이지 않았고 결국 유니레버는 2012년 합작사업을 종료했다(Brownlee, 2016). 동 사건은 쿠바정부의 투자허가연장이 자동적이지 않고 정책적 목적을 갖고 움직인다는 것을 보여준 사례로 외국인 투자유치에 악영향을 미쳤다.

유니레버는 2016년 1월에 쿠바에 재투자를 한다고 발표했다. 라울정부가 외국인 투자 유치를 위해 공을 들이고 있는 마리엘 자유 무역 지대에 35백만불을 투자하여 비누와 치약 등의 생산공장을 세울 예정이다. 쿠바 국영사인 인터수첼(Intersuchel)과 합작투자로 이번에는 유니레버가 60%의 지분을 확보하는 것으로 발표되었다(Frank, 2016.1.11.). 정부가 외자유치를 위해 과거에 비해 탄력적이고 유화적인 태도를 취하고 있음을 방증한다.

2. 쿠바의 국제중재제도와 중재사건

쿠바는 국제중재에 대해 상당히 호의적이다. 이미 언급한대로 2007년 개정된 중재법(법률 제250/07호)이 있고 동 법에 의해 설립된 쿠바국제상사중재원(CCACI)이 있다. CCACI는 당사자들이 합의하여 제출한 분쟁을 판정한다. CCACA는 아바나에 위치한 독립된 중재원이다. 쿠바정부에 의해 설립되었지만 법적으로 쿠바정부의 영향을 받지 않는 것으로 되어있다. 특이한 점은 CCICA에는 2년 임기의 21명의 중재인이 정해져있다는 점이다. 중재원 명부만 기탁했지만 제한된 숫자나 사회주의의 특성상 상설중재원의 기능을 한다.

쿠바중재법은 CCICA는 법에만 구속되고 중재인과 조정인은 독립적이고 중립적이고, 중재인과 조정인에 대한 윤리규정도 규정해 놓았다. CCICA의 관할권은 외국인 투자법 하에 발생하는 외국인 투자 분쟁도 포함되어 있다. 그리고 중재인이 자신의 관할을 결정할 수 있는 관할권 결정권(principle of Kompetenz-Kompetenzin)도 인정된다. 따라서 쿠바에서 국제중재가 작동하는지 여부는 CCICA의 중재판정과 쿠바법원의 중재에 대한 협력적 태도를 살펴보면 어느 정도 가늠이 가능하다.

최근의 중재사건으로 2014년 이태리기업 X v. Empresa Mixta Y 간 중재사건이 있다(MEMBIELA, ORTEGA-COWAN, 2015).[21] 이태리기업이 쿠바 합작투자사와 쿠바정부를 상대로 국제매매계약서의 중재조항에 따라 CCICA에 매매대금지급 중재신청을 했다. CCICA 중재규정에 따라 3인 중재판정부가 구성되었다. 동 사건은 콘크리트 생산에 사용되는 재료의 판매계약에 관한 것으로 쿠바 합작투자사는 구매대금의 미지급을 인정했고 미지급사유로 쿠바정부가 최근 승인제도를 바꾼 것이 문제라고 해명했다. 쿠바중재법원은 쿠바는 국제물품매매계약에 관한 유엔협약(CISG)의 회원국이기 때문에 CISG가 쿠바법의 일부로써 동 분쟁에 적용된다고 판단했다. CCICA 중재법원은 2014년 12월 12일 중재판정을 통해 원금 EUR 242,953.84의 지급을 승인했으나 계약상 이자는 징벌적 성격이 있어서 인정할 수 없다고 판정했다(MEMBIELA, ORTEGA-COWAN, 2015).

또 다른 중재사건으로 C.I. Dental X Ray S.A.S. (Colombia) v. Medicuba 사건이 있다.[22] 콜롬비아 회사는 의료제품의 판매계약 불이행을 근거로 중재신청을 했다. 신청인은 미지급액인 USD 215,027.08과 이자 및 징벌적 벌금의 지급을 신청했다(MEMBIELA, ORTEGA-COWAN, 2015). 피신청인 메디쿠바(Medicuba)는 구매대금의 미지급을 인정했으며 그 사유로 쿠바의 어려운 경제사정을 들었다. CCICA중재법원은 쿠바 상법, CISG, UNIDROIT 국제상사계약원칙 (UNIDROIT Principles of International Commercial Contracts, 1994) 등을 준거법으로 적용했다.

이러한 최근의 중재판정은 CCICA가 국제중재의 경우 쿠바법에 구애받지 않고 쿠바가 비준한 조약이나 국제협약을 국내법의 일부로 자유

21 동 중재사건의 중재판정문은 다음에서 볼 수 있다. http://www.cisgspanish.com/wp-content/uploads/2015/04/Laudo21de2014Cuba.pdf (검색일: 2016.6.17.)

22 동 중재 판정문은 다음에서 볼 수 있다. http://www.cisgspanish.com/wp-content/uploads/2015/02/LAUDONo.4-MEDICUBA-Vs- CI-DENTAL-3.pdf (검색일: 2016.5.16.)

롭게 적용하는 태도를 보여준다. 그리고 쿠바법의 해석이 불분명할 경우 국제상사법의 원칙도 적용하고 있음을 보여준다. 또한, 중재진행 속도도 1년 내로 비교적 신속한 편이다. 이점은 CCICA를 통한 외국인 투자중재가 있을 경우 비교적 투명하고 신속하고 중립적인 형태로 중재진행이 가능할 수 있다는 것을 시사한다.

V. 결어

쿠바는 2014년 신외국인 투자법을 공표하여 외자유치에 확고한 태도를 보이고 있다. 그러나 정부태도는 정책과 법률로만 판단해서는 안되고 구체적인 투자사례를 분석하여 판단해야 한다. 정부의 외국인 투자에 대한 태도가 단순히 법을 개정했다고 하루아침에 바뀌는 것은 아니다.

현재까지의 경험을 보자면 외국인 투자의 주력 모델인 합작투자는 일단 성립이 되면 해당 시장에 대한 독점적 지위를 상당기간 누릴 수 있는 이점이 있다. 쿠바정부가 시장 경쟁자들에 대한 규제를 하기 때문이다. 반면, 정부가 물건 가격을 결정하기 때문에 사실상 판매이익도 정부가 정하는 것이나 다름없다. 이러한 점에서는 투자기업과 정부가 사실상 시장가격을 결정한다고 볼 수 있다. 외국인 투자자 입장에서는 정부기업과의 합작투자가 다방면에 보호막이 될 수 있기 때문에 나름대로의 이점이 있다. 그렇지 않은 경우에는 단독투자도 고려해볼 수 있다.

한편, 정부가 가격을 통제하기 때문에 판매이익이 사실상 정해져 있다. 그리고 정부가 노동력공급과 인건비를 강제로 정하고 이중 통화제를 사용하고 있어 내수시장을 공략하는 외국인 투자 기업의 수익과 경쟁력을 제한시키는 요인으로 작동한다. 그러나 투자를 가장 불안하게 만드는 요인은 투자기간의 제한이다. 투자연장시 정부허가를 받아야 하는데 예상하지 못한 조건을 제시하는 경우가 있다. 유니레버의 경우가 그러했다.

희망적인 것은 최근의 국제중재판정을 분석해보면 쿠바정부가 외국인 투자 분쟁을 국제중재를 통해 해결하려는 전향적인 태도를 보이고 있다. 앞으로 더 시간을 두고 지켜봐야 하겠지만 라울 카스트로 정부는 민간경제와 외국인 투자 그리고 정부의 3두 체제로 경제회복을 추진하고 있고, 2014년 신외국인 투자법은 이러한 큰 그림에서 이해되어야 할 것이다.

끝으로 쿠바같이 모든 것이 불확실한 국가에서 사업하는 경우 우선적으로 믿을 수 있는 것은 법에 의한 보호이기 때문에 투자계약은 관련 법제를 모두 검토하여 가장 유리한 법률적 보호장치를 만들어 두어야 한다. 쿠바는 한국과는 BIT가 체결되어 있지 않으나 뉴욕협약과 CISG 협약의 가입국이다. 따라서 무역계약의 경우 CISG의 적용을 받도록 하고 투자 분쟁의 경우 중재를 통해 해결할 수 있도록 법적인 준비를 하는 것이 좋다.

참고 문헌 및 주석

김달관, 2006. “쿠바 카스트로체제 유지 요인의 배경과 특징 1959-2006”, 이베로아메리카 제8권 2호.

이성형, 2011. “최근 쿠바의 경제모델 개혁과 전망: 2010-2011”, http://snuilas.snu.ac.kr /pdfyear/snuilasgepocuba_11.pdf (검색일: 2016.5.16.).

정경원 외, 2015. 21세기 한·쿠바 협력관계 증진을 위한 정책방안 모색: 정치, 경제, 문화 부문을 중심으로, 전략지역심층연구 15-06, 연구보고서 15-31, Seoul:Kiep.

Anillo-Badia, Rolando, 2010. "ARBITRATION AND MEDIATION: IMPARTIAL FORUMS TO RESOLVE INTERNATIONAL COMMERCIAL DISPUTES IN CUBA", Cuba in Transition ASCE 2010. http://www.ascecuba.org/c/wp-content/ uploads/2014/09/v20-anillo.pdf (검색일: 2016.5.16.)

Bernasconi-Osterwalder, Nathalie. 2014. State–State Dispute Settlement in Investment Treaties, Best Practices Series, IISD.

Brownlee, Lisa. 2016. "Unilever Returns To Cuba", Forbes (Jan 11, 2016). (http://www.forbes.com/sites/lisabrownlee/2016/01/11/unilever-returns-to-cuba/#54b5918e164f) (검색일: 2016.5.16.)

Feinberg, Richard E. 2012. The New Cuban Economy What Roles for Foreign Investment? Latin America Initiative at Brookings. http://www.brookings.edu/ ~/media/Research/Files/Papers/2012/12/cuba-economy-feinberg/cuba-economy-feinberg-9.pdf?_lang=en (검색일: 2016.5.16.)

Fernandez, Rodolfo Davaloz, (n.date) "EL ARBITRAJE COMERCIAL INTERNACIONAL EN CUBA". http://www.biblio.juridicas.unam.mx/libros/6/ 2776/12.pdf (검색일: 2016.5.16.)

Frank, Marc. 2016. "Unilever returns to Cuba in joint venture with state", (Mon Jan 11, 2016), Reuters http://www.reuters.com/article/us-cuba-unilever-idUSKCN0UP2JX20160111 (검색일: 2016.5.16.)

Jorge F. Pérez-López & Matías F. Travieso-Díaz. 2014. "The Contribution of BIT to Cuba' Foreign Investment Program", 456-480, ASCE CUBA. http://www.ascecuba.

org/c/wpcontent/uploads/2014/09/v10-plandtravieso.pdf (검색일: 2016.5.16.)

Lourie, Greg. 2015. “Diplomatic Protection Under the State-to-State Arbitration Clauses of Investment Treaties”, Austrian Yearbook on International Arbitration 2015, http://ssrn.com/abstract=2610775 (검색일: 2016.6.18.)

KOTRA, 2014 June. 변화기의 쿠바, 우리기업 접근전략, Global Market Report 14-019, Seoul.

KOTRA, 2015. Blue Ocean 쿠바 시장과 우리기업 진출전략, Global Market Report 15-042, Seoul.

MEMBIELA, GUSTAVO J., ORTEGA-COWAN, ROMÁN, 2015. “Cuba Disputes: The Arbitration Option” http://m.worldservicesgroup.com/article.aspx?id=7412 (검색일: 2016.5.16.)

MINISTRY OF FOREIGN TRADE AND INVESTMENTS (MINCEX), 2015. CUBA PORTFOLIO OF OPPORTUNITIES FOR FOREIGN INVESTMENT 2015. http://www.granma.cu/file/sp/cartera-de-oportunidades-de-inversion-extranjera-23/datos/documentos/Portfolio%20of%20Opportunities%20for%20Foreign%20Investment%202015.pdf (검색일: 2016.5.16.)

Paparelli, K. M., 2015. "Reforming Foreign Investment Law in Cuba: What Does It Really Mean for Eager Investors?". http://ssrn.com/abstract=2678019 (검색일: 2016.5.16.)

PAZ, Juan Valdes. 2011. "La revolucion agraria cubana: logros y desafios" Estudos Avancados, vol. 25, num. 72, pp.47~70. (http://148.206.107.15/biblioteca _digital/capitulos/440-5957gad.pdf) (검색일: 2016.5.16.)

Roberts, Anthea, 2014. “State-to-State Investment Treaty Arbitration: A Hybrid Theory of Interdependent Rights and Shared Interpretive Authority, Volume 55(1), Harvard International Law Journal.

RODRÍUEZ, ENRIQUE LINARES. 2011. ARBITRAJE INTERNACIONAL Y PROTECCIÓ DE INVERSIONES. PECULIARIDADES DEL MODELO CUBANO, UNIVERSIDAD COMPLUTENSE DE MADRID FACULTAD DE DERECHO, [Trabajo Fin de Máster], Septiembre 2011. http://eprints.ucm.es/ 14491/ (검색일: 2016.5.16.)

Sullivan, Mark P. 2016. Cuba: Issues for the 114th Congress, Congressional Research Service 7-5700 R43926 March 15, 2016 https://www.fas.org/sgp/crs/row/R43926.pdf (검색일: 2016.5.16.)

Ted Piccone & Harold Trinkunas. 2014.“The Cuba-Venezuela alliance: The Beginning of the End?”, LATIN AMERICA INITIATIVE, FOREIGN POLICY AT BROOKINGS. http://www.brookings.edu/~/media/research/files/papers/2014/ 06/16-cubavenezuela-alliance-piccone-trinkunas/cubavenezuela-alliance-pone-trinkunas.pdf (검색일: 2016.5.16.)

Torres, Nora Gámez (abril 16, 2016) "Castro propone límites de edad para cargos en Cuba y anuncia reforma constitucional", http://www.elnuevoherald.com/noticias/mundo/america-latina/cuba-es/article72216017.html (El Nuevo Herald, abril 16, 2016)(검색일: 2016.5.16.)

2장

Regional Growth and Development in Mexico and South Korea: A comparative analysis of Kaldor's laws*

Luis Quintana Romero, ROLDÁN ANDRÉS ROSALES, NAMKWON MUN*

Abstract

The growth and economic development of Mexico and South Korea have followed different paths in recent decades. Since the 1980s, Mexico's economy has grown slowly, not allowing it to move onto a fast growth path like Korea's. The empirical evidence shows that in Korea growth is determined endogenously: manufacturing has been the pivot for development by heading sectoral growth and that of the

* 이글은 Investigación económica, vol. LXXII, no. 284,(April-Junio 2013, pp. 79-105)게재되었던 논문입니다.

Received October 2012; accepted April 2013.

* Facultad de Estudios Superiores Acatlán (FES-Acatlán) at the Universidad Nacional Autónoma de México (UNAM), Mexico, <luquita@apolo.acatlan.unam.mx>; Colegio de Tlaxcala, Mexico, <roldandres@apolo. acatlan.unam.mx>; and Facultad de Estudios Occidentales de Hankuk at the University of Foreign Studies, Seoul, Korea, <namkwon@hotmail.com>. The authors wish to thank the anonymous reviewers for their valuable comments. This work was supported by the Hankuk University of Foreign Studies Research Fund of 2012 and the FES-Acatlán José Vasconcelos Special Chair.

productivity of labor. In Mexico, the opposite case, the empirical evidence shows that there is no endogenous growth and no sectoral leadership to broaden and maintain a robust labor market. This has an impact on the country's long term growth path. In addition, Korean manufacturing growth leads to spill-over effects in a series of regions, which sparks positive spatial externalities; in Mexico on the other hand, the sector's slow growth has not translated into a source of regional growth in the years 1998-2008.

JEL Classification: C01, C31, O11, O14, O25, O41, O47.

Key words: Kaldor's laws, growth and economic development, regional growth and spatial econometrics.

INTRODUCTION

In recent years, the growth and development of the Mexican and Korean economies have followed opposite paths. Today, Mexico is immersed in what Myrdal (1975) called the "vicious circle of growth," while Korea has entered into what Thirlwall (2003) would call a "virtuous circle of growth." The fact that in the Mexican economy, the role of the state has been substantially reduced, putting a priority on the free market, contributes greatly to explaining these different paths. Meanwhile, in Korea, the state has played a more active role in consolidating the manufacturing sector as the driving force of its growth. Korea's consolidation of the manufacturing sector as the linchpin of its growth has not only contributed to strengthening the domestic market, but has also decreased and cushioned the country's external dependence. In addition to this, the space in which Korean manufacturing operates actively contributes to generating spillovers in the country's regions; this is not the case of the Mexican economy.

Other authors have already pointed out that basing job creation, production, and growth on exports can have grave consequences. Clavijo and Casar (1994) state that small disturbances in exports due to changes in tastes and consumer preferences abroad will tend to affect employment, and therefore, national growth. The country's high level of vulnerability in the face of external shocks is associated with the high degree of its trade opening (Blecker, 2010); therefore, the domestic market can operate as a cushion in the face of unfortunate events abroad. This by no means implies that the international market is not impor- tant for growth and development, but it can be supplemented by endogenous policies with an appropriate development of the domestic market, just as the evidence shows in the Korean case.

The main aim of this article is to use the three laws of Kaldor (1966; 1984) to analyze the growth path of the Mexican economy and compare it with the Korean case for the period between 1998 and 2008. Study of the Korean case is relevant for Mexico given that it exemplifies how the manufacturing sector can be the basis for growth, with exports as a complementary factor in its develop- ment. Mexico has followed an opposite strategy: the external sector determines the growth path and manufacturing complements it. This difference has made our country highly dependent on international trade and unable to consolidate a solid domestic market that would allow it to reduce its vulnerability in the face of external shocks.

The article is divided into three sections. The first briefly discusses the evolu- tion of both economies during the period in question. The economic policies undertaken since the 1980s are underlined, as well as the way these policies evol- ved to consolidate the manufacturing sector and exports as the driving force for the growth of both economies. The second section develops the Kaldor- Thirlwall model, which emphasizes the importance of the manufacturing sector and total exports. The third part makes an empirical inference about the main stylized facts. Last comes the main conclusions and policy recommendations derived from this research, underlining the important need to foster the do- mestic market as the axis of long-term growth and development for Mexico's economy.

THE ECONOMIC GROWTH OF MEXICO AND SOUTH KOREA

Since the mid-1980s, Mexico has prioritized a strategy of opening to international trade, which has reaped benefits and favorable results for the growth of exports. Despite the emphasis placed on promoting exports, their average growth in Mexico was 8% between 1980 and 2010, while in Korea, it was 12%. For the two economies, imports grew in the same period 6 and 10 percent, respectively.

The data in Figure 1 show that Korean exports became more dynamic in the early 1990s. The gap between Korea's exports and imports has tended to widen favorably as its economy's capability to generate foreign currency strengthened. To the contrary, in the case of Mexico, the data indicate that despite the growth in exports, it has been weaker than in the Korean case; this means that the gap between Mexican exports and imports is not as wide as that of the Korean economy.

Despite rapid growth in exports, international trade has not been a strong driving force for expansion of the Mexican economy (Ros, 2009). The fact that Mexican exports have little influence in the country's growth is due to many factors, very important among them, the real appreciation of the peso and the large share that maquiladora plants represent among exports (Moreno-Brid and Ros, 2009; Ibarra, 2011). As maquiladora-sector exports rise, their imports also tend to; this can be seen in Figure 1, which shows that exports and imports have very similar dynamics, a reflection of a weak domestic market (Ibarra, 2008). It has been confirmed that the maquiladora sector's sustained exports did not foster national chains or stimulate domestic production and that, to the contrary, they contributed to eliminating chains of local suppliers by up- ping the import of inputs (Stallings and Peres, 2000) and subjecting them to external competition (Moreno-Brid and Ros, 2004). Thus, the Mexican export pattern has been incapable of generating a structural change toward dynamic efficiency in which both productivity and employment can grow at the same time without generating unsustainable pressures in the external sector (ECLAC, 2012). In short, trade liberalization and macroeconomic reforms have failed to push Mexico onto a path of solid growth led by the external market (Moreno- Brid and Ros, 2009). To the weaknesses of the Mexican export model must be added internal structural problems that have blocked the country's capability to grow. Among these problems are the bad credit system, the economy's grow- ing informal sector, the monopolistic control of key markets, low educational performance (Hanson, 2010), and a low investment rate (Ros, 2010).

Contrary to the Mexican case, the Korean government promoted exports using a centralist, managed capitalism model. One axis of this strategy was an industrialization policy oriented to the exterior. The low volume in the domestic market and the lack of natural resources led the country to seek a path toward sustained growth in the expanding foreign market. During this process, the government took out and controlled loans, investment in national companies, and even the location of the plants themselves (Lee and Yoo, 1998). In the beginning, Korea's industrial strategy was very selective in order to foster heavy industry and the chemical industry with an orientation toward exports (Cho, 1991). In the 1980s, it sought to consolidate that growth with a stable base, which it managed in the 1990s by developing industries that used new national technologies developed with state support to public and private research institu- tions. The success of the Korean strategy consisted of focusing on economic growth, and with that goal, fostering exports with a priority on investments that would contribute to increased productivity (Koh, 2012).

FIGURE 1

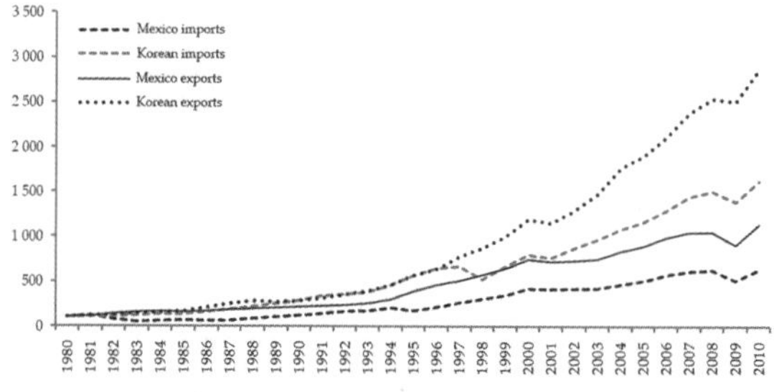

Index of export and import growth for Mexico and Korea, 1980-2010
Source: Developed by the authors with World Bank data (2011).

If we compare the average growth rate of both economies' gross domestic product (GDP) from 1980 to 2010, World Bank (2013) data allow us to un- derline the fact that Mexico grew an average of 2% a year, while Korea grew 6% a year in the same period. In manufacturing, these differences are even greater, since Korea's grew 8.7% annually and Mexico only 2.4%. The Korean experience shows that to achieve a long-term growth path, exports must be knowledge- and technology-intensive (Hounie and Pittaluga, 1999), and must promote the creation of productive and service networks around them to be able to develop competitive local suppliers (ECLAC, 1990; 2012). This means that the products exported must be those that have the greatest technological content and value added and not just products assembled inside the country in maquiladora plants.

To reverse this situation, a strong domestic market must be consolidated with an export sector linked to it. This is why we can still learn from the discus- sion of the Korean case, given that that economy has managed to establish an endogenous, high-tech industrial sector on which its long-term development strategy is based. From our point of view, the Korean success falls in line with Kaldor's proposal (1966) that it is the manufacturing sector that drives economic growth from the demand side.

KALDOR'S LAWS FROM THE SPATIAL PERSPECTIVE

Kaldor (1966) argued that it is difficult to understand the process of economic growth without taking into account the importance of the sectors, making the distinction between activities with growing and shrinking yields. The former are in the industrial sector while the latter are in the primary sector (McCombie and Thirwall, 1994; Thirwall, 1986). Greater dynamism and growth in manu- facturing translates into growth in the other sectors, in productivity, and in competitiveness. For this reason, this sector's performance defines the trajec- tory of growth of a country or region. This proposition has been formalized in what have come to be called Kaldor's laws, which formulate three propositions establishing the way in which the manufacturing sector becomes the driving force of economic growth.

Although Kaldor's original proposition was aggregated and not regional or spatial, increasing numbers of studies have been carried out in which the three laws are evaluated on a sub-national level. McCombie and de Ridder (1983; 1984) and Bernat (1996) apply it to regions of the United States; Casetti and Tanaka (1992) look at Japan; Dasgupta and Singh (2006) analyze developing countries; Pons-Novell and Villadecans-Marsall (1999) and Fingleton and López-Bazo (2006) develop evidence about regions of Europe; and Wells and Thirlwall (2003) examine

African countries. However, their work, despite having a regional dimension, does not explicitly take into account the role of space and the spatial dependence involved in growth processes. Only recently have studies of Kaldor's laws incorporated the effects of spatial dependence: Bernat (1996), Pons-Novell and Villadecans-Marsall (1999), Fingleton and López-Bazo (2006), Don (2007), Yonbock (2007), Angeriz, McCombie, and Roberts (2008).

This article applies Kaldor's laws with a sub-national perspective both for Mexico and for South Korea. This makes it possible to consider the existence of processes of spatial concentration of growth (Fujita, Krugman, and Ven- ables, 1999) and its regional spread through spatial externalities (Fingleton and López-Bazon, 2006). To consider these effects, spatial econometrics is used (Anselin, 1988). A detailed review of this technique can be found in Cliff and Ord (1972), Paelinck and Klaassen (1979), Anselin (1987), Anselin and Florax (1995), and Arbia (2008).

In accordance with spatial econometrics, the presence of the self-correlation or spatial dependence has negative consequences in the standard estimator of ordinary least squares, which are non-biased but inefficient (Anselin, 1988).

To detect the presence of spatial dependence, we use the Moran index (Moran's I), which uses a matrix of spatial weights (W), whose elements have a value of 1 when the territorial unit is adjoining and 0 in other cases. Using Moran's I, the rejection of the null hypothesis of a random distribution of the variables in the space makes it possible to justify the use of spatial econometrics models that can be specified as follows:

$$y = \rho W_1 y + \beta z + \varepsilon \quad \rightarrow \quad [1]$$

$$\varepsilon = \lambda W_2 \varepsilon + \mu \quad \rightarrow \quad [1a]$$

$$\mu \sim N(0,\Omega);\ \Omega_{ii} = h_i(z\alpha) \text{ con } h_i > 0 \quad \rightarrow \quad [1b]$$

where y is the vector of n observations of the dependent variable, and the term of random disturbance (ε) incorporates an auto-regressive spatial dependence structure. At the same time, ε is considered to be distributed normally, with a diagonal but heteroscedastic matrix of variances and co-variances Ω_{ii}, in which the elements on its main diagonal are a function of the exogenous variables z, with α as a vector associated to the non-constant terms of z. In equations [1] and [1a], W_1 and W_2 are two matrices of spatial weights.[1]

Based on equations [1] and [1a], we can have two particular cases, the first, when $\lambda = 0$ and $\rho \neq 0$, is the model for spatial lag. The second, when $\lambda \neq 0$ and $\rho = 0$, is the model for spatial error.

1 The two matrices of spatial weights W_1 and W_2 are associated, respectively, with a auto-regressive spatial process in the dependent variable and in the error term. We are simply following the notation put forward by Anselin (1988: 34).

The selection of these models is done using LM tests and their robust versions proposed by Anselin (1988).[2]

Bernat (1996) uses this spatial equation and adapts it to the case of Kaldor's laws. We take Bernat's specifications and apply them to the cases of Mexico and Korea. In their application to Kaldor's laws, the two specific models of spatial lag and error have a different interpretation. In the case of the spatial lag model, a region's growth is directly affected by the growth of its neighbors, while in the spatial error model the growth of one region will affect that of its neighbors if it is above what can be considered "normal" (Bernat, 1996).

KALDOR'S LAWS

The first law establishes a positive ratio between the rate of growth of total production (y_T) and the production of manufactured goods (y_M), represented by the following equation:

---

2 The tests of spatial effects used were the Lagrange Multiplier (lag) and the Lagrange Multiplier (error). The methodology utilized in selecting models was proposed by Anselin (1988) and Anselin and Griffith (1988), in which the non-rejection of the null hypothesis of the insignificance of the spatial effects leads to maintaining the model without those effects; the rejection of one of the two mentioned tests leads to the utilization of the corresponding spatial model (spatial lag or spatial error); and the rejec- tion of the two tests leads to the utilization of the corresponding robust tests to identify which of the two models is the most significant.

$$y_T = \rho W_1 y_T + \beta y_M + \varepsilon \quad \rightarrow \quad [2]$$

$$\varepsilon = \lambda W_2 \varepsilon + \mu \quad \rightarrow \quad [2a]$$

where β is the marginal tendency of manufacturing income; W_1 is the matrix of spatial weights; ρ is the spatial autocorrelation coefficient; and ε is a term of random disturbance. However, this is not a corollary of a simple spurious correlation as a result of the fact that manufacturing output is a fraction of total output. For this reason, Kaldor also showed that there is a profound correlation between the growth rate of manufacturing output and the growth rate of non-manufacturing output (Kaldor, 1966; Ocegueda, 2003; McCombie and Thirwall, 1994). These results were confirmed by researchers like Cripps and Tarling (1973) and Thirwall (1983); this is why the spatial specification of ex- pression [2] is changed as follows:

$$y_{NM} = \rho W_1 y_T + \beta y_M + \varepsilon \quad \rightarrow \quad [2.1]$$

$$\varepsilon = \lambda W_2 \varepsilon + \mu \quad \rightarrow \quad [2.1a]$$

where y_{NM} is the growth rate of non-manufacturing activity. Using this formula- tion of the model, but without considering the spatial effects, Kaldor applies it to a sample of 12 developed countries and concludes that manufacturing drives growth (Kaldor, 1966). Thirwall (1983) proposes another specification, which is used by Pons-Novell and Villadecans-Marsall, 1999), reformulating the first law as follows:

$$y_T = \rho W_1 y_T + \beta(y_M - y_{NM}) + \varepsilon \quad \rightarrow \quad [2.2]$$

$$\varepsilon = \lambda W_2 \varepsilon + \mu \quad \rightarrow \quad [2.2a]$$

The implication of this third formulation is that there is a positive relationship between growth in manufacturing output and non-manufacturing output. This means that if the manufacturing sector maintains high growth rates, the growth differential must be such that it has an impact on the country's total production. That is, Kaldor argues that once the economy develops its competitive advantage, which implies endogenizing its growth, it will tend to maintain it through rising yields that development itself induces and increases due to the progress of the others.

The first law is valid if β is positive and statistically significant. That is, for the manufacturing industry to be considered the axis of growth, it is necessary to show that national output growth y_T is not closely linked to the growth of the other sectors like agriculture, mining or the services, because:

> [···] there is no correlation between GDP growth and the growth of either agricultural output or mining. There is a correlation between GDP growth and the growth of services, and the relation is virtually one to one, but Kaldor believes that the direction of causation is almost certainly from the growth of GDP to service activity rather to than the other way round, since the demand for most services is derived from the demand for manufacturing output itself (McCombie and Thirlwall, 1994: 166).

The fact that the growth of manufacturing involves national GDP growth is justified in the following way: when industrial production expands, it generates productive and employment factors that are under-utilized in other sectors. Thus, the transfer does not produce a drop in production in the other sectors, but rather helps to increase it. The longer and more rapid this growth is, the longer and faster will be the rate of transfer of labor from the sectors with decreas- ing yields like agriculture and mining to the sector with rising yields (Carton, 2009). Nevertheless, the sector's growth rate must be higher than that of the others; this way, it will be considered the leader of national growth (Kaldor, 1966; Ocegueda, 2003).

The second law establishes that there is a positive relationship between the growth rate of manufacturing output y_M and that of the productivity of labor (g_M) in the same sector (Kaldor, 1966; Ocegueda, 2003; Thirlwall, 2003; McCombie and Thirlwall, 1994). This proposition is known as Verdoorn's law, which shows that the increase in the manufacturing output growth rate raises the labor productivity growth rate within the same sector as a result of learning processes and the greater specialization that leads to broadening out the market (Ocegueda, 2003). Kaldor said about this that:

> A greater division of labor is more productive, partly because it generates greater skills and knowledge and more experience, which results in more innovations and design improvements. He said that it is not possible to isolate the influence of large-scale production economies due to the indivisibility of several types, which are reversible in and of themselves, from these changes in technology associated with a process of expansion that is irreversible. Learning is the product of experience, which means that productivity tends to grow more rapidly the more rapidly output expands. This also implies that the level of productivity is more a function of the accumulative output than of the time-unit production rate (Kaldor, 1984: 13-14).

Formally, we have an expression for the spatial specification of the second law, as follows:

$$g_M = \rho W_1 g_M + \alpha_1 y_M + \varepsilon \qquad \rightarrow \qquad [3]$$

$$\varepsilon = \lambda W_2 \varepsilon + \mu \qquad \rightarrow \qquad [3a]$$

$$g_N = \rho W_1 g_N + \alpha_2 y_M + \nu \qquad \rightarrow \qquad [4]$$

$$\nu = \lambda W_2 \nu + \mu \qquad \rightarrow \qquad [4a]$$

in which gM and gn are the growth rates of the productivity of labor[3] and of employment in the manufacturing sector;[4] and ε and ν are random disturbances. The coefficient a is called the Verdoorn coefficient. The interpretation of equations [3] and [4] centers on the value of α_1 and α_2; if they are positive, they imply economies of scale.

The third law refers to the general increase in the productivity of labor in any of the sectors. It supposes that the growth of manufacturing produces an excess demand for jobs, which reduces the supply of labor in the other sec- tors, but does not decrease output. This stimulates the productivity of labor to increase across all sectors (Kaldor, 1966; Ocegueda, 2003).

This can be formalized spatially as follows:

$$g_T = \rho W_1 g_T + \beta_1 y_M + \varepsilon \qquad \rightarrow \qquad [5]$$

$$\varepsilon = \lambda W_2 \varepsilon + \mu \qquad \rightarrow \qquad [5a]$$

---

3 Manufacturing productivity was calculated as the domestic manufacturing output divided by employ- ment in the same sector.

4 Here, line workers and clerical workers are differentiated; the line workers are those who really pro- duce the goods, while clerical workers aid in realizing them.

Equation [5] shows that the productivity growth rate in all sectors (g_T) is a function of the manufacturing output growth rate y_M, where the autonomous component has been eliminated. This implies that if the manufacturing industry shows higher growth rates, it will augment the productivity of labor there, and, once developing and consolidating, productivity will rise in the rest of the sectors due to the drag that the secondary sector generates.

Cripps and Tarling (1973) propose an alternative formulation for Kaldor's third law; they incorporate the non-manufacturing employment growth (E_{NM}) into the equation, and the spatial model can be represented in the following way:

$$g_T = \rho W_1 g_T + \beta_1 y_M + \beta_2 E_{NM} + \varepsilon \quad \rightarrow \quad [5.1]$$

$$\varepsilon = \lambda W_2 \varepsilon + \mu \quad \rightarrow \quad [5.1a]$$

"These three laws indicate that the industrial sector individual parameters and its productivity are the decisive factors in economic growth" (Pons-Novell and Villadecans-Marsall, 1999: 445). The variables incorporated to modify Kaldor's original equations are to emphasize the importance of manufacturing.

EXPLORATORY ANALYSIS OF SPATIAL DEPENDENCE IN THE GROWTH PROCESS

To evaluate whether our variables present a random spatial distribution or show patterns of spatial dependence, which make it possible to identify processes of spillover growth, we use the Moran index, which is formally defined as:

$$Moran's\ I = \frac{N}{S_0}\frac{\sum_{ij}^{N} w_{ij}(x_i-\overline{x})(x_i-\overline{x})}{\sum_{i=1}^{N}(x_i-\overline{x})^2} \qquad [6]$$

where x_i is the quantitative x variable in the region i; $\overline{x}$ is its sample mean; w_{ij} are the weights of the matrix W; N is the size of the sample; and $S_0 = \sum_i \sum_j w_{ij}$.[5]

Figure 2 shows the administrative division used for the regional analysis of Mexico and South Korea.

5 Moran's index continues a normal standardized distribution in large samples so that a positive (nega- tive) significant value of the Z(I) will lead to the rejection of the null hypothesis of no spatial autocor- relation and the acceptance of positive (negative) spatial autocorrelation.

FIGURE 2

Maps of South Korea and Mexico

Source: INEGI and Korea Eximbank (available at: <http://www.koreaexim.go.kr>).

Table 1 shows the results of the index and its statistical significance.[6] The data in the table shows that for South Korea, non-manufacturing GDP y_{NM}, overall national productivity of labor g_T, and the productivity of labor in manufacturing g_M present significant spatial dependence. For the Mexican case, the tests for spatial autocorrelation were statistically significant for the GDP variables y_T, manufacturing GDP y_M, the differential of manufacturing and non-manufacturing growth $(y_M - y_{NM})$, non-manufacturing employment E_{NM}, overall productivity of labor gT, and the productivity of labor in manufacturing g_M.

TABLE 1

Spatial auto-correlation (Moran's I), 1998-2008

Variables	South Korea	Mexico
Y_T	-0.097 (0.481)	0.164 (0.056)***
y_M	-0.177 (0.311)	0.318 (0.005)*
y_{NM}	0.168 (0.092)***	0.078 (0.152)
$y_M - y_{NM}$	-0.102 (0.468)	0.185 (0.032)**
E_{NM}	-0.044 (0.563)	0.231 (0.023)**
g_T	-0.310 (0.068)***	0.095 (0.130)
g_M	-0.313 (0.085)***	0.186 (0.039)**

Notes: The p-values for significance of the index is in parentheses; (*) statis- tically significant to 1%; (**) statistically significant to 5%; (***) statistically significant to 10%.
Source: Developed by the authors using data of the Censos Económicos 2004, and 2009 (Economic Censuses 2004, and 2009) from Instituto Nacional de Estadística y Geografía (INEGI), Statistics Korea (available at: <http://kostat. go.kr>), and the Bank of Korea.

Given that Moran's I is an indicator of overall spatial dependence, it is necessary to verify the existence of local spatial dependence due to the heterogeneity of both countries' regions. For that reason, Figure 2 shows that the results of the local indicator of spatial association (LISA), which makes it possible to evaluate the existence of spatial autocorrelation in specific regions and the formation of conglomerates or clusters with positive spillover effects.[7]

In Figure 3, we observe that the average growth of Mexican manufacturing shows evidence of the formation of growth clusters (states identified as high-high) in Veracruz, Tabasco, and Chiapas. The clusters can be observed in Tabasco for overall production; in Tabasco and San Luis Potosí for non-manufacturing output; and in Sonora in the differential of manufacturing growth. At the same time, low growth spatial extreme values can be observed (states identified as low-low) in

6 The period analyzed is from 1998 to 2008 and was selected because of the availability and homoge- neity of the data. For the Korean economy, regional information was available from 1989 to 2010, while homogeneous information for Mexico was available from 1998 to 2008. The sources of the data are the Censos Económicos 1999, 2004, and 2009 (Economic Censuses, 1999, 2004, and 2009) devel- oped by Mexico's Instituto Nacional de Estadística y Geografía (INEGI), Korea Eximbank (available at: <http://www.koreaexim.go.kr>), and Statis- tics Korea (available at: <http://kostat.go.kr>).

7 The technique used here is exploratory and based on Exploratory Spatial Data Analysis (ESDA). The use of ESDA makes it possible to identify the existence of spatial regimes in the data; specifically, LISA maps are a local indicator of significant spatial association and are constructed using Moran's I. They show the regions that contribute significantly to the global Moran index and that form significant clusters of spatial association. The specificities can be seen in Anselin (2005).

manufacturing output in the State of Mexico, Morelos, and Mexico City's Federal District. The same is true for GDP in the states of Guerrero, Morelos, and the Federal District; for non-manufacturing output in Guerrero; and in the differential of manufacturing and non-manufacturing growth in San Luis Potosí and Hidalgo.

In South Korea, the formation of clusters in the manufacturing sector's average growth and in the GDP for Chungcheongbuk-do. This same spatial pattern can be observed with regard to average non-manufacturing sector growth in Gyeonggi-do and to the differential of manufacturing sector/non-manufacturing sector average growth in Jeollabuk-do.

The results of the LISA analysis for the average growth in manufacturing pro- ductivity of labor, total output, and non-manufacturing employment confirms the elements mentioned above regarding Mexican production performance. According to Figure 4, manufacturing clusters can be observed in Veracruz, Tabasco, and Chiapas, and clusters of non-manufacturing activity in Yucatán. The regions of low overall productivity are Guerrero and Michoacán, and of average non-manufacturing employment growth are Sonora, Chihuahua, Coahuila, Nuevo León, Durango, and Zacatecas.

The results of the LISA analysis allow us to determine that both in Mexico and in Korea, there are specific regional concentrations where growth tends to reinforce itself, which presupposes the existence of polarization processes.

FIGURE 3

LISA growth cluster maps for Mexico and South Korea, 2003-2008

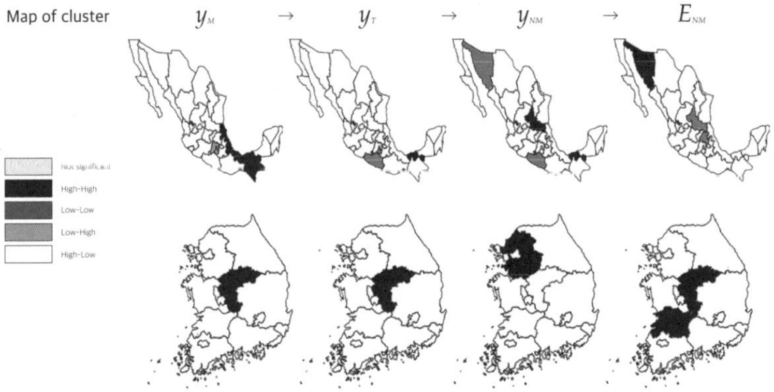

Source: Developed by the authors with information from the Bank of Korea and INEGI.

FIGURE 4

LISA productivity cluster maps for Mexico and South Korea, 2003-2008

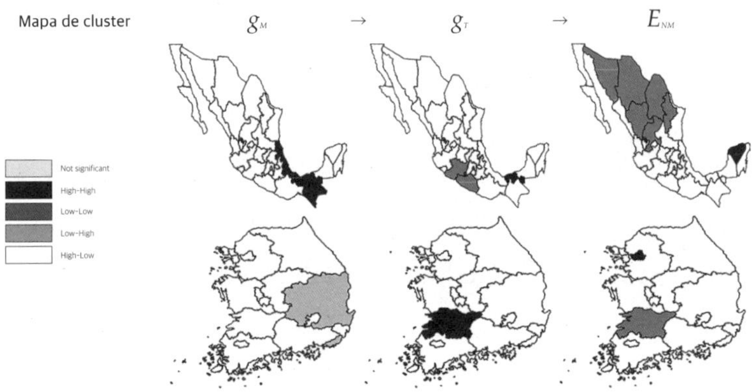

Source: Developed by the authors with information from the Bank of Korea and INEGI.

EMPIRICAL EVIDENCE FOR KALDOR'S LAWS

To corroborate the hypothesis about the endogeneity of economic growth in Mexico and South Korea, Tables 2 and 3 present the results of the estimates for Kaldor's first law. The first three columns of the tables show the results of the models without spatial effects; the next columns present the estimates of the models for spatial lag and spatial error.

The most important aspects of the results presented in Tables 2 and 3 are as follows:

a) Mexico's manufacturing sector has a positive effect on GDP (0.593) only if the simplest model for Kaldor's law is used (equation [2]) or if that sector is related to the non-man- ufacturing sector (equation [2.2]), but not when Thirwall's modified proposal (equation [2.1]) is used. By virtue of this, the econometric evidence supporting the first law is not completely robust. In addition, the LM tests to detect spatial effects show that there is no evidence of spatial autocorrelation. These results are consistent with the evidence found by Ocegueda (2003) for Mexico's states and Federal District. Using panel data estimates for the period from 1980 to 2000, Ocegueda also concludes that there is no solid econometric basis for the first law. Not regional, but national and time-series estimates have also not produced evidence of the first law being corroborated. For example, Loría (2009) estimated a coefficient of

0.69 for the period between 1970 and 2008, but this cannot be accepted statistically due to specification problems in the model.

b) Table 3 shows the same results for Kaldor's first law, but for the Korean case. In con- trast with the results for Mexico, in Korea, the manufacturing sector is significant in GDP growth. Both in Kaldor's simplified model and in the modified equations, manu- facturing has a positive, significant impact on the Korean economy's growth rate with coefficients ranging between 0.389 and 0.148. Although we do not have other similar studies for the regions of Korea, the evidence presented by Felipe et al. (2007) for a group of Asian countries that included South Korea confirms that the first law is ful- filled in the period from 1980-2004. Mamgain's estimates (1999) for the entire country also confirm the first law for South Korea for the period from 1960 to 1988.

c) The tests for spatial dependence presented in Table 3 for Korea indicate the existence of spatial effects given that the Moran's I-Error statistic is significant. At the same time, the LM-Lag and LM-Error spatial tests show the estimation of a spatial error model. The results obtained from this spatial model make it possible to verify the existence of spillover effects in growth, which positively reinforce the effects of the manufactur- ing sector in the entire Korean economy. The spatial effects measured by the Lambda coefficient are in the order of 0.459 to 0.691.

TABLE 2

Mexico: Kaldor's first law

	Ordinary Least Squares			Spatial Lag			Spatial Error		
1998-2008	y_T	y_T	y_{NM}	y_T	y_T	y_{NM}	y_T	y_T	y_{NM}
Constant	2.613 (3.622)*	4.547 (7.066)*	3.926 (3.805)*	2.960 (2.670)*	3.513 (2.992)*	4.139 (2.695)*	1.993 (4.259)*	4.453 (5.773)*	3.700 (4.125)*
y_M	0.593 (3.998)*	—	0.466 (2.196)*	0.632 (4.301)*	—	0.484 (2.329)*	0.104 (7.202)*	—	—
$y_M - y_{NM}$	—	-0.242 (-0.816)	—	—	-0.274 (-0.980)	—	—	-0.335 (-1.159)	0.522 (2.721)*
Lag	—	—	—	-0.102 (-0.501)	0.210 (0.979)	-0.050 (-0.222)	—	—	—
Lambda	—	—	—	—	—	—	-0.576 (-2.599)*	0.238 (1.115)	-0.172 (0.711)
R^2	0.387	0.021	0.138	—	—	—	—	—	—
J-B	61.390 (0.00)	113.8 (0.000)	25.11 (0.000)	—	—	—	—	—	—
Breusch-Pagan	8.038 (0.004)	0.537 (0.463)	1.077 (0.299)	7.704 (0.005)	0.594 (0.440)	1.017 (0.303)	9.236 (0.075)	0.746 (0.387)	0.908 (0.340)
Koenker-Bassett	2.068 (0.150)	0.110 (0.739)	0.414 (0.519)	—	—	—	—	—	—
White	3.687 (0.158)	0.548 (0.760)	2.908 (0.233)	—	—	—	—	—	—
Moran's I-ERR	-1.366 (0.171)	1.925 (0.054)	-0.265 (0.790)	—	—	—	—	—	—
LM-Lag	0.390 (0.532)	1.863 (0.172)	0.053 (0.816)	—	—	—	—	—	—
Robust LM (Lag)	2.193 (0.139)	1.978 (0.159)	1.080 (0.298)	—	—	—	—	—	—
LM-ERR	2.489 (0.115)	2.260 (0.132)	0.328 (0.566)	—	—	—	—	—	—
Robust LM-ERR	4.291 (0.038)	2.375 (0.123)	1.355 (0.244)	—	—	—	—	—	—
LM-(Sarma)	4.682 (0.096)	4.239 (0.120)	1.408 (0.494)	—	—	—	—	—	—

Notes: (*) statistically significant to 1%; (**) statistically significant to 5%; (***) statistically significant to 10%.

Source: Developed by the authors using INEGI, Censo Económico 2004 and 2009.

TABLE 3

Korea: Kaldor's first law

	Ordinary Least Squares			Spatial Lag			Spatial Error		
1998-2008	y_T	y_T	y_{NM}	y_T	y_T	y_{NM}	y_T	y_T	y_{NM}
Constant	2.538 (7.335)*	4.202 (13.753)*	3.391 (7.812)*	0.811 (0.903)	2.763 (2.388)*	1.474 (1.319)	2.418 (5.587)*	4.053 (7.764)*	3.315 (7.769)*
y_M	0.389 (7.437)*	—	0.148 (2.249)**	0.044 (9.554)*	—	0.173 (3.172)*	0.408 (13.34)*	—	0.162 (3.345)*
$y_M - y_{NM}$	—	0.372 (2.218)*	—	—	0.409 (5.240)*	—	—	0.439 (7.242)*	—
Lag	—	—	—	0.307 (1.903)**	0.274 (1.209)	0.409 (1.710)***	—	—	—
Lambda	—	—	—	—	—	—	0.691 (3.958)*	0.591 (2.792)*	0.459 (1.827)**
R^2	0.809	0.578	0.280	—	—	—	—	—	—
J-B	0.455 (0.796)	0.957 (0.619)	2.421 (0.298)	—	—	—	—	—	—
Breusch-Pagan	0.032 (0.856)	0.461 (0.497)	0.002 (0.963)	0.427 (0.775)	0.082 (0.775)	0.081 (0.776)	0.244 (0.621)	0.008 (0.927)	0.056 (0.812)
Koenker-Bassett	0.041 (0.839)	0.561 (0.454)	0.001 (0.969)	—	—	—	—	—	—
White	0.091 (0.955)	0.657 (0.719)	0.050 (0.975)	—	—	—	—	—	—
Moran's I-ERR	3.170 (0.001)	2.743 (0.006)	2.543 (0.011)	—	—	—	—	—	—
LM-Lag	3.391 (0.065)	1.160 (0.281)	3.295 (0.069)	—	—	—	—	—	—
Robust LM (Lag)	0.165 (0.683)	0.876 (0.349)	0.019 (0.891)	—	—	—	—	—	—
LM-ERR	5.901 (0.015)	4.036 (0.044)	3.562 (0.059)	—	—	—	—	—	—
Robust LM-ERR	2.676 (0.102)	3.752 (0.053)	0.286 (0.593)	—	—	—	—	—	—
LM-(Sarma)	6.068 (0.048)	4.913 (0.086)	3.580 (0.167)	—	—	—	—	—	—

Notes: (*) statistically significant to 1%; (**) statistically significant to 5%; (***) statistically significant to 10%.

Source: Developed by the authors using INEGI, Censo Económico 2004 and 2009.

Kaldor's second law offers elements for considering that the dynamism of the industrial sector, particularly manufacturing, is substantial for endogenizing growth due to its positive impact on the productivity of labor. Tables 4 and 5 present the empirical evidence for this second law, for which we would under- line the following results:

a) In the Mexican economy, there are dynamic economies of scale in the manufacturing sector; this is confirmed when we see that when the sector grows, so does its produc- tivity. One percentage point of manufacturing growth gives rise to a 0.73% hike (see the results in the first column of Table 4). Even though increasing yields were found in the sector, the LM spatial effect tests do not confirm the existence of spatial depen- dency in this growth process for the Mexican case. In estimating Kaldor's second law, Ocegueda (2003) found 0.26 and 0.36 coefficients, thus validating the hypothesis of growing yields to scale in manufacturing. For their part, Calderón and Martínez (2005) make estimations for the different states in the country and find significant and grow- ing coefficients of 0.45 for 1965-1970 and of 0.68 for 1993-1998.

b) For Korea, the results presented in Table 5 indicate that the growth of the manufactur- ing sector has a positive impact on the rise in the productivity of labor, with a coeffi- cient of 0.653. It is important to point out that, in the work that examined the evidence for this law for the first years of Korean industrialization, the estimated coefficient was 0.10, a figure considered very low compared to other countries (Woo-Sik, 1993). For the period from 1980 to 1997, Mamgain's estimates (1999) show an approximate coefficient of between 0.32 and 0.52; this can be explained by the fact that in the first phase of industrialization, the use of cheap labor was promoted, while, later, growth was attained based on technological development. In our estimates, the LM spatial ef- fects tests justify the use of a spatial error model; its results are displayed in the third column of Table 4. One outstanding aspect is that the impact of spatial lag is negative, measured by the lambda coefficient (-0.848). This implies that when there is a random shock to manufacturing productivity in a region, one of the neighboring regions tends to shrink; this situation is compatible with relations of the center-periphery type that have been discussed in the New Economic Geography (NEG) models proposed by Krugman (1991).

Kaldor's third law is the way to show that the manufacturing sector contributes to increasing productivity in the rest of the sectors, leading to a more produc- tive and competitive economy. The last six columns of Tables 4 and 5 present the results of the estimations of this law. Their most important factors are as follows:

TABLE 4

Mexico: Kaldor's second and third laws

	Second law			Third law					
	Ordinary Least Squares	Spatial Lag	Spatial Error	Ordinary Least Squares		Spatial Lag		Spatial Error	
1998-2008	g_M	g_M	g_M	g_T	g_T	g_T	g_T	g_T	g_T
Constant	-1.008 (-2.223)**	-1.020 (-2.215)**	-1.072 (-2.090)**	-1.045 (-1.628)	0.541 (0.263)	-1.121 (-1.826)***	0.475 (0.247)	-2.449 (-3.662)*	0.153 (0.111)
y_M	0.739 (7.930)*	0.737 (7.560)*	0.758 (8.036)*	0.467 (3.540)*	0.483 (3.599)*	0.524 (4.076)*	0.539 (4.211)*	0.590 (6.419)*	0.621 (6.983)*
E_{NM}	—	—	—	—	-0.335 (-0.815)	—	-0.337 (-0.877)	—	-0.362 (-1.269)
Lag	—	0.012 (0.076)	—	—	—	-0.184 (-0.875)	-0.187 (-0.866)	—	—
Lambda	—	—	0.262 (1.247)	—	—	—	—	-0.596 (-2.715)*	-0.649 (-3.071)*
R^2	0.677	—	—	0.293	0.310	—	—	—	—
J-B	1.572 (0.455)	—	—	33.791 (0.000)	38.873 (0.000)	—	—	—	—
Breusch-Pagan	0.214 (0.643)	0.206 (0.649)	0.146 (0.702)	14.333 (0.000)	34.623 (0.000)	12.559 (0.000)	27.389 (0.000)	11.526 (0.006)	22.263 (0.000)
Koenker-Bassett	0.200 (0.654)	—	—	4.091 (0.431)	9.672 (0.007)	—	—	—	—
White	0.488 (0.783)	—	—	7.229 (0.027)	18.240 (0.002)	—	—	—	—
Moran's I-ERR	1.533 (0.125)	—	—	-1.427 (0.153)	-1.516 (0.129)	—	—	—	—
LM-Lag	0.002 (0.958)	—	—	0.860 (0.353)	0.916 (0.338)	—	—	—	—
Robust LM (Lag)	0.743 (0.388)	—	—	1.337 (0.247)	1.799 (0.179)	—	—	—	—
LM-ERR	1.140 (0.285)	—	—	2.670 (0.102)	3.052 (0.081)	—	—	—	—
Robust LM-ERR	1.881 (0.170)	—	—	3.147 (0.076)	3.935 (0.047)	—	—	—	—
LM-(Sarma)	1.883 (0.389)	—	—	4.008 (0.134)	4.852 (0.088)	—	—	—	—

Notes: (*) statistically significant to 1%; (**) statistically significant to 5%; (***) statistically significant to 10%.

Source: Developed by the authors using INEGI, Censo Económico 2004 and 2009.

TABLE 5

Korea: Kaldor's second and third laws

	Second law			Third law					
	Ordinary Least Squares	Spatial Lag	Spatial Error	Ordinary Least Squares		Spatial Lag		Spatial Error	
1998-2008	g_M	g_M	g_M	g_T	g_T	g_T	g_T	g_T	g_T
Constant	1.696 (2.698)*	5.526 (4.136)*	2.119 (4.875)*	1.818 (3.817)*	2.511 (6.957)*	4.327 (3.925)*	4.262 (5.766)*	1.900 (6.848)*	2.697 (5.013)*
y_M	0.653 (6.861)*	0.575 (7.862)*	0.575 (8.215)*	0.294 (4.081)*	0.314 (6.471)*	0.262 (4.508)*	0.287 (7.739)*	0.293 (5.565)*	0.350 (12.617)*
E_{NM}	—	—	—	—	-0.545 (-4.115)*	—	-0.461 (-4.698)*	—	-0.785 (-10.295)*
Lag	—	-0.586 (-3.220)*	—			-0.603 (-2.471)*	-0.446 (-2.625)*	—	—
Lambda	—	—	-0.848 (-3.355)*	—	—	—	—	-0.903 (-3.784)*	0.771 (5.546)*
R^2	0.784	—	—	0.561	0.818	—	—	—	—
J-B	0.379 (0.827)	—	—	1.558 (0.459)	0.466 (0.792)	—	—	—	—
Breusch-Pagan	0.506 (0.477)	0.807 (0.369)	0.164 (0.685)	1.529 (0.216)	0.170 (0.918)	3.106 (0.078)	0.628 (0.730)	1.443 (0.229)	0.360 (0.835)
Koenker-Bassett	0.644 (0.422)	—	—	3.186 (0.074)	0.220 (0.896)	—	—	—	—
White	1.701 (0.427)	—	—	3.922 (0.141)	3.987 (0.551)	—	—	—	—
Moran's I-ERR	-1.778 (0.075)	—	—	-2.297 (0.022)	1.227 (0.219)	—	—	—	—
LM-Lag	5.190 (0.023)	—	—	3.636 (0.056)	3.179 (0.074)	—	—	—	—
Robust LM (Lag)	1.997 (0.157)	—	—	0.006 (0.983)	6.802 (0.009)	—	—	—	—
LM-ERR	3.403 (0.065)	—	—	5.256 (0.022)	0.451 (0.501)	—	—	—	—
Robust LM-ERR	0.211 (0.646)	—	—	1.619 (0.203)	4.073 (0.043)	—	—	—	—
LM-(Sarma)	5.401 (0.069)	—	—	5.256 (0.072)	7.253 (0.026)	—	—	—	—

Notes: (*) statistically significant to 1%; (**) statistically significant to 5%; (***) statistically significant to 10%.

Source: Developed by the authors using INEGI, Censo Económico 2004 and 2009.

a) The growth of the Mexican manufacturing sector has an influence on the growth of the productivity of labor in the economy as a whole; its effects range from 0.467% to 0.483% for each percentage point of manufacturing growth. Hikes in non-manufacturing employment, for their part, do not influence the rise in productivity; the coefficient obtained in the results of equation [5.1] indicates that it is not statistically significant. Ocegueda (2003) reports similar results in testing the third law for the dif- ferent Mexican states for the period 1980 to 2000. In no case were the spatial models significant for the Mexican economy.

b) In the Korean case, growth in manufacturing had a positive influence on the rise in overall national productivity of labor, with an effect of 0.294% to 0.314% for each percentage point of manufacturing growth. However, the modified equation shows that growth in non-manufacturing employment had a negative influence on overall productivity of labor (-0.545). Mamgain (1999) also confirms Kaldor's third law for South Korea, although she uses a different specification from those used here. The spatial autocorrelation LM statistical tests indicate that the most appropriate model is the spatial error model. Again, center-periphery spatial effects are obtained: a random shock to productivity in a Korean region has a negative impact on that of its neighbors.

In short, the results of the estimation of Kaldor's three laws indicate that the manufacturing sector in Korea plays a leading role, while in Mexico, it is not the driving force for the economy's growth. However, in the Mexican case, we can observe that manufacturing has growing yields to scale and has a positive effect on the economy's productivity. For the Mexican economy, it was not possible to detect spatial spillover growth effects; in the Korean case, these effects exist for increases in output, which reflects very strong input-output links among the regions. At the same time we observed center-periphery spatial effects in productivity increases in Korean regions.

CONCLUSIONS

A country's endogenous growth is of vital importance for dealing with and compensating for the effects of international economic shocks, reducing in- equality, and promoting more balanced economic growth. Industry, particularly manufacturing, plays a central role in this process by making the endogeniza- tion of growth possible. In the Mexican case, industry has not managed to operate as the driving force for growth, nor does it lead to spatial externalities that would contribute to stimulating processes of positive accumulation in the most dynamic regions of the country. Korea is a contrasting case: industry is fundamental for explaining growth and spatial effects of this process do exist from the most dynamic regions to the rest of the country.

From the Kaldoran perspective, the endogenization of growth is possible if manufacturing plays a leading role as a sector. While the growth of Mexican manufacturing contributes to productivity in the other sectors, it has not been capable of operating as a force to drag the others or to generate spillover growth effects. The Korean case shows that manufacturing there did foster general growth of the economy and impacts overall productivity. However, Korea's industrial clusters operate in a framework of center-periphery relations when shocks to the economy occur; the richest clusters accumulate while productivity in their neighboring regions tends to drop.

Despite these weaknesses in Mexico's industrialization process, industry does have effects on sectoral productivity, which could translate into higher economic growth rates if industrial policy were oriented to promote the most dynamic clusters of industrial growth in the country's regions. That is, in the medium term, the implementation of a national, sectoral, and regional industrial policy could have an impact on creating a more solid industrial sector, with greater regional and inter-sectoral links; and this could sustain higher economic growth. In particular, industry's weakness as a driving force for growth in Mexico is explained by the fact that industrial policies have been abandoned for a long period of time, while in Korea, they were maintained, adapted and reformulated given the experiences and challenges in each period (ECLAC, 2012). In addition, in Korea, industrial policy has had the benefit of a strong territo- rial base through the construction of regional industrial parks, support for decentralization, and the development of infrastructure (Joh, Young-Pyo, and Koh, 2012). In Mexico, as Isaac and Quintana (2012) and Pradilla (2012) have shown, the main metropolitan areas have concentrated the country's industrial base. This is why a clear policy of sustainable re-industrialization of these areas could contribute to giving industry the leading role as the driving force of the country's growth.

REFERENCE

Angeriz, A., McCombie, J., and Roberts, M., 2008. Returns to Scale for EU Regional Manufacturing. University of London, CGR Working Paper no. 20, pp. 1-45.

Anselin, L., 1987. Spatial Dependence and Spatial Heterogeneity, a Closer Look at Alternative Approaches. Department of Geography, University of California, Working paper.

Anselin, L., 1988. *Spatial Econometrics: Methods and Models.* Netherlands: Kluwer Aca- demic Publishers.

Anselin, L., and Griffith, D. A., 1988. Do Spatial Effects Really Matter in Regression Analysis? *Papers Regional Science Association*, 65, pp. 11-35.

Anselin, L., and Florax, R., 1995. *New Directions in Spatial Econometrics*. New York: Springer-Verlag.

Arbia, G., 2008. *Spatial Econometrics: Statistical Foundations and Applications to Regional Convergence (Advances in Spatial Science)*. Berlin: Springer Verlag.

Bernat, A., 1996. Does Manufacturing Matter? A Spatial Econometric View of Kaldor's Laws. *Journal of Regional Science*, 36, pp. 463-77.

Blecker, R., 2010. *Más allá de la crisis actual en México: cómo fomentar más estabilidad a corto plazo y mayor crecimiento a largo plazo.* [mimeographed] Puebla, Mexico: Facultad de Economía, Benemérita Universidad Autónoma de Puebla.

Calderón, C., and Martínez, G., 2005. La ley de Verdoorn y la industria manufacturera regional en México en la era del TLCAN. *Frontera Norte*, 17(34), July-December, pp. 295-309.

Carton, M. C., 2009. Mecanismos kaldorianos del crecimiento regional: aplicación empírica al caso del ALADI (1980-2008). MPRA Paper no. 15 675, June, pp. 1-27.

Casetti, E., and Tanaka, K., 1992. The Spatial Dynamics of Japanese Manufacturing Productivity: An empirical analysis by expanded Verdoorn equations. *Papers in Regional Science*, 71, pp. 1-13.

Cho, S., 1991. El inicio de crecimiento compacto y el establecimiento de la estrategia desarrollista. In: B. H. Koo. *La perspectiva histórica de economía coreana.* Seoul:

Korea Development Institute.

Clavijo, F., and Casar, J., 1994. La industria mexicana en el mercado mundial, elementos para una política industrial. *Lecturas de El Trimestre Económico.* Mexico City: Fondo de Cultura Económica (FCE), pp. 80-81.

Cliff D., and Ord, K., 1972. Testing Far Spatial Autocorrelation among Regression Residuals. *Geographical Analysis*, 4, pp. 267-84.

Cripps, S. F., and Tarling, R., 1973. *Growth in Advanced Capitalist Economies.* Cambridge, UK: Cambridge University Press.

Dasgupta S., and Singh, A., 2006. Manufacturing, Services and Premature De-Indus- trialisation in Developing Countries. Centre for Business Research, University of Cambridge, Working Paper 32.

Don, G., 2007. The Leading Role of Manufacture in Regional Economic Growth in China: A spatial econometric view of Kaldor's law. *Workshop on Agglomeration and Growth in Knowledge-Based Societies Kiel*, Germany, April 20-21, pp. 1-23.

ECLAC (Economic Commission for Latin American and the Caribbean), 1990. *Transfor- maci*ó*n productiva con equidad.* Libros de la CEPAL no 25. Santiago: United Nations.

ECLAC, 2012. *Cambio estructural para la igualdad. Una*

visión integrada del desarrollo. Thirty- fourth period of sessions of the ECLAC, August 27 to 31. San Salvador: ECLAC.

Felipe, J.; León-Ledesma, M.; Lanzafame, M.; and Estrada, G., 2007. Sectoral Engines of Growth in Developing Asia: Stylized Facts and Implications. Asian Develop- ment Bank, ERD Working Paper no. 107.

Fingleton B., and López-Bazo, E., 2006. Empirical Growth Models with Spatial Effects. *Papers in Regional Science*, 85(2), pp. 177-98.

Fujita, M., Krugman, P., and Venables, A., 1999. *Economía espacial. Las ciudades, las regiones y el comercio internacional.* Barcelona: Editorial Ariel.

Hanson, G., 2010. Why Isn't Mexico Rich? *Journal of Economic Literature,* 48(4), pp. 987- 1004.

Hounie, A., and Pittaluga, L., 1999. La CEPAL y las nuevas teorías del crecimiento. *Revista de la* CEPAL, 68, pp. 7-33.

Ibarra, C., 2008. La paradoja del crecimiento lento de México. Revista de la CEPAL, 95, August, pp. 83-102.

Ibarra C.A., 2011. México: la maquila, el desajuste monetario y el crecimiento impulsado por las exportaciones," *Revista de la* CEPAL, 104, August, pp. 199-215.

Isaac, J., and Quintana, L., 2012. Industria y vaciamiento

productivo regional en México. In: J. L. Calva, comp. *Desarrollo regional y urbano. Análisis estratégico para el desarrollo*, vol. 13. Mexico City: Juan Pablos.

Joh, J., Young-Pyo, K., and Koh, Y., 2012. Políticas de desarrollo territorial. In: Sa- Kong Il and Y. Koh, eds. *La economía coreana, seis décadas de crecimiento y desarrollo*. Chile: ECLAC.

Kaldor, N., 1966. *Causes of the Slow Rate of Economic Growth of the United Kingdom: An inaugural lecture.* Cambridge, UK: Cambridge University Press.

Kaldor, N., 1984. Causas del lento ritmo de crecimiento del Reino Unido. *Investigación Económica*, XLIII (167), January-March, pp. 9-24.

Koh, Y., 2012. El crecimiento de la economía coreana y el papel del gobierno. In: SaKong Il and Y. Koh, eds. *La economía coreana, seis décadas de crecimiento y desarrollo*. Chile: ECLAC.

Krugman, P., 1991. Increasing Returns and Economic Geography. *Journal of Political Economy,* 99, pp. 483-99.

Lee, C., and Yoo, B., 1998. *The Development Path and the Future of Korean Economy.* Seoul: Haenam.

Loría E., 2009. Sobre el lento crecimiento económico de México. Una explicación estructural, *Investigación Económica*, LXVIII (270), October-December, pp. 37-68.

Mamgain, V., 1999. Are the Kaldor-Verdoorn Laws Applicable in the Newly Industrial- izing Countries? *Review of Development Economies*, 3, pp. 295-309.

McCombie, J.S.L., and de Ridder, J.R., 1983. Increasing Returns, Productivity and Output Growth: The Case of the United States, *Journal of Post Keynesian Economics*, 5, pp. 383-87.

McCombie, J.S.L., and de Ridder, J.R., 1984. The Verdoorn Law Controversy: Some New Empirical Evidence Using US State Data. *Oxford Economic Papers*, 36, pp. 268-84.

McCombie, J.S.L., and Thirlwall, A. P., 1994. *Economic Growth and the Balance of Payments Constraint. Basingstoke*, UK: St. Martin's Press.

Moreno-Brid, J., and Ros, J., 2004. México: las reformas del mercado desde una per- spectiva histórica, *Revista de la Cepal*, 84, December, pp. 35-57.

Moreno-Brid, J., and Ros, J., 2009. *Development and Growth in the Mexican Economy. A Historical Perspective*. Oxford: Oxford University Press.

Myrdal, G., 1975. *Economic Theory and Undeveloped Regions*. London: Duckworth. Ocegueda, M., 2003. Análisis kaldoriano del crecimiento económico de los estados de

México 1980-2000. *Comercio Exterior*, 53 (11), November, pp.

1024-34.

Paelinck, P., and Klaassen, H., 1979. *Spatial Econometrics.* Gower, Westmead: Farn- borough.

Pradilla, E., 2012. Una política territorial alternativa: ciudades y regiones equitativas, democráticas, integradas y sustentables. In: J. L. Calva, comp. *Desarrollo regional y urbano. Análisis estratégico para el desarrollo*, vol. 13, Mexico City: Juan Pablos.

Pons-Novell, J., and Villadecans-Marsall, E., 1999. Kaldor's Laws and Spatial Depen- dence: Evidence for the European regions. *Regional Studies*, 33, pp. 443-51.

Ros, J., 2009. *Estancamiento y crisis de la economía mexicana*. XVIII Conferencia Interna- cional de la AFEIEAL, Facultad de Economía, UNAM, April.

Ros, J., 2010. Política fiscal, tipo de cambio y crecimiento en regímenes de alta y baja inflación: La experiencia de México. In: N. Lustig, comp. Los grandes problemas de México, vol. IX. *Crecimiento económico y equidad.* Mexico City: El Colegio de México.

Stallings, B., and Peres, W., 2000. *Crecimiento, empleo y equidad: el impacto de las reformas económicas en América Latin*

a y el Caribe. Santiago, Chile: FCE-CEPAL.

Thirlwall, A., 1983. A Plain Man's Guide to Kaldor's Growth

Laws. *Journal Post Keynesian Economy,* 5, pp. 345-58.

Thirlwall, A., 1986. A General Model of Growth and Development on Kaldorian Lines. *Oxford Economic Papers,* 38(2), pp. 199-209.

Thirlwall, A., 2003. *La naturaleza del crecimiento económico*. Mexico City: FCE.

Wells, H., and Thirlwall, A.P., 2003. Testing Kaldor's Growth Laws across the Countries of Africa. *African Development Review,* 15, pp. 89-105.

Woo-Sik, M., 1993. Kaldor's Law and Growth Regime: The case of Korea. *Korea Development Review,* 15(2), pp. 161-79.

World Bank, 2013. *World Development Indicators* 2013. Washington, D.C.: World Bank.

Available at: http://databank.worldbank.org.

Yonbock, J., 2007. Regional Income Inequality in Post-1978 China: A Kaldorian spa- tial econometric approach. Center for Global, International and Regional Studies, University of California, Santa Cruz, *Mapping Global Inequalities Conference,* December 13-14. Santa Cruz, California: University of California.

3장

멕시코의 자유 무역과 환경 상관관계 고찰*

문남권, 이주영

I. 서론

1990년대 이래 '지속 가능한 발전'이 국제정치경제의 화두가 되면서, 무역과 환경의 상관관계가 각국 정치경제의 주요 아젠다로 떠올랐다. 워싱턴 컨센서스에 기반한 라틴아메리카의 신자유주의 패러다임은 국가의 역할을 축소하고, 자유 무역을 확대하여 경제 발전을 도모하는 것이었다. 사실 1980년대까지 중남미 지역에서 환경 문제는 국가적 관심사가 아니었다.

미국과 유럽을 비롯한 서구 선진국에서는 환경 보호와 지속 가능한 발전이 20세기 후반, 1970년대 이후 경제 정책 결정에 주요 변수로 논의되어졌다. 그러나 라틴아메리카에서는 민주화와 경제 발전이라는 최우선 관심사를 두고, 환경에 대한 국가적 관심은 상대적으로 부족했던 것이 사실이다. 그러나 1990년대 이래 환경과 생태에 대한 지역내 관심 증대는 기후 변화에 대처하는 전세계적 논의 및 행동과 일치하고 있다. 멕

* 이글은 중남미연구 제30권 1호(2011년, pp 97-119)에 게재되었던 논문입니다.

시코의 경우 코펜하겐 기후 변화 협정 당사국 회의 이후 다자간 회의를 주도하고 있다.

멕시코는 1990년대 수도인 멕시코시티의 대기 오염 문제를 비롯하여 전국적으로 하수처리 및 고체 쓰레기 문제로 심각한 도시화의 후유증을 앓았다. 80년대의 외채위기 이후 환경 문제에 대한 관심 부족으로 대도시의 오염 악화, 전 국토의 사막화, 생물 다양성 감소가 진행되었다(Markell, 2004; Micheli, 2002). 그리고 이 시기는 바로 멕시코가 경제모델을 교체하며, 자유 무역을 확대하는 시기와 일치하였다. 1986년 GATT 가입과 함께 시작된 자유 무역 확대는 1994년 북미 자유 무역 협정(NAFTA) 발효와 함께 본격화되었다. 자유 무역을 통한 경제 발전 추구는 멕시코의 대미 수출증가와 함께 GDP 성장으로 구체화되었다.

이 시기부터 현재까지 멕시코의 새로운 성장모델과 관련하여 제기되는 질문이 FTA를 중심으로 하는 자유 무역 확대가 멕시코 환경에 어떤 영향을 미칠 것인지 여부였다. 이는 멕시코 경제 성장을 선도하는 대외교역구조에 기인한다. 멕시코는 NAFTA 출범이후 미국시장에 대한 의존도가 점차 증가하여 현재 전체 교역의 80% 이상이 미국과 이루어지고 있다. NAFTA 이후 미국발 외국인직접투자(FDI)는 멕시코 전체 FDI의 70%이상을 차지하였고, 제조업 부문의 생산증대는 오염 증가에 대한 우려를 자아냈다.

자유 무역 확대가 환경을 악화시킬지 개선시킬 지 여부에 관해 1970년대 이래 여러 이론적 논쟁이 있었다. 자유 무역 확대가 오염산업의 저개발국 이전으로 이어져 역내 저개발국의 환경을 악화시킬 것이라고 PHH(Pollution Haven Hypothesis) 이론은 주창한다. 이에 대해, 자유 무역으로 인한 소득증대는 장기적으로 볼 때 환경 개선을 가져올 것이라는 EKC(Environmental Kuznet Curve) 이론은 무역과 환경개선의 선순환 구조를 강조한다.

멕시코는 미국과의 소득 격차 및 환경법 차이로 인해 이 논쟁의 중심에 있었다. 2000년대 초반까지 NAFTA 이후 자유 무역의 멕시코 환경 영향에 대한 다양한 평가가 미국 및 멕시코 양국에서 실시되었다(Edington, 2007; Gallagher and Ackerman, 2000; Gamper-Rabindran, 2006). 이들 연구들은 자유 무역의 환경에 대한 4가지 이론적 효과(규모, 구성, 규제, 기술)를 중심으로 멕시코 환경 변화 전체를 평가한 것이었다.

멕시코 자유 무역의 틀을 규정한 NAFTA는 15년의 관세철폐기간을 설정하였고, 이로써 북미 삼국은 2009년 교역에 관한 모든 관세를 철폐하여 자유 무역을 완성하였다. 따라서 현재시점이 멕시코에서 자유 무역과 환경의 상관관계를 분석하기에 가장 적절할 것이다.

본 논문은 PHH와 EKC 중 어느 이론이 멕시코의 경우에 더 타당했는지 실증적으로 분석하는데 그 목적이 있다. 이를 위해 멕시코의 주요 산업지역에서 무역 자유화이후 오염산업 성장을 살펴보고, 이를 대기 오염 변화와 연계하여, 자유화와 환경의 상관관계에 대한 실증적 검증을 하는 것이다.

II. 멕시코 자유 무역의 환경 영향 논쟁

2.1. PHH와 EKC

멕시코가 자유 무역을 본격화한 1990년대에 NAFTA 체결을 앞두고 미국과 멕시코 양국에서는 북미 삼국간 자유 무역이 멕시코 환경에 가져올 영향에 대한 뜨거운 논쟁이 있었다. 멕시코의 환경 오염이 가속화되어 오염천국이 될 것이라는 주장과, 경제 성장에 따른 소득증가가 결국 환경개선을 가져오리라는 상반된 주장이 그것이었다.

하나는 자유 무역이 선진국의 환경비용을 개도국으로 수출하는 결과를 가져올 것이라는 PHH 이론이다. 무역이 자유화되면 멕시코는 외국인 투자 유치와 산업화를 위해 환경 규제를 더욱 완화하게 될 것이며, 그 결과 오염산업의 수입으로 멕시코는 오염천국이 될 것이라는 주장이다. 이와 같은 오염천국이론은 자유 무역을 하는 미국과 멕시코의 환경법과 규제 차이로 인한 오염저감비용의 차이가 오염산업에 종사하는 기업의 생산기지를 멕시코로 이전하는 결과를 가져올 것이란 사실에 기반한다. 결국 무역자유화와 NAFTA는 멕시코 환경의 질에 대한 중대한 위협이 될 것이란 주장이다.

반대 주장은 자유 무역에 따른 경제 성장 및 소득증가가 오염통제를 위한 재원을 가져다 줄 것으로 보는 EKC 이론이다. 쿠즈넷 커브는 본래 소득과 불평등의 상관관계를 분석하는데 사용되었지만, 1990년대에 무역과 환경 문제에 적용되어 동일한 주장이 전개되었다.

이는 다음과 같은 논리에 기반한다. 첫째, 북미간 무역자유화로 인해 교역이 증가하면 초기에는 생산증대가 오염증가로 이어진다. 그러나 멕시코의 산업 구조가 점차적으로 서비스 산업 및 다른 오염강도가 낮은 제조업 중심으로 변화하면, 구성의 효과로 인해 오염이 점차 감소할 것이라는 가정이다. 그리고 멕시코 국민들은 소득증가의 결과 환경에 대한 인식이 전환되어 환경 정책과 법을 강화할 것이고, 이는 결국 환경 개선으로 이어진다는 점이다.

이러한 서로 상이한 두 개 주장에 기반하여 자유 무역 찬성론자들과 반대론자들이 대립하였고, 지금도 이 논쟁은 계속되고 있다. 그리고 멕시코가 자유 무역을 시행한 이후 현재까지 이 두 이론에 대한 실증적 입증 노력도 계속 되었다.

먼저 PHH 이론과 관련하여 실제로 기업들이 입지를 선정할 때 영향을 미치는 요소가 무엇인지 여부가 핵심 관건이다. 이 이론에 따르면, 미국과 멕시코간 오염저감비용의 차이로 인해, NAFTA 이후 미국 기업들은 오염비용이 적게 드는 멕시코로 오염산업을 이전해야 한다. 그러나 기존의 연구들은 PHH 가설의 현실성에 의문을 제기하고 있다.

Antweiler et al(2001)과 Ederington et al(2004)는 미국의 수출입 상품 구성도 분석에서 PHH 가설과 달리 미국의 수출이 수입보다 오염강도가 더 높다는 반대 결과를 발표하였다. 또 Stern(2007)은 멕시코가 보호무역주의를 고수한 1971년부터 자유 무역을 실시한 2003년까지 북미 삼국에서 오염원 배출과 에너지 사용에 관한 자료를 분석하였다. 그 결과 삼국에서 오염 배출 패턴에 큰 변화가 없었으며, NAFTA의 오염효과는 상당히 부풀려진 것이라는 결론을 내렸다.

그렇다면 PHH 가설이 현실에서 경험적으로 입증되지 못하는 이유가 무엇일까? 멕시코의 사례에 대한 경험적 연구가 아직 실시된 바가 없어 이에 대해서는 미국의 사례에 대한 선행 연구를 통해 그 해답의 일부를 찾아볼 수 있을 것으로 보인다.

Bartik(1988)은 미국 500대 기업을 대상으로 한 연구에서 보다 강력한 환경법이 요구하는 대기, 수질 오염 대책과 법규 이행 비용 증가는 실제 기업의 입지에 큰 영향을 미치지 못한다고 밝혀낸 바 있다. 왜냐면 이들 오염관련 비용보다 다른 비교우위 요소, 즉 세금, 공공서비스, 노조 등의 요인이 개별 기업 입지 선정에서 더 중요하게 작용한다는 점이다. Levinson(1996)의 연구도 마찬가지로 환경 규제 차이가 제조업 공장 입지 선택에 영향을 주지 못한다고 밝혔다.

결국 멕시코의 환경법이 미국보다 느슨하고 이에 따른 오염저감비용 차이가 미국에서 생산비용 증가를 가져올 수 있지만, 기업들 입장에서는 이런 차이로 인해 NAFTA 이후 공장을 멕시코로 이전하지는 않는다는 것이다. 미국에서 생산 시 갖게 되는 시장 접근성, 고급인력 및 기술 활용도, 기타 인프라의 대 멕시코 비교우위 요소가 미국 생산 및 수출을 지속시킨다고 평가된다.

그렇다면 PHH 가설은 멕시코의 현실과는 맞지 않는 가설일 뿐일까? 이것의 정확한 평가를 위해서는 규모와 구성의 거시적 분석 및 규제와 기술의 4가지 효과를 개별적으로 분석해야 정확한 인과관계 파악이 가능할 것이다.

PHH 가설과 반대의 지점에 있는 EKC 가설은 실제 멕시코의 사례에 부합할까?

논쟁의 핵심은 환경개선이 이루어지는 소득수준, 터닝포인트는 얼마이며, 멕시코가 터닝포인트에 도착했는지, 언제 도착할 수 있는지 여부이다. 자유 무역 주창자들은 NAFTA로 인해 멕시코 경제가 성장하면 터닝포인트 달성으로 환경개선이 시작될 것이라 주창했기 때문이다.

그러나 문제는 현재까지 EKC에 관한 수많은 연구가 있었고, 그 연구들은 모두 EKC의 핵심인 터닝포인트에 대해 모두 견해를 달리하고 있다. 또한 많은 연구들은 EKC가 실제 발생하는 지에 여부에 대해서도 확증을 못하고 있다.

대표적인 EKC 연구인 Grossman and Krueger(1993)는 환경 오염이 감소하는 시점으로 1985년 구매력평가기준(PPP)으로 소득수준 3000-5000달러를 산정했다. 그러나 다른 연구들은 7500-15000달러로 추정하였으며, 평균 12,749달러로 산정되었다(Gallagher, 2006). 문제는 멕시코가 실제 1985년에 PPP로 5000달러의 1인당 소득수준이었다는 점이다. 기존 연구들의 추정치라면, 이때부터 멕시코의 환경 오염은 감소하고 개선이 이루어졌어야 한다. 그러나 실제는 그렇지 않았다. 1988년 대선에서 환경 이슈가 제기될 정도로 1980년대 후반부터 멕시코의 환경은 급속도로 악화되기 시작했다. 살리나스 대통령(1988-1994)도 재임기간 경제 성장과 환경 보호를 강조했고, 당시 멕시코 시티의 대기 오염 문제는 최악의 상황이었다.

그렇다면 뭐가 문제였을까? 이에 대한 가능한 설명 하나는 EKC의 터닝포인트가 원 추정치보다 높은 수준이라는 것이다. 기존 연구의 평균 추정치 12000달러 정도로 전환점을 산정하면, 1985년 이후의 멕시코는 여전히 환경개선이 시작되기 어려운 사회경제적 조건에 있었다고 볼 수 있다.

두 번째 가능한 설명은 1985년 이후 멕시코의 경제상황 악화이다. 설사 1985년 멕시코가 전환점에 도달했더라도 이후의 경제상황 악화는 오히려 환경을 악화시킬 수 있는 조건하에 있었다. 1985년 멕시코는 경제개방을 시작했지만, 이는 자발적 개방이라기 보다 외채위기와 인플레이션 압력하에서 기존의 경제모델을 새로운 대외지향적 경제모델로 강제 교체한 것이었다. 따라서 급작스런 무역개방과 확대가 소득증가로 이어지지 못하고, 오히려 실질 소득수준은 1980년 수준보다 낮은 수준으로 하락하였다. 1950-1985년 평균 소득 증가율은 5% 였지만, 1985년 이후에는 1%에 불과했다(Dussel Peters, 2010). 따라서 무역자유화 이후의 경기침체는 환경 악화를 가져올 수 있었다.

그렇다면 현재의 환경상황은 어떠한가? 2000년대의 멕시코는 90년대 후반의 경제 성장에 힘입어 오염이 감소하고 환경이 개선되어 EKC 전환점을 넘어섰다고 평가할 수 있는가? 본 논문 제 3장에서의 분석결과는 대기 오염은 2000년 이후로 감소세로 돌아섰다는 사실을 보여준다. 그러나 오염 감소의 원인은 전통적 EKC 이론의 소득증가 때문이라기 보다는 국제 환경레짐 변화 및 멕시코 국내 오염인식 변화에 의한 규제의 효과가 더 큰 것으로 평가된다.

Stern(2004)은 이와 관련 그의 연구에서 EKC 전환점이 추정치보다 훨씬 높은 수준에 위치하며, 설사 EKC에 도달하더라도 대기 오염은 EKC 가설대로 감소하지만, 기타 오염 물질과 사막화 등의 문제는 소득증가와 함께 더 증가한다고 주장한바 있다. 더욱이 Gallagher는 저서(2004)에서 다음과 같은 추정치 분석을 한 바 있다. 그는 회귀분석을 통해 1985년 PPP 기준으로 7,500불, 10,000불, 15,000불에 멕시코가 도달할 수 있는 시점을 각각 2028년, 2057년, 2097년으로 추정하였다. 이는 자유 무역으로 1985년에서 1999년 기간 성장률보다 두 배 빠른 성장률을 달성한다는 가정에서 계산된 것이다.

Gallagher의 2004년 연구는 Stern의 연구와 함께 단순한 참고사항일 수 있다. 그러나 이 두 연구가 의미하는 바는, EKC 전환점 통과만을 기대하며 환경개선을 기다리기에는 수십 년 동안 누적될 환경 파괴가 감내하기 힘든 수준에 도달하리라는 것이다. 그리고 축적된 환경 파괴는 미래성장의 가치를 훼손할 것이라는 점이다.

결국 멕시코가 자유 무역을 통해 언제 EKC 전환점에 도달하느냐의 여부보다, 어떤 방식을 통해 경제 성장과 환경개선의 두 가지를 모두 달성할 수 있느냐가 현실적으로 중요한 과제가 되고 있다.

2.2. 무역과 환경의 4가지 효과

자유 무역이 환경에 미칠 수 있는 영향은 크게 4가지 경로를 통해 발생한다. 규모, 구성, 규제, 기술 4가지 효과가 어느 방향과 강도로 발생해 왔느냐에 따라 멕시코 환경에 대한 자유 무역의 영향이 결정된다.

2.2.1. 규모의 효과

자유 무역으로 인한 교역 및 생산 증가는 두개 방향으로 환경에 영향을 미칠 수 있다. 생산 증가는 에너지 사용 및 온실가스 배출 증가를 가져올 수 있다. 적절한 규제 시스템이 갖춰지지 않은 무분별한 생산 증가는 환경 오염을 악화시키는 부정적 효과를 가져올 것으로 예상할 수 있다. 반면에 생산의 효율성 증대는 오염원 배출 증가로 이어지지 않을 것이며, 소득증가와 함께 환경 규제 요구도 강화되어 궁극적으로 환경 보호로 이어질 수도 있다(WTO-UNEP, 2000).

멕시코는 1994년 NAFTA 출범 이후 국내총생산이 1999년 8900억 달러에서 2008년 1조5400억 달러로 증가하고[1], 외국인 투자를 통해 특히 제조업 생산이 크게 성장하였다. 경제규모가 4배 성장하는 동안 외견상의 산업생산 확대는 오염 물질 배출 증가로 이어질 수 있다. 그러나 멕시코의 산업 구성이 제조업 중에서도 오염발생 강도가 낮은 산업으로 집중되고, 서비스업 성장이 경제 성장을 주도할 경우 상황은 달라질 것이다. 또한 적절한 환경 규제와 감시는 오염 배출을 감소시킬 것이다.

1 멕시코 통계청 참조. http://dgcnesyp.inegi.org.mx/cgi-win/bdiecoy.exe/572?s=est&c=24497

2.2.2. 구성의 효과

규모의 효과와 더불어 구성의 효과도 환경에 긍정적 혹은 부정적 영향을 미칠 수 있다. 산업 구조 변화의 방향이 오염 증가 혹은 감소의 결과로 이어지기 때문이다. 이때 방향을 결정하는 것이 자유 무역을 하는 국가의 비교우위이다. 비교우위가 환경 규제 차이로 인한 것일때, 느슨한 환경법을 유지하는 국가에는 오염산업이 집중될 수 있다. 또한 헥셔올린 정리대로 노동 혹은 자본과 같은 상대적으로 풍부한 생산요소에 비교우위가 있으면, 해당 산업에 생산이 증가하고, 환경은 이것의 영향을 받게 될 것이다.

멕시코는 최대 교역상대국인 미국과 비교할 때 상대적으로 느슨한 환경법으로 인해 90년대 초반까지 오염산업에 비교우위가 있었다고 보이지만, NAFTA 비준을 앞두고 강화된 환경법은 멕시코의 환경비용을 증가시켰기 때문에 특별이 여기서 비교우위와 발생한다고 보기는 어렵다(charnovitz, 1994; Husted and Logsdon, 1997). 오히려 노동집약적인 부분의 비교우위가 더 크고, 이로 인해 이 분야 산업생산 증가가 구성의 효과를 결정지을 가능성이 더 크다.

2.2.3. 규제효과

규제효과는 NAFTA와 같은 지역무역 협정이나 WTO 같은 다자협정이 특정국가의 환경기준에 영향을 미칠 때 발생한다. 무역 협정이 환경 정책과 법을 개선할 때 긍정적 효과가 나타나고, 반대로 국가의 환경 정책 집행 능력이 악화되면 부정적 결과로 나타난다.

멕시코는 NAFTA에서 환경부속협정을 체결하고 여러 새로운 제도를 운영하고 있다. 미 의회에서 멕시코 환경 문제로 NAFTA가 논쟁의 대상이 되자, 멕시코는 국제 환경 협력 위원회(BECC)와 북미개발은행(NADB)을 설립하여 국경 환경 문제 개선에 나섰다. 이후 NAFTA는 부속협정을 통해 북미 환경 협력 위원회(NACEC)를 삼국간에 창설하여, 환경 감시, 모니터링, 프로젝트 지원 등을 실시하고 있다. 삼국 중 어느 국가가 환경 감시 기능을 위반할 경우, 시민 제소 권한 등을 포함하고 있다(Markell, 2004).

멕시코는 또한 국내적으로는 NAFTA 출범과 함께 PRTR(Pollution Release and Transfer Registry)법을 제정하여 기업들이 자사 오염량을 추적 연간 보고하도록 했다. 이 법은 미국과 캐나다의 동일 법보다 더욱 강화된 기준을 포함하고 있다(Micheli, 2002).

즉, 전 세계 어느 FTA에도 선례가 없던 환경부속협정을 NAFTA에서 체결함과 함께 멕시코의 자유 무역 확대는 국내 그리고 지역 환경 규제 강화로 이어졌다. 이는 강화된 법규의 준수가 이행될 경우, 환경개선으로의 긍정적 효과를 기대하게 한다.

2.2.4. 기술효과

기술효과는 생산기술 변화가 생산단위당 오염 감소를 가져오는 것을 의미한다. 이는 두 가지 경로로 발생할 수 있는데, 하나는 무역과 투자 자유화가 개도국에 대한 다국적 기업의 청정기술 이전으로 이어질 때이다. 그리고 또 다른 경우는 경제 자유화가 소득증가를 가져오고, 이것이 환경개선 요구로 이어져, 법과 규제가 강화되고, 청정기술 사용이 확산될 경우이다. Daly and Bhagwati(1993)는 자유 무역으로 인한 소득증가가 결국 타국에서 개발된 오염통제 기술의 수입을 가져올 것으로 보았다.

III. 멕시코 환경변화 요인 분석

3.1. 멕시코의 환경 정책과 환경 오염

멕시코의 환경 오염은 80년대와 90년대 악화일로를 걷다 점차 개선되고 있는 것으로 여러 통계자료들에서 확인되고 있다. 일차적 계기가 된 것은 살리나스 행정부 시절의 법규 강화 및 단속 증가였고, 이후 멕시코의 환경 위험성에 대한 인식확대와 지속적 환경 개선 노력이 있었다.

1990년 이전, 즉 NAFTA 논의 이전의 멕시코 환경 문제는 심각했다. 경제 구조조정의 결과로 도시화가 신선되었지만, 대도시들과 새롭게 산업화된 국경지역의 인프라 부족은 환경 악화를 가속화시켰다. 멕시코시티는 세계2위의 인구밀집지역이었고, 대기 오염 문제는 세계최고 수준이었다. 유연 가솔린 사용이 만들어낸 자동차 매연문제, 비포장도로의 먼지, 정화되지 않은 분뇨의 박테리아 문제등이 복합되어 대기 청정일수가 1986년 102일에서 1989년 33일로 줄어들 정도였다(Husted and Logsdon, 1997).

국경지역에서는 1965년 국경개발계획이 시작된 이래 산업화가 진행되었지만 인프라 부족이 가장 큰 오염원이었다. 하수처리시설이 미비하여 산업용수, 분뇨 등이 티후아나 강, 해변에 방출되어 문제가 심각했다. 비포장도로의 분진문제와 함께 매립지 부족으로 고체쓰레기 문제도 심각했으며, 마낄라도라 기업들은 환경 규제를 준수하지 않았다. 1990년 도시개발환경부(SEDUE) 조사에 의하면 기업들 중 6%만이 환경설비를 갖추었을 뿐이었다(Husted and Logsdon, 1997).

이는 멕시코 환경 정책의 결과이기도 했다. 1980년대까지 환경은 정부의 국정 우선순위가 아니었으며, 데라 마드리드 대통령(1982-1988)은 환경 문제를 중시했지만, 외환위기는 정부의 정책집행 능력을 크게 약화시켰다. 1982년 신설된 도시개발 환경부는 재원이 제약되고 장관교체가 잦았다. 살리나스 대통령때에 이르러 환경 문제가 이슈화되자 SEDUE가 처음으로 구체적 환경규정 및 규제 개발권을 갖게 되었다(Guevara Sanginés, 2005). 환경 문제에 대해 경찰에 의한 벌금과 징역행 처벌이 가능하게 된 것도 이때가 처음이었다.

살리나스 정권은 초기부터 환경 규제 강화를 시작했다. 무엇보다 SEDUE의 예산이 증가했으며, 환경 감시 단속인력도 89년 81명에서 92년 250명으로 증가했다. 제도적 변화가 뒤따랐는데, 1992년 사회개발부(SEDESOL)가 창설되어 도시개발과 환경 문제를 담당하게 되었다. 또한 국가 환경 위원회(INE)가 설립되어 환경 규제를 제정하고 허가업무를 맡게 되었다. 무엇보다 환경 보호 검찰(PROFEPA)의 창설과 함께 단속강화, 감시 및 벌금부과, 그리고 규정 위반시 공장폐쇄 활동은 멕시코 환경 규제 패러다임을 크게 변화시켰다(Charnovitz, 1993; Plaut, 2005).

이 시기에 왜 멕시코에서 환경 규제가 크게 강화되었는지 크게 두 가지 이유를 찾아볼 수 있을 것이다. 하나는 멕시코 오염증가와 환경 악화가 심각해져 더 이상 방치할 수가 없었으며, 둘째는 NAFTA와 함께 멕시코 환경에 대한 관심이 급증하여, 미국과 양자간 국경환경개선 프로그램들이 실시되면서, 멕시코 국내법과 단속도 크게 강화된 것이다. 또 하나의 가설은 앞에서 언급된 바처럼 EKC의 터닝 포인트를 넘었다는 가정이지만, 1985년 이래 실질소득이 감소했다는 점을 감안하면 앞의 두 가지 설명이 훨씬 설득력이 있다. 실제로 멕시코와 미국간 환경 통합 프로그램 제정 및 실천, 그리고 NAFTA의 부속협정에 따른 체약국의 환경보호 의무는 규제의 효과를 발휘하여 멕시코 정부의 환경 정책 변화를 가져왔다.

당시에 살리나스 행정부의 환경 정책을 두고, NAFTA 통과를 위한 일시적 조치라는 주장이 멕시코 내에서 제기되었다. 그러나 이후 세디요 행정부와 폭스 행정부에서 환경 정책이 변화되지 않고 일관되게 추진된 것을 보면 NAFTA 이후 멕시코의 환경 보호 정책은 제도화되었다고 보인다. 세디요 대통령은 경제위기로 인해 1995년 정부 세수가 20% 줄었음에도 불구하고 환경 분야는 인원 절감 및 예산 삭감을 하지 않았다. 다만 환경 시찰이 소폭 감소하였다.

3.2. 산업구성 변화 분석

FTA를 필두로 한 자유 무역 확대가 환경에 어떤 영향을 미쳤는지 여부는 자유화 이후 오염산업 성장과 대기 오염 증가를 분석하면 명확하게 드러난다. 1990년대 이후 멕시코 제조업이 4배 성장하는 과정에서 오염원 증가의 규모의 효과가 발생했을 것을 명확하다. 그러나 전반적인 산업구성이 오염원 배출을 가속화시키는 자본재 산업 위주의 오염산업 위주로 증가했는지, 아니면 에너지 사용이 크지 않은 비오염 산업 성장이 주도했는지 여부가 중요하다.

이에 대해 기존 연구들(Gallagher, 2000; Gallagher, 2006)은 NAFTA 이후 멕시코에서 오염산업 증가가 크지 않은 것으로 지적한 바 있다. 1988년에서 2000년 사이에 미국 3% 그리고 멕시코 5% 수준에서 오염집중 경제활동이 감소했다. 이는 NAFTA 이후 비숙련노동력이 풍부한 멕시코의 비교우위 요건으로 인해 제조업중 마낄라도라 조립산업이 발달했고, 이 산업은 다른 자본집약적인 제조업보다 오염도가 낮기 때문이다. 시멘트, 펄프와 제지, 기본금속생산과 같은 대표적 멕시코의 자본집

약 산업은 다른 마낄라도라 산업 대비 감소했다.

이에 대해 본 연구는 전체적으로는 규모가 커진 멕시코 제조업 내에서 오염산업의 성장이 대기의 질 악화와 어떤 상관관계를 갖는지 분석함으로써 무역 자유화와 환경 관계를 실증분석한다.

이를 위해서는 먼저 오염산업의 정의가 필요하다. 학계에서는 일반적으로 두가지로 오염산업을 정의하고 있다. 하나는 에너지 사용량이 높아 오염강도가 높은 산업이며, 다른 하나는 Tobey(1990) 처럼, 생산단위당 오염저감비용(pollution abatement cost)이 높은 산업이다.

어떤 산업을 오염산업으로 분류하는냐는 분석의 결과에 많은 영향을 미치며, 많은 논란이 있어왔다. 본 연구는 멕시코 환경부와 통계청이 발표한 환경보고서의 오염산업(Industrias Potencialmente Contaminantes) 분류를 따른다. 멕시코의 산업분류 및 통계는 NAFTA 이후 북미산업분류기준(SCIAN)에 의거 시행되고 있으며, 멕시코 환경부는 12개 산업을 오염산업으로 분류하고 있다.

광업과 건설업을 비롯하여, SCIAN 3-4자리수 제조업 오염산업은 아래와 같다.

<표 1> 멕시코 오염산업 분류

산업군	SCIAN 코드
광업(Mining)	21
건설(Construction)	23
제조업	31-33
설탕, 초콜릿, 당류 생산	3113
제지 산업(Paper)	322
펄프, 제지, 종이판 제조	3221

산업군	SCIAN 코드
전체 화학산업(Chemical Industry)	325
유리와 유리제품 제조(Glass and Glass products)	3272
시멘트와 콘크리트(Cement and Concrete Products)	3273
기본 금속 산업	331
철과 철강(Iron and Steel)	3311
알루미늄 제외 비철금속(Nonferrous metals)	3314
기계류 및 장비(Machinery and Equipment)	333
컴퓨터, 커뮤니케이션, 측정 부품 제조	334
전력 생산 장비(Electronic power generation equipment)	335
차량, 트럭 생산(Cars and trucks)	3361
차량 본체, 트레일러, 부품 제조(Vehicle bodies, trailers and parts)	3362, 3363

자료: INEGI, www.inegi.gob.mx

본 연구는 위 오염산업들이 7개 멕시코 대도시 지역 및 산업지대에서 경제자유화 이후 얼마나 성장했는지 살펴본다. 멕시코의 7개 광역지역은 아래와 같다. 아래 7개 지역은 멕시코에서 인구 밀집, 제조업 생산, 시장규모 면에서 가장 규모가 큰 지역들이다.

① 멕시코 시티 광역지대(ZMVM): 멕시코시티 주변 41개 시군,

② 톨루카 계곡 광역지대(ZMVT): 칼리마야, 카풀우악, 레르마 등

③ 과달라하라 광역지대: 과달라하라시 주변 8개 시군

④ 몬테레이 광역지대: 몬테레이시 주변 12개 시군

⑤ 티후아나, ⑥ 메히칼리, ⑦ 후아레스

<그림 1> 7개 대도시 지역 산업구성 변화

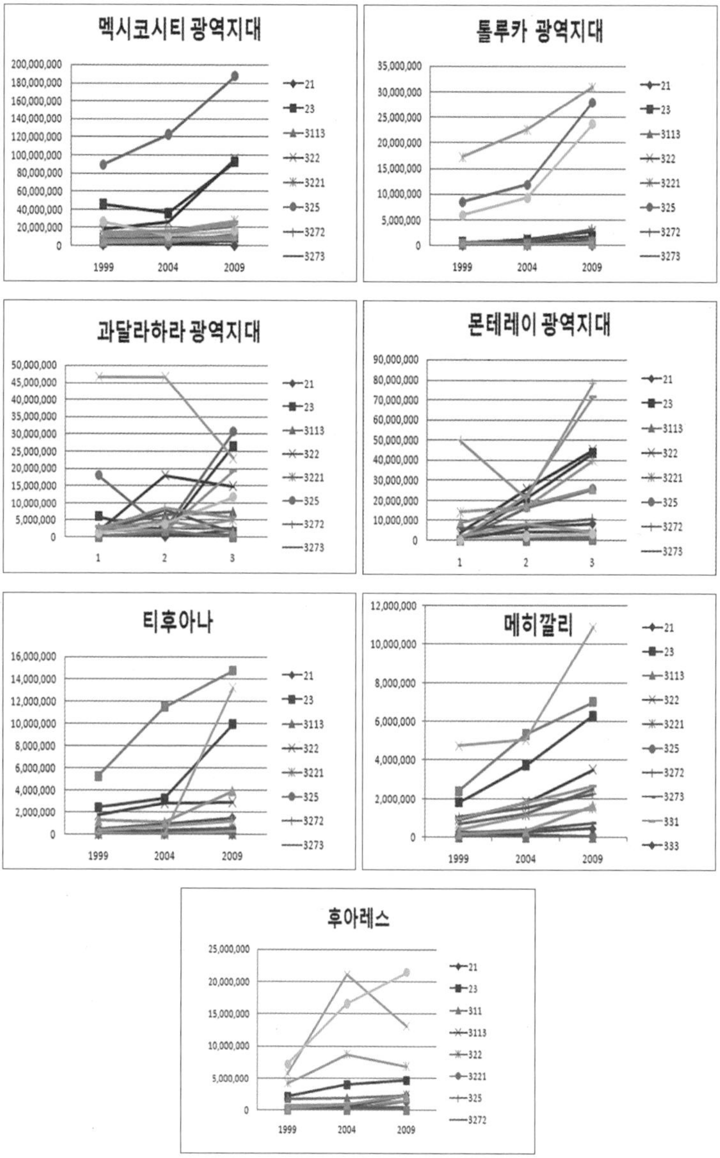

자료: 저자 편집(INEGI, www.inegi.gob.mx)

위의 표에 따르면 7개 지역 가운데 몬테레이 지역이 오염산업 성장률에서 평균 19,256% 로 가장 높은 성장세를 보였고, 멕시코시티 지역이 오염산업 성장이 가장 낮은 지역이었다. 몬테레이 지역은 화학 12,238%, 비철금속 11,116% 성장 등 모든 오염산업에서 성장세가 높았고, 성장이 감소한 산업은 단 하나도 없었다. 다음으로 오염산업 성장이 두드러진 지역은 티후아나로 평균 3019% 성장했고, 차량제조 산업이 36,321%나 성장하고, 유리 제조 부문만 감소세를 보였다. 다음으로 후아레스 지역이 487%의 성장세를 보였다.

반면 멕시코시티 광역지대의 경우 광업 부문만 1025%의 높은 성장률을 보이고, 나머지 산업은 성장세가 미미했다. 과달라하라 지역도 상대적으로 오염산업 성장이 낮았다.

결국 전반적으로 멕시코 북부지역이 차량제조, 비철금속, 화학 산업 중심으로 오염산업 성장이 두드러졌고, 멕시코 중부 지역은 상대적으로 성장세가 높지 않았고, 멕시코시티 광역지역은 광업을 제외하고는 오히려 감소세로 평가된다.

3.3. 대기 오염 변화 분석

오염산업 성장에 따른 대기 오염 증가 정도를 살펴보면, 산업구성과 환경 오염의 관계를 부분적으로 고찰할 수 있다. 7개 대도시 지역에서 대기 오염 변화를 살펴보기 전에 먼저 멕시코 전체적으로 오염 물질 방출량 변화 데이터를 살펴본다.

<그림 2> 멕시코 오염 물질 배출량 변화

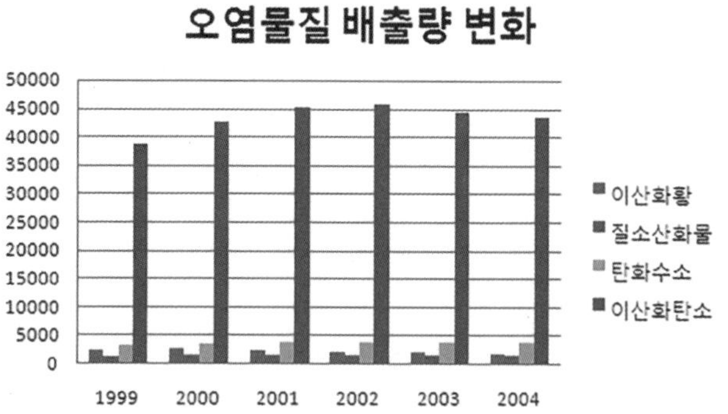

자료: SEMARNAT(2009)

멕시코의 대기 오염은 전반적으로 2000년 이전까지 꾸준한 증가세를 보이고 2002년 이후 감소세를 보인다. 위의 표는 이산화황, 질소 산화물, 탄화수소, 이산화탄소 4개 주요 오염원의 멕시코 전체 배출량 추세를 보여준다. 이런 전반적 추세하에서 7개 대도시 지역 오염량 배출은 아래와 같았다.

<표 2> 멕시코 7개 대도시 및 산업지역 대기 오염원 배출량 변화

멕시코시티 광역지대	2000	2001	2002	2003	2004	2005	2006	2007	2008	변화 (08-00)
일산화탄소 (CO)	2.27	2.03	1.7	1.6	1.5	1.3	1.23	1.08	0.99	43.61%
이산화질소 (NO^2)	0.03	0.03	0.03	0.03	0.03	0.03	0.03	0.03	0.03	100%
오존 (O^3)	0.04	0.03	0.03	0.03	0.03	0.03	0.03	0.03	0.03	75%
이산화황 (SO^2)	0.02	0.02	0.01	0.01	0.01	0.01	0.01	0.01	0.01	50%
미세먼지 (PM10)	52.38	51.47	48.87	57.33	51	56	50.7	48.9	52.5	100.22%

톨루까 광역지대	2000	2001	2002	2003	2004	2005	2006	2007	2008	변화 (08-00)
일산화탄소 (CO)	1.44	1.4	1.2	1.24	1.1	1.83	1.86	1.1	1.28	88.88%
이산화질소 (NO^2)	0.02	0.02	0.02	0.02	0.02	0.02	0.03	0.03	0.03	150%
오존 (O^3)	0.03	0.03	0.03	0.03	0.03	0.03	0.03	0.03	0.03	100%
이산화황 (SO^2)	0.01	0.01	0.01	0.01	0.01	0.02	0.01	0.01	0.01	100%
미세먼지 (PM10)	44.76	42.01	53.07	74.89	77	87.44	72.8	71.1	73.2	163.53%

과달라하라 광역지대	2000	2001	2002	2003	2004	2005	2006	2007	2008	변화 (08-00)
일산화탄소 (CO)	1.99	1.95	2.14	2.28	2	1.87	1.77	1.45	1.31	65.82%
이산화질소 (NO^2)	0.04	0.03	0.04	0.04	0.03	0.04	0.03	0.03	0.02	50%
오존 (O^3)	0.02	0.02	0.03	0.03	0.03	0.03	0.03	0.03	0.03	150%
이산화황 (SO^2)	0.01	0.01	0.01	0.01	0.01	0.01	0.01	0.01	0	0%
미세먼지 (PM10)	58.85	56.18	55.45	50.15	51	53	44.7	41.4	41.4	70.34%

몬테레이 광역지대	2000	2001	2002	2003	2004	2005	2006	2007	2008	변화 (08-00)
일산화탄소 (CO)	1	0.86	0.94	1.52	3.2	1.37	1.58	1.07	1.22	122%
이산화질소 (NO^2)	0.02	0.02	0.01	0.01	0.01	0.02	0.02	0.02	0.02	100%
오존 (O^3)	0.02	0.02	0.02	0.02	0.02	0.03	0.03	0.02	0.03	150%
이산화황 (SO^2)	0.01	0.01	0.01	0.01	0.01	0.01	0.01	0.01	0.01	100%
미세먼지 (PM10)	59.06	83.84	87.34	85.82	81	87.75	86.6	80.7	83.3	141.04%

티후아나	2000	2001	2002	2003	2004	2005	2006	2007	2008	변화 (08-00)
일산화탄소 (CO)	1.01	0.94	0.86	0.87	0.9	0.8	0.72	0.59	N/A	58.41%
이산화질소 (NO^2)	0.02	0.02	0.02	0.02	0.02	0.02	0.02	0.02	N/A	100%
오존 (O^3)	0.03	0.03	0.03	0.03	0.03	0.03	0.03	0.03	N/A	100%
이산화황 (SO^2)	0	0	0	0.01	0	0	0	0	N/A	100%
미세먼지 (PM10)	50.56	45.6	51.76	50.72	50.89	51.51	46.6	66.7	N/A	131.92%

메히깔리	2000	2001	2002	2003	2004	2005	2006	2007	2008	변화 (08-00)
일산화탄소 (CO)	1.96	1.7	1.85	1.58	1.46	1.15	0.9	0.72	N/A	36.73%
이산화질소 (NO^2)	0.02	0.02	0.02	0.02	0.02	0.02	0.02	0.02	N/A	100%
오존 (O^3)	0.02	0.02	0.03	0.03	0.03	0.03	0.03	0.03	N/A	150%
이산화황 (SO^2)	0	0	0.01	0.01	0.01	0	0	0	N/A	100%
미세먼지 (PM10)	87.76	70.79	124.23	116.04	107.88	88.45	113.5	133.7	N/A	152.34%

후아레스	2000	2001	2002	2003	2004	2005	2006	2007	2008	변화 (08-00)
일산화탄소 (CO)	1.16	1.02	2.77	1.03	0.9	0.94	0.83	1.68	1.61	138.79%
오존 (O^3)	0.03	0.03	0.03	0.03	0.03	0.03	0.03	0.03	0.03	100%
미세먼지 (PM10)	69.28	65.05	71.36	72.8	52	52	74.5	64	73.8	106.52%

자료: 저자 편집(SEMARNAT, www.semarnat.gob.mx)

위의 표를 보면 멕시코시티는 전반적으로 대기 오염이 크게 감소한 것으로 드러났다. 일산화탄소와 오존, 이산화황 감소가 두드러졌으며, 미세먼지 농도만 2000년보다 경미한 증가를 보였다. 톨루까 지역은 일산화탄소는 증가세에서 감소세로 돌아섰지만 이산화질소와 미세먼지의 증가세가 두드러진다. 그러나 과달라하라 지역의 경우 오존을 제외하고는 모든 오염원이 감소하였다. 오염산업에서 가장 높은 성장세를 보였던 몬테레이는 모든 오염원에서 증가세를 보였고, 티후아나와 메히깔리는 일산화탄소 배출량만 감소세로 돌아섰다.

3.4. 상관관계 평가

3.2의 오염산업 성장세와 3.3의 대기 오염 배출량을 비교해보면 두 가지 사실을 확인할 수 있다. 하나는 7개 분석지역 중 오염산업 성장률이 높았던 지역에서 대기 오염 배출량도 상대적으로 많다는 사실이다. 몬테레이가 대표적으로 분석대상 기간 중 몬테레이의 평균 오염산업 성장률은 2만%에 가까울 정도로 높았으며, 오염원 대기 배출량도 7개 지역 중 유일하게 모든 오염이 증가했다. 그리고 다음으로 오염산업 성장이 두드러진 티후아나와 후아레스 지역도 상대적으로 오염 배출이 증가했다.

반면에 오염 산업 성장률이 가장 낮았던 멕시코시티 지역과 과달라하라 그리고 메히깔리 지역은 대기 오염원 배출이 감소하거나 정체했다. 결국 오염산업 성장과 오염원 배출간의 양의 상관관계가 확인되었다.

<표 3> 멕시코 7대 지역 오염산업 성장률 및 오염 증가율

	오염산업 성장률	일산화탄소	이산화질소 (NO^2)	오존 (O^3)	이산화황 (NO^2)	미세먼지 (PM10)
멕시코시티	253%	43.61%	100%	75%	50%	100.22%
톨루카	363%	88.88%	150%	100%	100%	163.53%

	오염산업 성장률	일산화탄소	이산화질소 (NO^2)	오존 (O^3)	이산화황 (NO^2)	미세먼지 (PM10)
과달라하라	353%	65.82%	50%	150%	0%	70.34%
몬테레이	19,256%	122%	100%	150%	100%	141.04%
티후아나	3,019%	58.41%	100%	100%	100%	131.92%
메히깔리	296%	36.73%	100%	150%	100%	152.34%
후아레스	487%	138.79%		100%		106.52%

자료: 저자 편집(SEMARNAT, www.semarnat.gob.mx)

두 번째, 그럼에도 불구하고 오염원 배출량이 오염산업 증가와 정비례로 상승하지 않았으며, 일산화탄소를 비롯한 여러 오염 물질 배출이 감소세로 돌아서고 있다. 이는 멕시코 전체를 대상으로 한 오염배출량 조사인 그림 2 에서도 확인된 바 있다.

이는 자유 무역에서 규모의 효과로 인한 오염 증가에도 불구하고, 규제의 효과와 기술의 효과가 점차 구체화되는 것으로 평가된다. 규제와 기술의 효과를 확인하기 위해서는 기업차원의 미시분석이 필요하며, 이는 본 논문의 분석 범위를 넘어서는 것으로 후속연구 대상이다. 그러나 본 논문 3.1에서 분석된 멕시코 환경 정책 변화를 통해 규제 효과를 유효성을 부분적으로 확인할 수 있다.

멕시코 오염산업의 증가가 동일한 규모의 대기 오염 유발을 가져오지 않았다는 점은, 생산기술 효율성 증가 및 오염저감 장비 확대에 기인한다. 여기에는 멕시코 정부의 오염규제가 주요했다. 유연 휘발유에서 무연 휘발유로의 연료품질 개선에 따른 일산화탄소 방출량 개선이 있었다. 그리고 NAFTA 체결 이후 환경 규제 강화 및 단속 확대는 기업들의 환경법 준수와 친환경 생산기술 확대로 이어졌다.

2000년대 들어서도 멕시코 정부의 대기질 개선 프로그램은 이어지고 있다. 주요 도시에서 실시되는 PROAIRE(공기 질 개선 프로그램)은 주요 광역지역에서 대기 오염 물질 방출을 감시한다. PROAIRE는 멕시코시티 광역지역에서 1995년 시작을 필두로, 몬테레이 1997년, 톨루까 2000년, 과달라하라 2001년, 후아레스 2002년 시작하였다. 국경지대에서의 미국 환경 보호국(Environmental Protection Agency)과의 합동 프로그램은 지속되고 있으며, 현재는 2003년 시작된 Border 2012가 시행 중이다(SEMARNAT, 2007).

IV. 결론

멕시코에서 무역자유화가 본격화된 1990년대 초 멕시코의 환경 오염은 최악의 수준이었다. 멕시코시티 대기 오염 문제를 필두로 전국의 사막화와 생물자원 감소는 전 세계적 우려의 대상이 되었다. 이 시기에 체결된 미국 및 캐나다와의 북미 자유 무역 협정은 무역과 환경의 관계에 대한 기대 또는 우려 때문에 많은 논란을 낳았다.

이는 바로 북미 삼국간의 자유 무역이 경제력 차이가 큰 비대칭 경제 통합이었기 때문이다. 멕시코와 미국간의 경제력 차이 및 환경 규제 차이로 인해, 미국의 오염산업이 멕시코로 대량 이전되어 멕시코가 오염천국이 되리란 우려가 팽배했다. 반면 오염천국은 일시적이며, 경제 성장이 소득증가, 규제강화, 기술전문성 증가, 청정산업 생산 증대 등의 선순환 구조를 가져와 궁극적으로 환경이 개선되리란 주장도 많았다.

본 논문은 이를 실증하기 위해, 멕시코의 대도시 광역지역과 산업지대를 7개 군으로 나누어 오염산업 성장과 환경 변화를 살펴보았다. 그 결과 7개 지역에서 오염산업이 성장세를 보였지만 지역별 차이가 컸다. 멕시코시티 광역지대와 과달라하라 지역은 오염산업 성장세가 크지 않았다. 오히려 비 오염산업 성장과 비교하면 축소된 것으로 평가될 수 있다. 반면, 몬테레이 광역지역과 티후아나 지역에서는 오염산업이 화학, 비철금속, 운송장비 부문에서 큰 폭의 성장세를 보였다. 전통적으로 제조업이 강세인 북부 산업지역에서의 자본재 산업 성장이 두드러진 것이다.

7개 지역에 대한 환경 평가에서는 오염산업 성장추세와 대기 오염원 배출량 증가가 양의 상관관계를 보였다. 오염산업 성장이 가장 낮았던 멕시코 시티와 과달라하라 지역은 일산화탄소를 비롯한 오염원 대부분이 감소하였다. 반면 몬테레이와 티후아나 지역에서는 오염원이 2000년대 중반 최고조를 보인후 감소하고 있지만, 기타 지역 대비 양의 증가를 보였다. 결국 오염산업과 대기 오염 증가는 양의 상관관계가 입증되었지만, 전반적으로 오염이 산업성장과 정비례 관계에 있지 않고, 오히려 감소추세에 있다.

이는 무역과 환경 관계에서 규제의 효과 때문인 것으로 평가된다. 1980년대 후반과 90년대 초반 최악의 환경 오염에 직면하여, 멕시코의 환경 규제는 대폭 강화되기 시작했다. NAFTA 비준을 위한 측면도 작용했지만, 현실적으로 환경위험에 대한 인식이 강화되었기 때문일 것이다. 멕시코는 현재도 연간 GDP 10% 가량을 환경 파괴 복구 비용에 사용하고 있다. 대기, 수질 오염, 토양오염, 도시 고체쓰레기 등의 환경 오염이 개선되지 않으면, 결국 환경을 파괴시키는 성장방식은 미래의 경제 성장 가치를 크게 훼손하고 성장에 장애물로 작용할 수 있기 때문이다.

본 논문은 무역과 환경 관계에서 PHH 이론과 EKC 이론이 멕시코의 경우에 어떻게 작용되는지 실증적 분석을 해 보았다. 그 결과 오염산업 성장에도 불구하고 환경 오염이 감소세로 돌아서, 비대칭 경제통합에서도 오염천국이론이 무조건적으로 현실화 되는 것은 아니라는 점이 확인되었다. 그렇지만 멕시코의 경우 소득증가에 의한 환경개선이 아니라는 점에서 EKC 이론도 경험적으로 증명하기 어렵다. 그렇다면 후속연구로 실물경제에서 기업들이 자유 무역 환경에 어떻게 대처하는지 경험적 사례조사를 통해 본 연구에서 밝혀진 결과를 보완할 수 있을 것으로 생각된다.

참고문헌

Antweiler, Werner, Brian Copeland and M. Scott Taylor(2001). "Is Free Trade Good for the Environment?'. American Economic Review. Vol. 91. pp. 877-908.

Bartik, Timothy. "The Effects of Environmental Regulation on Business Location in the United States". Growth and Change. Vol. 19, No. 3. pp.22-44.

Charnovitz, Steve(1994). "The NAFTA Environmental Side Agreement: Implications for Environmental Cooperation, Trade Policy, and American Treatymaking". Temple International and Comparative Law Journal. http://www.worldtradelaw.net/articles/charnovitznaftaenvironment.pdf.

Daly, H.E. and Jagdish N. Bhagwati(1993). "Debate: Does Free Trade Harm the Environment?". Scientific American. pp.41-57.

Deere, Carolyn L. and Daniel C Esty(2002). Greening the Americas: NAFTA's Lessons for Hemisperic Trade. MIT Press.

Dussel Peters, Enrique(2010). " Foreign Investment: The Polarization of the Mexican Economy". in Kevin P. Gallagher and Daniel Chudnovsky. Rethinking Foreign Investment for Sustainable Development. Anthem Press. 2010.

Ederington, Josh, Arik Levinson and Jenny Minier(2004). "Trade Liberalization and Pollution Havens". Advances in Economic Analysis and Policy. Vol. 4. Issue 2.

Ederington, Josh(2007). "NAFTA and the Pollution Haven Hypothesis". The Policy Studies Journal. Vol. 35, No. 2.

Gallagher, Kevin(1999). "Pollution Intensive Industry in Mexico under NAFTA: Model and Empirical Evidence". The Fletcher Journal of Development Studies. http://fletcher.tufts.edu/praxis/archives/xv/gallagher.pdf.

_____(2000). "Trade Liberalization and Industrial Pollution in Mexico: Lessons for the FTAA". Working Paper No. 00-07. Global Development and Environment Institute.

_____(2004). Free Trade and the Environment. Mexico, NAFTA and Beyond. Standford University Press.

_____(2006). "Is NAFTA Working for Mexico?". The Environmental Forum. May/June. pp.21-27.

Gallagher, Kevin and Frank Ackerman(2000). "Trade Liberalization and Pollution Intensive Industry in Developing Countries". Working Paper 00-03. Global Development and Environment Institute. Tufts University.

Gallagher, Kevin and Lyuba Zarsky(2007). The Enclave Economy. MIT University Press.

Gallagher, Kevin, Timothy A. Wise, and Enrique Dussel Peters(2009). The Future of North American Trade Policy: Lessons from NAFTA. PARDEE Center Task Force Report. Boston Universtiy Press.

Gamper-Rabindran, Shanti(2006). "NAFTA and the Environment: What can the data tell us?". Journal Economic Development & Cultural Change. Vol. 54, Issue 3. pp. 605-633.

Grossman, Gene M. and Alan B. Krueger(1993). "Environmental Impacts of a North American Free Trade Agreement". In Peter M. Garber. The Mexico-U.S. Free Trade Agreement. MIT Press.

Guevara Sanginés, Alejandro(2005). "Política Ambiental en México: Génesis, Desarrollo y Perspectivas. ICE. No. 821. pp.163-175.

Husted, Bryan W. and Jeanne M. Logsdon(1997). "The Impact of NAFTA on Mexico's Environmental Policy". Growth and Change. Vol. 28. pp. 24-48.

Levinson, Arik. "Environmental Regulations and Manufacturers' Location Choices: Evidence from the Census of Manufactures". Journal of Public Economics. Vol. 62. No. 1-2. pp.5-29.

Markell, David L.(2004). "The North American Commission for Environmental Cooperation After Ten Years: Lessons about Institutional Structure and Public Participation in Governance". http://ilr.lls.edu/issues/26/MARKELL.pdf.

Micheli, Jordy(2002). "Política ambiental en México y su dimensión regional". Región y Sociedad. Vol. XIV, No. 23. pp.129-170.

Plaut, Jon(2005). "The NAFTA Environmental Agreement: The Intersection of Trade and the Environment". Research Paper. North America Commission for Environmental Cooperation. http://www.cec.org/Storage/58/5080_Final-Plaut-T-E-Symposium05-Paper_en.pdf.

Stern, David I.(2007). "The Effect of NAFTA on Energy and Environmental Efficiency in Mexico". The Policy Studies Journal. Vol. 35, No. 2.

SEMARNAT(2007). Programa Sectorial de Medio Ambiente y Recursos Naturales 2007-2012. http://www.ordenjuridico.gob.mx/Federal/PE/APF/APC/SEMARNAT/Programas/2008/21012008(1).pdf.

______(2008). Informe de la Situación del Medio Ambiente en México, Compendio de Estadísticas Ambientales, SEMARNAT.

______(2009). Informe de la Situación del Medio Ambiente en México, Compendio de Estadísticas Ambientales, SEMARNAT.

______(2010a). Cambio Climático y la Legislación en México. http://www.semarnat.gob.mx/informacionambiental/Presentaciones%20Secretario/Puerto%20Vallarta.pdf.

______(2010b). Política Ambiental Nacional y Cambio Climático. http://www.semarnat.gob.mx/informacionambiental/Presentaciones%20Secretario/politica_ambiental_nacional_y_cambio_climatico.pdf.

Tobey, J.(1990). "The Effects of Domestic Environmental Policies on Patterns of World Trade: An Empirical Tes". Kyklos. Vol. 43, No. 2. pp.191-209.

WTO(2009). Trade and Climate Change. WTO-UNEP Report.

4장

중국과 브라질의 대두 무역 동향 분석과 예측*

장수환·전주람·장유운

I. 서론

중국은 대두의 원 재배지였다. 그러나 2000년 이후 전 세계 대두 수입의 65 %를 차지하는 세계에서 가장 큰 대두 수입국이 되었으며, 2017년 현재 중국은 국제 대두 무역량의 약 2/3를 차지하는 대두 수입국이다. 수입한 대두는 대부분 부수어서 사용하며, 주로 가축사료로 공급된다. 인구증가, 현대적 축산업으로의 전환, 그리고 무엇보다도 소득 수준 향상과 도시화로 의한 중국인의 식습관 변화는 육류소비를 증가시켰고, 이로 인한 대두 수요도 빠르게 증가하는 것으로 보인다.

브라질은 이러한 추가적인 수요를 공급할 수 있는 중요한 국가로 부상했다. 특히 2012년부터는 미국을 제치고 중국으로의 대두 수출량 1위 국가를 유지하고 있다.[1] 이에 발맞추어 중국농업회사들은 브라질 농장을 구입하거나 임대하여 브라질에서의 대단위 대두 수입을 꾀하는 등

* 이글은 포르투갈-브라질 연구 제15권 1호(2018년, pp.147-170)에 게재되었던 논문입니다.

1 https://www.reuters.com/article/us-china-economy-trade-soybeans/soy-source-brazils-share- of-soybean-exports-to-china-hits-record-idUSKBN1FE111(검색일자: 2018.2.19.)

전략적인 접근을 계속적으로 추진할 것으로 보인다.[2] 그러나 향후 중국의 인구 성장세 둔화는 대두 수요 전망에서 주요한 변수로 등장할 것이다.

본 논문에서는 중국의 대두 수요 현황 및 전망과 대두를 비롯한 브라질의 농업 현황 및 전망을 제시하였다. 국제적 무역관계는 다양한 변수의 역학적 관계를 설명하기 위해 동태적 모형을 이용하였고, STELLA Model을 이용하여 중국의 대두 수요 증가 추세를 바탕으로 미래 대두 수요를 예측하였다. 각 장 구성은 다음과 같다. Ⅱ장에서는 대두 무역에 대한 국제동향과 체계동태모델을 제시하였다. Ⅲ장에서는 중국의 대두 수요 현황과 전망에 대해서 검토하였고, Ⅳ장에서는 브라질의 농업 일반 현황 및 대두 농업 현황과 생산성을 분석하였다. Ⅴ장에서는 분석한 내용을 바탕으로 향후 브라질 대두 농업 관리에서의 시사점을 제시하였다.

Ⅱ. 대두 무역에 대한 국제동향과 체계동태모델

1. 대두 무역의 국제동향

1995년 세계무역기구(WTO, World Trade Organization)의 창설은 세계화된 시장에서 농작물을 사고팔기 위한 국제적 농산업(Agribusiness)을 촉진시킴으로써 세계의 식량 무역을 변화시켰다.[3] 시장경제가 주도한 세계화는 농업 무역상, 공장형 농장주, 대단위 생산자라는 3개의 농업

2 https://research.rabobank.com/far/en/sectors/grains-oilseeds/Growing-Soy-Exports-to-China. html

3 Ibid, p.7

무역 축을 연결해주었고, 국제적인 농업 무역협정도 이의 수송과 거래를 용이하도록 도와주는 사업체가 주도하였다. 특히 주요 식량 수요 지역인 유럽 및 아시아와 수출 지역인 아메리카 사이의 무역에는 다양한 사회적, 경제적, 정치적, 노동 환경적 문제들이 얽혀있다. 덴마크, 프랑스, 독일, 네덜란드, 폴란드, 스페인, 영국 등 유럽에서의 대두 수입은 WTO 이전인 1980년과 1994년 사이에 매년 1,100만 톤이었으나 WTO가 발효된 이후인 1995년에는 1,250만 톤, 2007년에는 2,190만 톤으로 증가하였다. 2007년 아르헨티나와 브라질은 EU로 들어가는 수입 사료의 대략 4/5를 수출하는 국가였다(3,230만 톤)(Food & Water Europe, 2011). 이웃 국가인 파라과이와 우루과이에서 자란 많은 양의 대두가 아르헨티나의 대두 수출 항구를 통해 선적되었다(장수환, 2012: 109-111). 그러나 유럽의 대두 수입량은 중국이 곧 추월하였다. 중국 대도시에서 인구 및 소득 증가, 도시화로 인한 식생활 변화, 육류 소비 증가, 가축산업의 대규모화로 인해 중국내 대두 수요량이 증가하였다. 그러나 중국내 토지 생산성의 저하, 토지 사막화, 토양 오염 등의 문제로 인해 해외로부터 식량자원을 안정적으로 공급받기 위해 노력해왔다.[4] 최근 언론에서 자주 언급되는 중국의 라틴아메리카 농업 부문 외국인 직접 투자는 종종 '대규모 토지 구매(land grabbing)'로 표현하는데, 중국은 국가가 주도하여 중국으로 수입되는 작물의 재배를 위한 토지를 대단위로 구매하거나 임차하고 있다. 그러나 중국 농업 투자에 대해서는 국가 소유이든, 민간 소유이든 잘 알려진 바가 없다. 중국 통계청은 외국인 직접투자 데이터를 대중이 이

4 한국농촌경제연구원(2008). 중국의 식량수급 동향과 식량안보 중장기 계획. 중국농업정책브리핑제 08-15호(중국 국가발전개혁위원회 통계자료 재인용)

용할 수 있도록 만들었으나 최근 데이터가 없거나 단지 집합적인 숫자로 되어 있어서 세부적인 데이터 파악은 어려운 실정이다.[5]

브라질은 2012년에 미국을 제치고 중국으로의 대두 수출 1위 국가가 되었다. 브라질 대두의 중국 수출량이 증가하는 이유는 두 가지이다. 브라질 대두의 가격이 상대적으로 저렴하고, 대두에 포함된 단백질의 수준이 높아 미국산 대두보다 가축사료로써의 가치가 더 높기 때문이다. 중국의 브라질 대두 수입은 이미 2017년에 기록을 세웠고 2018년에도 계속 증가할 것으로 예상된다. 중국은 세계적으로 거래되는 대두의 60 %를 수입한다. 2017년에는 브라질로부터 5,093만 톤을 구입했고 이는 전체 구매량의 53.3 %였다.[6]

2. 중국의 수요와 브라질의 공급 체계동태 분석

중국과 브라질의 대두 무역은 다양한 변수의 영향을 받는다. 중국의 인구증가, 도시화 및 생활수준향상으로 인한 육류소비 증가, 브라질 대두 생산단가, 농업정책 등이 중요한 변수로 작용한다. 특히 중국의 인구증가세 변화와 육류소비에서의 변화는 브라질과의 대두 무역에서 주요한 변수이다. 대두의 가격은 생산과 수요에 따라 달라질 것이고, 생산비에 영향을 주는 요인은 토지가격과 농업생산에 드는 재료와 장비단가를 고려할 수 있다. 수요는 국제와 국내소비로 나누어 볼 수 있으며, 국제수

5 Margaret Myers and Guo Jie, CHINA'S AGRICULTURAL INVESTMENT IN LATIN AMERICA: A Critical Assessment, JUNE 2015, p3 http://www.thedialogue.org/wp-content/uploads/2015/06/Chinas-Agricultural-Investment-in- Latin-America.pdf

6 https://www.reuters.com/article/us-china-economy-trade-soybeans/soy-source-brazils-share-of-soybean-exports-to-china-hits-record-idUSKBN1FE111(검색일자: 2018.2.19.)

요는 무역을 통해 환율과 국가 보조금 정책 등에 영향을 받는다. 대두 등 농작물 수출을 적극 장려했던 브라질 정부는 토지 및 수자원 활용에 있어 사실상 거의 제한을 가하지 않았다. 대표적인 대두 재배지인 세하두(Cerrado)[7]지역은 1988년 헌법에서 연방정부가 관할하는 보호지역에 포함되지 않았고, 1965년 브라질 우림법(Forest Code, 법 4,771/65호) 외에 다른 환경 규제는 제정되지 않았다(장수환, 2012: 120). 더구나 대규모 농업과 기계적 생산, 그리고 대자본을 활용한 유전자변형 대두 재배는 브라질의 대두 생산을 획기적으로 늘리는 계기가 되었다. 브라질이 상업적인 유전자변형대두 재배를 처음 허용한 것은 2003년이다. 마침, 1990년대 이후로 국제시장에서 대두 수요는 현저히 증가했고, 1999년 유럽에서 성행했던 광우병 사태로 인해 육류 사료에 대한 경각심을 갖게 되었다. 2001년 중국은 WTO의 회원국이 되었고 중국으로의 대두 수입량은 급격히 증가했다.

장수환(2012)은 대두에 대한 중국의 수요와 브라질의 대두 공급체계를 인과지도로 분석하였다(그림 1). 본 논문에서는 선행연구의 체계동태모형에서 대두의 수요부분을 STELLA Model을 이용하여 분석하였다. 이 모델은 동태(Dynamics)모델링을 위한 시각적인 프로그램으로 대규모 사회-경제적 다양한 변수들의 흐름과 양의 증감을 통해 미래를 예측할 수 있는 시뮬레이션이다. 이 방법은 물리적 과정과 정보의 흐름, 그리고 관리정책이 어떻게 상호 작용하는지 알려주고 그 역동적인 과정에서

7 세하두 지역은 사바나와 초원으로 구성된 197백만 헥타르의 땅으로 브라질 전체 면적의 24%를 차지한다. 11개의 브라질 주(고이아스 주의 대부분, 마뚜그로소주의 일부, 마뚜그로소 두 술, 빠라나, 미나스 제라이스(Minas Gerais), 상 빠울루, 바이아, 피우이(Piauí), 마라냐(Maranhão), 또깐칭스(Tocantins), 론도니아(Rondônia)) 구성되어 있다(USDA, 2016: 6).

해당변수의 움직임을 찾아낼 수 있다. 중국의 대두 수요 증가와 브라질의 대두 농업 사이에는 정부의 정책, 국제적, 국내적 이슈들이 결합되어 있다. 따라서 다양한 변수의 역동적인 상호 작용을 설명하기 위해 이 모델을 이용하였다. 육류와 달걀의 소비 증가, 대두 사료 증가, 육류와 달걀로의 전환율 등은 대두 사료의 수요를 예측하기 위한 중요한 변수이다 (그림 2).

<그림 1> 글로벌 대두 무역 인과지도

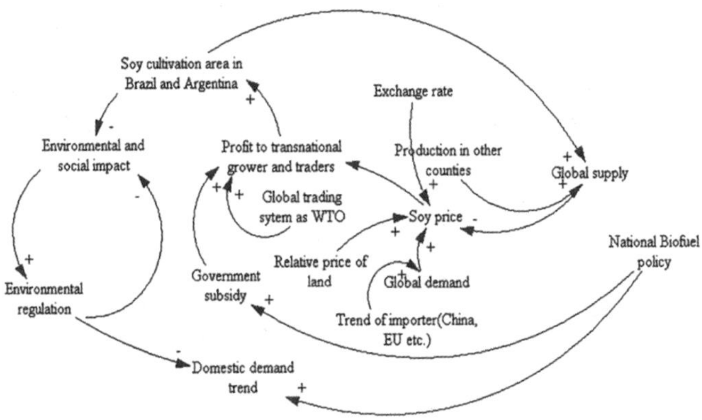

출처: 장수환(2012)

그림 2는 육류, 달걀 그리고 대두 수요의 인과지도이다. 대두의 수요(soybean demand)는 식품(food)과 사료(feed)에서의 수요와 관계있다. 여기서 사료는 육류로의 전환비율(convbersion rates to meet)과 달걀로의 전환비율(convbersion rates to eggs)과 관계있다. 대두 사료는 전환비율에 따라 육류와 달걀을 생산하고, 이러한 전환비율은 대두사료의 수요량을 예측하는 모델에서 중요한 변수이다.

<그림 2> 육류-달걀-대두 수요 인과지도

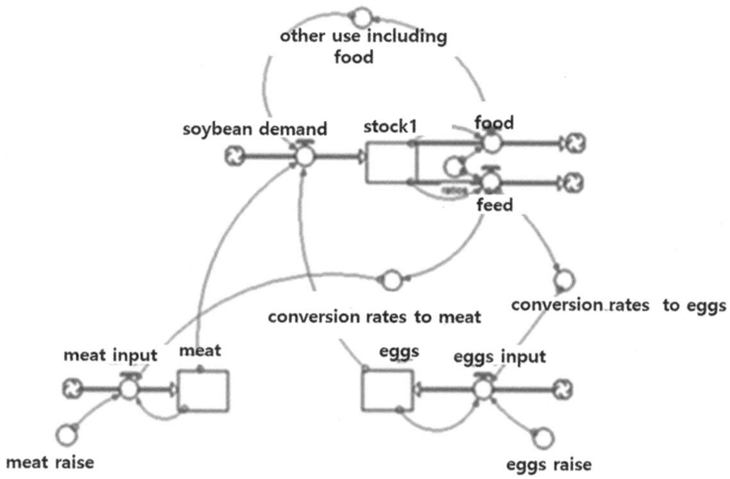

출처: 저자 작성

Ⅲ. 중국의 대두 수요와 전망

1. 중국의 대두 수요 배경

중국은 인구 증가, 급속한 경제 성장, 식생활의 변화 등으로 향후 10년의 국제 농산물 공급 예측에 있어 매우 중요한 나라이다. 1980년대 이후로 농업분석가들은 중국의 식생활에서 육류가 조금 더 풍부해 질 것으로 분석했는데, 결국 중국의 식생활 변화는 세계 농산물 시장에 큰 변화를 가져왔다. 실제로 중국의 육류 수요가 증가하였으며, 증가하는 수요를 충족시키기 위해 축산물의 생산량도 증가하였다. 돼지고기, 소고기, 양고기 등 중국의 축산물 생산량은 1978년 860만 톤에서 2005년 6,158만 톤으로 증가하였다. Liu와 Deblitz은 실증분석을 통해 소득증가와 도시화가 1980년대 이후 중국의 육류 소비 증가의 주요 요인임을 밝혔다(Liu and Deblitz, 2007: 2-14).

최근 미국 농림부는 중국에서의 식생활 변화가 또 한 번 있을 것으로 예측하고 있다. 중국인의 채식 증가, 도시화로 인한 노동력 부족은 중국의 가축업에 영향을 줄 것이다. 과거의 예견은 다소 변화의 폭을 과장한 감이 있지만 예견대로 중국 사료작물 수요가 실제로 크게 증가하였다. 20세기 후반까지 중국인은 쌀, 밀, 콩, 수수 등 탄수화물로부터 90%의 칼로리를 얻었다. 그러나 생활수준이 향상되면서 가축과 사료작물에 대한 수요가 증가하였고, 수요량이 중국내에서의 생산량을 넘어섰다. 과거에는 농산물의 부산물을 사료로 이용하였고, 가족구성원의 노동력도 풍부하였다. 그러나 육류 수요가 증가하면서, 1980년대 초반, 중국에서는 가축산업을 촉진하기 위한 공식적인 조치가 있었다. 이 조치에는 사료제분 산업과 생산성 있는 가축 품종의 수입에 보조금을 주는 내용이 포함되었다. 중국의 가장 많은 농업 수입 품목인 대두는 가축사료로 이용되고, 가축에 단백질을 공급한다. 이는 가축부문의 생산성을 향상시키는 요인이 되었다. 대두 수입이 늘어나자 중국의 농부들은 옥수수 농업을 특화하였고 덕분에 2013년에는 중국에서 가장 비중이 큰 단일 작물이 되었다.[8]

1960년대에서 1990년대까지 중국은 곡물을 자급자족할 수 있었다. 그러나 최근 들어 자급률이 감소하고 있다. 특히, 이러한 곡물 자급률의 감소는 대두에서 두드러지며(그림 3), 이는 대두의 수입량을 나타낸 것이다.

---

8 https://www.ers.usda.gov/amber-waves/2014/april/china-in-the-next-decade-rising-meat-dem and-and-growing-imports-of-feed/

<그림 3> 중국 주요 곡물 및 대두의 공급과 수요의 차이

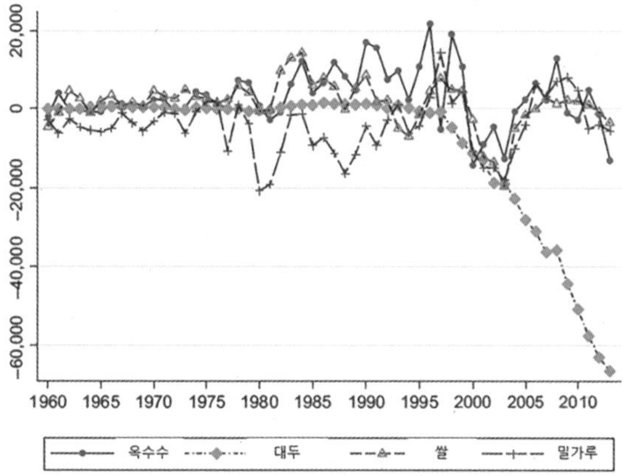

출처: Fukase and Martin(2016: 8)에서 직접인용

<그림 4>는 중국에서 사용되는 전체 대두(가공과 비가공 포함)를 그 이용 분야에 따라 분류하여 작성한 것이다. 2013년을 기준으로 사료로 이용되는 비율은 75.3 %, 식품 10 %, 폐기물 0.8 %, 종자 0.9 %, 기타 이용이 12.2 %이다.

<그림 4>에서 보면, 식품부분의 소비는 지속적으로 감소하는 반면, 사료부문의 소비는 증가하고 있다. 전체 대두 사용량 중 사료부문 이용 비중은 1992년 27 %에서 2010년에는 70 %를 상회하였고 그 이후 70 % 이상을 유지할 정도로 증가하였다. 이와 연계하여, 중국의 육류 소비는 동일 기간 동안 약 2.5 배 증가하였다. 1992년 4,200만 톤에서 1억 200만 톤으로 증가했다. 다음 그림는 1985부터 2013년까지 중국의 평균 육류와 달걀 공급량을 나타낸 것으로 총 증가율은 육류, 달걀 각각 4.4 배와 5.4 배에 이르렀다.

<그림 4> 중국 대두 이용 분야별 비중

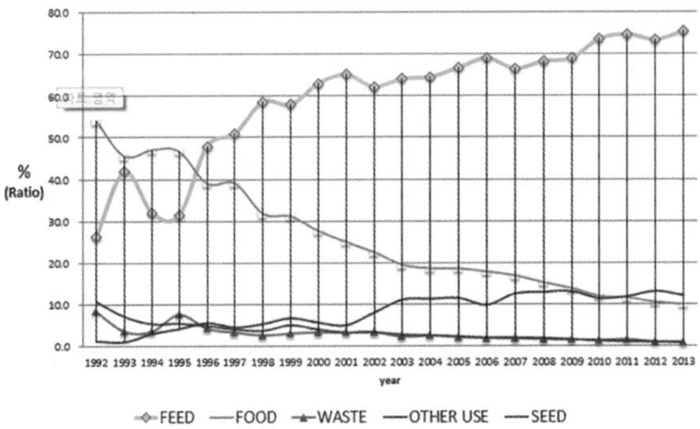

출처: FAOSTAT 자료를 이용하여 저자 작성

<그림 5> 중국의 평균 육류 및 달걀 공급량(1985-2013)

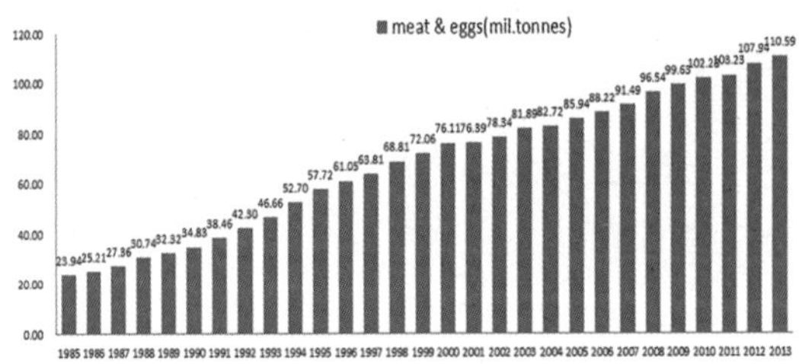

출처: FAOSTAT 자료를 이용하여 저자 작성

2013년 중국의 국내 총 공급량의 83 %에 달하는 6,300만 톤이 수입되었으며, 주요 수입 국가는 브라질(50.2 %), 미국(35.1 %), 아르헨티나(9.7 %) 그리고 기타국가(5 %)였다. 다음 그림은 1992년부터 2013년까지의 중국의 대두 순 수입량과 브라질로부터 수입된 대두가 차지하는 비율(%)을 나타낸 것이다.

<그림 6> 중국의 대두 순 수입량(백만 톤) 및 브라질로부터 수입된 대두의 비중(%)

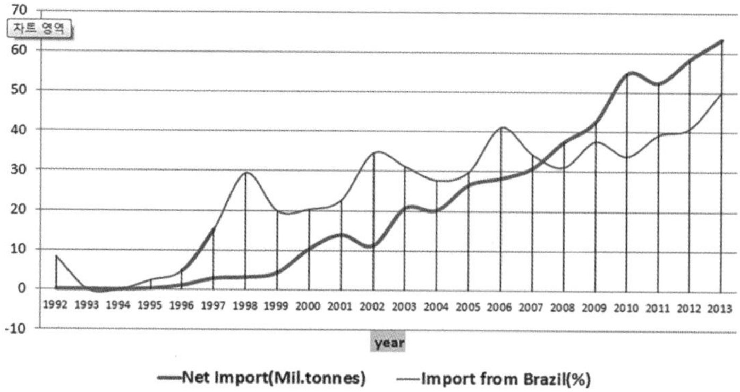

출처: FAOSTAT 자료를 이용하여 저자 작성

2. 중국의 인구 전망과 대두 수요 예측

국제연합식량농업기구(FAO, Food and Agriculture Organization of the UN)와 유엔개발계획(UNDP, UN Development Plan)의 중국의 육류 소비와 인구통계를 근거로 중국에서의 대두사료 수요량을 1992년에서 2050년까지 STELLA Model을 이용하여 추정하였다. 인구변수는 추정치와 예정치를 이용하여 계산[9]하였다. 실선은 대두 수요량을 나타낸 것이고, 점선은 예측치를 나타낸 것이다. 대두의 수요량은 인구의 증가와 양의 관계를 가지고 있으며, 달걀의 수요량도 인구와 양의 관계에 있다.

인구 Est. & Proj. (1992-2050)

대두 사료 =(2E-125)* 인구(Pop.)^20.585(R2=0.96)

달걀 = 인구(Pop.)*0.00008-89.267

9 http://populationpyramid.net/china/2050/

아래 그림은 중국의 대두 수요량의 추정 그래프이다. 가로축은 인구를 나타내며, 세로축은 대두 사료 추정량을 보여준다.

<그림 7> 중국의 대두사료 수요량 추정(대두사료: 백만 톤, 인구: 백 명)

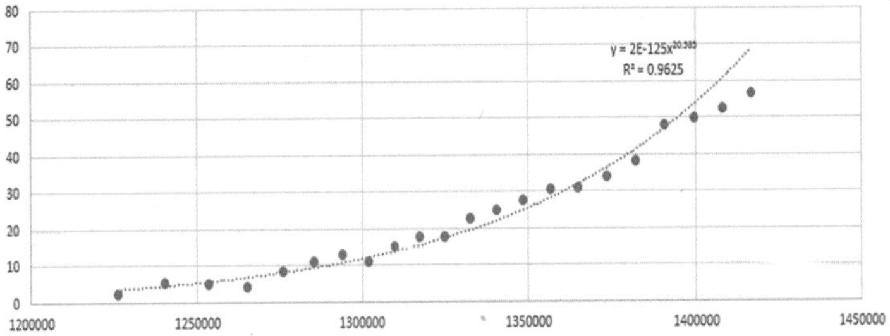

출처: 저자 작성

1950년대에서 2100년까지의 인구통계 피라미드를 보여주는 'Population Pyramid.net'에 따르면 중국의 인구 증가율은 2030년을 기점으로 증가율이 0에 가까워지며, 그 이후 감소세로 들어설 것이다.[10] 중국의 이러한 인구증가율 감소를 반영하여 1992년에서 2050년까지의 추정 및 예측한 육류, 달걀, 대두 수요 증가율은 다음과 같다.

대두 수요에 영향을 미치는 요인은 육류와 달걀 소비가 주요변수이며, 사료에 들어가는 대두의 수요량은 육류 스톡(Meat stock)과 육류 투입(Meat Input), 달걀 스톡(Eggs Stock)과 달걀 투입(Eggs Input)에 영향을 받는다. 이러한 흐름을 토대로 추정한 달걀, 육류, 대두사료의 추세는 <그림 9>와 같다. <그림 9>의 인과지도는 그림 2의 '육류-달걀-대두 수요 인과지도'에서 이용 가능한 변수인 사료대두, 육류 스톡, 달걀 스톡,

10 http://populationpyramid.net/china/2050/

달걀 투입, 육류 투입을 이용하여 대두 사료에 대한 수요를 1992년에서 2050년까지 추정한 것이다.

<그림 8> 중국의 인구증가율과 이에 따른 육류, 달걀, 대두사료 수요 증가율 예측

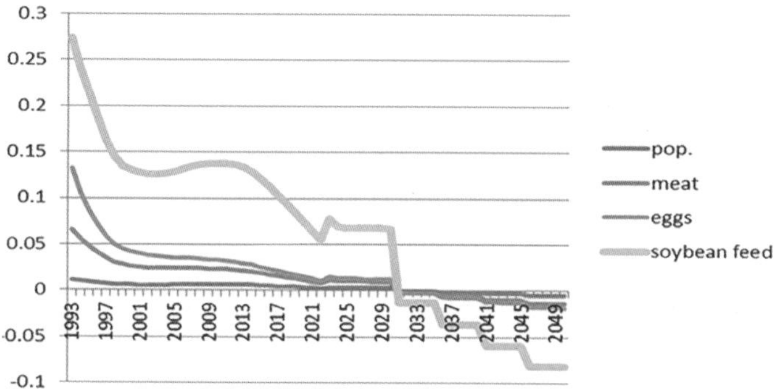

출처: 저자 작성

<그림 9> 사료작물 대두의 수요량 예측 모델

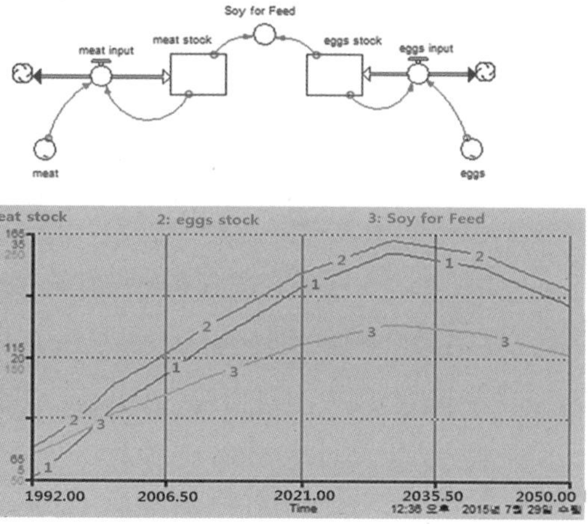

출처: 저자 작성

2030년을 기점으로 인구의 감소에 따라 달걀과 육류의 소비가 감소하고, 이에 따라 사료 작물인 대두의 수요 또한 감소할 것으로 나타났다.

Ⅳ. 브라질의 대두 농업과 생산성

1. 브라질 농업 일반 현황

브라질 농업 부문의 성장은 농업 성장과 연계한 경제 및 국토 균형 발전을 추진하던 1960년대 군부정권의 정책으로 거슬러 올라간다. 군부정권은 농업 성장과 산업 발전을 연계한 전략을 통해 농입수출을 유도하였고, 이를 통해 외환 보유고를 증가시켰다(Geraldo Sant'Ana de Camargo Barros et al., 2007: 31). 또한 통합적 통치 또는 지역 균형적인 통치를 원했던 군부정권은 정치적 전략으로 브라질의 농업 지역을 동부와 남동부 연안지역에서 점차 중서부 지역으로 확대하였다(Randal D. Schnepf et al., 2001: 36).

남동부 지역의 대표적 농작물 재배지는 히우 그란지 두 술(Rio Grande do Sul)주, 산따 까따리나(Santa Catarina)주, 빠라나(Paraná)주이다. 중서부 지역은 마또 그로수(Mato Grosso)주, 마또 그로수 두 술(Mato Grosso do Sul)주, 고이아스(Goias)주, 브라질리아 연방구(Districto Federal) 주변 지역으로 구성된다. 대두, 옥수수, 밀, 쌀, 목화, 커피, 오렌지, 사탕수수, 구근식물 등 다양한 농작물의 생산이 이 두 지역에 집중되어 있다(장수환, 2015: 85-86). 2000년대 후반부터 대두와 옥수수 등 농작물의 재배는 저렴한 토지 가격, 교통 인프라의 편리성 등으로 인해 북쪽으로도 확대되었다. 북쪽 지역은 마라냥(Maranhão)주, 또깐칭스(Tocantins)주, 삐아우이(Piauíi)주, 바이아(Bahia)주를 포함한다(USDA,

2016: 5-7).

수십 년 동안 농작물 수입국이었던 브라질이 점차 수출국으로 변모하게 된 데에는 농업기술의 개발, 무역 자유화, 다국적 기업의 투자와 유전자변형 농작물에 대한 법적 허용 등의 영향이 있다. 브라질의 농업연구개발청(EMBRAPA, Empresa Brasileira de Pesquisa Agropecuária)은 1976년 설립 당시부터 현재까지 농업 관련 연구개발(R&D)을 주도하고 있으며, 농업 정책의 변화를 이끌었다. 1990년대의 물가안정화정책, 남미공동시장(MERCOSUR, Mercado Común del Sur)의 출범 등 무역 개방 및 자유화로 인해 브라질의 수입 장벽이 점차 사라졌고, 그 결과 질소(N), 탄산칼슘 등 농업 생산을 위한 화학비료의 수입이 증가하였다. 또한 다국적 영농 기업들의 등장과 유전자변형 대두 및 옥수수 생산의 법적 허용 등으로 브라질의 농업 생산량은 지속적으로 증가하였다(장수환, 2015: 90-92).

<그림 10> 브라질의 주 및 지역 구분

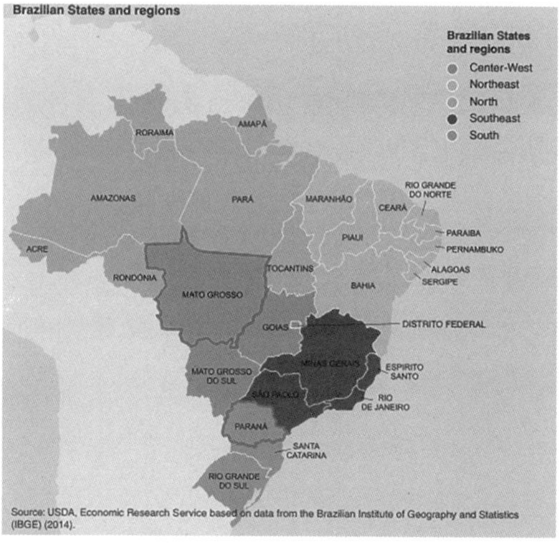

출처: USDA, 2016: 6에서 직접 인용

2. 브라질 대두 농업과 생산성

브라질의 기후 및 지리적 조건은 국가 전체에 걸쳐 농작물 생산을 가능케 하였으며, 이로 인해 브라질의 농업 생산량은 지속적으로 증가해왔다. 특히 브라질의 대두 생산 및 수출은 미국에 이어 세계 2위를 기록하고 있다(AMIS, 2016). 대두의 생산 및 수출은 브라질 농업에서 중요한 비중을 차지하고 있으며, 다른 농작물에 비하여 생산량이 급격하게 증가하였다. 밀의 경우 2007/08년 400만 톤에서 2016/17년 680만 톤으로 약 167 % 증가하고, 옥수수는 5,100만 톤에서 6,300만 톤으로 122 % 증가한 반면, 대두는 6,000만 톤에서 1억 1400만 톤으로 190 % 증가하였다.[11]

대두 재배지 확산은 생산량의 증가를 뒷받침하였다. 육류 소비가 증가하면서 사료로 쓰이는 대두의 수요도 증가했다. 이를 위해 세하두 등 많은 지역이 농지로 개편되었다(그림 10 참고). 또한 유전자변형 기술 및 다국적 회사의 투자는 농업의 기계화를 초래했다. 기계화된 농업에 유리한 아열대 및 열대 평야지역과 아마존 남부 지역으로도 확장되었다(장수환, 2012:109-111). 유전자변형 대두의 재배는 몬산토(Monsanto)사가 1996년 아르헨티나에서 시작했다. 브라질에서는 1998년 히우 그란지 두 술 주에서 불법으로 재배되기 시작했으며, 이후 2000년대 초반 룰라 정부가 유전자변형 대두 종자의 재배를 합법화 하는 법률을 통과시키면서, 본격화되었다. 아르헨티나, 브라질, 파라과이, 볼리비아 등 남아메리카 유전자변형 대두 생산 경작지는 2013년 전 세계 대두 경작지의 79%를 차지하고 있다(정승희, 2016: 41-44).

11 http://statistics.amis-outlook.org/data/index.html# (검색일자: 2018. 2. 19)

<그림 12>는 일명 '대두 도로'라고 불리는 BR-163 고속도로 구간을 나타낸다. 마뚜 그로수 주 북쪽 지역에서의 대두 재배지 확산과 이곳에서 생산한 대두 수송을 위하여 BR-163 고속도로(Cuiaba'- Santarém)가 건설되었다. 이 고속도로는 마뚜 그로수 주의 꾸이아바(Cuiabá)에서 빠라(Pará)주의 산따렝(Santarém)을 잇는다(Philip M. Fearnside Environ Manage, 2007: 601-602).

<그림 11> 대륙별 유전자변형 작물 생산 면적 비교(1996-2014)

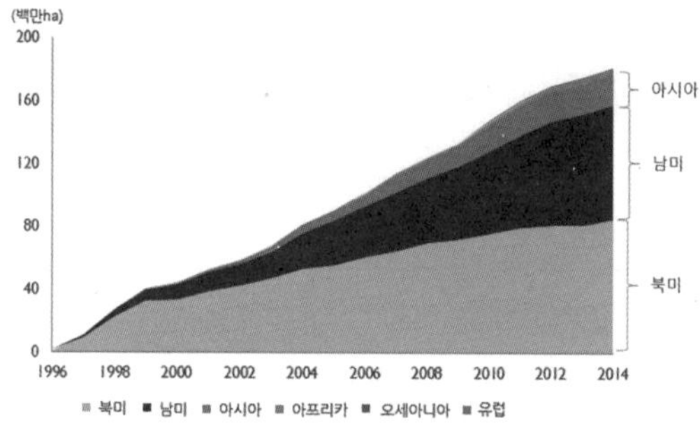

출처: http://vitalsigns.worldwatch.org/vs-trend/genetically-modified-crop-industry-continues-expand

<그림 12> BR-163 고속도로 구간

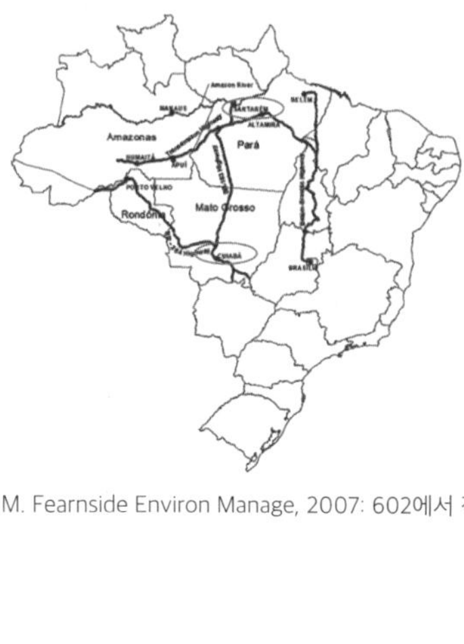

출처: Philip M. Fearnside Environ Manage, 2007: 602에서 직접인용

대두 생산의 증가와 함께 수출도 증가하였는데, 브라질의 대두 생산과 수출 증가의 주요 동력은 중국의 대두 수요 증가에 있다. <그림 13>은 1998년에서 2018년까지 실제 데이터 및 예측한 대두 생산량과 수출량, 중국으로의 수출량을 나타낸 것이다(장수환 2012: 117). 브라질의 대두 생산량과 평균 수출량은 지속적인 증가추세를 보이고 있다. 중국으로의 대두 수출은 평균 수출량 증가보다 더욱 급격하게 증가하고 있다. 이는 중국의 증가하는 대두 수요와 대두 공급처로서 브라질의 중요성을 보여준다.

<그림 13> 브라질 대두 생산과 수출: 과거 데이터와 예측

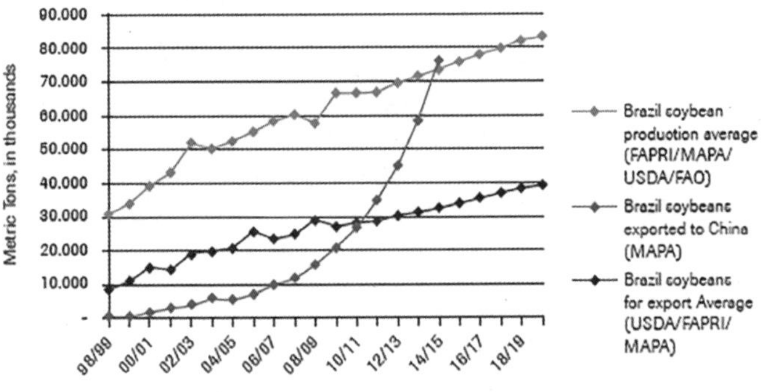

출처: 장수환(2012:, 117)에서 간접인용
(http://www.nature.org/ourinitiatives/regions/southamerica/brazil/explore/brazil-china-soybean-trade.pdf)

앞서 살펴본 바와 같이 브라질은 대두 재배지의 확산과 기술 개발 등을 통해 생산량을 늘려왔고, 이를 통해 중국과의 무역 관계도 강화해 왔다. 그러나 다국적 기업 중심의 유전자변경 대두 재배 및 이를 위한 재배 면적의 확대는 많은 문제를 야기하고 있다. 대두 생산과 수출을 통한 이익을 위하여 대규모 기업농들은 소농들의 땅을 사고, 소농들은 도시의 빈민으로 전락하거나 저항하며 사회적 갈등의 원인이 되고 있다. 또한 유전자변형 대두 재배를 위해 사용하는 독성이 강한 제초제는 경작지 주변의 생태계 및 주민들의 건강을 위협한다(정승희, 2016: 44-49).

<그림 14> 브라질의 대두 재배 면적, 생산성 및 농약 사용 추이

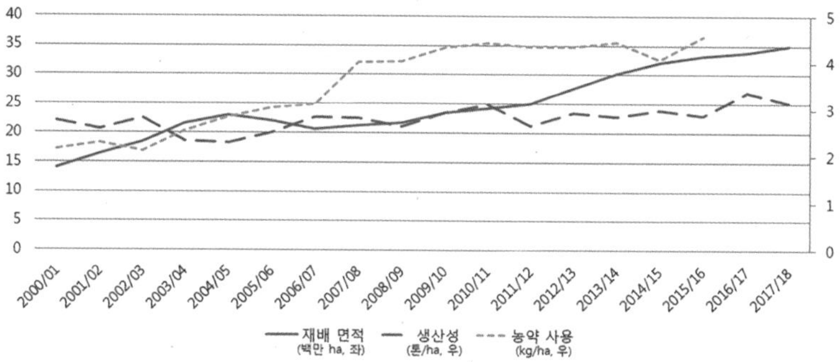

출처: http://statistics.amis-outlook.org/data/index.html#COMPARE(대두 재배 면적, 생산성), http://www.fao.org/faostat/en/#data/EP(농약 사용)

브라질에서는 이러한 부정적 영향에도 불구하고 유전자변형 대두 경작지가 확대되어 왔다. 그러나 최근 들어 대두 농업의 생산성 증대는 둔화되고 있다. <그림 14>은 브라질 대두 재배 면적과 생산성 및 농약 사용의 추이이다. 2000년에서 2017년까지 재배 면적은 1,400만 헥타르에서 2017/18년 3,500만 헥타르로 2.5배 증가한 반면, 생산성은 같은 기간 2.8 톤/ha에서 3.1 톤/ha으로 약 1.1배만 증가하였다.[12] 이러한 생산성의 둔화 추이는 쌀의 생산성 증가, 밀의 생산성 증가 등과 비교할 때 더

12 http://statistics.amis-outlook.org/data/index.html#COMPARE (검색일자: 2018. 2. 19)

욱 두드러진다.[13] 또한 농약 사용량[14]이 급격하게 증가하고 있다. 농약의 사용이 증가함에도 불구하고, 생산성 증대가 둔화되는 것은 수확체감의 법칙을 보여준다. 즉, 단위당 토지에 추가로 농약을 투입할 때 생산성이 사용된 농약의 증가를 따라가지 못한다는 것이다. 이는 결국 대두를 생산하기 위해 드는 단위당 비용을 점차 증가시키고. 여기에는 재배면적의 증가 비용도 포함된다.

V. 결론

본 논문에서는 대두 무역에 대한 국제 동향, 중국의 대두 수요와 전망, 브라질의 농업 현황 및 대두 농업 현황과 생산성을 검토하였다. 중국은 전 세계 대두 무역량의 60 % 이상을 수입하는 주요 대두 수입국이다. 농촌 인구 감소, 축산업 정책 변화, 도시화와 소득증가로 인한 식생활 변화 등으로 대두의 수요는 증가하였지만, 토지 생산성 저하, 토지 사막화 및 오염으로 인해 자국 내 생산 보다는 수입에 의존하게 되었다. 이러한 중국의 대두 수입 증가세는 최근 20여 년 동안 꾸준히 지속되었다. 브라질은 대두 작물의 재배지 확산, 유전자변형 기술의 개발 및 다국적 기업의 투자 등으로 인해 대두 생산량을 획기적으로 증가시켜 왔으며, 미국에 이어 세계 2위의 대두 수출국이 되었다. 특히, 중국으로의 대두 수출이 급격히 증대되어, 대두 무역에 있어서 중국과 브라질은 상호 의

13 장수환(2015) pp. 96-101 참고

14 FAO의 농약 사용 데이터는 한 해 단위('2000년')로 되어 있고, 여기서는 '2000년' 데이터를 '2000/01년'에 대입하여 작성하였다.

존적인 관계를 형성하고 있다.

그러나 앞으로 10여년 이후에는 중국의 대두 수입 증가율이 둔화될 것으로 전망된다. 중국의 인구 증가율 감소, 채식 증가 등 식생활 변화를 그 이유로 제시하였다. 인구 증가율 감소를 반영한 육류, 달걀, 대두사료 수요의 증가율을 분석한 결과 2030년 인구 증가율이 0에 가까워지면서, 대두사료의 수요 증가율도 감소세에 들어설 것으로 예측하였다.

반면, 브라질의 경우, 농지로의 대규모 토지 이용 전환과 유전자변형 농산물의 육성이 뒷받침되어 대규모 기업형 농업이 이루어지고 있다. 그러나 재배 면적은 계속적으로 확장되고 농약 사용량이 증가하고 있음에도 불구하고, 농업 생산성은 그 증가에 미치지 못하고 있다. 브라질은 대두 생산을 위해 재배 면적을 확대하고 농약 사용을 늘리고 있지만, 토지는 기존의 생산력을 발휘하기 어려운 상황인 것이다.

그동안 방대한 토지를 녹색혁명으로 농지화하고 전 세계 농산물 수요의 주요 공급처 역할을 하고 있는 브라질로서는 중국과 같은 중요 농업 무역국의 주요작물에서의 수요 변동은 빠르게 대처하기 힘든 과제일 수 있다. 그러나 브라질의 대두농업 투자 확대에도 불구하고 앞으로 10여년이 지나면 주요 수입국인 중국의 대두 수요는 점차 감소될 것으로 전망된다. 따라서 대두 생산지를 무조건적으로 확대하기보다는 무역 대상국의 해당 농산물에 대한 수요 예측의 정확도를 높이고, 향후 다른 농산물에 대한 수요 예측도 필요하다. 무엇보다 유전자 변형 작물위주의 대량 생산보다는, 생태적 관점에서 브라질 농업의 지속성을 보장해주는 힘이 오로지 토양과 씨앗에 있다는 단순한 진실을 받아들이는 농업활동으로의 전환이 절실히 요구된다.

본 논문은 대두 무역에 대한 실증적 분석을 위주로 하였으며, 실제

무역에서의 다양한 정책과 제도에 대해 반영하지 못하여 다각적으로 분석하는 데에는 한계가 있었다. 추후 연구를 통해 이러한 한계는 보완되어야 할 것으로 생각된다.

참고문헌

장수환(2012). “글로벌화된 애그리비지니스의 인과관계분석-브라질, 아르헨티나의 대두 농업을 중심으로”, 『포르투갈-브라질 연구』, 제9권, 1호, 105-134.

장수환, 하상섭, 정경원(2015). “브라질과 아르헨티나의 농업생산성 변화와 기후 변화에 대한 농업 적응방향”, 『포르투갈-브라질 연구』, 제12권, 1호, 83-116.

정승희(2016). “유전자변형 대두가 만든 남아메리카의 녹색사막”, 『트랜스라틴』, 34호

한국농촌경제연구원(2008). “중국의 식량수급 동향과 식량안보 중장기계획”, 『중국농업정책브리핑』, 제08-15호(중국 국가발전개혁위원회 통계자료 재인용)

AMIS(Agricultural Market Information System)(2016). “Soybeans: world market situation and 2016/17 outlook” 발표자료

http://www.amis-outlook.org/fileadmin/user_upload/amis/docs/market_group_10/Presentations/Soybeans.pdf

Food & Water Europe(2011). The Perils of the Global Soy Trade.

Fukase, E., & Martin, W. (2016), “Who will feed China in the 21st century? Income growth and food demand and supply in China”, Journal of Agricultural Economics, Vol. 67, No. 1

Geraldo Sant’Ana de Camargo Barros et al.(2007). “The Brazilian Cerrado Experience with Competitive Commercial Agriculture: A Critical Review”, Competitive Commercial Agriculture in Sub-Saharan Africa(CCAA) Study. The World Bank.

Liu, H., & Deblitz, C. (2007), "Determinants of meat consumption in China", Asian Agribusiness Research Centre Charles Sturt University, Working Paper 40, https://www.researchgate.net/publication/228850744_Determinants_of_meat_consumption_in_China

Margaret Myers and Guo Jie(2015), “CHINA’S AGRICULTURAL INVESTMENT IN LATIN AMERICA: A Critical Assessment”, JUNE 2015

Philip M. Fearnside(2007). “Brazil’s Cuiaba´- Santarém (BR-163) Highway: The Environmental Cost of Paving a Soybean Corridor Through the Amazon”, Environmental Management, Vol. 36, No. 5, 601-614. 39:601-614

Schnepf, Randal. D., Dohlman, Eric and Bolling, C.(2001).

"Agriculture in Brazil and Argentina: Developments and Prospects for Major Field Crops", Agriculture and Trade Reports, WRS-01-3, Market and Trade Economics Division, Economic Research Service, U.S. Department of Agriculture(WRS-01-3), https://www.ers.usda.gov/webdocs/publications/40339/15081_wrs013_1_.pdf?v=41057

USDA(United States Department of Agriculture)(2016), "Corn and Soybean Production Costs and Export Competitiveness in Argentina, Brazil, and the United States"

https://research.rabobank.com/far/en/sectors/grains-oilseeds/Growing-Soy-Exports-to-China.html

https://www.reuters.com/article/us-china-economy-trade-soybeans/soy-source-brazils-share-of-soybean-exports-to-china-hits-record-idUSKBN1FE111

https://research.rabobank.com/far/en/sectors/grains-oilseeds/Growing-Soy-Exports-to-China.html

https://www.ers.usda.gov/amber-waves/2014/april/china-in-the-next-decade-rising-meat-demand-and-growing-imports-of-feed/

http://populationpyramid.net/china/2050/

http://statistics.amis-outlook.org/data/index.html#COMPARE

http://www.fao.org/faostat/en/#data/EP

| 3부 |

기후 변화 온실가스 배출 관리

1장

Preliminary analysis of the development of the Carbon Tracker system in Latin America and the Caribbean

2장

브라질법상 탄소 배출권의 법적 성격에 관한 논의

3장

아르헨티나 마끄리 정부의 재생 에너지 개발 정책 도입과 한계 고찰

1장

Preliminary analysis of the development of the Carbon Tracker system in Latin America and the Caribbean*

장유운, 박일수, 하상섭, 장수환, 정경원, 이강웅, 김원호, 최용주, 조천호

1. Introduction

Atmospheric measurements show that the global average atmospheric carbon dioxide (CO_2) concentration is currently above 398 parts per million (ppm) and rising. Gaining a more accurate understanding of the CO_2 fluxes involved in the global carbon cycle will require a greenhouse gas monitoring system with adequate accuracy and precision to objectively quantify progress in reducing CO_2 emissions. The current sparse network of observation sites across North America and elsewhere provides for calculating annual continental fluxes of CO_2. But evaluating the success of mitigation measures requires fluxes to be resolved within much smaller regions. Current ground-based

* 이글은 Atmósfera 27(1)(2014, pp 61-76)에 게재되었던 논문입니다.

measurement technology can provide the required precision, but the number of measurements is still insufficient. A powerful way to use these data is in a data assimilation system, which can utilize diverse types of data to develop a unified description of the modeled physical/biogeochemical system consistent with the observations. The current grid scale for assimilation systems—such as Carbon Tracker, the first data assimilation system to provide CO_2 flux estimates is limited to a resolution of about 100 km or larger, primarily due to computer resource limitations (Marquis and Tans, 2008).

Knowledge of current carbon sources and sinks, their spatial distribution, and their variability in time are essential components for predicting future atmospheric CO_2 concentrations, and in turn the anthropogenic perturbation of radiative forcing by CO_2(Denman et al., 2007; Hougton, 2007). To that end, we analyze a unique vertical profile sampling strategy using the Carbon Tracker-CT2011 which was implemented by the National Oceanic and Atmospheric Administration/Earth System Research Laboratory(NOAA/ESRL) to extract signatures of the exchange of CO_2 and trace gases at continental scales and their associated variability(Crevoisier al., 2010).

As a scientific tool the Carbon Tracker will, together with long-term monitoring of atmospheric CO_2 concentrations, help improve our understanding of how carbon uptake and release from terrestrial and ocean ecosystems are responding to a changing climate, increasing atmospheric CO_2 and other environmental changes, including management strategies. The Carbon Tracker system will play a major role as a tool that can monitor, diagnose, and possibly predict the behavior of the global carbon cycle and the climate system. and can monitor annual carbon flux at regional and global scales even though the accuracy is lower than other approaches as shown in Table 1 (Hiroshi al., 2013).

Table 1. Carbon flux methods and their characteristics

	Chamber-based measurement		Soil-CO_2 Profile	Micro meteorology	Carbon Tracker
	Closed	Open	Calculation by Fick' Law	Eddy Correlation	TM5 nested Transport Model
Accuracy	Ideal	Good	Good	Good/Fair	Good/Fair
Continuous	Yes/No	Yes	No	Yes	Yes
Environmental modification	Large/ Small	Small	No	No	No
Cost	Low	High	Low	High	High/Low
Measuring GHG	CO_2,CH_4, N_2O	CO_2,CH_4	CO_2,CH_4, N_2O	CO_2,CH_4, N_2O	CO_2,CH_4
Application					
Forest	Yes	Yes	Yes	Yes/No	Yes
Grassland	Yes	Yes	Yes	No	Yes
Wetland	Yes	Yes	Yes	No	Yes
Ocean	Yes/No	Yes/No	No	Yes/No	Yes
Scale					
Temporal	Local	Local	Local	Local	Regional/global
Spatial	min ~ hr	min ~hr	min ~ hr	min ~hr	hr ~ yr

The Carbon Tracker can also become a policy support tool. The Carbon Tracker can accurately quantify natural and anthropogenic CO_2 emissions and uptake at regional scales, which are currently limited by sparse observational networks. With adequate observations, the Carbon Tracker can be used to track regional emissions, including those from fossil fuel use, over long time periods. This will provide an independent check on emissions accounting and estimates of fossil fuel use based on economic inventories. With the Carbon Tracker, responses to policies aimed at limiting greenhouse gas emissions can be evaluated. This independent measure of the effectiveness of policy choices can help improve mitigation strategies. The Carbon Tracker is intended to be a tool for the community. Policy makers, industry, scientists, and the public can use information from Carbon Tracker to make informed decisions to limit greenhouse gas levels in the atmosphere.

Our ability to accurately track carbon with improved spatial and temporal resolution is dependent on our ability to analyze an appropriate number of samples to characterize atmospheric variability. Its ability to accurately quantify natural and anthropogenic emissions and uptake at regional scales is currently limited by a sparse observational network.

The Carbon Tracker could be used as a tool for understanding other atmospheric species and their possible roles related to the global carbon cycle. Carbon Tracker North America, Carbon Tracker Europe, and Carbon Tracker Asia are already operating, and Carbon Tracker Methane and Carbon Tracker Australia are being developed (NOAA/ESRL, 2013). Carbon Tracker 2011 is the sixth release of the NOAA CO_2 measurement and modeling system. Carbon Tracker is designed to keep track of sources (emissions to the atmosphere) and sinks (removal from the atmosphere) of carbon dioxide around the world, using atmospheric CO_2 observations from a host of collaborators. The current release of Carbon Tracker, CT2011, provides global estimates of these surface fluxes of CO_2 from January 2000 through December 2010(NOAA/ESRL, 2013).

Latin America and the Caribbean, neighboring the Pacific and Atlantic Ocean, have abundant natural resources and important ecological landforms. In South America, the Amazon River, with the largest drainage basin in the world, approximately 7,050,000 km2, accounts for approximately one-fifth of the world's total river flow and the Amazon basin has lost an area of about 78,000 km2 since 1960 mainly due to economic development. Even though carbon emissions in 2009 from fossil fuel use in South America was responsible for about 2 % of the global emissions, the atmospheric CO_2 concentration in South America is only 2 ppm lower than global average CO_2 concentration (Park et al., 2012). Deforestation and ecosystem degradation have increased anthropogenic CO_2 emissions, which have resulted in climate change during the past several decades (Ellsaesser, 1990).

The Carbon Tracker Latin America and the Caribbean will play a major role in analyzing carbon fluxes from terrestrial photosynthesis (CO_2 sink) and respiration (CO_2 source),uptake of other greenhouse gases, gas exchange between the atmosphere and oceans, and gas emissions from forest fires and fossil fuel use. This analysis presents a discussion of the trends in the carbon fluxes in the biosphere, ocean, and emissions from forest fires and fossil fuel use in Latin America and the Caribbean using the Carbon Tracker system.

2. Introduction to the Carbon Tracker

Carbon Tracker is a system that calculates carbon dioxide uptake and release at the Earth's surface over time, and is composed of 7 modules as shown in figure 1(NOAA/ESRL, 2013). It estimates the carbon dioxide exchange from an 'atmospheric point of view'.

Fig. 1. Description of data source and spatial resolution in Carbon Tracker modules

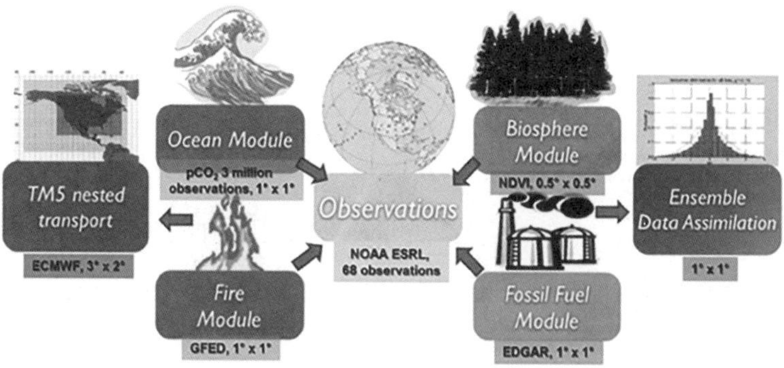

1) Ocean module

The oceans play an important role in the Earth's carbon cycle. They are the largest long-term sink for carbon and have an enormous capacity to store and redistribute CO_2 within the Earth system. Oceanographers estimate that about 48% of the CO_2 from fossil fuel burning has been absorbed by the ocean (Sabine et al., 2004). Although much progress has been made in recent years in understanding and quantifying ocean sink, considerable uncertainties remain to the distribution of anthropogenic CO_2 in the ocean. It was reported that 20 to 35 % of anthropogenic CO_2 emissions was sequestering by ocean (Samar et al., 2009). The annual changes in oceanic sinks are well constrained and small (Gruber et al. 2009).The annual change in oceanic sinks is well constrained and small (Gruber et al., 2009).

The dissolution of CO_2 in seawater shifts the balance of the ocean carbonate equilibrium towards a more acidic state with a lower pH. This effect is already measurable (Caldeira and Wickett, 2003), and is expected to become an acute challenge to shell-forming organisms over the coming decades and centuries. Although the oceans as a whole have been a relatively steady net carbon sink, CO_2can also be released from oceans depending on local temperatures, biological activity, wind speeds, and ocean circulation. These processes are all considered in Carbon Tracker, since they can have significant effects on the ocean sink. Improved estimates of the air-sea exchange of carbon in turn help us to understand variability of both the atmospheric burden of CO_2 and terrestrial carbon exchange. Oceanic uptake of CO_2 in Carbon Tracker is computed using air-sea differences in partial pressure of CO_2 inferred either from ocean inversions, or from a compilation of direct measurements of seawater pCO_2. These air-sea partial pressure differences are combined with a gas transfer velocity computed from wind speeds in the atmospheric transport model to compute fluxes of carbon dioxide across the sea surface (NOAA/ESRL, 2013).

2) Biosphere module

The biosphere component of the terrestrial carbon cycle consists of all the carbon stored in biomass. This includes trees, shrubs, grasses, carbon in soils, dead wood, and leaf litter. These reservoirs of carbon can exchange CO_2 with the atmosphere. Exchange starts when plants take up CO_2 during their growing season through the process of photosynthesis (CO_2 sink). Some of this carbon is released back to the atmosphere throughout the year through respiration (CO_2 release). This includes both the decay of dead wood and litter and the metabolic respiration of living plants. Vegetation also returns carbon to the atmosphere when biomass is burned. The biosphere model currently used in Carbon Tracker is the Carnegie-Ames Stanford Approach (CASA) biogeochemical model. This model calculates global carbon fluxes using input from weather models to drive biophysical processes, as well as satellite observed Normalized Difference Vegetation Index (NDVI) to track plant phenology. The version of the CASA model used so far was run using year by year climate data and satellite observations, including the effects of fires on photosynthesis and respiration (Giglio et al, 2006). This simulation gives 0.5° x 0.5° global fluxes on a monthly time resolution.

3) Fire module

Forest and grassland fires are an important part of the carbon cycle and have been so for many millennia. Even before human civilization began to use fires to clear land for agricultural purposes, most forest ecosystems were subject to natural fires that would rejuvenate old forests and add nutrients to the soils. When fires consume part of the landscape in either controlled or natural burning, carbon dioxide (together with other gases and aerosols) is released in large quantities. Each year, vegetation fires emit around 2 PgC as CO_2 into the atmosphere, mostly in the tropics. Currently, a large fraction of these fires are started by humans, and most are intentionally used to clear land for agriculture, or to re-fertilize soils before a new growing season. This important component of the carbon cycle is monitored mostly from space, while sophisticated biomass burning models are used to estimate the amount of CO_2 emitted by each fire. These estimates are then used in Carbon Tracker to prescribe the emissions, without further refinement by our measurements. The fire module currently used in Carbon Tracker is based on the Global Fire Emissions Database (GFED), which uses the CASA biogeochemical model to estimate the carbon fuel in various biomass pools. The dataset consists of 1° x 1° gridded monthly burned area, fuel loads, combustion completeness, and fire emissions (C, CO_2, CO, CH4, NMHC, NOx, N2O, PM2.5, Total Particulate Matter, Total Carbon, Organic Carbon, Black Carbon) for the time period spanning January 1997 to December 2009 (NOAA/ESRL, 2013).

4) Observations

The observations of CO_2 mole fraction by NOAA ESRL and partner laboratories are at the heart of Carbon Tracker. They inform us on changes in the carbon cycle, whether they are regular (such as the seasonal growth and decay of leaves and trees), or irregular (such as the release of carbon by forest fires). The results in Carbon Tracker depend directly on the quality, amount and location of observations available, and the degree of detail at which we can monitor the carbon cycle reliably increases with the density of the observation network. Carbon Tracker uses measurements of air samples collected at surface sites in the NOAA ESRL Cooperative Global Air Sampling Network, the Commonwealth Scientific and Industrial Research Organization(CSIRO) Air Sampling Network and the Nuclear and Energy Research Institute /Environmental and Chemistry Centre (IPEN-CQMA) sampling program where available, except those flagged for analytical or sampling problems, or those thought to be influenced by local sources. The sites for which data are available thus vary each week depending on successful sampling and analysis and the sampling frequency at each site. In South America, three stations in Arembepe, Bahia (12.77°S, 38.17°W) Brazil, Easter Island (27.15°S, 109.45°W) Chile, and Tierra Del Fuego, Ushuaia (54.87°S, 68.48°W) Argentina are used by Carbon Tracker (NOAA/ESRL, 2013).

5) Fossil fuel module

Human beings first influenced the carbon cycle through land use change. Early humans used fire to control animals and later cleared forest for agriculture. Over the last two centuries, following the industrial and technical revolutions and the increase in world population, fossil fuel combustion has become the largest anthropogenic source of CO_2. Coal, oil and natural gas combustion are the most common energy sources in both developed and developing countries. Various sectors of the economy rely on fossil fuel combustion: power generation, transportation, residential/commercial building heating, and industrial processes. In 2008, the world emissions of CO_2 from fossil fuel burning, cement manufacturing, and flaring reached 8.7 Pg C /yr and for 2009 and 2010 to be 8.6 Pg C yr-1 and 9.1 Pg C yr-1 respectively (Boden et al., 2011).The fossil fuel emission inventory is derived from independent global total and spatially-resolved inventories. Annual global total CO_2 emissions in fossil fuel are from the Carbon Dioxide Information and Analysis Center (CDIAC) (Boden et al. 2011) which extend through 2008. In order to extrapolate these fluxes to 2009 and 2010, the percentage increase or decrease for each fuel type (solid, liquid, and gas) in each country from the 2011 BP Statistical Review of World Energy for 2009 and 2010 has been used. The fossil fuel CO_2 fluxes are spatially distributed in two steps: First, the coarse-scale flux distribution country totals from Boden et al. (2011) are mapped onto a 1°x1° grid. Next, the country totals are distributed within countries according to the spatial patterns from the Emission Database for Global Atmospheric Research (EDGAR) v4.0 inventories, which are annual estimates also at 1° x1° resolution (European Commission, 2009).

6) TM5 nested transport

The link between measurements of CO_2concentration in the atmosphere and the exchange of CO_2 at the Earth's surface is transport in the atmosphere: storm systems, cloud complexes, and various weather conditions cause winds that transport CO_2 around the world. As a result, local events like fires, forest growth, and ocean upwelling can have impacts at remote locations. To simulate the winds and the weather, Carbon Tracker uses numerical models that are driven by the daily weather forecasts from specialized meteorological centers of the world. Since CO_2 does not decay or react in the lower atmosphere, the influence of emissions and uptake in locations such as North America and Europe are ultimately seen in our measurements even at the South Pole. To represent atmospheric transport, the Transport Model 5 (TM5) is used. This is a community-supported model whose development is shared among many scientific groups with different areas of expertise. TM5 is used for many applications other than Carbon Tracker, including forecasting air quality, studying the dispersion of aerosols in the tropics, tracking biomass burning plumes, and predicting pollution levels that future generations might face.TM5 is based on the predecessor TM3 model, with improvements in the advection scheme, vertical diffusion parameterization, and meteorological preprocessing of the wind fields (Krol et al., 2005). The model is developed and maintained jointly by the Institute for Marine and Atmospheric Research Utrecht (IMAU, The Netherlands), the Joint Research Centre (JRC, Italy), the Royal Netherlands Meteorological Institute (KNMI, The Netherlands), and NOAA ESRL (USA). In Carbon Tracker, TM5 separately simulates advection, convection (deep and shallow), and vertical diffusion in the planetary boundary layer and free troposphere. The winds which drive TM5 come from the European Center for Medium range Weather Forecast (ECMWF) operational forecast model. This "parent" model currently runs with ~25 km horizontal resolution and 60 layers in the vertical prior to 2006 (and 91 layers in the vertical from 2006 onwards). The carbon dioxide levels predicted by Carbon Tracker do not feed back into the wind predictions.

For use in TM5, the ECMWF meteorological data are preprocessed into coarser grids. In Carbon Tracker, TM5 is run at a global 3°x 2° resolution with a nested regional grid over

Latin America at 1° x 1° resolution. TM5 runs at an external time step of three hours, but due to the symmetrical operator splitting and the refined resolution in nested grids, processes at the finest scale are repeated every 10 minutes. The vertical resolution of TM5 in Carbon Tracker is 34 hybrid sigma-pressure levels (from 2006 onwards; 25 levels for 2000-2005), unevenly spaced with more levels near the surface(NOAA/ESRL, 2013).

7) Ensemble data assimilation

Data assimilation has been used to estimate the state of a dynamic system by merging sparse data into a numerical model of the system (Kao et al., 2004). An example of data assimilation is a weather model that is updated every few hours with measurements of temperature and other variables to improve the accuracy of its forecast for the next day, and the next. Data assimilation is usually a cyclical process, as estimates get refined over time as more observations about the actual conditions become available. Mathematically, data assimilation can be done with any number of techniques. For large systems, so-called variation and ensemble techniques have gained most popularity. Because of the size and complexity of the systems studied in most fields, data assimilation projects inevitably include supercomputers that model the known physics of a system. Success in guiding these models in time often strongly depends on the number of observations available to update information on the true system state. In Carbon Tracker, the model that describes the system contains relatively simple descriptions of biospheric and oceanic CO_2 exchange, as well as fossil fuel and fire emissions. The four surface flux modules drive instantaneous CO_2fluxes in CarbonTracker according to:

(1)

$$F(x, y, t) = \lambda \cdot Fbio(x, y, t) + \lambda \cdot Foce(x, y, t) + Fff(x, y, t) + Ffire(x, y, t)$$

where λ represents a set of linear scaling factors applied to the fluxes to be estimated in the assimilation. These scaling factors are the final product of the assimilation and together with the modules determine the fluxes in Carbon Tracker. It is important that no scaling factors are applied to the fossil fuel and fire modules(NOAA/ESRL, 2013).

8) Description of the Carbon Tracker operation

Carbon Tracker is a system that calculates carbon dioxide uptake and release at the Earth's surface over time. It estimates the carbon dioxide exchange from an 'atmospheric point of view'. Since CO_2mole fractions in the atmosphere reflect the sum of all the CO_2exchange at the surface, they form the ultimate record of the combined human and natural influence on greenhouse gas levels. Carbon Tracker produces model predictions of atmospheric CO_2mole fractions, to be compared with the observed atmospheric CO_2 mole fractions. The difference between them is attributed to differences in the sources and sinks used to make the prediction (a 'first-guess') and the sources and sinks affecting the actual atmospheric CO_2concentration. Using numerical techniques, these differences are used to solve for a set of sources and sinks that most closely matches the observed CO_2 in the atmosphere. Carbon Tracker has a representation of atmospheric transport based on weather forecasts, and modules representing air-sea exchange of CO_2, photosynthesis and respiration by the terrestrial biosphere, and release of CO_2 to the atmosphere by fires and combustion of fossil fuels(NOAA/ESRL, 2013).

A long-term global monitoring strategy is necessary to improve our knowledge of carbon cycling processes. One critical element in such a strategy is provided by the so-called "top-down atmospheric inversion" method, which is based on atmospheric concentration measurements from a global network of observation stations. The CO_2 concentration in air samples represents information from the net effect of sources and sinks. The sources and sinks of CO_2 can be calculated from measured CO_2 concentration and known transport processes.

(2)

$$\underbrace{\frac{\partial}{\partial t}(\rho CO_2) = -\nabla \cdot (\rho CO_2 \vec{V}) + PBL + Convection}_{\text{Measured } CO_2 \text{ concentration \& Known Transport}} + \underbrace{Sc}_{\text{Solve for sources \& sinks}}$$

Inverse method

First, prior knowledge of the spatial-temporal distribution of the fluxes to estimate is necessary. Fluxes are provided base components from fossil fuel use, forest fires, vegetation and the oceans. These are inserted into an atmospheric model which simulates the mixing of the air over the entire globe. Simulated concentrations are compared with the observed atmospheric CO_2 mole fractions at the location and time when measurements are available. Finally, inverse modeling in Carbon Tracker is used to optimize the sources and sinks of CO_2 to reduce the differences between the simulated CO_2 values and the measurements(NIMR, 2009).

3. Results from Carbon Tracker

From 2000 to 2009, terrestrial ecosystems in Latin America and the Caribbean had an average sink of 0.03 Pg C /yr(Table 2). This natural sink offsets about 7 % of the emissions of0.41 Pg C /yr from the burning of fossil fuels. Whereas fossil emissions were generally steady over this period, ranging between 0.37

and 0.45 Pg C /yr(Fig. 2), the amount of CO_2 taken up in Latin America and the Caribbean varied significantly from year to year. In terrestrial biosphere models, interannual variability in land uptake can be related to anomalies in large-scale temperature and precipitation patterns(NOAA/ESRL, 2013). The year with the smallest annual uptake by terrestrial ecosystems was 2003 with 0.199 Pg C /yr which resulted from the El Niño events of 2002/2003.In 2006, the year with the largest land sink, terrestrial uptake was 0.203 Pg C/yr, about seven times higher than the mean value. Fossil fuel emissions from Latin America and the Caribbean were also slightly reduced in 2009 compared to earlier years as a result of the economic downturn. Thus, 2009 showed the lowest net input of CO_2 to the atmosphere from Latin America and the Caribbean since 2002. The 2009 net annual emission was 0.46 Pg C/yr, about 29% smaller than the mean of 0.65PgC /yr. Trends in the carbon fluxes in Mexico were similar to the trends in Latin America and the Caribbean (Table 2, Fig.2).

Table 2.Annual and long-term mean (2000-2009) fluxes (Pg C/yr)

Year	Biosphere	Fossil Fuel	Fires	Ocean	Net
2000	-0.012[1)]	0.371	0.181	-0.175	0.378
	-0.016[2)]	0.105	0.019	-0.002	0.121
2001	-0.128	0.386	0.167	-0.112	0.441
	-0.024	0.110	0.005	-0.002	0.113
2002	-0.024	0.385	0.252	0.083	0.719
	-0.003	0.108	0.009	-0.002	0.115
2003	0.199	0.391	0.293	0.097	0.782
	-0.040	0.112	0.020	-0.001	0.131
2004	-0.123	0.400	0.358	-0.088	0.670
	-0.077	0.113	0.004	-0.004	0.113
2005	0.146	0.413	0.495	0.073	0.981
	-0.005	0.120	0.019	-0.001	0.138
2006	-0.203	0.424	0.270	-0.198	0.496
	0.003	0.123	0.016	-0.004	0.134
2007	0.000	0.442	0.606	-0.056	0.991
	-0.028	0.127	0.010	-0.004	0.133
2008	-0.157	0.448	0.220	-0.135	0.533
	-0.024	0.126	0.010	-0.004	0.131
2009	0.004	0.436	0.122	-0.097	0.462
	0.010	0.123	0.014	-0.003	0.133
mean	-0.03	0.41	0.296	-0.061	0.645
	-0.02	0.117	0.013	-0.003	0.126

1) Latin America 2) Mexico

The amount of net carbon flux was about one-fifth of 0.645 Pg C /yr for Latin America and the Caribbean. Emissions from the burning of fossil fuels in the Mexico are mostly responsible for the net carbon flux (Fig. 2). The mean net carbon flux in Latin America and the Caribbean and Mexico was responsible for about 48 % and 9 % of the 1.34 Pg C /yr (NOAA/ESRL, 2013) total net flux in North America (United States, Canada, Mexico).

Fig. 2. Annual total emissions from (a) Latin America and the Caribbean and (b) Mexico

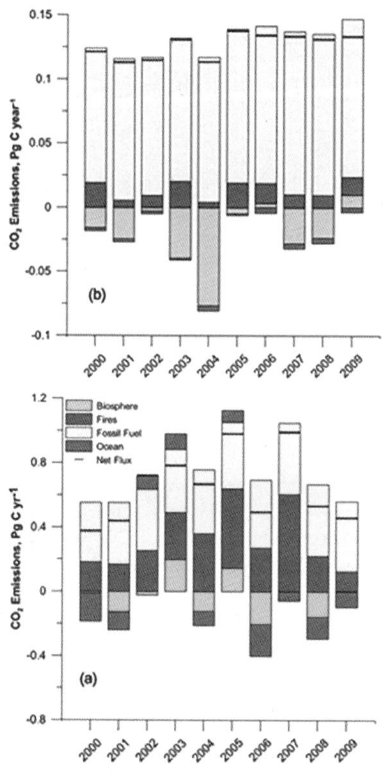

The spatial pattern in net ecosystem exchange (NEE) of CO_2 in the free troposphere of the terrestrial biosphere averaged over

2000-2009 as modeled by Carbon Tracker is shown in Figure3. This NEE represents land-to-atmosphere carbon exchange from photosynthesis and respiration in terrestrial ecosystems, and the contribution from fire. It does not include fossil fuel emissions. The units are Gg C/yr, and the values are given by the color scale depicted under the figure. Negative fluxes (blue colors) represent CO_2 uptake by the terrestrial biosphere, whereas positive fluxes (red colors) indicate regions where the terrestrial biosphere is a net source of CO_2 to the atmosphere. The free troposphere corresponds to about 1.2 km above the ground to about 5.5 km above the ground, or in pressure terms, about 850 h Pa to about 500 hPa. Gradients in CO_2 concentration in this layer are due to exchange between the atmosphere and the Earth's surface, including fossil fuel emissions, air-sea exchange,

Fig. 3. Mean ecosystem fluxes (2000-2009, units:Gg C/yr) in
(a) Latin America and the Caribbean and (b) Mexico at 1° x 1° resolution

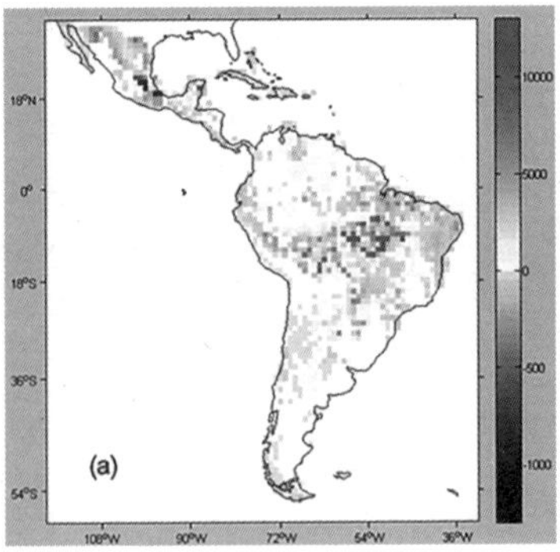

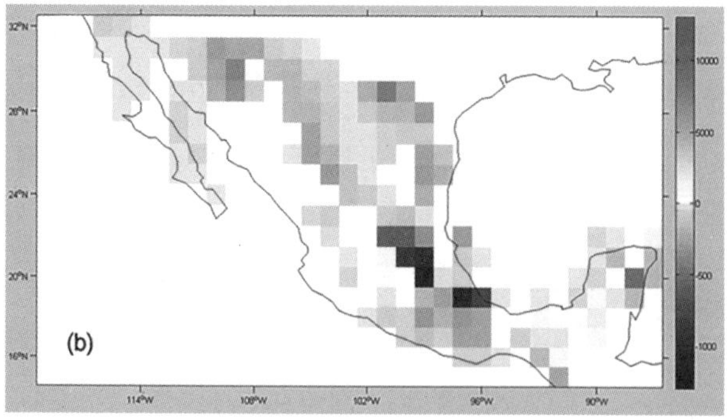

Fig. 4. Mean land fluxes (2000-2009, units:Gg C/yr)
in (a) Latin America and the Caribbean and (b)Mexico at1° x 1° resolution

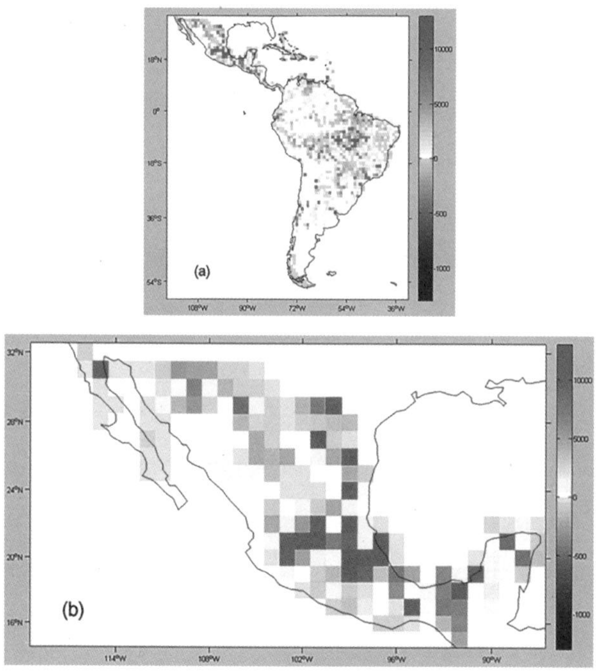

and photosynthesis, respiration, and forest fire emissions from the terrestrial biosphere. These gradients are subsequently transported by weather systems, even as

they are gradually erased by atmospheric mixing (NOAA/ESRL, 2013). The Carbon Tracker approach can confirm that the sinks in Latin America and the Caribbean are mainly located in the forest regions of Trilha Para neighboring to Atlantic Ocean and agricultural/grass/shrub regions around Anapu-Altamira in Brazil, forest regions along Mexico Gulf, and Andes Mts. along Pacific Ocean in Peru. Terrestrial ecosystems which act as a net source of CO_2 to the atmosphere are mainly located in the deforested areas along Amazon River, regions along the equator and the border regions between Guatemala and Mexico and regions undergoing land use change in the Mamore River watershed north of the Andes Mts. in lowland Bolivia (Fig.3).

The spatial pattern of land fluxes of total net surface-atmosphere flux including fossil fuel emissions in Latin America and the Caribbean is shown in Figure 4. There are the seven major emission regions in Latin America and the Caribbean: regions around Mexico City and the border regions between Mexico and Guatemala, northern unban regions in Venezuela, deforested areas along the Amazon River, northwestern regions in Bolivia, coastal regions of Sao Paulo and Parana along Atlantic

Ocean in Brazil, regions around Santiago in Chile, regions around Buenos Aires in Argentina. Particularly, emissions are dominated by mainly fossil fuel emissions in the regions around Mexico City, northern urban regions in Venezuela, deforested regions along the Amazon River, and coastal regions of Sao Paulo and Parana in Brazil(Fig.4).

The nine zonal summed carbon fluxes averaged over 2000-2009 in Latin America and the Caribbean are shown in Figure 5: Gulf of California (1), central Mexico(2), southern regions in Mexico (3), Caribbean across Nicaragua (4), Pacific Ocean along South America (5), Caribbean, eastern Columbia and central Peru, and transect over the Pacific Ocean (6),

Fig. 5. Zonal summed carbon fluxes (2000-2009, units:Gg C/yr) in Latin America and the Caribbean

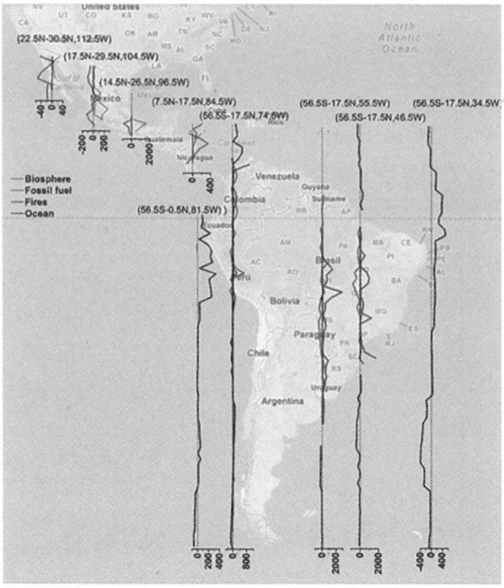

Suriname, central Brazil, Paraguay, Uruguay and transect over the Atlantic Ocean (7), western Brazil and transect over Sao Paulo (8), Atlantic Ocean along South America (9). As shown in Figure 5, there are two distinct sinks. Among these, the sink in zones 5, 6 , and 9 is dominated by the ocean, and the sink in zones 1, 2, 3, 7 and 8 is dominated by the biosphere. It is remarkable that the biosphere in zones 4, 6 plays a role as the source of CO_2 to the atmosphere.CO_2emissions from forest fires occur in all the zones except zones 5, 9. We can know that the major source of CO_2 to the atmosphere in Latin America and the Caribbean is forest fires, especially in zone 2, 7, and 8. The source of CO_2 to the atmosphere from fossil fuels can be seen in zones 2, 3 and 8 particularly strongly in zone 3 and 8. Forest fires are an important source of CO_2in Latin America and the Caribbean.

Table 3. Annual trend of carbon flux in Mexico(Zonal 2) and Brazil(zonal 7,8) (Unit :Pg C/yr)

	2000	2001	2002	2003	2004	2005	2006	2007	2008	2009
Mexico (104.5W)	9171)	855	-616	-2,130	-4,365	-1,430	-1,760	-995	-1,810	1,306
	1,0932)	819	292	500	183	3,671	411	303	545	335
	7953)	835	817	849	858	913	933	966	955	936
Brazil (55.5W)	-4,160	-11,469	-694	6,648	-2,499	2,420	-13,789	7,665	3,648	817
	5,227	7,894	13,399	15,462	31,821	15,775	9,700	25,970	6,748	5,123
	1,783	1,861	1,797	1,811	1,922	1,986	2,076	2,097	2,135	2,048

	2000	2001	2002	2003	2004	2005	2006	2007	2008	2009
Brazil (46.5W)	755	-11,058	-458	-5,499	-10,201	2,885	-5,445	-8,127	-4,963	-6,362
	5,604	5,396	6,696	3,709	5,140	6,824	3,223	17,839	3,551	2,761
	12,617	13,222	12,893	12,510	13,183	13,652	13,858	14,193	14,858	14,067

1) Biosphere 2) Fires 3) Fossil Fuel

As shown in Table 3, we can know that total carbon sink from biosphere in Mexico was greatly increased from -995 Pg C/yr in 2007 to -1,810 Pg C/yr in 2008, but was greatly decreased to 1,306 Pg C/yr in 2009. And total carbon source from fires was increased from 303 Pg C/yr in 2007 to 545 Pg C/yr in 2008, but was decreased to 335 Pg C/yr in 2009. Generally, we can assume that carbon sink from biosphere and carbon source from fires in Mexico had been a little affected by the policies of deforestation reduction and biodiversity conservation since 2007 even though estimated carbon flux was limited to the given zonal. We can know that total carbon source from fossil fuel in central Brazil transited over the Atlantic Ocean Brazil (55.5 W) was decreased from 2,135 Pg C/yr in 2008 to 2,048 Pg C/yr in 2009, and in western Brazil transited over Sao Paulo (46.5 W) was decreased from 14,858 Pg C/yr in 2008 to 14,067 Pg C/yr in 2009. We can confirm that carbon source from fossil fuel in Brazil had been affected by the policies of ethanol use by light vehicles since 2008.

4. Review of carbon reduction policies in Latin America and the Caribbean

The approach used in this study confirmed that the major carbon emissions flux in Latin America and the Caribbean are from the terrestrial biosphere in South America, and fossil fuel use in the mega-cities, especially in Mexico and Brazil. Other sources of carbon emissions are land clearance and forest fires in Brazil. Besides quantifying carbon fluxes, the carbon tracker methodology can help suggest policy options for reducing carbon emissions and mitigation measures. Many previous studies by expert policy makers have suggested the following policy options show the greatest potential: (1) reducing fossil fuel use and increasing the use of renewable energy and (2) reducing deforestation by fostering biodiversity conservation and preventing forest fires.

1) Reducing fossil fuel use and increasing the use of renewable energy sources

The major countries in Latin America and the Caribbean have introduced different variations of regulatory policies and economic incentives to encourage renewable energy development, climate change mitigation and clean technology investment. These tools will increase the supply ratio of renewable energy and improve the energy efficiency of the region's domestic energy matrix. In 2002, the Brazilian government reduced the industrial production tax for manufacturers of ethanol-powered cars and subsidies were introduced for the purchase of new ethanol-powered vehicles. The government also introduced credits for the sugar industry to cover storage costs in order to guarantee ethanol supplies. As a consequence, by the end of 2008, ethanol in Brazil accounted for more than 52% of fuel consumption by light vehicles and almost 90% of Brazil's new cars blended fuel with around 25% ethanol in 2009 (Arcadia Market Commentary, 2009). Colombia and Argentina, are already the world's second biggest producer of biofuels. Costa Rica is the world leader in renewable energy with massive investment in windmill technologies. 99.2% of the total primary energy supply is from renewable sources (Natural Resources Defense Council, 2007). In addition, in Central America, efforts are underway to add 130 MW of geothermal energy supplies. Mexico, Chile, Peru and other countries are moving swiftly to facilitate solar development (BNEF, 2012). Uruguay has transformed its national energy policy with a focus on renewable energy. In 2008, Uruguay launched a 25 year plan aiming to diversify its energy mix and reduce reliance on fossil fuels. Wind energy is expected to provide 15 % of electricity in Uruguay by 2015(UPI Newspaper, March, 15th, 2013). To encourage investment and promote governmental policy changes, Mexico introduced a 'wheeling tariffs' system in 2010 (to lower the transmission wheeling fees), Brazil developed a 'bidding system with auction' for the wind, hydro and biomass sectors. Central American countries developed a 'Quota Obligation' in 2007 (substituting 15% of the consumption of fossil fuels in the transportation sector with biofuels). Chile also established a 'Renewable Energy Law' in 2008 and instituted a Renewable Portfolio Standard to encourage investment and subsidies. Finally, Peru used fiscal measures and introduced a bidding system to all sectors (Olivas, 2010).

The development of low-carbon transportation infrastructure and related sustainable urban transportation policies also presents challenges, requiring many policy initiatives for each individual country. For examples, Argentina introduced a 2008 Railway Reorganization Act as a starting point and improved traffic signs to reduce travel times. The expansion of the subway system was also designed with low-carbon goals in mind. In Chile, during the years of 2011~2012, the government planned a new framework for tougher emissions regulations for all motor vehicles. The Mexican government adopted international vehicle emissions standard in 2008. Nicaragua instituted a Vehicle Emission Inspection Act, restricting importation of vehicles more than 10 years old and replacing the fleet of urban buses beginning in 2009 (ECLAC, 2010). The examples listed here related to the development of sustainable transportation infrastructures are only some of the recent policy efforts in Latin America and the Caribbean. Other efforts have also started to promote 'less polluting and more energy efficiency' solutions as a new challenge.

2) Reducing deforestation and biodiversity conservation policies

Since the 2000s climate change policies in Latin America aimed at reducing deforestation and increasing biodiversity conservation have been put in place in a number of countries such as Brazil, Paraguay, and Costa Rica. However, deforestation and land use change have continued with the desire to increase production of soybean, sugar, coffee, and cattle pasture for beef products. The forest fires and land clearance associated with these changes have continued, but at slower rates (De La Torre et al., 2010). For example, during the past 20 years Brazil has emerged as an agricultural superpower in the world and currently Brazil is the largest exporter of many agricultural products. Brazil is now the 2nd largest global producer of soybeans. The economic incentives driving deforestation still challenge forestry conservation efforts in South America. While this trend and controversy continue, other forest conservation efforts and forest policies have changed in Latin America and the Caribbean. For instance, in 2012, the Brazilian Congress passed the latest version of forest conservation code, which has been assessed as an advance for conservation. Therefore this new forest conservation code is giving Brazil a new set of rules to restrict land use change for agricultural and livestock production. Implementing the code will continue to be a challenge. However, these kinds of policy changes aimed at domestic forest preservation, especially for the Brazilian Amazon region, will be required as important priorities for climate change mitigation.

In Mexico, the forest protection policy has identified a number of programs related to the forestry sector. Among many forest protection programs, Pro Tree Campaign in Mexico(PROARBOL) was a dominant policy in 2007 with the objective of consolidating different federal support mechanisms to enhance the forestry sector. This program started with 1.4 million ha under conservation contracts and then expanded to 2 million ha in 2008. The policy issues competitive grants, paying landowners to conserve existing forests and requests improvements in forest planning, forest protection, reforestation, developing commercial activities in wood processing, soil conservation and other areas (World Bank, 2009).

Other mitigation policy challenges at the international level include REDD(Reducing Emission from Deforestation and Forest Degradation in developing countries), which is designed as a useful option for forest protection under a new Kyoto protocol. Currently, Argentina, Bolivia, Colombia, Costa Rica, Mexico, Nicaragua, Panama, Paraguay and Peru cooperate with these projects and benefit from the participation. According to De la Torres et al.(2010), Argentina, Mexico and Nicaragua are establishing alternative forest management practices to create alternative livelihoods for forest-dependent communities. Bolivia and Mexico are promoting community forestry. Costa Rica, Mexico, Nicaragua and Panama provide incentives for reforestation and plantations to relieve pressure on natural forests. However, as Hall (2011) have argued, this policy must be considered a main challenge in the process of policy implementation, with questions of efficiency versus equity in the competition over REDD funding with many players acting as beneficiaries. To eliminate free-riders and support indigenous communities in forest areas, more effort will be needed. For instance, indigenous people can play an important role in protecting biodiversity. Indigenous lands occupy one-fifth of the Brazilian Amazon - five times the area under protection in parks - and are currently the most import barrier to Amazon deforestation (Kronik and Verner, 2010).

In summary, continued policy innovations and enforcement of carbon reducing policies will be a challenge in the region. One of the most difficult obstacles is the government budget.

In each individual country in this region there is still a limited budget for implementation of the policy options. In this regard, the best way to promote the introduction of new mitigation measures is to develop incentive-based policies which have the potential to allow for more cost-effective policies (West and Wolverton 2005). Institutional aspects, such as the related laws, and organizations for reducing carbon emissions and international cooperation mechanisms (CDM and REDD) are still being developed at the moment. It is difficult to assess the performance of the measures discussed here. Many other challenges remain, such as the lack of clean technology and most importantly, the need to rapidly develop the skills and technical abilities of the human capital needed to lead further efforts towards a low-carbon society.

5. Conclusions

The Carbon Tracker system can play a major role as a science tool that can monitor, diagnose, and possibly predict the behavior of the carbon cycle at global or regional scales. Carbon Tracker North America, Carbon Tracker Europe, Carbon Tracker Asia are operating and Carbon Tracker Methane and Carbon Tracker Australasia are being developed. The Carbon Tracker system in Latin America and the Caribbean will play a major role in analyzing the sink and source of CO_2, gas exchange between atmosphere and oceans, and gas emissions from wildfires and fossil fuel use.

From 2000 to 2009, the mean carbon fluxes for the biosphere, fossil fuel, fires and oceans in Latin America and the Caribbean were -0.03, 0.41, 0.296 and -0.061 Pg C/yr, and -0.02, 0.117, 0.013 and -0.003 Pg C/yr in Mexico respectively. The mean carbon fluxes for the biosphere, fossil fuel, and oceans in Latin America and the Caribbean were 43%, 23% and 13%, and 29%, 6% and 0.6% in Mexico of the flux in North America. In the case of forest fires, the mean carbon flux in Latin America and the Caribbean was 30 times higher than the flux in North America. The mean net carbon flux in Latin America and the Caribbean, Mexico was responsible for about 48 % and 9 % of 1.34 Pg C /yr of the total net flux in North America. Whereas fossil emissions were generally steady over this period, the amount of CO_2 taken up by the biosphere in Latin America and the Caribbean was related to anomalies in large-scale temperature and precipitation patterns with significant variation from year to year.

This preliminary analysis confirms that the sinks in Latin America and the Caribbean biosphere are mainly located in the forest/agricultural/grass/shrub regions neighboring the Atlantic Ocean in Brazil, forest regions along Mexico Gulf, and the Andes Mountains. The terrestrial ecosystems which act as a net source of CO_2 to the atmosphere are mainly located in the deforested regions along Amazon River, regions along equator and the border regions between Guatemala and Mexico and regions undergoing land use change in the Mamore River water shed north of the Andes Mts. in lowland Bolivia. The year with the smallest annual uptake by terrestrial ecosystems was 2003 (0.199 Pg C/yr), which resulted from the El Niño events of 2002/2003. The net surface-atmosphere fluxes including fossil fuel in Latin America and the Caribbean are dominated by regions around Mexico City, northern urban regions in Venezuela, deforested regions along Amazon River, northwestern regions in Bolivia, coastal regions of Sao Paulo and Parana along the Atlantic Ocean in Brazil, and areas around Santiago, Chile. The major source of CO_2 to the atmosphere in Latin America and the Caribbean is fire with the remarkable in South America across Brazil, Paraguay and Uruguay. Forest fires are an important source of CO_2 in Latin America and the Caribbean. And, we can confirm that encouraging policy to use ethanol by light vehicles in Brazil had affected to decreased carbon source from fossil fuel and can suspect the effect for PROARBOL for carbon sink from biosphere and carbon source from fires in Mexico.

The analysis presented here confirms that the Carbon Tracker system in Latin America and the Caribbean can play a major role as a scientific tool in understanding the uptake and release of carbon from terrestrial and ocean ecosystems, fossil fuel use, and as long-term monitoring tool for atmospheric CO_2concentrations.

Natural and anthropogenic emissions and uptake at regional scales is currently limited by a sparse observational network. Measurements alone are insufficient to realize the societal benefits. Exiting monitoring stations over the world are a very small in compared with the heterogeneity of the terrestrial or oceanic carbon sources. With enough observations, it will become possible to keep track of regional emissions over long periods of time. Ultimately, satellites will be involved in evaluating GHG emission reduction efforts and changes in global emissions. These data, although not as precise and accurate as surface measurements, will fill the spatial gaps in the surface networks. A combination of satellite and ground - based measurements in Carbon Tracker should be applied in order to reduce uncertainty in regional carbon flux estimations and improve the temporal and spatial resolution of fluxes. Carbon Tracker outputs and satellite retrievals have to be validated with Fourier transform infrared spectrometry (FTIR), in-situ measurement of flask air sampling by an aircraft and tower measurements. Validation will allow quantifying uncertainties of Carbon Tracker and satellite, and provide a feedback for the improvement of Carbon Tracker procedures and retrieval algorithm of satellite data. In order to obtain the minimum level of uncertainty, improved modeling effort is required.

References

Arcadia Market Commentary, 2009.Renewable Energy Development in Emerging Markets, [Available at: http://www.arcadia4u.com/commentaries/200908-Arcadia%20Market%20Commentary.pdf].

Bloomberg New Energy Finance(BNEF), 2012. Climate Scope 2012: Assessing the Climate for Climate Investing in Latin America and the Caribbean, London: Multilateral Investment Fund, Member of the IDB Group.103 pp.

Boden T.A., G. Marland and R.J. Andres, 2011. Global, Regional, and National Fossil-Fuel CO_2Emissions, Carbon Dioxide Information Analysis Center, Oak Ridge National Laboratory, U.S. Department of Energy, Oak Ridge, Tenn., U.S.A. doi 10.3334/CDIAC/00001_V2011.

Caldeira K.and M.E. Wickett, 2003.Anthropogenic carbon and ocean pH, Nature.365-425365.

Crevoisier C., C. Sweeney, M. Gloor, J.L. Sarmiento and P.Tans, 2010 .Regional US carbon sinks from three-dimensional atmospheric CO_2 sampling. PNAS.107, 18348-18353.

De La Torre A., P. Fajnzylber, J. Nash, 2010. Low-Carbon Development: Latin American Responses to Climate Change, Washington, D.C.: World Bank. 175 pp.

Denman, K.L. et al. 2007. Couplings between changes in the climate system and biogeochemistry. In: Climate Change 2007: The Physical Science Basis. Contribution of Working Group I to the Fourth Assessment Report of the Intergovernmental Panel on Climate Change. Eds. S. Solomon et al. Cambridge Univ. Press, Cambridge, UK. pp. 501-587.

Economic Commission for Latin America and the Caribbean (ECLAC), 2010. Low-Carbon Transport Infrastructure: Experiences in Latin America, Bulletin FAL, 291, No 11, 1-8.

Ellsaesser H. W., 1990. A different view of the climatic effect of CO_2– Updated.Atmosfera.3, 3-29.

European Commission, Joint Research Centre (JRC)/Netherlands Environmental Assessment Agency (PBL), 2009. Emission Database for Global Atmospheric Research (EDGAR), release version 4.0.

Giglio L., G. R. van der Werf, J. T. Randerson, G. J. Collatz, and P. Kasibhatla, 2006.

Global estimation of burned area using MODIS active fire observations.Atmos. Chem. Phys.6, 957-974.

Gruber, N., Gloor, M., MikaloffFlecther S.E., Doney, S.C., Dutkiewicz, S., Follows, M.J., Gerber, M., Jacobson, A.R., Joos, F., Lindsay, K., Menemenlis, D., Mouchet A., Muller, S.A., Sarmiento, J.L., Takahashi, T. 2009. Oceanic sources, sinks, and transport of atmospheric CO_2 Global Biogeochem. Cycles 23, GB1005. doi:10.1029/2008GB003349

Hall A., 2011. Getting REDD-Y: Conservation and Climate Change in Latin America.Latin America Research Review(LARR)46 Special Issue. 184-210.

Hiroshi Koizumi, Hiroyuki Muraoka, Shigeru Mariko, 2013. Measurement of carbon flux with ecological methods, http://asiaflux.net/members/dlfiles/tctext/5.Measurement Of Carbon Flux With Ecological Methods.pdf

Houghton, R.A. 2007. Balancing the global carbon budget. Ann. Rev. Earth Planet Sci. 35:3131-347.–47

Kao J., D. Flicker, R. Henninger, Sarah Frey,MichaelGhil, Kayo Ide, 2004. Data assimilation with an extended Kalmanfilterfor impact-produced shock-wave dynamics.Journal of Computational Physics.196, 705–723.

Krol M., S. Houweling, B. Bregman, M. van den Broek, A. Segers, P. van Velthoven, W. Peters, F. Dentener, and P. Bergamaschi, 2005. The two-way nested global chemistry-transport zoom model TM5: algorithm and applications, Atmos. Chem. Phys.5, 417-432.

Kronik J. and D. Verner, 2010.Indigenous Peoples and Climate Change in Latin America and the Caribbean, Washington D.C.: The World Bank, 131 pp.

Marquis M. and P. Tans, 2008. Carbon Crucible.SCIENCE.320, 460-461.

Natural Resource Defense Council (NRDC), 2007. Costa Rica: Setting the Pace forReducing Global Warming Pollutionand Phasing Out Oil, [Available at: http://www.nrdc.org/international/costa.pdf]

NIMR (National Institute of Meteorological Research), 2009. Development and Application of Methodology for Climate Change Prediction(1). Korea Meteorological Administration. 596.

NOAA/ESRL, 2013. [Available at: http://www.esrl.noaa.gov/gmd/ccgg/ carbontracker/]

Olivas R., 2010. Latin American Policy Changes: Investing in Renewable Energy, Climate Change and Clean Technology, July 13th, Emerging Energy & Environment(EEE), LLC, [Available at: http://lavca.org/2010/07/13/lat-

in-american-policy-changes-investing-in-renewable-energy-climate-change-and-clean-technology/]
Park I. S., Y. W. Jang, Y. J. Choi, E. J. Lee, G. W. Lee, 2012. The Analyses for Variation Trend of Greenhouse Gases Concentrations in South America : Focus on CO_2 and CH4. Korean Association of Luso-Brazilian Studies9, 30-47.
Sabine C. L., R. A. Feely, N. Gruber, R. M. Key, K. Lee, J. L. Bullister, R. Wanninkhof, C. S. Wong, D. W. R. Wallace, B. Tilbrook, F. J. Millero, T. H. Peng, A. Kozyr, T. Ono, and Rios A. F., 2004. The oceanic sink for anthropogenic CO_2, Science 305, 367-371.
Samar, K., F. Primeau and T. Hall, 2009. Reconstruction of the history of anthropogenic CO_2 concentrations in the ocean. Nature. 462, 346-349.
United Press International (UPI Montevideo), Energy Resources: Uruguay deal boosts S. America Wind Power, [Available at: http://www.upi.com/Business_News/Energy-Resources(Visiting date on March 18th, 2013)]
West S.E., and A. Wolverton, 2005.Market-Based Policies For Pollution Control in Latin America, in: Environmental Issues in Latin America and the Caribbean (A. Romero and S. E. West, Eds.) Springer, Netherlands, 121-147.

2장

브라질법상 탄소 배출권의 법적 성격에 관한 논의*

조희문

1. 서론

1992년 리우데자네이루 환경회의에서 기후 변화 협약(UNFCCC: United Nations Framework on Climate Change)이 채택되었다. 기후 변화 협약은 협약당사국을 부속서 I, 부속서 II, 비부속서 국가로 분류하여 온실가스 배출에 대해 서로 다른 의무를 부담하도록 했다. 부속서 I 국가는 선진국들로 온실가스 배출량을 1990년 수준으로 감축해야 하며, 부속서 II 국가는 이러한 감축노력과 함께 재정과 기술이전의 의무도 부담하는 국가로 주로 OECD회원국들이 이에 해당한다.[1]

기후 변화 협약의 이행을 강제하기 위해 1997년에 채택된 교토 의정서(Kyoto Protocol to the United Nations Framework on Climate Change)는 당사국의 구체적인 감축목표와 그 이행방법을 규정해 놓

* 이글은 포르투갈-브라질 연구 제11권1호(pp 61-96)에 게재되었던 논문입니다.

1 한국은 1992년 기후 변화 협약 채택 당시에는 비부속서 국가에 속했으나, 1996년 OECD가입을 계기로 1차 공약기간(2008-2012)에만 개도국의 지위를 갖게 되었다. 그러나 2012년 제18차 당사국총회(COP18)에서 post-2012가 합의되지 않고 2차 공약기간을 2013년부터 2020년까지 8년간 연장하게 되면서 한국은 개도국 지위를 그대로 유지하고 있다.

았다. 교토의정서는 소위 교토메카니즘을 통해 선진국들이 온실가스 감축의무를 이행하도록 했는데 배출권거래제(ETS: Emission Trading Scheme), 청정개발체제(CDM: Clean Development Mechanism)와 공동이행제도(JI - Joint Implementation)가 이에 해당된다.

브라질은 교토의정서의 협상당시 CDM사업을 처음 제안했을 뿐만 아니라, CDM사업이 교토의정서의 주요 실행메카니즘으로 채택된 이래 CDM사업의 법적 기준을 처음 제정했으며, 2004년 11월에는 세계최초로 CDM사업을 등록하기도 했다. 이러한 노력에 힘입어 브라질은 UN CDM집행위원회에서 활발한 활동을 하고 있다.[2]

그러나 브라질이 탄소 배출권 사업이 탄력을 받기 위해서는 관련법제의 정비가 필요하다. 가장 큰 문제는 탄소 배출권의 법적 성질에 대한 명확한 규정이 없어 배출권의 거래방식, 거래범위, 과세문제 등을 해결하기가 어렵다. 앞으로 입법적으로 해결할 문제이지만 비교법적인 관점에서 브라질에서 논의되는 탄소 배출권의 법적 성질에 관련된 문제를 검토하는 것은 상당히 의미 있다고 생각된다. 브라질의 CDM시장은 한국이 추구하는 녹색 성장 관련 환경산업과 대체에너지의 개발에 몰려있기 때문에 관심을 끈다.

동 연구에서는 탄소 배출권이 국제법에서 어떻게 규정되어 있고, 이미 탄소 배출권 시장을 형성하고 있는 EU나 관련법제를 갖고 있는 국가들에서는 탄소 배출권을 어떻게 규정하고 있는지 비교법적 관점에서 간략하게 살펴보겠다. 그리고 CDM사업이 비교적 활발한 브라질에서는 탄소 배출권에 대해 어떠한 논의를 하고 있는가를 살펴보고 탄소 배출권

2 현재, 브라질에서 추진하는 CDM사업규모는 중국, 인도에 뒤이어 세계 3위이다.

의 법적 규정이 탄소 배출권 시장의 형성과 발전에 주는 의미를 정리해 보도록 하겠다.

2. 탄소 배출권의 국제법상 규정

배출권거래제는 환경 보호를 위해 직접규제방식 대신 시장원리를 도입한 것으로 이미 1970년대부터 일부국가에서 사용하여 왔다. 기본원리는 오염 물질의 배출을 완전히 금지할 수 있는 기술의 한계를 인정하여 오염발생자들에게 일정량을 배출할 수 있는 권리를 인정하고 그 한도 내에서는 배출권리를 오염자들간에 거래할 수 있도록 하여 배출총량을 규제하는 방식이다. 오염자들은 배출한도 내에서 서로 필요한 배출량을 시장원리에 따라 거래할 수 있게 한 것이다.

1) 교토의정서

1997년 교토의정서는 이미 일부국가에서 사용해 왔던 배출권거래를 국제적으로 도입했다. 즉, 제17조에 이러한 국제 배출권 거래제를 규정했다. 온실가스 감축의무가 있는 참여국가간에 배출권의 거래를 통해 국가가 할당받은 의무감축량을 달성할 수 있도록 한 것이다.[3]

제17조에 규정된 배출권거래제는 국가 간 거래에 한정된다. 따라서 국내에서 배출권을 거래하기 위해서는 국내법에 따라 배출권거래

3 제 17 조. 당사자총회는, 특히 검증·보고·책임 등에 관한 것을 비롯하여, 배출권거래에 관한 원칙·방식·규칙·지침을 규정한다. 부속서 B의 당사자는 제3조의 규정에 의한 공약을 이행하기 위하여 배출량거래에 참여할 수 있다. 이러한 모든 거래는 제3조의 규정에 의한 수량적 배출량의 제한·감축을 위한 공약의 이행을 위한 국내조치의 보조수단으로 활용되어야 한다.

제를 만들어야 한다. 즉, 이론적으로 배출권거래제는 국제 배출권 거래제 (IET - International Emissions Trading), 지역배출권거래제(RET - Regional Emissions Trading)와 국내배출권거래제 (DET - Domestic Emissions Trading)로 구분될 수 있다.

교토의정서는 국가별로 배출할 수 있는 온실가스의 양을 정해 놓고 목표미달성국에 대해서는 비관세장벽을 적용할 수 있도록 규정했다. 그래서 당사국들은 온실가스의 감축을 위한 다양한 정책을 펼쳐야 한다. 교토의정서는 공동책임을 원칙으로 하되 개도국의 의무부담을 경감시키기 위해 능력에 따른 차별적 적용을 하도록 규정했다. 교토의정서의 부속서는 부속서 I 국가(OECD의 24개국과 동구권국가 11개국으로써 1990년 수준으로 온실가스의 배출량을 줄여야 함)와 부속서 II 국가(OECD 24개국으로서 개도국에 대한 재정과 기술지원을 제공해야 함) 및 비부속서 국가(개도국)로 구분하고 있다. 그리고 어느 국가든 자발적으로 의무를 부담하고자 하는 국가는 부속서 I 에 자발적으로 편입이 가능하도록 규정했다.

2) 교토메카니즘

교토의정서에서 합의한 탄소 배출의 감축의무 준수는 부속서 I 국가들에게 큰 경제적 부담이 되기 때문에, 이들 국가들이 시장원리를 이용하여 이러한 목적을 달성하도록 해준 것이 배출권거래제이다. 교토의정서는 이러한 유연한 탄소감축메카니즘으로 공동이행제도(제6조), CDM(제12조) 및 배출권거래(제17조)의 3가지를 명시하고 있다.

이외에도 교토의정서는 부속서 I 국가가 자국에서 토지이용, 토지이용변경 및 산림사업(LULUCF - Land Use, Land Use Change and Forest)을 통해 이산화탄소를 흡수하는 경우도 탄소크레딧으로 인정했는데 이를 Removal Unit(RMU)이라고 하며 '1톤의 탄소 배출량(이하 CO_2톤으로 용어통일함)'과 같다. 교토의정서는 1차 공약기간 중에는 LULUCF사업을 신규조림 및 재조림에 한정하고 국가별 RMU량도 제한을 하고 있다. 그 이유는 LULUCF 사업이 감축량 산정이 어려울 뿐만 아니라 여타 감축메카니즘에 비해 탄소 배출량 감소의 목표달성이 상대적으로 수월하기 때문이다.

(1) 배출권거래제

교토의정서 제17조에 규정된 배출권거래제(ET)는 부속서 I 의 국가가 의무감축량을 초과달성하는 경우 이 초과분을 다른 부속서 I 국가에게 거래할 수 있는 방식이다. 국가가 최대한 온실가스 배출량을 줄이면 그 잉여분에 대한 탄소 배출권을 국제적으로 판매할 수 있도록 한 것이다. 탄소 배출량을 줄이는 것이 어려운 국가는 다른 나라에서 배출권을 구입할 수 있다. 감축의무국은 자국의 온실가스 배출허용량을 할당(allowance)받는데, 이를 초기할당량(Assigned Amounts - AA)이라고 한다. 교토의정서는 1차 공약기간(2008-2012)동안 각국에 할당된 초기할당량(AA)을 정해놓고 있다. 초기할당량은 배출할당량(Assigned Amount Unit - AAU)으로 환산되어 국가 레지스트리(Registry)에 등록되는데, AAU는 CO_2톤과 같다.

(2) 공동이행제도

교토의정서 제6조에 규정된 공동이행제도(JI)는 부속서 I 국가들이 공동으로 온실가스 감축사업을 수행하는 것이다.[4] 양국이 합의하여 타국에 투자하여 온실가스 감축실적을 내면 감축분을 투자국의 감축실적으로 인정하는 제도이다. 공동이행제도를 통해 발생시키는 탄소크레딧을 ERU(Emission Reduction Unit)라고 하며 CO_2톤과 같다. 공동이행제도는 청정개발제도(CDM)에 비해 상대적으로 쉽게 허가가 나기 때문에 CDM의 강력한 라이벌이라 할 수 있다.

(3) 청정개발제도

청정개발제도(CDM)는 부속서 I 국가들이 개발 도상국에 온실가스 감축사업에 투자하여 얻어내는 감축실적을 투자국의 감축실적으로 인정받는 제도이다. 개도국이 택할 수 있는 교토메카니즘은 CDM뿐이다. 나머지는 선진국이 사용하는 것이다. 교토의정서는 개도국이 원한다면 자발적으로 선진국을 보조하여 자국에서도 탄소감축을 할 수 있도록 한 것이다. 그래서 제12조에 규정된 CDM은 선진국과 개도국이 협력하여 탄소감축을 할 수 있는 메카니즘이다. 선진국은 의무감축량의 일부분을 개도국에서의 사업을 통해 달성할 수 있도록 한 것이다.

CDM사업으로 발생하는 탄소크레딧을 CER(Certified Emission Reduction)이라고 하며 CO_2톤과 같다. CER은 제3자에게 유상양도 할 수 있다. CDM은 교토의정서의 감축의무대상국의 기업들이 주로 관심을 갖는다. CDM을 통하여 CER을 획득할 때까지 여러 복잡한 절차를 거쳐야 한다. CER은 UN집행위원회 등록부 구좌에 등록된다. CER의 거래는 일반적으로 유상양도의 형식으로 CDM등록구좌에서 국가등록구좌(National Registry Account)로 이체되며, 이를 통해 탄소시장(Carbon Market)이 형성되는 것이다.

---

4 한국은 비부속서 I 국가이기 때문에 아직까지는 이 제도를 사용할 수 없다.

CDM은 공동이행제도와 달리 1차 의무기간(2008-2012) 이전의 조기 감축활동(Early Action)에 대해서도 2000~2007년 사이에 발생한 CER을 소급하여 인정한다. 한편, 2005년 2월 제18차 CDM집행위원회 회의에서는 일방적 CDM(Unilateral CDM)을 도입했다. 감축의무국가의 사업승인서 없이 감축의무가 없는 개도국의 사업승인서만으로 CDM사업이 가능하도록 한 것이다. 한국은 부속서 II 국가들과 CDM사업을 공동으로 할 수 있는데, 대부분의 사업은 일방적 CDM사업이다. 그러나 UN집행위원회의 허가를 받아야 하는 CDM사업은 소요기간과 조건이 매우 까다롭다.

3) 탄소시장

탄소시장은 교토의정서의 탄소 배출 메카니즘에 따라 생성된 탄소 배출권을 상품화하여 거래하는 시장이다. 따라서 교토의정서에서 인정한 탄소 배출권(AAU)과 탄소크레딧(CER, ERU, RMU)이 모두 탄소시장에서 거래될 수 있다. 현재까지 형성된 탄소시장은 대략 3가지 형태가 있다. 교토의무 감축시장(Kyoto Compliance carbon market)은 교토의정서 비준국들인 EU, 일본, 캐나다 등이 설립한 탄소시장으로, EU ETS, 일본, 캐나다 국내탄소시장 등이 있다. 교토비의무 감축시장(Non-Kyoto Compliance carbon market)은 미국과 호주 등 교토의정서를 비준하지 않은 국가가 자발적으로 탄소시장을 설립하여 운영하고 있는 시장을 말한다. 자발적 탄소시장(Voluntary Carbon Market)이란 탄소감축의무가 없는 정부 기관, 기업, 비영리단체, 개인 등이 자발적으로 참여하여 탄소 배출권을 거래하는 시장으로 대부분 프로젝트의 거래형태로 이루어진다.

교토의정서는 제17조에 배출권거래제를 도입하면서 어느 유형을 명시적으로 선택하지 않았기 때문에 교토의정서상 배출권거래제는 총량제한배출권거래에서 발생하는 배출할당량(AAU) 뿐만 아니라, CDM, JI, ERU공동이행제도 등에서 발생하는 CER, ERU, RMU 등의 탄소크레딧도 거래할 수 있다.[5]

교토의정서의 채택당시 배출권거래제의 형태에 관해 가장 많이 논의된 유형은 감축목표(Cap) 유무에 따라 총량제한 방식(Cap & Trade)과 기준선 대비 크레딧(Baseline & Credit) 방식이었다. 총량제한 배출권거래제(Cap&Trade)란 부속서 I 국가들이 배출감축목표를 기준으로 초기 할당 받은 후(Cap), 감축활동으로 배출권을 획득하면 이를 거래(Trade)하는 제도로, 보통 할당량거래시장(Allowance based Market)이라고 한다. 기준선대비 크레딧거래제(Baseline & Credit)란 참여자가 CDM이나 JI(공동이행제도) 등 각 사업별로 기준배출량(Baseline)을 설정하고 이를 기준으로 감축량을 계산하여 획득한 탄소크레딧을 거래하는 제도로, 통상 프로젝트 시장(Project based Market)이라고 한다. 이에 따라 탄소시장은 자발적/비자발적 여부에 상관없이 배출권의 성격에 따라 프로젝트 거래시장과 국가나 기업에 할당된 배출량의 일부를 거래하는 할당량 거래시장으로 나눌 수도 있다. 할당량 거래시장에서 가장 큰 시장은 EU-ETS이고, 프로젝트 거래시장에서는 CDM시장이 대부분을 차지한다.

교토의정서는 탄소 배출권 시장의 형태에 관해 별도의 규정을 하지 않고 각국의 재량에 맡겼기 때문에 탄소 배출권 시장은 각국에 따라 차이가 있다. 탄소시장에 가장 적극적인 지역은 EU이다. EU는 2005년 1

5 김도경, 윤용희(2010), 배출권거래제 도입에 따른 자본시장법의 적용상 한계와 개선방안, 증권법연구 제11권 제1호(2010), p.165.

월 1일부터 EU-ETS(EU Emissions Trading Scheme)를 운영해오고 있다. EU-ETS는 EU지역의 국제탄소거래시장으로 세계에서 거래규모가 가장 큰 시장이다. 개별 국가로서는 EU규정에 따라 영국이 UK-ETS를 시행중에 있다.

교토의정서를 비준하지 않은 미국, 호주 등은 자발적으로 CCX(Chicago Climate Exchange)와 NSW(New South Wales) 등을 설치하여 배출권을 거래하고 있다. 일본은 부속서 I 국가이지만 EU와 달리 자발적 배출권 거래 시장을 운영하고 있다. 전 세계에는 현재 10개 이상의 탄소 배출권 거래소가 운영되고 있다.

교토의정서가 규정하고 있는 국제 배출권 거래제는 1차 공약기간(2008~2012)이 시작되는 2008년부터 시작되었다. 교토의정서의 비준 당사국은 마라케시합의에 따라 국가배출량을 계산할 수 있는 체제를 구축하고 탄소크레딧의 보유와 이전 등을 처리할 수 있는 국가레지스트리(National Registry)를 운영해야 한다. 현재 국제 배출권 거래제는 39개국을 대상으로 배출권(AAU)과 탄소크레딧(CER, ERU, RMU) 등을 모두 거래하고 있다. 교토의정서는 1차 공약기간(2008-2012)동안 각국에 할당된 초기할당량(AA)을 정해놓았다. 초기할당량은 배출할당량(Assigned Amount Unit - AAU)으로 환산하여 국가 레지스트리(Registry)에 등록했다. 교토의정서에서 인정하는 탄소 배출량을 측정하는 단위인 AAU, CER, ERU, RMU 등 4가지의 교토단위(Kyoto Units)는 상호호환 및 교환이 가능한 등가개념으로 CO_2톤을 의미한다. 각 단위는 고유의 시리얼번호를 갖고 있으며 일정조건하에서는 양도가 가능하다.

4) 교토단위의 법적 성격

탄소시장의 거래물인 교토단위들은 CO_2톤을 의미하는 상호교환이 가능한 등가단위이다. 문제는 국제법상 이러한 거래단위가 어떻게 취급될 수 있는가 하는 점이다. 교토의정서는 탄소 배출권의 법적 성질을 명확히 규정하지 않고 각국이 입법으로 규율하도록 위임했기 때문에 혼란이 있다. 각국이 탄소 배출권의 법적 성질에 대해 다양한 입장을 보이기 때문이다.

그래서 우선적으로 탄소 배출권인 교토단위가 재산권인가 금융상품인가? WTO법상 상품인가 아니면 서비스인가? 과세가 가능한가? 등 다양한 법적 의문이 제기될 수 있다. 교토단위는 이산화탄소 배출량을 의미하기 때문에 인류의 공동유산인 대기(atmosphere)에 대해 소유권(ownership)을 주장할 수 있는가 하는 문제가 우선적으로 제기된다. 이산화탄소의 배출은 대기권에서 이루어지기 때문에 교토단위를 소유한다는 것은 인류의 공동유산인 대기를 오염시킬 수 있는 권한을 갖는다는 의미로 해석될 수 있기 때문이다. 즉, 부속서 I 국가들이 AAU를 거래한다는 것은 대기(atmosphere)에 대해 소유권(ownership)을 창설해주는 의미로 해석될 수 있으며, 이는 결국 대기의 일부분을 국가가 점유하게 되는 것이다. 이러한 해석은 대기를 인류공동유산으로 보는 국제법에 위배될 뿐만 아니라, 비부속서 국가들은 원천적으로 이러한 방식으로 대기에 대한 소유권자체를 행사할 수 없기 때문에 국가간 형평(equity)에 반한다는 문제가 제기될 수 있다.

이 문제에 관해서는 UNFCCC도 비교적 명확한 입장을 밝히고 있다. 그 전문(preamble)에서 기후 변화는 인류공동의 관심사(common concern of humankind)이고, 국가들은 자국 관할권이나 통제권내의 행위가 타국이나 국내관할권의 경계를 벗어난 지역의 환경에 피해를 유발하지 않도록 해야 하는 책임이 있다고 명시하고 있다. 그리고 UNFCCC나 교토의정서의 어떠한 규정도 부속서 I 국가가 대기에 대해 소유권(ownership)을 부여한다는 표현을 사용하지 않고 있다. 국제법은 공동유산인 천연자원에 대해 어떠한 배타적 주권행사도 금하기 때문이다. 이러한 논점에서 본다면 탄소거래제도의 창설이 대기에 대해 어떠한 독점권도 창설하지 않기 때문에 비부속서 국가들의 공동유산에 대한 접근을 방해할 수 없다. 오히려 법적인 관점에서 본다면 교토의정서는 부속서 I 국가들이 온실가스방출을 줄이는 의무이지 늘리는 의무가 아니다. 이러한 온실가스 감축의무는 부속서 I 국가들에게 지워진 것으로 각국은 온실가스 방출량을 할당받아 그 한도 내에서만 방출권리를 행사할 수 있는 것이다. 따라서 각국은 국제협약인 교토의정서의 의무를 준수하도록 교토단위를 사용할 수 있는 권리를 부여받은 것이다. 이러한 권리의 행사는 교토의정서 제17조에 규정된 AAU의 매매를 통해서도 할 수 있기 때문에 교토단위는 국제법상 인정된 매매가 가능한 공공재산권(public property rights)의 성격을 갖는다.

탄소 배출권 구매계약(ERPA)에서는 ERUs, CERs 등을 일반상품(commodities)으로 규정하고 있다.[6] 이렇다면 교토단위형성의 국제법적 근거가 되는 교토체제는 부속서 I 국가들에게 탄소 배출에 관한 "재산권(property rights)"을 부여한다고 볼 수 없다. 또한, 교토단위를 할당

6 ERPA는 교토의정서하에서 양당사자간에 탄소권을 거래하는데 사용되는 매매계약서이다. 구매자는 판매자로부터 탄소권의 매입대가로 현금을 지불하기 때문에, 구매자는 대기권으로 탄소를 배출할 수 있는 권리를 구입하는 것이다. 국제 탄소 배출권 거래 협회(the International Emissions Trading Association)에서 작성한 표준구매계약서가 널리 사용된다.

받았다는 사실은 장래에 일정량의 탄소 배출권을 부여받을 수 있는 기득권을 부여하지도 않는다. 이러한 점은 Decision 2/CMP.1(Principles, nature and scope of the mechanism pursuant to Articles 6, 12 and 17 of the Kyoto Protocol)의 전문에도 잘 나타나 있다.[7] 결론적으로 국제법상 교토단위는 재산권적인 가치를 인정받지 못하고 있다. 달리 말하면 교토단위의 재산적 가치는 거래당사자간의 계약(ERPAs)이나 국내법상의 규정 또는 EU등 지역적 차원에서 국가간 합의에 의해 제한적으로 생성된다고 볼 수 있다.

한편, 교토단위가 국제통상법상 어떻게 규율될 것인지가 문제될 수 있다. 교토단위가 교토의정서를 통해 국제거래가 가능하기 때문에 국제거래에 관한한 WTO법의 규정을 위배해서는 안되기 때문이다. 이와 관련하여 UNFCCC 제3조 제5항[8]은 환경변화에 대한 대응조치는 국제통상에 대한 일방적 또는 정당화될 수 없는 차별이나 위장된 제한을 형성해서는 안된다고 하여 WTO법에 위배해서는 안된다는 점을 명확히 했다. 그리고 교토의정서 제2조 제3항도 "3. 부속서 1의 당사자는 이 조의 규정에 의한 정책 및 조치를 이행하기 위하여 노력하되, 협약 제3조를 고려하여 기후 변화의 부정적 효과, 국제통상에 미치는 영향, 다른 당사

7 즉 "Further recognizing that the Kyoto Protocol has not created or bestowed any right, title or entitlements to emissions of any kind on Parties included in Annex I".

8 UNFCCC 제3조 제5항. The Parties should cooperate to promote a supportive and open international economic system that would lead to sustainable economic growth and development in all Parties, particularly developing country Parties, thus enabling them better to address the problems of climate change. Measures taken to combat climate change, including unilateral ones, should not constitute a means of arbitrary or unjustifiable discrimination or a disguised restriction on international trade.

자들, 특히 개발 도상국인 당사자들과 그 중에서도 협약 제4조제8및 제9항에 규정된 당사자들에 대한 사회적 환경적 경제적 영향 등을 포함한 부정적 영향을 최소화하는 방식으로 이행하기 위하여 노력한다(...)." 고 하여 국제통상에 부정적 효과를 미치지 못하도록 명시했다. 실상, 교토단위의 거래는 국제협정의 의무이행을 주권국간에 교환하는 것이기 때문에 WTO상 통상의 문제가 발생하지 않는다. 교토의정서의 무역관련조치들이 WTO법에서 의미하는 무역관련조치와 다르기 때문이다. 실제로 문제가 되는 것은 교토의정서를 국내법에서 이행하기 위한 국내조치가 WTO에 위배될 수 있다는 점이다. 이러한 점에서 탄소 배출권이 GATT상 상품(goods)인가에 대해서는 비교적 쉽게 답을 도출할 수가 있다. WTO의 판례들은 "상품"을 내재적 가치가 있는 유체물로 보기 때문이다. 즉, 탄소 배출권(emission allowances)은 GATT상 상품(goods or products)이 아니다. 그래서 탄소 배출권이 상품인가의 여부는 국제법에서 논의될 사항이 아니고 국내법 또는 지역법에서 운용하는 배출권거래제도하에서 논의될 사항이다.

같은 의미에서 교토단위가 GATS상 서비스로 인정받을 수 있는가에 대한 논의도 국제법상의 쟁점은 아니다. GATS는 "서비스"에 관한 정의를 내리지 않고 있으며 "상품"에 대비되어 확인될 수 있다. 교토단위는 WTO의 서비스분류에 속하지 않고 경제적 가치가 있는 활동이 아니기 때문에 "서비스"가 아니다. 그러나 탄소 배출권의 파생상품에 대한 2차 시장에서의 교환서비스는 GATS상 금융서비스(financial services)에 속할 수 있기 때문에 서비스교역의 기본원칙인 비차별 원칙 등이 적용될 수 있다.

정리하자면 교토의정서는 당사국에 대해서만 탄소 배출권에 관한 권리와 의무를 규정하고 있다. 그럼에도 불구하고 교토의정서는 탄소거래에 관한 규정을 하면서 국가 이외의 단체도 참여할 수 있음을 밝히고 있다. 그래서 당사국들은 제17조하에서 국가를 대신하여 법적 단체가 탄소거래를 하는 것을 허가(authorize)할 수 있고, 프로젝트방식(CDM/JI)을 통해 법적 단체가 탄소거래를 할 수 있도록 허가(authorize)할 수 있다. 즉, 교토단위의 법적 성격이나 관련되는 법률문제는 탄소거래에 참여하는 단체(법인 또는 개인)에 관련하여 발생하며, 그러한 탄소거래제도에 적용되는 국내법상의 법률문제가 무엇인가에 따라 결정된다고 할 수 있다.

3. 탄소 배출권의 법적 성격에 관한 국내법상 논의

탄소 배출권의 법적 성격에 관한 각국의 국내법상 논의는 국내에 설치될 탄소 배출권 거래 제도에 관련되어 진행되고 있다. 탄소 배출권의 법적 성격이 규명되어야 그 적용범위와 과세문제가 좀 더 명확해질 수 있기 때문이다. 브라질의 경우는 CDM사업과 관련된 탄소 배출권의 법적 성격에 관심이 집중되어 있다. 탄소 배출권의 국제법적 배경이 되는 교토의정서에서 국제 배출권 거래제에 대한 개괄적인 규정을 해놓고 구체적인 운영사항에 대한 합의를 못했다. 그래서 배출권 거래 시장은 국가마다 국내법에 따라 다르게 설계되어 추진되고 있다. EU는 향후 형성될 국제 배출권 거래제를 선도하기 위해 각별한 노력을 기울여왔고 실제로 국제 배출권 거래제의 표준결정에 지대한 영향을 미칠 것이다.

즉, 탄소 배출권의 법적 성격에 관한 규정은 각국의 국내법에서 해결해야 하지만 국제 배출권 거래 시장에의 참여를 염두에 두어야 한다. 실무적으로 본다면 국내배출권거래제를 관리하는 전산시스템은 결국 국가레지스트리 시스템으로 발전되어야 하기 때문에 다른 나라의 경험을 공유해야 할 필요가 있다. 국제 배출권거래시스템을 통해 국내배출권거래시스템이 연결되어야 하기 때문이다. 유럽연합은 회원국들이 국내배출권거래프로그램을 설계할 때 유럽연합이 정한 지침을 준수하도록 하여 회원국들 간에 배출권거래프로그램이 연결되도록 추진하고 있다.

탄소 배출권은 새로운 법률개념이기 때문에 국내법에서 그 법적 성격을 규명할 필요가 있다. 민법계 국가에서는 민상법전에서 탄소 배출권이 어떠한 법적 성격을 갖는지를 규명하고 이를 기준으로 하여 탄소 배출권 제도에 관한 법을 제정하려고 한다. 민법상 개념이 모호한 새로운 법적 개념이면 상법에서도 찾아 볼 수 있고, 기존의 법제에 맞지 않는 새로운 법률개념(sui generis)이면 이러한 연구를 바탕으로 탄소 배출권에 관한 특별법을 제정할 수도 있을 것이다. 법은 사회의 필요성에 따라 제정되어야 하기 때문이다.

1) 탄소 배출권의 개념

그런데 비교법적 관점에서 가장 문제가 되는 것은 무엇보다도 탄소 배출권이라는 용어조차도 통일되어 있지 않다는 점이다. 출발점이 되는 기후 변화 협약(UNFCCC)에서는 제1조에서 '배출(emissions)'이라는 용어를 사용했고, 교토의정서에서는 '배출허용(emission allowance)'과 AAU, 그리고 탄소 배출권(carbon credit) (CER, ERU, RMU) 등의 용어를 사용할 뿐 정작 '배출권(carbon emission right)'이라는 용어를 사용하지 않고 있다. 그래서 allowance와 credit이 권리(right)인가에 대한 의문이 제기된다. 물론, 이 문제는 국내법상의 문제이다. 각국이 국내법에서 어떠한 법적 대우를 하느냐에 따라 법적용의 범위나 세법상의 해석이 달라질 수 있으며, 공법과 사법에서도 법익에 따른 차이가 큰 수 있다.

2003년 'EU공동체내의 온실가스 배출권거래제도 설립에 관한 유럽의회 및 이사회 지침'(Directive 2003/87/EC of the European Parliament and of the Council establishing a scheme for greenhouse gas emission allowance trading within the Community and amending Council Directive 96/61/EC, of 13 October 2003)에서는 지침의 제목에서 보여주듯 '배출허용량(Emission Allowance)'이라는 용어를 택했다. 제1조에서는 Directive의 목적으로 'scheme for greenhouse gas emission allowance trading'임을 규정하고, 제3조는 각각의 용어를 정의했다.[9] 그래서 EU의 배출허용량 거래체제를 EU Emisssion Allowance Trading Scheme (EU-ETS)라고 한다. 그러나 'emission allowance'에 관한 법률적 정의는 하지 않았다.[10] EU의 회원국들은 이러한 'EU Emisssion Allowance'개념을 자국입법체계에 맞추어 사용하고 있다. EU지침에서 사용하는 'allowance'도 교토의정서의 배출단

---

9 Article 1(Subject matter) This Directive establishes a scheme for greenhouse gas emission allowance trading within the Community (hereinafter referred to as the "Community scheme") in order to promote reductions of greenhouse gas emissions in a cost-effective and economically efficient manner,

(a) "allowance" means an allowance to emit one tonne of carbon dioxide equivalent during a specified period, which shall be valid only for the purposes of meeting the requirements of this Directive and shall be transferable in accordance with the provisions of this Directive;

(b) "emissions" means the release of greenhouse gases into the atmosphere from sources in an installation;

10 PERRELS, Adriaan(2006), Differences in Member State Regulations for the European Union Emission Trade System, Government Institute for Economic Research, Helsinki, p.27.

위와 마찬가지로 일정기간 동안 배출하는 CO_2톤으로 정의하고 있으나 그것이 권리인지 또는 어떠한 재산적 가치가 있는지에 대해서는 침묵하고 있다. 위원회의 1차안(First Commission Draft)은 'administrative authorization'이라는 표현을 사용했으나 보충성의 원칙에 따라 각국의 법률적 특성을 우선적으로 고려해야 한다는 법의견에 따라 삭제했다.[11] 그래서 "Allowance"의 법적인 성격은 각국 법에 의해 결정되어야 한다.

불란서의 경우는 환경법전(Code de L'Environnement)에 배출허용량(quotas d'émission)의 개념을 도입했는데(제L229-15조),[12] 이전과 매매가 가능한 '행정허가'와 같은 의미로 보고 있다.

일본에서는 '지구 온난화 대책의 추진에 관한 법률'에서 '산정할당량'의 개념을 사용하여, 교토의정서의 배출거래대상인 AAUs, CER, ERU, RMU 등을 국내법에서도 그대로 인정하는 것을 전제로 하여 "이산화탄소 1톤을 나타내는 단위에 의해 표기되는 것"이라고 정의했다.[13]

이와 같이 현재는 "배출권"과 "산정할당량", "배출허용량" 등 다양한 용어가 혼재되어 있다. 그런데 교토의정서에서 인정한 AAU, CER, ERU, RMU 등은 모두 CO_2톤을 나타내는 등가개념이기 때문에 국내법상 용어의 다양성에도 불구하고 그로인한 차이는 없다. 문제는 국내법상 탄소권의 생성방식이 allowance와 credit으로 다르기 때문에, 이러한 생성방식의 차이가 법적 성격의 차이로 나타날 수 있는가 하는 점이다.

---

11 BUTTON, Jillian(2008), Carbon: Commodity or Currency? THE CASE FOR AN INTERNATIONAL CARBON MARKET BASED ON THE CURRENCY MODEL, *Harvard Environmental Law Review, Vol. 32, p.575.*

12 이광윤(2010), 프랑스 배출권거래제의 현황과 시사점.

13 김도경, 윤용희(2010), *ibid., p.179.*

한국에서는 녹색 성장 기본법에서 “배출권”을 사용하고 있는데 앞으로 관련법의 제정 또는 개정을 할 때 외국법제를 잘 비교하여 용어의 적절성과 적용범위 등을 정해야 하며, 궁극적으로는 국제적으로 타당성 있도록 해야 할 것이다.

2) 탄소 배출권의 법적 성격과 적용범위

이상에서의 논의에서 보듯 ‘배출권’은 국내법상으로도 법정책에 따라 다양한 표현을 사용하고 있다. 그 이유는 ‘교토의정서’에서 법적 개념을 명시할 정도로 ‘배출권’의 국제적인 합의나 유통메카니즘에 대한 국제적인 합의도출이 어려웠기 때문이다. 그리고 교토메카니즘을 구체적으로 국제 사회와 국내사회에서 적용하는 것에 관한 합의가 없었기 때문에, 국내사회에서는 ‘배출권거래제’를 준비하면서 그 법적 성격도 국내법상의 기준에 따라 확립해야 하는 부담을 안게 되었다. 이에 따라 국내법상 ‘배출권’의 법적 성격에 관한 논의가 아직도 큰 문제가 되어있다.

우선, 민법계 국가와 영미법계 국가간에 ‘배출권’에 대한 법적 인식에 대한 차이가 발생할 수 있고, 민법계 국가간에도 ‘배출권’에 대한 개념과 법적 성격에 관해 차이를 보일 수 있기 때문이다. 전반적으로는 계약, 재산, 세무, 회계, 금융, 경쟁, 국제거래 등과 관련되는 법률에서 이러한 배출권의 취급과 관련하여 각국의 규정이 다를 수 있다. 그렇다 하더라도 ‘배출권’ 개념자체가 기후 변화 협약과 도쿄의정서라는 국제조약에 근거한 국제법상의 개념이고, 향후 ‘배출권’의 국제거래를 예정하고 있는 만큼 국내법상의 규정도 이러한 국제법의 제한에서 과도하게 벗어나서는 안된다고 본다.

‘배출권’의 법적 성질에 대한 이해는 나라마다 차이가 있다. 온실가스 배출시설에 대해 법적으로 배출허용량을 할당 또는 허가한다는 점에서는 국가의 행정규율에 속한다. 이산화탄소라는 환경 오염 물질을 방출할 수 있는 허가를 부여하는 행정행위이기 때문이다. 그런데 방출이 허용된 총량보다 적게 방출하는 경우, 일반적인 경우에는 그 상태로 종료하게 된다. 그러나 탄소 배출권의 개념에서는 실제방출량이 허용총량보다 적을 경우에는 그 차액을 배출자가 고스란히 권리로 사용할 수 있다는 점에 특성이 있다. 즉, 거래가 가능한 재산적 가치가 되는 것이다. 이러한 권리는 법으로 창출되는 것이다. 이러한 점에서 배출권은 초기에는 공법적 규율을 통해 탄생하고, 그 법적 의무기준을 달성하는 경우 배출권이라는 재산적 권리가 형성되어 거래가 가능해진다는 점에서는 사법적 규율을 받게 된다는 특성이 있다. 그러나 각국의 법제와 학설은 배출권의 법적 성질에 관해 다양한 차이점을 보인다. 근본적으로는 공법상의 규정은 배출권의 재산적 성격을 명시적으로 인정하는 것에 인색하다는 점이고 반면, 사법상의 규정은 재산적 성격에 큰 무게를 두고 있다는 점이다. 외국의 실례를 살펴보기로 하자.

배출권거래의 선도적인 역할은 EU에서 수행해 왔다. 이미 언급했지만 2003년 EU 배출권거래 지침에서는 '배출허용량(Emission Allowance)'이라는 새로운 개념을 도입했다. 그러나 배출허용량이 배출권인지 또는 배출허용량의 법적 성격이 어떠한지에 대해서는 명시적 규정이 없다. 배출허용량 자체가 바로 배출권인지 아니면 배출허용량에서 법적 한도를 지키는 경우 잉여분에 대해서만 배출권이 형성되는지에 대한 명시가 되어있지 않다. 단, "동 지침의 규정에 따라 이전이 가능해야 하며(shall be transferable in accordance with the provisions of this Directive)"라고 하여 재산적인 성격이 있음을 강하게 암시하고 있다. 때문에 그 구체적인 법적 성격은 각 회원국의 국내법제로 정할 수 있게 하였다.

독일은 2004년 7월 8일 EU지침(Directive 2003/87/EC)을 따라 배출권거래법(the Greenhouse Gas Emission Trading Act (Treibhausgas-Emissionshandelsgesetz - TEHG)과 2004년 8월 9일에는 할당법(the Allocation Act - Zuteilungsgesetz - ZuG)을 제정했다. TEHG는 참여자가 할당량거래를 하는 경우 독일은행법(German Banking Act, Kreditwesengesetz - KWG)상 허가를 요하는지에 관련된 법적 문제에 관한 논의를 촉발시켰다. 독일법상 허용량(allowance)은 이전계약과 등록을 통해 이전을 하도록 하고 있는데, 공법상의 배출허용(emission permits)과 구분해야 하는 이전가능한 권리(Berechtigung)로 인식된다. TEHG는 Berechtigung란 "특정기간 동안 1톤의 이산화탄소에 상응하는 것을 배출할 수 있는 권한(Befugnis)"으로 정의했다(제3조 제4항). 이러한 '배출권'이 민법상 물건(commodities)인가에 대해서는 다양한 학설이 대립하고 있다고 한다. 독일민법은 물건은 유체물에 한하기 때문에(민법 제90조) 배출권은 독일민법상 물건이 아니라고 보기 때문이다. 따라서 원칙적인 의미에서는 배출권의 양도는 민법상 물건의 매매에 해당되지 않는다.[14] 그러나 허용량이 상품 또는 법적 권리인지에 대해서는 불분명하다. TEHG는 이러한 문제에 대해 대답을 하지 못하지만 허용량이 공법과 사법적 성격을 동시에 갖고 있다는 점에 대해서는 이견이 없다. 그래서 허용량은 독일법상 그 자신의 독특한 권리(right sui generis)를 갖고 있다고 보는 사람들도 있다.

---

14 김도경, 윤용희(2010), *ibid., p.175.*

'지구 온난화 대책의 추진에 관한 법률'에서 '산정할당량'의 개념을 사용하고 있는 일본은 배출총량거래제(Cap & Trade)의 도입을 제13조에 명시했으나 탄소 배출권의 법적 권리를 정의하지 않았다. 2005년부터는 환경성이 232개 사업장을 선발하여 자발적 탄소 배출권 거래 제도(JVETS)를 운영하여 배출총량거래제의 타당성을 실험해 왔다.[15] '산정할당량'은 할당량구좌장부 작성 및 관리를 통해 양도할 수 있고, 선의취득의 대상이 된다. 단, 질권으로 사용할 수 없다고 한다. 이에 따라 산정할당량은 기본적으로 재산적 가치가 있는 무체물로 동산과 유사한 것으로 보고 있다. 일본민법은 독일민법과 달리 무체물도 물건으로 인정하기 때문에 '산정할당량'도 무체물로 볼 수 있어, 재산적 가치가 있는 무체물, 즉 동산과 유사하게 취급하고 있다고 한다.[16]

불란서는 이미 언급했듯이 환경법전(Code de L'Environnement)에 배출허용량(quotas d'émission)의 개념을 사용했다. 그리고 국가등록부에 배출권 소지자의 계정에 기입된 배타적으로 구체화된 동산(biens meubles)으로 정의하여(제L229-15조),[17] 배출권을 민법상의 동산물권으로 추정할 수 있다.

영미법계에서도 '배출권'에 관해 용어뿐만 아니라 법적 성질에 대

---

15 노희진 외(2009), 해외 탄소 배출권 시장 동향 및 국내육성방향, 자본시장연구원, pp.121-130.

16 김도경, 윤용희(2010), *ibid., pp.178-9.*

17 L.229-15. I.-Les quotas d'émission de gaz à effet de serre délivrés aux exploitants d'installations autorisées à émettre ces gaz sont des biens meubles exclusivement matérialisés par une inscription au compte de leur détenteur dans le registre national mentionné à l'article L. 229-16. Ils sont négociables, transmissibles par virement de compte à compte et confèrent des droits identiques à leurs détenteurs. Ils peuvent être cédés dès leur délivrance sous réserve des dispositions de l'article L. 229-18.

해서도 차이가 보인다. 미국은 ACES §700에서 '배출허용량(emission allowance)'이라는 용어를 사용했는데, 정부와 배출사업자간의 관계에서는 행정행위로 정부의 자유재량권을 강조한 것으로 보인다. 반면, 배출사업자는 자신의 허용량을 자유롭게 처분할 수 있기 때문에, 거래당사자들간에는 재산적 가치가 있는 것으로 본다. 따라서 법적 성격에 대해서는 구체적인 사안에 대해 법원이 판단함으로써 규명될 수 있다.

같은 영미계인 호주는 좀 더 명시적이다. Carbon Pollution Reduction Scheme Bill 2009에서 배출총량거래제(Cap & Trade)의 도입을 명시하면서 배출단위가 사적 재산(An Australian emissions unit is personal property.)임을 밝히고 있다(제94조). 그러나 emission 그 자체에 대한 법적 성격은 규정하지 않았다.

EU지침을 실행하는 방식에서 영국은 다른 대륙법계의 국가들과 차이가 있다. 영국은 EU지참에서 규정한 Allowance의 정의를 그대로 인용하고 있다. 그러나 Allowance의 법적 성격에 관해서는 법제화보다는 구체적인 사안이 발생했을 때 법원이 해결하는 방식을 택하고 있다.[18]

한국에서도 배출권의 법적 성격에 관해서는 아직 의견이 분분하다. 배출권과 배출총량거래제(Cap & Trade)의 도입을 명시한 저탄소녹색 성장기본법 제46조는 온실가스배출권의 용어를 사용하고 있어 그 법적 성격과 적용범위가 논란의 대상이다. 다양한 논의가 있지만 배출권이 공법상의 허가와 사법상의 재산권적인 성격을 동시에 갖는다는 사실에 대해서는 학설상 별 이견이 없는 듯하다. 배출권이 국가로부터 온실가스배출을 허가 받아 국가허가의 형식으로 권리를 창설하고, 일정한 요건을 갖

18 PERRELS, Adriaan(2006), *ibid., pp.5-7.*

추는 경우, 즉 배출허용량보다 적게 배출하는 경우 남는 잉여배출권을 거래할 수 있는 재산적 가치가 형성된다는 점이다. 위에서 다른 나라의 입법례에서도 살펴보았지만 각국이 국내법으로 관련입법을 할 때는 배출권의 국가허가와 일정한 조건하에서 타인양도가 가능하다는 점을 고려하고 있다.

한국의 경우에도 교토의정서에서 밝힌 탄소 배출권의 개념을 바탕으로 국내법에 기초하여 어떠한 법적 성격을 탄소 배출권에 부여하는가에 대한 다양한 의견이 제시되고 있다. 배출권의 국가허가는 공법상의 규정이기 때문에 논의의 핵심은 사법상 배출권의 거래성격에 관한 것으로 모아진다. 이에 대하여 배출권을 탄소 배출권 거래법에 의하여 특별한 독자적(sui generis) 사법상의 재산권으로 보는 견해(최경진),[19] 상법상 유가증권에 해당된다는 유가증권설(고동원),[20] 국가허가로 권리를 창설하는 이전이 가능한 재산권이라는 특수재산권설(최승필),[21] 배출권거래법에 의하여 창설되는 새로운 무체재산권으로서 물권 유사의 보호가 필요한 권리(김도경)[22]등이 다양한 학설이 나와 있다.

저탄소 녹색 성장 기본법 제46조의 온실가스배출권이 민법상 권리에 해당하는지는 불분명하다. 탄소 배출권을 거래할 수 있기 때문에 사법상 권리임에는 틀림없으나 민법상 재산권인지 여부는 불분명하다, 민

---

19 최경진, 배출권거래에 관한 민사법적 연구, 가천법학 제6권 제1호, 2013, p.73.

20 고동원, "탄소 배출권 거래법제," 증권예탁결제원에서 2008. 9. 25일 개최한 저탄소 녹색 성장, 탄소 배출권 인프라 구축 로드맵 제2세션 발표자료. (김도경, 윤용희(2010), ibid., pp.181.에서 재인용).

21 최승필, "탄소 배출권 제도설계에 대한 법제도적 검토-유럽의 탄소 배출권 제도를 통한 고찰을 중심으로-," 환경법연구 , 제31권 제2호(한국환경법학회, 2009), 174-5. (김도경, 윤용희(2010), ibid., pp.181.에서 재인용).

22 김도경, 윤용희(2010), *ibid., pp.185-6.*

법은 물권법정주의(제185조)를 택하고 있기 때문에 배출권이 물권으로 인정받기 위해서는 법정규정이 있어야 한다. 2012.5.14. 온실가스배출권의 할당 및 거래에 관한 법률(배출권 거래법)이 탄소 배출권의 법적 성질을 규정할 수 있는 기회가 되었으나 아쉽게도 구체적인 규정을 피했다.

외국의 예에서 보는 바와 같이 배출권시장이 형성되어 있는 곳에서는 배출권이 시장가격을 통해 유통되기 때문에 경제적 가치가 있는 재산권적 성격이 있음은 분명하다. 그런데 현행 민법이 물권에 대해서는 유체물에 대한 배타적 지배력이라는 엄격한 요건을 요구하기 때문에 민법상 배출권의 법적 성격에 대한 논란이 있기 마련이다. '배출권'은 국내석 유통뿐만 아니라 국제적 유통도 예정하고 있어 이러한 배출권의 국제적 거래성격에 맞게 법적 성격을 앞으로 배출권의 거래에 관한 법에서 규정하는 것이 법익에 맞을 것이다. 현실적으로 탄소 배출권의 거래는 감독기관을 통해 규제되기 때문에 탄소 배출권이 현물이냐 또는 증권이냐 라는 법적 성격의 문제는 사실상 어느 기관에서 거래되고 감독을 받는가하는 문제와 직결된다. 그래서 이론적인 접근도 필요하지만 거래의 편의성이나 국제경쟁력의 확보라는 정책적인 관점에서도 접근해야 한다.

4. 탄소 배출권의 법적 성격에 관한 브라질에서의 논의

4.1. 브라질의 CDM사업

브라질에서 탄소 배출권에 관한 논의는 CDM사업에 한정되기 때문에 이를 중심으로 살펴보겠다. 브라질은 국제 사회에서 CDM사업 분야에서 중국, 인도와 함께 3대 시장을 형성하고 있다. 교토의정서에서 합의된 3가지 교토메커니즘인 배출권 거래제도, CDM사업 그리고 공동이행

제도를 통해 국제탄소시장의 개막을 알렸을 때, 브라질은 CDM제도의 채택에 주도적 역할을 했었다. 선진국과 개도국간의 상호 협력을 통해 온실가스를 절감하는 방식인 CDM사업은 1997년 5월 교토의정서관련 국제협상에서 브라질대표단에 의해 청정개발기금(Clean Development Fund)이라는 이름으로 처음 제안되었고, 1998년 교토에서 열린 제3차 기후협약당사자회의(COP 3)에서 CDM으로 채택되었다.[23]

이후 브라질은 가장 빨리 CDM사업을 수행할 수 있도록 법제도적인 준비를 했다. 1999.7.7 대통령령으로 국가CDM승인기구(Autoridade Nacional Designada, AND/DNA)를 구성하여 CDM사업개발에 필요한 법적 기준을 완비한 최초의 국가가 되었으며, 2002년에는 CDM집행위원회에 국가CDM승인기구를 공식 등록한 최초의 국가가 되었다.[24]

CDM에 대한 브라질정부의 관심은 남다르다. 2004년 11월 세계최초로 CDM사업을 등록하고 CDM방법론의 기준을 세운 국가이다. 2005년 2월 도쿄의정서가 발효되기 이전의 일이다. 브라질은 또한, UN CDM 집행위원회에서 라틴아메리카와 카리브를 대표하고 있다. CDM사업에 관한 브라질정부의 관심을 대변한다.[25]

23 브라질정부의 기후 변화에 대한 법제 및 정책적 대응에 관해서는 다음 논문 참조할 것. 최승필, 브라질 환경법의 구조와 기후 변화의 법제적 대응, 중남미연구, Vol.29 No.2, 2011.

24 브라질 CDM승인기구는 과학기술부장관이 위원장, 환경부장관이 부위원장이 되고 총 11개 정부부처가 참여하는 세계 기후 변화에 관한 부처간 합동위원회(Comissão Interministerial sobre Mudança Global do Clima)이다.

25 브라질의 CDM주관부서인 과학기술부(MCT)는 CDM사업의 활성화를 위해 COP나 CDM집행위원회의 결정, CDM사업안내서, 심사매뉴얼 등을 인터넷을 올려 관련업체에게 실질적인 도움을 주고자 하는 노력을 하고 있다. 과기부는 또한 전국 산업 연맹(CNI)과 함께 CDM교육과정을 설치하여 실무교육을 실시하고 있으며, 카보베르지, 성토메프린시피 등 외국에 대해서도 CDM제도의 운영에 관한 인력과 기술 지도를 적극적으로 펼치고 있다.

2012.12. 기준으로 CDM 등록건수는 총 5,195건이고 이중 중국이 2,708건, 인도 962건, 브라질 227건, 멕시코 124건의 순이다. 투자국별로는 영국이 1,786건, 스위스 1,181건, 네덜란드 528건, 일본이 518건이다.[26] 60여개국이 넘는 국가들이 CDM사업에 참여하고 있음을 고려할 때 특정국가에 CDM사업이 몰려있다는 것은 그만큼 이들 국가들이 CDM사업의 여건이 좋거나 법제가 CDM투자에 비교적 우호적일 것이라는 예단이 가능하다.

브라질이 CDM사업에 큰 관심을 갖는 이유는 중국이나 인도와 달리 CDM사업 분야가 브라질이 필요로 하는 에너지자원과 환경개선분야에 집중되어 있기 때문이다.[27] 브라질에서 제안하는 CDM사업들이 새로운 분야, 예컨대 사탕수수 찌꺼기를 이용한 전력생산, 돼지농사에서 메탄가스감축방식, 화학산업에서 N2O의 분해, 냉동업체의 냉매가스방출의 감소방식 등이다. 또한, 브라질에서는 재생 에너지의 생산사업에 CDM을 이용하여 2900MW정도의 전력생산에도 사용하고 있다는 점이다. 즉, 그만큼 외국투자를 유치하기에 좋은 여건을 갖고 있다. 반면, 브라질의 에너지메트릭스가 수력과 대체에너지 등 친환경적인 구조이기 때문에 탄소 배출을 감축하기가 어려운 반면, 석탄 등 화석연료를 주로 사용하는 중국과 인도는 그만큼 탄소 배출을 줄일 수 있는 사업이 많다는 특성을 보인다.

브라질은 CDM사업의 선도국가이면서도 아직까지 탄소 배출권의 법

26 온실가스검증원, CDM사업 UN등록 현황.

27 MOREIRA, Helena Margarido and GIOMETTI, Analúcia Bueno dos Reis, Protoçolo de Quioto e as possibilidades de inserção do Brasil no Mecanismo de Desenvolvimento Limpo por meio de projetos em energia limpa. *Contextoint.[online].2008,vol.30,n.1,p.31.*

적 성격과 적용범위 및 이에 적용할 조세제도를 결정하지 못하고 있다. 국내외투자가들을 불안하게 할뿐만 아니라 탄소 배출권을 기반으로 다양한 금융상품을 개발하는데 저해요인으로 지적되고 있다.[28]

2) 탄소 배출권의 법적 성격에 관한 논의

탄소 배출권의 법적 성격에 관한 오랜 논란은 일단 법률 제 12.187/2009호가 제정되면서 법적인 안정을 찾기 시작했다. 물론 불확실한 요소들은 상존해 있다. 탄소 배출권은 경제적 이해관계가 크기 때문에 관련 기관들은 자신들의 입장에 맞는 이론을 내세우는 학자들을 앞세워 탄소 배출권의 법적 성격을 주장하려고 했다.

브라질은 교토의정서의 감축대상국이나 비준을 거부한 국가도 아니기 때문에 브라질에서 거래되는 국제 배출권의 종류는 CDM사업에서 나오는 탄소 배출권이 중심이 된다. 따라서 탄소 배출권의 법적 성격과 적용범위 및 이에 파생되는 상품에 관한 논의도 자연스럽게 탄소 배출권에 집중이 되어 있다. 탄소 배출권의 법적 성격을 어떻게 규정하는가에 따라 탄소 배출권의 거래에 적용되는 과세기준에 차이가 있다. 브라질과 같이 과세의 종류가 많고 복잡한 국가에서는 탄소 배출권이 일반상품이냐 금융상품이냐에 따라 투자대상으로서 매력도에 큰 차이가 날 수 있다.

---

28 브라질연방하원에서 2009년10월 있었던 공청회에서 브라질 선물 상품 거래소 BM&F(Bolsa de Mercadorias & Futuros, Commodities & Futures Exchange)의 Guilherme Fagundes 환경·에너지프로젝트 담당관은 전 세계적으로 CDM사업관련 약 1200억불의 탄소 배출권 시장이 형성되어 있는데, 이중 약 절반가량이 주식시장에서 거래되고 있는데 반해 브라질에서는 대부분이 주식외시장에서 거래되고 있음을 지적한 적이 있다.

그런데 실정법으로 탄소 배출권에 관해 명확한 규명을 해놓지 않은 상태이고 법원의 판례도 불분명하기 때문에 일단은 학설이 탄소 배출권의 법적 성질을 파악하는데 가장 현실적인 방법이다. 학자들의 입장을 분류해보면 상품설(commodity), 환경상품설(commodity ambiental), 증권설(valor mobiliário), 채권설(titulo mobiliario), 서비스설(serviços) 등 다양하다. 이하에서는 탄소 배출권의 법적 성질에 관한 학설들을 간단히 살펴보겠다.

(1) 탄소 배출권을 일반상품(commodity) 또는 환경상품(Commodities Ambiental)으로 보는 견해

커머더티(commodity)는 브라질법에는 생소한 용어이다. 굳이 번역하자면 실물자산 중에서 주로 원재료로 이용되는 실물자산으로 상품(mercadoria)이라 할 수 있고 경제용어로는 설탕이나 커피같이 가격변동이 심한 원자재를 말한다. 탄소 배출권을 일반상품(commodity) 또는 환경상품(commodities ambientais)으로 보는 견해는 탄소 배출권을 CO_2 톤이라는 유체물에 대한 권리로 간주하여 탄소 배출권의 거래를 일반상품의 거래로 분류하려는 것이다. 상품의 장점은 쉽게 거래가 가능하기 때문에 국내시장뿐만 아니라 국제시장에서도 거래구조를 단순화할 수 있다는 점이다. 또한, 과세도 국내외를 불구하고 일반적으로 상품에 부과되는 세금으로 한정되기 때문에 비교적 객관성이 있다. 이밖에도 상품에 기초하여 파생상품이 쉽게 만들어 질 수 있기 때문에 탄소시장의 활성화에도 도움이 된다는 입장이다.

문제는 브라질 민법에서 상품으로 인정받으려면 유체물이자 소멸성(bem corpóreo e fungível)이 있어야 하는데 탄소 배출권은 이러한 특성이 없다. 일반상품(commodities)으로 간주되려면 탄소 배출권이 유형상품(mercadorias)이어야 하는데, 대부분의 법학자들은 탄소 배출권을 유체물 또는 유형물로 보지않기 때문이다. 더구나 상품으로 간주되려면 탄소 배출권이 CDM사업의 소유주의 일상적이고 계속적이고 직업적인 활동을 대표해야 하는데 그러한 특성이 없다는 문제가 있다.[29]

탄소 배출권을 일반상품 중에서도 환경상품(commodities ambientais)으로 보는 견해도 있다.[30] 환경상품이란 지속적 조건을 갖춘 자연자원에서 나온 상품으로서 농업이나 산업의 유지에 절대적으로 필요한 소비재를 말한다. 즉, 물, 에너지, 광물, 바이오다변종, 목재, 오염 물질의 통제 등과 관계있는 생산적 복합물이라 할 수 있다. 이 용어는 상파울로주 에코노미스트 조합(Sindicato dos Economistas do Estado de São Paulo)이 만든 것이다. 그러나 탄소 배출권을 환경상품으로 보는 경우에도 과세목적상 문제가 있다.[31]

---

29 브라질 헌법법원(STF)은 상품의 법적 특성을 밝힌바 있는데 이에 따르면 상품이란 상인이 일상적이고 반복적으로 행하는 상거래의 대상이 되는 동산의 일반적 지칭이라는 것이다. (RE 203.705-SP판결, DJ 1999.10.29.일자)

30 LORENZONI NETO, Antonio, Contrato de Créditos de Carbono: Análise Crítica das Mudanças Climáticas. Curitiba: Juruá, 2009; CONEJERO, Marco Antônio. O Crédito de Carbono do Protocolo de Kyoto como Commoditie Ambiental. Aquecimento Global e Créditos de Carbono -- Aspectos Jurídicos e Técnicos. São Paulo: 2007.

31 Charlene Maria Coradini de Ávila Plaza, et.al., A NATUREZA JURIDICA E CONTRATUAL DOS CREDITOS DE CARBONO E A APLICABILIDADE DO DIREITO TRIBUTÁRIO PÁTRIO: INCERTEZAS E INDEFINIÇÕES, 2008.

(2) 탄소 배출권을 양도 가능한 무체물(bem intangível) 또는 자산 (ativos)으로 보는 견해

상품설의 한계를 인식하여 상품(mercadoria)의 범주에 유체물뿐만 아니라 무체물(bens intangíveis)을 포함해야 한다는 입장이다.[32] 이래야만 권리양도(cessão de direitos)로 탄소 배출권을 거래할 수 있고, 기업의 회계장부에 수입(receita)으로 기입할 수 있다는 것이다. 일반물건의 경우 매매계약이 이루어지려면 계약대상물의 분리와 인도(alienação)가 가능해야 한다. 물건매매는 유체물을 고려하여 만들어졌기 때문이다. 그러나 무체물의 경우는 양도를 통해 거래가 이루어질 수 있기 때문에 물건의 범주에 유체물 뿐만 아니라 무체물도 포함시켜서 탄소 배출권을 민법상 무체재산으로 보자는 입장이다.[33]

무체물주장은 브라질탄소시장회사협회(Associação Brasileira das Empresas do Mercado de Carbono - Abemc)의 지지를 받고 있다. 즉, 탄소 배출권은 무형물이자 기업의 무형자산(ativo intangível)으로 양도계약을 통해 거래가 가능하기 때문이라는 입장이다.[34] 이러한 입장을 정리하면 탄소 배출권은 민법상 무체물에 속한다는 것이다.

동 입장은 실무에서 브라질 국세청(Receita Federal)이 적용하고 있

---

32 ALMEIDA, Hugo Netto Natrielli de. Créditos de Carbono -- Natureza jurídica e tratamento tributário. (http://jus2.uol.com.br/doutrina/texto.asp?id=7307).

33 VENOSA, Sílvio de Salvo, *Direito Civil - Contratos em Espécie, Atlas Jurídico,* 5ª. Ed., 2005, p.34.

34 MACHADO FILHO, Haroldo; SABBAG, Bruno Kerlakian. Classificação da natureza jurídica do crédito de carbono e defesa da isenção tributária total às receitas decorrentes da cessão de créditos de carbono como forma de aprimorar o combate ao aquecimento global. <http://www.buscalegis.ufsc.br/ revistas/files/journals/2/articles/32123/public/32123-38013-1-PB.pdf>

다. 국세청은 공개질의 제59/2008호(Consulta Pública nº 59/2008)에서 탄소 배출권은 권리양도의 방식으로 역외거래를 하는 것으로 이해하고 있다. 그래서 국세청의 입장을 기준으로 한다면 탄소 배출권은 상품이나 서비스와 달리 권리양도를 통해 거래되는 무체물인 것이다.

대체불가능, 탄소 배출권 권리증서의 유통, 금전적 가치의 존재, 그 자체로는 금전적 채무의 부존재, 서비스제공의 부존재, 채권의 양도 등 그 특성을 볼 때 탄소 배출권(증서)은 상품, 서비스, 채권증서(título mobiliário) 등과 다르다.

같은 맥락에서 브라질 증권거래위원회(Comissão de Valores Mobiliários, CVM)는 탄소 배출권을 회계목적상 기업의 자산(ativos)으로 본다는 견해를 밝혔다. 증권거래위원회(CVM)는 2009.7.21. 발표문을 통해 탄소 배출권은 유가증권의 성격이 없으며 특정투자에서 약속된 탄소 배출감축목표의 달성을 위해 판매를 할 수 있는 자산(ativos)이며 파생상품이나 집합투자증권으로 보아서는 안된다는 입장을 분명히 했다.[35] 증권거래위원회는 또한 탄소 배출권을 법률을 통해 유가증권으로 그 법적 성질을 특정 짓는 것에 대해서도 반대입장을 보였다. 탄소시장의 발전이 새로운 금융구조와 금융상품을 창출해 나가기 때문에 증권의 특성이 있는 탄소 배출권의 파생상품에 관한 규율의 필요성에 관해 연구하겠지만 지금은 때가 아니라는 입장이다. 그러나 증권거래위원회가 언급하는 기업의 자산(ativos)이라는 개념은 기업회계개념이기 때문에 유체와 무체자산을 포괄하는 폭넓은 개념일뿐 탄소 배출권이 현행법상 유

35 "CVM comunica seu entendimento sobre créditos de carbono e produtos que deles derivam."(http://www.cvm.gov.br/port/infos/Comunicado%20-%20RCE%20-%207%20de%20%20julho.asp)

가증권이나 채권증서가 될 수 없다는 입장을 분명히 했을 뿐이다.

(3) 탄소 배출권을 서비스(serviços)로 보는 견해

탄소 배출권을 서비스로 보는 견해는 브라질 중앙은행(Banco Central do Brasil)의 입장이다. 환시장과 국제자본거래를 규율하는 2005.9.8 중앙은행 통첩 제3291호(Circular n. 3.291)에 "기타 서비스 - 탄소 배출권 29/(NR) 45500[36]이라는 새로운 성격의 환거래방식을 설치되었다. 이에 근거하여 외환시장의 거래은행들이 직접 탄소 배출권 거래를 할 수 있게 되었다. 이렇게 탄소 배출권의 거래를 위해 특별 거래번호를 설치한 것은 동 거래를 통해 금융자본의 흐름을 신속하고 안전적으로 보장하려는 정책이 내재되어 있는 것이다.

그러나 이렇게 탄소 배출권 거래를 금융서비스에 분류한 것에 대해서는 무엇보다도 서비스로 간주되려면 서비스제공의 의무가 있음에도 불구하고 탄소 배출권은 단순히 무체물의 양도(cessão)의 성격을 갖고 있기 때문에 서비스개념과 맞지 않는다는 비판이 있다. 브라질 민법전은 제593조[37]에서 "노동법이나 특별법의 규제를 받지 않는 서비스제공의 경우 동 장의 규정을 적용한다."고 명시했고, 제594조[38]에서 "모든 종류의 서비스나 합법적 근로는 유체 또는 무체에 관계없이 대가지급을 통해

36 TÍTULO: 1 - Mercado de Câmbio. CAPÍTULO: 8 - Codificação de Operações de Câmbio SEÇÃO: 2 - Natureza de Operação. SUBSEÇÃO: 10 - Serviços Diversos - Créditos de carbono Código 45500.

37 Art. 593. A prestação de serviço, que não estiver sujeita às leis trabalhistas ou à lei especial, reger-se-á pelas disposições deste Capítulo.

38 Art. 594. Toda a espécie de serviço ou trabalho lícito, material ou imaterial, pode ser contratada mediante retribuição.

체결될 수 있다"고 규정하여 서비스의 법적 특성을 밝혔다. 소비자보호법 (법률 제8.078/90호)도 서비스의 법적 정의를 해놓았다. 제3조 2항은 "노동관계를 제외한 대가를 통해 은행 금융 신용 채권적 성격을 포함한 모든 소비시장에서 제공되는 모든 형태의 활동을 의미한다."고 하여 서비스에는 용역제공과 대가지급이 있음을 밝히고 있다.

중앙은행이 채택한 경제적 접근법은 무체물의 유통을 서비스로 이해하고 있다. 그러나 민사법에서 규정하는 서비스란 대가지급을 목적으로 제공해야 하는 의무(obrigação de fazer)를 의미한다.[39] 중앙은행은 CDM사업계획을 통해 탄소 배출을 줄이기 위해 제공하는 서비스라는 측면을 강조하지만 실제로 CDM사업자는 서비스제공을 목적으로 하지 않고 탄소 배출을 줄였다는 증명서를 발급받으려는 것이 목적이다. 그래서 CDM사업의 대상인 탄소 배출권은 그 자체는 서비스가 아니고 탄소거래권이라는 생산물이다. 즉, 탄소 배출권은 CDM사업의 생산물인 탄소거래권이기 때문에 탄소 배출권을 서비스로 보는 것은 타당하지 않다.

(4) 탄소 배출권을 유가증권(Valor Mobiliário)으로 보는 견해

탄소 배출권의 법적 성격을 금융상품인 유가증권(Valor Mobiliário)으로 보는 견해는 학계의 폭넓은 지지를 받고 있으며 연방의회에 상정되어 있는 법안들도 대부분 이러한 입장에 있다.[40] 브라질 자본시장법인

---

39 이전 판례는 용역의 경제적 측면을 받아들였으나 2000.10.11 연방헌법법원(STF)이 용역을 제공해야 할 의무(obrigação de fazer)로 규정하면서 법적 정의로 변했다(RE 116.121/SP).

40 JAQUELINE J. S. OLIVEIRA, JEAN MARIE LAMBERT, DEFINIÇÃO DA ATUREZA JURÍDICA DAS RECEs COMO VALOR MOBILIÁRIO PARA FIM COMERCIAL-TRIBUTÁRIO NO BRASIL, 2008, p.637.

법률 제6385/76호는 제2조에 어느 것이 유가증권에 속하고 또 속하지 않는지를 명시적으로 열거해 놓았는데 제IX호에 규정된 집합투자계약이나 권리증서에 탄소 배출권이 포함될 수 있다는 주장이다.

상파울로 증권거래소(BM&FBOVESPA S.A.)도 탄소 배출권은 경매를 통해 시장에서 거래되기 때문에 유가증권(valor mobiliário)의 성격이 있다고 본다.[41] 문제는 법률 제6.385/76호 제2조가 유가증권을 열거해 놓았고 현행 규정에는 탄소 배출권이 명시되어 있지 않기 때문에 법개정을 통해 제2조에 유가증권으로 명시해야 한다는 입장이다. 현재 연방의회에 계류 중인 유가증권설을 따르는 법안들은 채택될 경우 법률 제6.385/76호의 개정이 이루어질 것이다. 탄소 배출권이 유가증권으로 명시되면 유가증권증서(certificado de valor mobiliário)는 증권거래위원회(CVM)의 감독하에 증시에서 거래가 이루어지게 된다. 증권거래위원회(CVM)도 상파울로 증권거래소(BM&FBOVESPA S.A.)와 마찬가지로 법률 제6385/76호에 규정된 유가증권(valor mobiliário)에는 탄소 배출권이 명시되어 있지 않아 법률의 규정이 필요하다는 입장이다.

현재 가장 통과가능성이 높은 법안은 연방상원 법률안 제33/2008호이다. 동 법안은 탄소 배출권의 법적 성질을 유가증권으로 규정하고 그 이유를 경제적인 측면에서 설명하고 있다. 즉, 법안제안서에 따르면 탄소 배출권을 규율함으로써 탄소 배출권시장의 법적 불안정성을 제거하여 CDM시장에 크게 증가할 것이라는 주장이다. 이를 통해 국내에 고용창출과 국내기업에 신기술이 도입될 수 있다는 것이다. 탄소 배출권시장의 설계에 고려해야 할 주요사항으로 시장에서 이러한 유가증권이 안

41 BM&FBOVESPA, 2009.

전하고 자유롭게 그리고 국제적으로 인정되고 쉽게 거래될 수 있도록 해야 한다는 것이다. 탄소 배출권을 채권, 유가증권, 파생상품, 매매계약으로 거래되는 자산(ativo)등 다양한 가능성을 고려한 뒤 브라질에 유리한 경제적인 관점에서 판단한 것이다. 법안은 또한 경제적 측면에서 조세감면이 필요하다는 점을 강조했다. CPMF, IOF 등 유가증권의 거래에 부과되는 모든 금융거래세를 면제해야 한다고 제안했다. 조세감면은 세수권을 포기하는 것이 아니라 새롭게 생성되는 금융시장의 안정적인 형성을 도와주기위한 한시적 감면을 제시했다.

(5) 탄소 배출권을 채권증서(Títulos Mobiliário)로 보는 견해

다양한 법안이 연방헌법에 계류 중인 사이 탄소 배출권의 법률적 특성을 밝힌 법률이 나왔다. 기후 변화 대응 국가정책(PNMC)에 관한 법률 제12.187/09호로써 탄소 배출권의 법적 성격에 관해 구체적인 언급을 한 최초의 법률이다. 즉, 제9조는 "브라질 탄소 배출권 거래 시장(MBRE)은 선물시장(BM&F), 증권시장 및 증권거래위원회(CVM)의 허가를 받은 증권거래기관에서 거래되며, 여기에서 인정된 탄소감축을 입증하는 채권증서(títulos mobiliários)가 거래된다."[42]

동 법률이 나오면서 탄소 배출권에 관한 법적 성격이 법률에서 전혀 규정을 하지 않았던 이전과 이후로 나누어지게 되었다. 즉, 브라질은 법률 제12.187/09호를 통해 탄소 배출권의 법률 성격을 채권증서(título

42 9º. O Mercado Brasileiro de Redução de Emissões - MBRE será operacionalizado em bolsas de mercadorias e futuros, bolsas de valores e entidades de balcão organizado, autorizadas pela Comissão de Valores Mobiliários - CVM, onde se dará a negociação de títulos mobiliários representativos de emissões de gases de efeito estufa evitadas certificadas.

mobiliário)로 규정하고 증권거래위원회를 통해 감독을 받도록 했다. 그래서 법률상으로는 2009.12.30부터는 증권거래위원회(CVM)가 탄소 배출권에 관련된 채권증서를 금융시장에서 거래하는 것을 허가하는 책임을 맡음으로써 브라질에 탄소거래시장이 정식으로 형성된 것이다. 그런데 채권증서(título mobiliário)에 대해 브라질법은 별도의 규정이 없어 그 해석을 두고 이견이 분분하다.

5. 결어

브라질에서 탄소 배출권을 구입하는 기업들은 거래에 어떤 세금이 부과될지 불명확한 상태에 있다. 브라질탄소시장업체협회(Associação Brasileira das Empresas do Mercado de Carbono)는 탄소 배출권은 판매가 가능한 기업의 무체자산(ativo intangível)이라는 입장이고, 증권거래위원회(CVM)도 기본적으로는 같은 입장이지만 법률만 정비된다면 유가증권으로 분류될 수 있다는 입장이다. 반면, 브라질 중앙은행은 탄소 배출권을 서비스(serviço)로 보고 있다. 한편, 국회에 계류된 20여건의 법안 대부분은 탄소 배출권을 유가증권으로 보고 있다. 탄소 배출권거래를 지원하는 실무변호사들은 전반적으로 탄소 배출권을 양도계약(contratos de cessão)을 통해 거래가 가능한 무형의 자산(ativos intangíveis)으로 보고 있다. 법률 제12.187/09호는 탄소 배출권의 법적 성격을 채권증서(título mobiliário)로 규정하여 증권거래위원회의 감독을 받도록 했다.

이에 따라 현재까지 탄소 배출권의 법적 성격에 관한 논의는 아직 완전히 해결되지 않은 상태에 있다. 탄소 배출권 제도의 탄생이 탄소 배출을 줄여 환경도 보호하고 경제적 확대도 도모한다는 이중적 목적을 지니고 있기 때문에 일반적인 접근방법보다는 좀 더 목적지향적일 것이다. 이러한 법적 성격을 설계할 때 고려해야 할 점 중의 하나가 탄소 배출권 시장을 국내에서만 쓸 것인지 아니면 국제거래도 할 것인지의 문제 즉 인터페이스 가능성의 문제이다. 이러한 점에서 본다면 국제협약을 통해 탄소 배출권의 법적 성격을 합의해 놓는 것이 바람직하다.

그래서 가장 합리적인 방안은 탄소 배출권을 그 특성을 고려하여 전세계법제에서 가장 많이 받아들일 수 있는 일반상품으로 보는 것이다. 탄소 배출권을 각국 금융당국의 통제를 받아야 하는 금융상품으로 규정하게 되면 탄소 배출권이 국경을 넘어 거래되는 경우 그 법적 성질내지는 거래유형이 변화될 가능성이 크다. 일반상품의 경우에는 이러한 불확실성이 해소된다. 그리고 탄소 배출권을 무체자산(bem móvel incorpóreo)으로 볼 경우 배출권거래는 권리양도계약을 통해 전세계 어디서나 전자거래로 할 수 있다는 장점이 있다.

지금까지의 논의를 바탕으로 한다면 탄소 배출권의 법적 성격에 관한 브라질법률의 미비점, 그로 인한 법적 안정성의 부재와 탄소시장에 적용될 세제의 불명확성등 다양한 문제들에 대한 논의가 어렵기 때문에 브라질 CDM프로젝트를 설계하는 것이 쉽지 않다. 앞으로 문제의 해결은 법률을 통해서 이루어질 것인데 유가증권설이 가장 큰 지지를 받고 있다. 그러나 국내법에서 어떠한 규정을 하던 현재 또는 장래에 거래되는 탄소 배출권의 거래 그 자체의 성장을 막지는 못할 것으로 생각된다. 문제는 탄소 배출권시장이 각국의 경제에 긍정적인지 또는 부정적인지는 국내법에서 탄소 배출권시장을 어떻게 설계하는가에 따라 달라질 수 있다는 점이다. 투자가들 입장에서는 탄소 배출권의 거래에 호의적인 법제에 더 큰 관심을 보일 수밖에 없을 것이다.

참고문헌

고동원(2008), “탄소 배출권 거래법제” 『저탄소 녹색 성장, 탄소 배출권 인프라 구축 로드맵 제2세션 발표자료』(증권예탁결제원, 2008. 9. 25)

김도경, 윤용희(2010), 배출권거래제 도입에 따른 자본시장법의 적용상 한계와 개선방안, 증권법연구 제11권 제1호 (2010), pp.151-215.

노희진 외(2009), 해외탄소 배출권시장 동향 및 국내육성방향, 자본시장연구원.

이광윤 (2010), 프랑스 배출권 거래제의 현황과 시사점, 환경법연구 제32권1호.

이창훈 (2013), 탄소 배출권의 법적 성질 - 명확성, 통일성 및 법적 보호의 필요성을 중심으로, 辯護士(第43輯), pp.443-461.

최경진 (2013), 배출권거래에 관한 민사법적 연구, 嘉泉法學 제6권 제1호, pp.53~86.

최승필(2009), “탄소 배출권 제도설계에 대한 법제도적 검토 -유럽의 탄소 배출권 제도를 통한 고찰을 중심으로 -” 『환경법연구』, 제31권

제2호.

최승필(2011). “브라질 환경법의 구조와 기후 변화의 법제적 대응”, 『중남미연구』제29권 제2호.

ALMEIDA, Hugo Netto Natrielli de. Créditos de Carbono -- Natureza jurídica e tratamento tributário. (http://jus2.uol.com.br/doutrina/texto.asp?id=7307).

BUTTON, Jillian(2008), CARBON: COMMODITY OR CURRENCY? THE CASE FOR AN INTERNATIONAL CARBON MARKET BASED ON THE CURRENCY MODEL, Harvard Environmental Law Review, Vol. 32, pp.571-596.

Charlene Maria Coradini de Ávila Plaza, et.al.(2008), A NATUREZA JURIDICA E CONTRATUAL DOS CREDITOS DE CARBONO E A APLICABILIDADE DO DIREITO TRIBUTÁRIO PÁTRIO: INCERTEZAS E INDEFINIÇÕES, Trabalho publicado nos Anais do XVII Congresso Nacional do CONPEDI, realizado em Brasília - DF nos dias 20, 21 e 22 de novembro de 2008.

CONEJERO, Marco Antônio(2007). O Crédito de Carbono do Protocolo de Kyoto como Commoditie Ambiental. Aquecimento Global e Créditos de Carbono -- Aspectos Jurídicos e Técnicos. São Paulo.

JAQUELINE J. S. OLIVEIRA, JEAN MARIE LAMBERT(2008) DEFINIÇÃO DA NATUREZA JURÍDICA DAS RECEs COMO VALOR MOBILIÁRIO PARA FIM COMER-

CIAL-TRIBUTÁRIO NO BRASIL, estudos, Goiânia, v. 35, n. 4, p. 625-649.

LORENZONI NETO, Antonio(2009), Contrato de Créditos de Carbono: Análise Crítica das Mudanças Climáticas. Curitiba: Juruá, 2009.

MACHADO FILHO, Haroldo; SABBAG, Bruno Kerlakian. Classificação da natureza jurídica do crédito de carbono e defesa da isenção tributária total às receitas decorrentes da cessão de créditos de carbono como forma de aprimorar o combate ao aquecimento global. Disponível em: <http://www.buscalegis.ufsc.br/ revistas/files/journals/2/articles/32123/public/32123-38013-1-PB.pdf>

MEDEIROS JUNIOR, Mauro Evaristo. Natureza jurídica da redução certificada de emissão ou "crédito de carbono". Jus Navigandi, Teresina, ano 17, n. 3107, 3 jan. 2012. <http://jus.com.br/artigos/20766>

MOREIRA, Helena Margarido and GIOMETTI, Analúcia Bueno dos Reis(2008). Protocolo de Quioto e as possibilidades de inserção do Brasil no Mecanismo de Desenvolvimento Limpo por meio de projetos em energia limpa. Contextoint.[online].2008,vol.30,n.1,pp.9-47.

PERRELS, Adriaan(2006), Differences in Member State Regulations for the European Union Emission Trade System, Government Institute for Economic Research, Helsinki.

SABBAG, Bruno Kerlakian(2008). O protocolo de Quioto e seus créditos de carbono: manual jurídico brasileiro de mecanismo de desenvolvimento limpo. São Paulo: LTr, 2008.

VENOSA, Sílvio de Salvo(2005), Direito Civil - Contratos em Espécie, Atlas Jurídico, 5ª. Ed., 2005.

3장

아르헨티나 마끄리 정부의 재생 에너지 개발 정책 도입과 한계 고찰*

하상섭, 전주람, 정경원

서론

2014년 배럴당 거의 100달러에 육박하던 유가가 2017년 현재(1월) 거의 절반도 안 되는 수준으로 하락(배럴당 거의 40달러대 초반)이 지속되고 있는 요즈음,[1] 많은 국가들은 하락한 화석연료(석유 및 천연가스)의 이용이라는 경제적 이점에도 불구하고, 앞 다투어 재생 에너지(e.g. 태양력/풍력) 개발 투자에 많은 에너지 정책 변화를 유도하고 있다. 재생 에너지 개발과 투자 확대 그리고 이용에 대한 일종의 '재생 에너지 붐' 현상은 대내적으로 거시 경제적 이익 창출, 예를 들어 'GDP 증가, 복지 향상과 고용창출은 물론, 대외적으로 생산된 재생 에너지의 무역'(IRENA 2016)

* 이글은 국제지역연구 제21권 2호(2017년, pp 75-100)에 게재되었던 논문입니다.

1 '2017년 세계경제 전망' 분석에 의하면, "2017년 국제유가(두바이유 기준)는 원유 공급과잉 상태가 계속될 것으로 예상됨에 따라 연평균 배럴당 약 50달러 수준을 유지하는 등 저유가 기조가 지속될 전망이며, 또한 미국 트럼프 정부의 등장과 더불어 그의 에너지 정책인 송유관 건설 재개 등으로 인해 미국의 원유생산 및 수출도 증가할 것으로 예상되어 국제유가는 추가 하락 압력을 받을 것"(KIEP 2016, 16).

이 가능하다라는 논리에서 출발했다.[2] 단기적으로는 에너지원 다원화를 통해 에너지 국내 수요 증가 현상에 대응함은 물론, 중-장기적으로는 재생 에너지가 가지고 있는 미래 세대를 위한 청정에너지 체제로의 전환, 혹은 '지속 가능한 에너지'체제로의 전환 필요성이 오늘날 글로벌 차원에서 재생 에너지 개발에 대한 관심과 투자 증가를 불러오고 있다. 이에 더하여 지구적 의제인 기후 변화 영향에 대한 대응 차원에서 중요하게 논의된, 저탄소사회로의 이행을 위한 '완화(mitigation)'차원에서 조치와 이의 국가별 이행 약속으로서 정책 채택 등이 선진국과 개발 도상국들이 모두 재생 에너지 개발에 적극적으로 참여하는 이유들이다. 선진국이든 개발 도상국이든 정책 결정 과정에서 빠르게 수용되는 이유는 따라서 재생 에너지 개발이 가져다주는 경제적 실리(benefits)는 물론, '명분(justification)'에 있어서도 다른 정책 결정 수용과 비교해 덜 갈등적이기 때문이다.

대체에너지 개발, 투자와 무역을 위한 에너지시장 개방과 경제 발전 그리고 저탄소사회로의 전환과 기후 변화 대응 등 대·내외적 혹은 다층적 논리의 실현은 '지속 가능한 발전(sustainable development)'개념에서 확인된다. 이러한 지속 가능한 개념은 오늘날 많은 개별국가들의 에너지 정책과 개혁에 직접적인 영향을 주고 있다. 또한 친환경적(자연 친화적) 에너지 개발과 이용에 대한 정책 결정자들의 의식 전환 등은 재생 에너지 개발을 정책적 우선순위에 놓게 하고 있다. 결국 지속 가능한 발

2 IRENA."Renewable Energy Benefits: Measuring The Economics.", p. 10. 글로벌 차원의 재생 에너지 개발에 대한 다양한 경제 사회적 인센티브 창출 논리 참고.

전 차원에서 재생 에너지 개발을 정책적 우선순위로 고려하는 논리들을 확대 재생산해보면, 사회경제 발전, 에너지 접근 강화, 에너지안보 증대, 기후 변화 완화와 대기 오염 저감을 통한 시민의 환경권 및 건강권 강화 등 다양한 유인들이 재생 에너지 개발에 대한 정책 선호도를 높이게 하고 있다.

본 논문은 위와 같은 글로벌 차원의 재생 에너지 개발 및 투자 선호 흐름에 주목하면서 라틴아메리카 지역 사례(2장)를 중심으로 재생 에너지 개발과정에서 나타나는 에너지 정책 변화 논리 혹은 변화의 주요 원인들에 대해 탐색해 보고자 한다. 남아메리카(이하 남미)를 대표해서 풍부한 화석연료(석유 및 천연가스, 세일가스 등)를 보유하고 있음에도 불구하고 최근 재생 에너지 개발에 대한 빠른 제도 개혁, 실질 정책 이행, 해외투자 유인 등을 선도적으로 추진하고 있는 아르헨티나 마끄리 정부의 비교 분석을 통해 현황 파악은 물론 개발정책 이행 과정에서 나타나는 다양한 제도적 문제점 및 금융투자 한계를 살펴보고자 한다.

먼저 제1장은 오늘날 아르헨티나 마끄리 정부의 재생 에너지 개발에 대한 원인 파악으로 개발을 위한 개념적 정당성을 제공하고 있는'기후 변화 대응과 완화 전략' 그리고 '지속 가능한 발전'에 대한 논쟁을 통해, 아르헨티나 정부의 재생 에너지 개발의 필요성과 잠재성에 대한 논거들을 요약 정리해 보고자 한다. 이를 기반으로 제2장에서는 라틴아메리카 지역 사례를 살펴볼 것이며, 제3장에서는 실제 마끄리 정부의 다소 '특화된' 형태의 재생 에너지 개발 정책과 이의 미래 잠재성, 정책 효율성과 개발과정에서 비판적으로 논의되고 있는 몇몇 정책방향과 정책이행의 한계성을 순차적으로 분석해 보고자 한다.

I. 마끄리 정부의 재생 에너지 개발을 통한 '지속 가능한 발전' 실현 논리

20세기 자본주의의 '사회적 재생산' 방식이 대량생산 및 소비에 중심을 둔 발전 프레임이었다면 21세기 재생산 과정은 단순히 경제 발전뿐만 아니라 재생산 과정에 '환경 보호, 사회적 재분배' 혹은 '사회 평등과 형평성 추구' 등의 목표를 동시에 만족시키는 '지속 가능한 발전' 개념이 요구된다. 특히 경제 사회의 다양한 부문에서 지속 가능한 발전 개념이 새로운 패러다임으로 자리매김함으로써 기존의 사회적 재생산 체제와는 다르게 영역 간 유기적이고 세대 간 지속적인 일종의 통합적/총체적 변화가 요구된다. 에너지 부문에서도 이러한 기존 발전 개념과는 다른 유형으로의 패러다임 변화가 일어나고 있으며, 이에 대응하기 위한 친환경적인 에너지 매트릭스 구축, 재생 에너지 개발 및 이용 확대, 에너지 효율성 제고 등이 구체적으로 정책의 우선순위로 자리매김해 있다.

재생 에너지 개발과 이용 확대를 위한 일반 논리는 재생 에너지의 친환경성, 경제 성장을 위한 새로운 동력제공, 탄소배출 저감을 통한 기후 변화 영향에 대한 중요한 완화 전략, 경제 사회 형평성 제고 등의 역할을 통해서 에너지 지속 가능성을 제고시킬 수 있다. 그래서 세계 각국은 에너지 R&D 중 상당부분을 재생 에너지 개발 및 보급을 위해 투자하고 있으며, 재생 에너지 개발을 위한 투자 증가, 정책 전환, 기술 개발 그리고 국제 협력(기후 변화 국제 협력)에 활발하게 참여 하고 있다.

국제에너지기구(IEA)는 재생 에너지를 '자연현상에서 발생하고 지속적으로 보충되는 에너지'라고 정의하고 구체적으로 에너지원을 태양, 수력, 지열, 풍력, 바이오매스, 해양자원, 고체바이오매스, 바이오가스, 액체바이오연료 등으로 분류하고 있다. 국제적으로는 유엔 지속 개발 위원회(UNCED)에서 신·재생 에너지가 이슈화되기 시작하였으며 '지속 가능한 발전을 위한 에너지'에 대한 결과물인 UNCSD-9을 채택함으로써 재생 에너지에 대한 논의가 본격화되었다.

이와 같은 지속 가능한 발전을 위한 새로운 에너지 개발 노력은 남미 아르헨티나 마끄리 정부도 계승하고 있다. 마끄리 정부의 등장은 아르헨티나 정치사에서 1916년 이후 아르헨티나의 중도우파 혹은 우파정당이었던 라디깔(Radical: 중도우파 혹은 우파당)도 아니고, 중도좌파 혹은 좌파당인 페론(PJ)당도 아닌 새로운 신생 중도 우파 정당(Propuesta Republicana: PRO)을 기반으로 한 새로운 정치의 시작이라는 의미를 갖는다.[3]

사실 마끄리 정부의 새로운 에너지 정책은 대통령 취임 이전부터 강조해 온 지속 가능한 발전 개념의 정책 이행으로 이미 예견된 것이었다. 예를 들어, 부에노스아이레스 시장 재임 시절 도심에 도시대중교통 개선을 위한 매트로버스(Metrobus) 도입,[4] 155킬로미터에 달하는 자전거 전

3 마끄리는 이탈리아 이민 가문 후손으로 아르헨티나 대학에서 토목 공학(civil engineering)을 전공하고 미국 뉴욕에서 경영(business school)을 공부했으며 이후 하원의원(2005년-2007년), 부에노스아이레스 시장(2007년-2015년)을 역임했다.

4 도시 중심과 외곽 지역을 잇는 주요한 간선도로체계로 대중버스 전용차로를 설치하여 급행버스를 운행하게 하는 일종의 대중교통시스템임. 지하철 시스템을 지상 대중버스 운행에 적용한 것으로 일명 BRT(Bus Rapid Transit: 간선급행버스체계)로 칭함.

용 도로(EcoBici) 도입이라는 친환경 도시정책으로 대중의 인기를 얻기도 했다.[5] 더 나아가 시장 재임 및 대선 과정을 통해서 마끄리 대통령은 아르헨티나가 직면한 환경/기후 변화 관련 문제들 예를 들어, 대두생산 및 가축방목 증가로 인한 산림황폐화 증가, 에너지공급에서 화석연료 의존 지속, 점증하는 탄소배출량(2015년 기준 세계 총 배출량의 0.88%로 이웃국가 칠레와 비교해 거의 3배 수준)에 대해 지속적으로 문제 제기를 해 왔다.

물론 새로운 정부의 등장과 새로운 에너지 정책으로의 전환이라는 '정치적 선택'이라는 분석도 있지만(R. Parkes 2016), 여러 에너지 전문가들은 아르헨티나 마끄리 정부의 재생 에너지 개발의 유인은 이전 좌파 정부(특히 2006년 재생 에너지법)들의 에너지공급에서 재생 에너지원을 2016년까지 8%까지 확대 한다는 국가 차원의 목표에도 불구하고 결과적으로 다소 저조한(1.5%에 그침) 공급 한계 문제 해결 의지 표명 그리고 미래 다가올 아르헨티나의 '에너지 위기'극복과 대외적으로 기후 변화 협상에 참여하면서 내세운 '기후 변화 대응'(E.M.Konstantinidis 2016) 논리들이 중심에 있다.[6] 기존의 화석연료 중심 에너지 공급 의존을 줄이고 향후 에너지원을 다각화해야 한다는 새로운 에너지 개발 필요성, 혹은 새로운 성장 산업으로서 해외투자 유인 전략이 포함되었다고 분석되기도 한다.

---

5 2014년 'C40 도시 기후 리더십 어워드(award)'에서 부에노스아이레스 시는 효율적인 고체쓰레기 처리 및 관리(1년 동안 쓰레기매립장으로 보내는 양을 약 44%를 줄인 공로), 기존의 비정규직이었던 환경미화원(아르헨티나에서는 이들을 'cartonero'로 부름)을 정규적 임금 수령자로 전환시켜 노동시장 참여 독려 및 아르헨티나 사회복지 향상에 기여한 점, 처음으로 쓰레기 리사이클 체인을 잘 운영했다는 평가를 받았음.

6 좀 더 자세한 유인들에 대한 분석은 하상섭 2016; 하상섭 2017 참고.

위처럼 국내적으로 기후 변화 및 녹색환경 의제설정과 정책적 이행으로 분위기 변화, 기존 키르치네르 정권 12년간 환경에 대한 '무관심' 정책과는 다른 새로운 지속 가능한 발전 개념의 실현 움직임을 보이고 있다. 공교롭게도 마끄리가 당선된 2015년 말 국제 사회는 파리 기후 변화 당사국 총회(COP21) 개최와 더불어 기후 변화 대응 관련 국제적 합의를 했고 아르헨티나 정부도 기후 변화 대응 국가 계획서를 제출해 구체적으로 지속 가능한 발전 개념을 수용한 다양한 국내 정책 이행을 약속했다. 예를 들어, UNFCCC에 제출한 아르헨티나의 '온실가스 저감을 위한 국가의 자발적 기여 방안(INDCs)'을 보면 아르헨티나는 Post-2020 기후행동으로 1) 기본적으로 2030년까지 예상되는 탄소 배출을 현재 수준보다 15% 저감; 2) 조건부로는 2030년까지 금융지원, 기술이전, 발전지원 등을 통해 가능하다면 30%까지 탄소배출을 저감한다는 약속을 하고 있으며, 특히 3) 에너지효율화 부문, 재생 에너지 부문, 산림관리 부문에 정책 선호도를 두어 저탄소 사회로의 전환 목표를 달성하겠다는 국가 보고서를 제출한 바 있다.

국제적인 노력으로는 양자협력 방식으로 2016년 3월 미국과 기후외교를 통해 재생 에너지 규모의 확대, 에너지시장 개혁, 에너지공급 시스템 최적화, 전통적 전력 공급망(그리드)에 재생 에너지 공급 통합을 위해 상호 협력하기로 했다(Federico Godoy & Carolina Calcagno 2016). 물론 이러한 재생 에너지 개발에 대한 마끄리 정부의 자신감은 아르헨티나의 재생 에너지 개발을 위해 필요한 풍부한 자연 환경(예를 들어, 풍부한 바람 자원과 태양열 자원 보유 등)에서 기인한다. 동시에 아르헨티나는 다자협력 방식으로는 약 45개국이 참여 중인'재생 에너지와 에너지효율화 파트너

십(REEEP)'회원국으로 적극 참여 중이기도 하다.[7]

이를 좀 더 구체화하기 위해 마끄리 정부는 2016년 3월 대통령령을 통해(Decreto 531/2016, Régimen de Fomento Nacional para el Uso de Fuentes Renovables de Energía Destinada a la Producción de Energía Eléctrica) 재생 에너지 발전에 대한 개발을 위한 정책 의지를 밝혔으며 이는 이후 에너지개혁법(la Ley N° 27.191)으로 수정 보완되었다. 향후 전력 개발에서 재생 에너지원 이용과 개선을 강화하겠다는 점을 제도화했으며 구체적으로 이 에너지개혁법을 통해 규모에 있어 전력이용이 큰 사업자 혹은 이용자가 적어도 8% 전력소비는 재생 에너지원으로 해야하며 이를 위반 시에는 정부가 벌금을 부과할 수 있다는 새로운 의무조항까지 명시할 정도였다.[8]

II. 라틴아메리카 지역 재생 에너지 개발 관련 정책 변화 현황

21세기 들어 브라질 등 아르헨티나와 남미 이웃국가들의 재생 에너지 개발 선호도는 더욱 높아지고 있다. 아르헨티나의 이웃국가인 브라질은 1970년대 오일쇼크를 경험하면서 가장 먼저 바이오연료(ProÁlcol: 에탄올)를 새로운 에너지원으로 개발하였다. 남미 지역과 비교해 화산활동

7 '재생 에너지 및 에너지효율화' 부문 상호 발전을 위한 에너지 시장 확대를 위한 파트너 및 협력 기구로 2002년 '지속 가능한 발전'을 주제로 한 World Summit 에서 결성된 바 있음(요하네스버그). 45개 국가 이외에도 다양한 글로벌 에너지 기업(400개 이상)이 참여 중임.

8 http://climateobserver.org/country-profiles/argentina/, 그리고 재생 에너지 관련 에너지 개혁법은 http://servicios.infoleg.gob.ar/infolegInternet/anexos/255000-259999/259883/norma.htm 참고.

이 많은 중앙아메리카(이하 중미)의 코스타리카(1975년)와 니카라과(1977년)는 지열(geothermal) 발전을 법으로 제도화한 국가들로 알려져 있기도 하다(IRENA 2015, 8).

IRENA의 2015년 보고서에 의하면, 위와 같은 라틴아메리카 국가들에서 다양한 유형의 재생 에너지 개발 정책의 주요 유인은 글로벌/거시적 차원의 지속 가능한 발전 논리 차원의 에너지 정책 변화, 기후 변화에 대한 국제 협력 차원의 대응 동참 등이다. 그 외 "라틴아메리카 지역에서 전력 가격의 상승, 전력 수요 증가, 이에 더하여 재생 에너지원을 활용한 추가적 전력 생산 및 이를 통한 에너지 수출 잠재성 강화, 재생 에너지 개발 기술의 향상 및 개발 기술 비용 감소 효과 추구" 등도 실질적인 정책 전환의 추가 유인 요인으로 작용하고 있다. 특히 재생 에너지 개발에 대한 국가별 경쟁력 향상 요인들과 더불어 이 지역의 '전통적인 수력 발전 경험과 노하우' 등이 오늘날 많은 이 지역 개별 국가들로 하여금 다양한 재생 에너지 개발 및 투자 관련 입법 강화, 외국인 투자를 유인하는 새로운 에너지 정책 도입 혹은 에너지 부문 개혁을 서두르게 하고 있다(IRENA 2015, 8).

물론 이러한 재생 에너지 개발과 투자 증진을 위한 에너지 개발 정책 및 제도 개혁에도 불구하고 여전히 라틴아메리카 지역에서 재생 에너지 개발에는 다양한 측면의 한계가 존재한다. 예를 들어 IRENA(2016, 109-10)의 분석에 의하면, 1) 전통 화석연료에 대한 정부의 가격통제 및 보조금 지급 관행 지속, 사적부문에 대한 진입 장벽, 정책 이행에 있어 비효율적 행정 처리, 생산업자들에 대한 불합리한 계약 조건, 불충분한 인프라 능력, 재생 에너지 분야 전문인력 수급의 어려움, 재생 에너지 개발에 대한 기술표준과 규범설정 부족 등 에너지 부문에 대한 조직과 관리 그리고 인프라 문제가 가장 큰 장애 요소이며; 2) 빈번한 인플레이션 발생, 불안한 통화 및 환율 관리, 경제 성장과 전력수요 증가율 관리의 불안정성, 불확실한 재정 상황 등 거시경제적 관리 측면 등이 또 다른 개발투자 장벽으로 작용되고 있다고 분석하고 있으며; 3) 마지막으로 높은 인건비로 인한 투자 위협, 투자 위협 완화 장치의 부족, 투자 재원의 다양성 부족, 장기적 벤처투자의 불확실성, 재생 에너지 금융 전문가 한계 등 다양한 영역에서 장벽들이 있다고 분석하고 있다.[9]

위에서 언급한 재생 에너지 개발 투자에 대한 다양한 유형의 장벽들 그리고 저유가 지속, 화석연료 이용으로 인한 장점이 있음에도 불구하고 라틴아메리카 지역은 아래와 같이 다양한 개발 요인들을 토대로 오늘날 재생 에너지원 개발을 위한 정책과 제도에 변화를 보이고 있다. 몇몇 라틴아메리카 주요 국가들의 재생 에너지 관련 정책 및 제도 개혁, 개발 관련 인센티브(세금 혜택 및 감면 등) 도입, 그리고 전력공급 인프라 접근(공급 그리드 접근) 활용 정도를 선별적으로 살펴보면 다음과 같다.

9 IRENA(2016, 109)의 라틴아메리카 지역 대상 재생 에너지 분야 다양한 개발투자에 대한 장벽 분석 요약 인용함.

<표 1> 라틴아메리카 국가들의 재생 에너지 개발 관련 정책과 인센티브(2015)

주요국가	재생 에너지 개발 관련 정책 및 제도 도입							개발을 위한 경제적 인센티브 제공					전력 공급 인프라 및 전송망 접근 정도			
	재생에너지원목표제	재생에너지법/전략	태양에너지개발법	풍력에너지개발법	지열에너지개발법	바이오매스개발법	바이오연료개발법	부가가치세면제	연료세면제	소득세면제	수출입재정지원	탄소세	송전할인/면제	우선권/전용전송망	배전망접근	우선배송권
AR	√	√		√			√	√	√	√	√					
BR	√			*			√		√		√		√			
CH	√	√	√		√	√			√			√	√		√	
CO	√	√						√	√	√	√					
ME	√	√	√		√	√	√					√	√	√	√	
NI	√	√			√	√	√	√		√	√					√
PA	√	√	√	√		√	√	√	√	√	√		√			
VE	√	*						*	*							

Note: √: 정책 이행 중, * 이행 완료 혹은 준비 중.

출처: IRENA 2015, 10.[10]

제도적 관점에서 접근해 보면, 라틴아메리카 국가들은 재생 에너지 특히, 전력공급, 냉난방, 교통 부문과 기타 에너지원으로써의 활용을 위한 재생 에너지원 목표제(목표 연도와 생산 및 소비의 정량 설정)를 도입했으며, 다양한 재생 에너지 관련 입법들과 실질 정책들을 도입해 새로운 에너지원을 개발해 오고 있다. 이러한 제도 발전의 선두 국가들로는 아르헨티나를 포함하여 브라질, 칠레, 콜롬비아, 멕시코, 파나마, 니카라과

10 주요국 및 정책 선별적 인용함.

등이 대표적이다. 특히 국가별로 그리고 에너지원 범주별(풍력, 태양력, 바이오매스, 바이오연료 등)로 특화된 유형의 재생 에너지 개발 입법들을 발전시켜 오고 있다.

예를 들어, 브라질과 아르헨티나의 경우, 개별 국가의 자원(농업) 특성이 잘 반영된 에너지원 개발로서 바이오연료개발법을 도입하였고, 멕시코, 칠레, 니카라과의 경우는 지열 발전과 관련된 입법을 도입해 특화된 유형의 재생 에너지 개발을 선두하고 있다. 특히 개별 국가들은 에너지안보(수요와 공급)의 잠재성이 큰 자원들에 대한 입법을 통해 재생 에너지를 발전시켜 왔다. 예를 들어, 화석연료가 부족한 칠레는 현재 다양한 유형의 재생 에너지 개발을 위해 많은 입법들을 제도화하였으며 이를 통한 개발을 강화해 오고 있다.

재생 에너지원 개발 촉진을 위해 도입된 경제적 인센티브 제도들을 보면, 개별 국가별로 특징이 있지만 대표적으로 부가가치세, 연료세, 소득세 등을 면제해주는 인센티브 제도를 도입했으며, 탄소세의 경우 칠레와 멕시코만 도입하였다. 특히 멕시코에 비해 남미 국가들인 콜롬비아, 베네수엘라 그리고 아르헨티나의 경우, 재생 에너지원의 전력공급 인프라 및 전송망 접근 부문에 대한 정책적 준비가 상당히 소홀한 상태인 것으로 분석된다.

<표 2> 라틴아메리카 선별된 국가들의 재생 에너지 개발 관련 규제관리와 금융지원(2015)

주요국가	규제 및 관리 시스템							금융(기금)지원						기타	
	경매(옥션제도)	발전차액지원제	프리미엄(할증)	쿼터(할당)	인증시스템	전력요금인하제 +	에탄올혼합의무	환헤지 +1	전용기금	적격기금	보증제	예비투자지원	직접자금지원	공공주택활용	농촌지역접근프로그램
AR	√	√					√	√	√			√	√		√
BR	√	*				√	√		√	√		√	√	√	√
CH	√			√	√	√			√			√	√		√
CO						√	√		√	√					√
ME	*			√	√	√	√		√	√		√	√		√
NI	√	√		√				√	√		√	√	√		√
PA	√		√			√	*	√			√		√		√
VE						*						√	√	√	√

Note: +: 넷 미터링(Net Metering) 제도는 재생 에너지 개발과 소비에 따른 '전력요금인하' 제도임.[11]
+1: 환율 변동에 따라 펀드 수익률이 달라지기 때문에 투자계약 시 환율을 고정해 미래 위험에서 벗어나고자 하는 것을 '환 헤지'라고 함; √: 정책 이행 중, * 이행완료 혹은 준비 중.

출처: IRENA 2015, 11.[12]

개발 규제 및 관리 시스템, 예를 들어 경매(옥션)제도 도입, 발전차액제, 할증, 인증시스템의 도입과 관련해 아르헨티나는 초기 상태인 경매제도, 발전차액제도 그리고 에탄올 혼합의무제만 도입한 상태이며 금융지

11 넷미터링(Net Metering)제도는 일명 '요금상계거래' 제도로 불리며 전력 소비자가 재생발전설비 투자를 통해 전력을 생산하고 자가소비 이후 남는 전력을 전력망에 공급하여 재판매하는 제도로 알려져 있다. 전력회사는 자가발전자로부터 공급받은 전력량을 상계하여 전기요금을 청구하면서 '전력요금인하'제도로도 불린다. 예를 들어, 전력요금은 총전력소비량에서 자가발전공급량을 빼고 계산되는 방식이다. 1983년 미국에서 도입되어 오늘날에는 하나의 재생 에너지 개발 인센티브 제도로 유럽, 호주, 캐나다, 한국(2005년)에서도 도입되어 있으며, 초창기에는 특히 태양광발전 및 확대에 결정적인 유인책으로 작용했다고 평가받기도 한다. 실질 대륙별 사례 상황은 한전경제경영연구원 2015, 1 참고.

12 주요국들의 규제, 금융지원 등의 정책을 선별적으로 취사 인용함.

원으로는 환혜지 제도 특히 에너지정책에서 처음으로 재생 에너지 개발투자에 대한 전용기금을 마련해서 새로운 재생 에너지 개발투자를 유인하고 있다.

예비투자 지원과 직접자금 지원을 포함해 재생 에너지원 개발과 활용에 있어 농어촌지역 접근 프로그램(연구 대상 국가들 모두 수용)을 마련해 미래 투자를 유인하고 있음을 알 수 있다. 몇몇 개별 국가를 제외하고 남미의 많은 국가들의 경우 도시와 농촌 지역에 대한 전력 공급의 격차는 다소 심한 편이지만 아르헨티나이 경우는 더욱 심한 편이다. 농촌지역에 대한 재생 에너지 공급은 이를 해결하기 위한 좋은 대안으로 정책적 선호도가 있다(그림 1 참고).[13]

<그림 1> 라틴아메리카 도시와 농촌의 전력 공급율 비교(2013년)

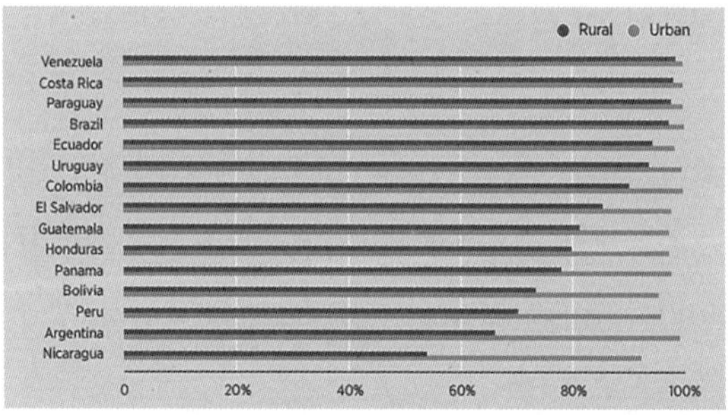

출처: IEA 2015.[14]

하지만 아르헨티나의 경우 이웃 국가인 브라질과는 달리 재생 에너지원의 공공주택 활용에 대한 접근은 아직 이루어지고 있지 않고 있다. 특히 재생 에너지 개발 쿼터제 도입을 미루고 있어 구체적인 정책이행

13 IRENA 2016, 86

14 IRENA 2016, 86에서 재인용.

과정에서 한계도 있는데 예를 들어, 아르헨티나의 재생 에너지 개발목표 달성에 대한 실천의지가 상당히 부족하다는 평가를 받고 있다. 이와 더불어 재생 에너지 개발에 대한 할증(프리미엄), 인증제 도입 등도 늦추고 있어 개발 및 관리 측면에서 정책 발전은 다소 낮은 상태로 평가받고 있다.

III. 아르헨티나 마끄리 정부의 재생 에너지 개발 정책

세계적으로 재생 에너지에 대한 관심이 증가하는 가운데 2015년에는 개발 도상국의 재생 에너지 투자가 선진국의 투자를 앞섰다(그림2). 중남미 국가들도 국가별로 재생 에너지 공급 목표를 설정하고 다양한 지원을 통해 재생 에너지 개발에 참여하고 있다. 특히, 브라질, 우루과이, 칠레 등이 재생 에너지 설치비용 감소 및 에너지 접근성 향상 등의 긍정적인 결과를 보이고 있다. 반면, 아르헨티나는 높은 재생 에너지 발전 가능성을 가졌음에도 불구하고 2015년까지 이 분야에 뒤쳐져 있었다.

<그림 2> 선진국과 개발 도상국의 재생 에너지 투자량 (단위: 십억 달러)[15]

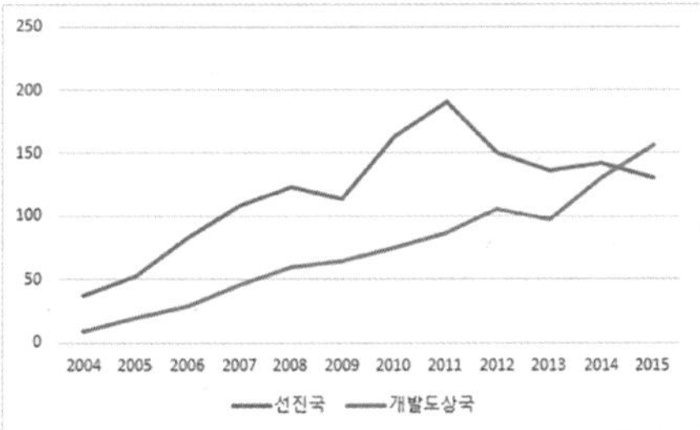

출처: UNEP, Bloomberg New Energy Finance.[16]

15 선진국: OECD 국가 중 멕시코, 칠레, 터키 제외.

16 FS-UNEP Collaborating Centre 2016, 15에서 재사용.

아르헨티나는 중남미에서 3번째로 큰 전력시장 규모를 갖고 있으며 에너지 수출국이었지만 최근에는 에너지믹스에서 보이듯이(그림 3), 지나치게 화석연료에 의존하고 있으며(비중이 87%에 달함), 동시에 그동안 천연가스 개발 감소 등으로 인해 점차 에너지 수입국으로 전환해 왔으며 에너지 위기 국면으로 전환되었다는 분석도 있다. 이러한 상황에서 2015년 취임한 마끄리 대통령은 국내 에너지 수급 안정성 확보, 에너지원 다양화와 재생 에너지 공급 비중 확대, 특히 글로벌 의제인 기후 변화 대응에 참여하기 위하여 적극적인 재생 에너지 개발 정책을 펴고 있다.[17]

<그림 3> 아르헨티나의 에너지원 별 발전 비중

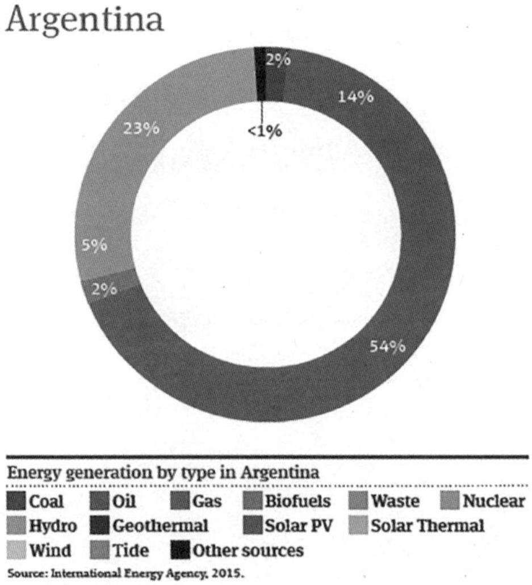

출처: International Energy Agency 2015.[18]

17 http://www.trsym.com/en/renewable-energy-regulation-of-laws-no-26-190-and-no-27-191/

18 Norton Rose Fulbright 2017, 5에서 재사용.

재생 에너지에 대한 정책적 관심은 위에서 언급한 에너지원의 다각화 및 화석연료 의존도 감소 전략과 더불어, 글로벌 의제인 기후 변화에 대한 국가적 대응 전략에서도 기인한다.[19] 2015년 12월 대선에서 승리한 마끄리 정부는 바이오연료법과 재생 에너지법을 도입한 이유를 '기후 변화 대응 및 온실가스 저감(2030년에 약 19 $MtCO_2e$ 저감) 효과, 특히 재생 에너지를 이용함으로서 향후 에너지 소비 부문에서 발생이 예측되는 온실가스 배출 저감 효과를 기대'(Secretariat of Environment and Sustainable Development, 2015) 한다고 정책이행 의지를 표명한 바 있다. 개발과 생산 측면에서, 구체적인 목표를 설정해 미래 전력공급 계획으로 2025년까지 전력의 20%를 재생 에너지원(50MW 이하 소수력 발전 포함) 공급으로 늘린다는 계획을 담았다.[20] 소비 측면에서도 기존 좌파 정부와는 다르게 그동안 정부가 지급해 오던 에너지 정부 보조금을 대폭 삭감했다. 물론 이러한 정책은 단기적으로는 국내 물가인상이라는 위험도 있지만, 중장기적으로 정부의 재정 건전화는 물론 전기세 인상을 통해 투자자들의 투자 인센티브를 강화한다는 전략이 강했다.

---

19 아르헨티나의 기후 변화 영향에 대한 취약성은 날로 증가 중이다. 많은 남미 기후 전문가들은 지구 온난화와 온도 상승으로 인해 아르헨티나의 북쪽 지방은 급속도로 사막화되어 이 지역의 식량 생산은 줄어들 것이며, 남쪽 지역은 융빙 현상 증가로 빙하 지대가 사라지면서 강수량의 감소, 불안정한 수자원 관리 문제 발생(홍수 및 가뭄 빈도 단기간 집중 및 횟수 증가), 염분의 증가 등으로 식량 생산의 문제를 야기할 것이라고 분석 중이다(Nicolas R. Oliver 2016, 4-5).

20 물론 온실가스 저감을 위해 아르헨티나 정부는 교통 부문에서도 새로운 법(Law 27.132)을 도입해 부에노스아이레스에서 도로노선 정비는 물론 새로운 철도 노선에 투자해 교통 혼잡을 줄여 자동차로부터 이산화탄소 배출을 줄인다는 '녹색도시'(Ciudad Verde) 프로그램을 이행하기도 했다. 이에 더하여 바이오연료법을 개선 보완해 2016년부터 자동차 연료로 최소한 12% 정도 바이오에탄올 혼합연료 사용을 요구하고 있다(온실가스 저감에 대한 다른 정책, 예를 들어 농업 부문, 산림 부문 등에 대한 국가적 과제에 대한 분석은 http://climateactiontracker.org/countries/argentina.html 참고: 2017년 4월 20일 방문).

여타 남미 국가들과 마찬가지로 글로벌 차원에서 배출량은 낮지만 아르헨티나는 남미 이웃 국가들과 비교해 보면 온실가스 배출이 높은 편으로 평가받고 있다(2012년 429 MtCO_2e로 세계 배출량의 1% 차지함). 온실가스 배출을 부문별로 보면, 산업과정에서 3%, 폐기물에서 5%, 토지이용 변경과 산림 부문에서 21%, 농업과 낙농업에서 28% 그리고 마지막으로 에너지부문이 거의 절반에 가까운 43%로 온실가스배출량 비중이 높다. 이는 아르헨티나의 다양한 에너지원을 활용한 전력 생산 정도를 살펴보면 더욱 분명해 진다. 탄화수소를 활용한 전력 생산(천연가스 54%, 디젤 6%)이 거의 60%에 이르고 있으며 대규모 수력 발전이 36% 그리고 원자력을 통한 전력 생산이 3%에 이르고 있지만, 재생 에너지 비중은 단지 1%에 그쳤다(Nicolas R. Olivar 2016, 4).

위와 같이 아르헨티나의 에너지 부문에서 발생하고 있는 다양한 문제들을 해결할 목적으로 마끄리 정부가 새로운 에너지 정책으로 제시하고 있는 재생 에너지 개발 정책은 상당히 정책 우선도가 있음을 알 수 있다. 특히 현재 1-2%인 재생 에너지 비중을 2025년에 이르러 20%까지 확대 개발하겠다는 목표치 설정은 아르헨티나 에너지 부문의 대대적인 도전으로까지 여겨진다. 이러한 의지를 반영한 최근의 몇몇 재생 에너지 개발 분야에 대한 정책 이행을 보면: 1) 전력 이용이 큰 기업이나 이용자들은 적어도 8% 이상은 재생 에너지로부터 생산된 전력사용을 의무화하는 입법을 통과시켰으며; 2) 유유이 주(Jujuy)에 아르헨티나에서 가장 큰 태양에너지(3GW 태양력 발전소) 공원 조성; 3) 역사상 처음으로 1,000 MW 재생 에너지 개발 경매 입찰제 도입 등을 시도했다.[21] 초기의 다양한 재생 에너지 개발에 대한 마끄리 정부의 정책적 시도와 관심은 크리스티나(Cristina) 이전 정부가 마련한 법령(Law 27.190)을 개정하면서 새롭게 출발했다. 2015년 9월 아르헨티나 대의원회(Chamber of Deputies)에서 사실상 실효성 있는 법령으로 통과된 후, 2016년 3월 최종 발효된 수정 재생 에너지법(Law 27.191)은 오늘날 아르헨티나 국가 차원의 재생 에너지 공급 목표 설정, 재생 에너지 프로젝트에 대한 각종 세제 혜택 및 면제 조건 등을 규정하면서 시작되었다.

1. 재생 에너지 공급 목표 설정

아르헨티나의 수정된 재생 에너지법은 국가 총 발전량 중 재생 에너지 공급 비중을 구체적으로 설정하였다. 2017년 말까지 재생 에너지 비중 8% 달성 목표를 시작(현재 1.8%)으로 2025년에는 20%까지 달성할 것을 목표로 설정하였다. 이에 따라 에너지 소비자들은 법에서 정한 목표 달성을 위해 전력 사용에서 재생 에너지의 사용을 확대해야 할 의무를 갖게 되었다. 300KW 이상의 대규모 전력 소비자 및 기업의 경우에도 법에서 설정한 목표를 이행해야 하며, 이들의 경우 PPA 또는 자발적 전력생산을 통해 참여할 수 있다.

21 http://climatescorecard.org/2016/08/30/argentina-emission-reduction-challenges/ 검색일: 2017년 6월 2일.

<표 3> 총 전력 사용 중 재생 에너지(수력발전 제외) 비중 점진적 증가 목표

연도(12월 31일 기준)	목표(전력 사용 중 재생 에너지 비중, %)
2017	8
2019	12
2021	16
2023	18
2025	20

출처: Ley N° 27191

이를 위해 아르헨티나 정부는 2017-18년까지 약 3GW의 재생 에너지 발전 설비를 건설하고, 2025년까지 10GW의 재생 에너지 설비용량을 증설하고자 하는 계획을 갖고 있다. 또한 마끄리 정부가 설치한 에너지 광물부의 재생 에너지과는 재생 에너지 관련 규제 및 신기술 비용 감축 메커니즘 등을 연구하여 국가 재생 에너지 발전량 목표 달성에 기여하고자 한다.

<그림 4> 재생 에너지 발전 및 공급 목표(2018-25)

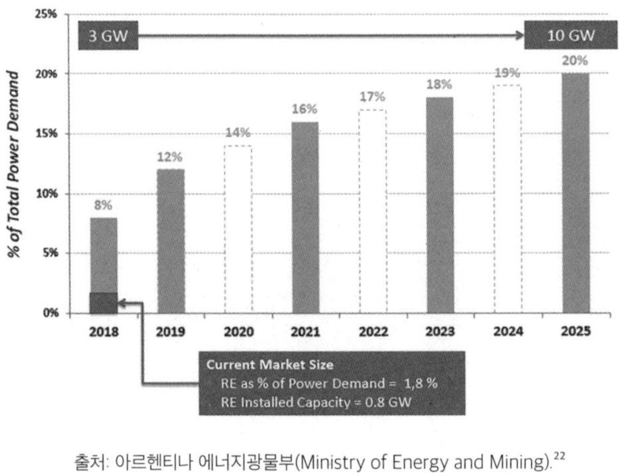

출처: 아르헨티나 에너지광물부(Ministry of Energy and Mining).[22]

2. 세제 혜택

수정 재생 에너지법은 재생 에너지원 활성화를 위한 다양한 세제 혜택 정책을 포함하고 있다. 재생 에너지 설비 공사 등에 대한 부가가치세(VAT) 환불, 재생 에너지 사업 소득세 손실에 대한 공제 혜택 확대 정용(기본 5년에서 10년으로 확대), 새로운 인프라 프로젝트에 재투자하는 경우에 대한 배당세액 면제, 수입 관세 및 최소 소득 추정세 면제 등의 제도가 도입되었다. 또한 전기 설비 등에 있어 국내 부품으로 장비를 조달하여 사용할 경우 20%에 달하는 세금공제 자격을 제공하는 정책도 도입되었다.

3. 청정에너지펀드(FODER)와 RenoveAr 프로젝트

수정 재생 에너지법에 의해 설치된 청정에너지펀드(FODER, Fondo Fiduciario para el Desarrollo de Energias Renovables)는 재생 에너지 관련 해외 투자 유치 및 국가 재생 에너지 공급 목표 달성을 목표로 하며, 대규모 재생 에너지 프로젝트인 RenovAr를 지원한다.

RenovAr는 2016년 하반기에 시작 된 아르헨티나 재생 에너지 공매 프로젝트이다.[23] 1차에서는 풍력 및 태양에너지를 포함하여 총 1,000MW를 목표로 설정하였다.[24] 구매자(off-taker)는 전력도매 시장 관리국인 CAMMESA(Compañía Administradora del Mercado Mayorista

---

22 MINEM 2016, 4에서 직접 인용.

23 2009년 아르헨티나의 ENARSA에 의해 투자된 재생 에너지 개발 프로그램 GENREN의 시도에도 불구하고 다양한 정책 이행 장애에 대한 분석은 Marina Yeslca Recalde 외 2015 참고.

24 풍력 600MW, 태양력 300MW, 바이오매스 65MW, 소수력 20MW, 바이오가스 15MW.(한-중남미 경제 협력 센터 2016, 1)

Eléctrico)이며, FODER는 RenovAr의 PPA(Power Purchase Agreement) 투자자들에 대한 지불 보증 등을 통해 자금 지원을 제공한다.[25]

FODER는 국고, 주식 공개, 아르헨티나 정부 운영 연금기금(ANSES, Argentine government-administered pension fund) 등을 통해 자금을 형성하고, 자금이 부족할 경우 재무부(Ministry of Finance)가 이를 보충하며, 세계은행도 PPA 보증에 동참한다. 이를 통해 CAMMESA가 기금 부족으로 인해 PPA에서 계약한 전력을 구입하지 못하게 되는 위험을 감소하고자 하며, 민간투자자들의 투자 안정성을 보장한다.[26] 2016년 말 1차 입찰을 완료하였고 이때 선택되지 못한 기업들을 대상으로 1.5차 입찰이 진행 중이다.

<그림 5> 아르헨티나 재생 에너지 발전기금(FODER) 이행도

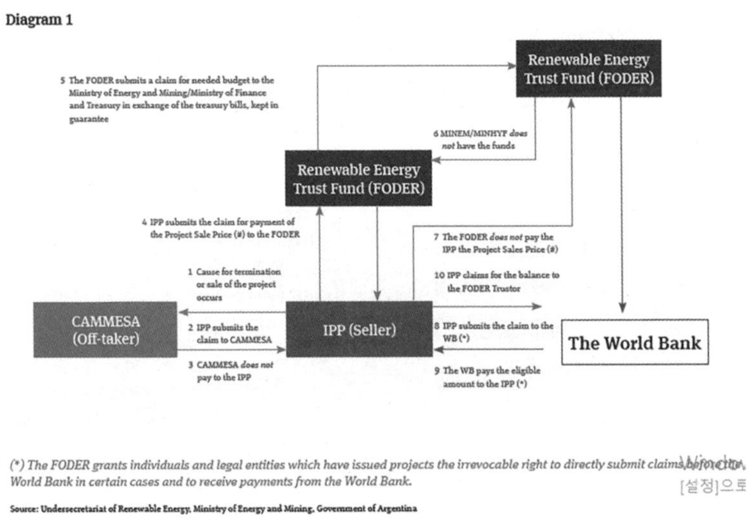

출처: 아르헨티나 에너지광물부, 재생 에너지과.[27]

V. 결론: 마끄리 정부의 재생 에너지 개발 정책 한계 및 함의

최근 아르헨티나는 마끄리 정부의 등장으로 기존 좌파정부들과는 다른 유형의 정치경제적 개혁을 시도하고 있다. 무역과 투자 정책에서 개방을 유도하면서 외국인 투자자들에 대한 아르헨티나 기회를 증가시키고 있다. 특히 재생 에너지 부문에 대한 외국인 투자자들에 대한 다양한 투자 인센티브를 강화해 이 부문에 대한 개발 투자 유인에 박차를 가하고 있다. 위에서 살펴본 바와 같이 아르헨티나 에너지정책은 점차 화석연료 중심에서 청정에너지 혼용 체제로 전환을 시도하고 있다. 재생 에너지 개발 정책 강화 혹은 에너지 정책 전환의 논리는 단기적으로는 점증하는 에너지수요 증가에 대한 대비, 에너지원 다각화, 중장기적으로는 새로운 투자를 통한 에너지산업 육성과 경제 발전, 대외적으로는 기후변화 영향에 대한 글로벌 차원의 의제 참여(지구 온난화 및 탄소배출 감소 노력) 의지 등이 재생 에너지 개발를 강조하는 마끄리 정부의 정책 방향이다.

경제적 효과 차원에서 보면, 재생 에너지 부문에 대한 새로운 투자 기회를 제공함으로서 이 분야에 대한 사적 부문의 투자 증가는 물론 이로 인한 아르헨티나의 미래 경제 성장에 많은 시너지 효과를 줄 것이라 전망된다. <그림 5>에서 보듯이 아르헨티나의 재생 에너지 부문에 대한 투자는 일종의 전력구매계약(PPA) 방식을 도입함으로서 발전사업자

---

25 US Translation Company 2016 참고.

26 http://www.renewableenergyworld.com/articles/2016/06/argentina-launches-innovative-renewables-program.html 검색일: 2017년 6월 2일.

27 Norton Rose Fulbright 2017, 6에서 재사용.

가 CAMMESA와 전력거래계약을 체결해 적은 비용으로 직접전력 소비자의 자산에 발전설비를 공급하고 계약에서 정한 가격으로 전력을 거래하는 제도로, 이를 통해 전력구매계약을 체결하는 많은 사적민간 개발자의 참여를 유도할 수 있다. 또한, '독립전력생산' 제도(일명 IPPs) 도입으로 많은 에너지를 소비하는 이용자/회사/기업에게 재생 에너지 이용의무 부과와 함께, 개발업자가 직접 가격 협상에 참여하게 하는 방식으로 개발업자에게 새로운 협상 참여 인센티브 제도이기도 하다. 이와 동시에 개발업자들 혹은 투자자들이 외부로부터 자본이나 자금을 이용할 수 있으며 투자위험 회피 안전망 성격의 '신뢰기금'(FODER) 제도를 만들어 투자자들의 미래투자 위험을 낮추고자 했고 국제금융기구(e.g. World Bank)와 파트너십을 활용해 국가 차원의 금융과 재정 위험을 낮추는 전략을 동시에 펴고 있다(그림 5). 일종의 재생 에너지 시장에 대한 사적 부문의 참여 기회를 확대해 국내외 투자를 활성화해 보겠다는 '에너지 시장'중심의 개혁이다.

하지만 위와 같은 재생 에너지 개발에 대한 다양한 유형의 제도 개혁 그리고 경제적 인센티브 제공에도 불구하고 여전히 많은 전문가들은 다음과 같은 이유들로 다소 부정적인 분석을 하고 있다. 아르헨티나 정부의 제도개선 및 다양한 유형의 경제적 인센티브 제공 정책에도 불구하고 초기부터 시장 참여자들의 정책 순응성과 투자 및 개발 비용 부담으로 정부 정책을 잘 따라오지 못할 것이라는 부정적인 전망이 있다. 안몰 바나말리(Anmol Vanamali 2016)의 경우는, 인센티브 제공 금융 시스템 자체의 복잡한 구조에서 기인하는 정책 불이행과 실질 개발 투자로 이어지지 못할 것이라는 부정적인 평가를 하고 있다.[28]

특히 전력 구매자인 CAMMESA의 역할과 기능 혹은 위치에 대한 신뢰성도 문제라고 지적한다. 에너지 부문을 총괄하는 정부 기관으로서의 역할보다는 단순히 도매전력시장 관리자의 정체성을 가지고 있어(개발 혹은 생산된 전력을 구매하는 주체로서 역할) 모든 개발 사업에서 문제가 발생하거나 신뢰가 무너진다고 가정하면, 이에 대한 공공책임 혹은 정부책임을 회피하게 된다는 문제점을 발생시키고 있다. 물론 이는 투자자들에게 투자위험 회피 제도에 대한 의구심을 발생시켜 신뢰성 부족으로 이어 질 수 있다. 특히 에너지공급은 일종의 공공서비스로서 국가의 적극적인 개입을 통해 관리, 규제함으로서 국내외 투자자들의 신뢰성을 확보하는 전략이 필요한데 아르헨티나의 마끄리 정부의 전략은 지나치게 시장에 모두 맡겨 놓아 '투자위험'을 높이고 있다는 한계가 있다. 시장 중심 재생 에너지 개발 정책에 대한 방향 설정은 투자와 무역에서 개방정책을 표방한 우파정권 입장에서 전략적 선택이지만 향후 적절한 국가개입이 요구된다.

재생 에너지 개발 혹은 생산과 더불어 전력의 분배(공급 인프라 및 공급망)도 함께 고려한 정책이 입안되어야 함에도 불구하고, 아르헨티나의 재생 에너지 개발 정책은 에너지의 분배 인프라에는 많은 관심을 기울이지 않고 있다는 비판이 있다. 생산에 중심을 두고 효율적인 배분 시스템(특히 소규모 전력 공급망 등) 혹은 인프라 개선에 대한 투자는 등한시하고 있다는 평가는 또 다른 한계로 지적되고 있다. 이와 더불어 재생 에너지

28 비록 PPA 체제가 국제기준에 의해 보장되더라도 실질적인 투자자들이나 프로젝트 개발자 입장에서는 이를 만족하지 못하는 경우가 발생할 것인데 이는 개발 과정에 참여하는 너무 많은 행위자들이 있기 때문이라고 분석한다. Anmol Vanamali 2016 참고.

개발 목표에 대한 비판도 있다. 예를 들어, 2017년 말까지 300kWh 이상의 전력 이용자(기초 설비와 대규모 사업)의 경우 전력생산과 공급의 최소 8%는 재생 에너지원에서 이루어져야 하며 이를 단계적으로 개선해 2025년 말에는 20%까지 비율을 올린다는 계획이 마련되었지만 실현 가능성은 상당히 낮다. 예를 들어, 마끄리 정부의 재생 에너지 개발을 통한 경제성 평가를 보면, 기존의 화석연료 수입 혹은 현재 소비되는 화석연료를 재생 에너지원으로 대체하면 연간 3억 달러를 절감할 수 있으며 200만 톤(약 자동차 90만대에서 나오는 탄소배출 서삼 효과)의 온실가스 배출을 줄일 수 있을 것으로 분석 평가되고 있다.[29]

<그림 6> 아르헨티나 에너지 매트릭스 및 예상 재생 에너지 개발 계획

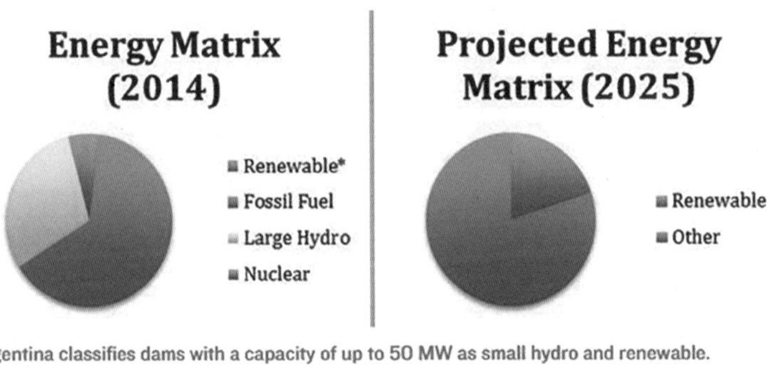

출처: https://www.nrdc.org/experts/amanda-maxwell/argentina-headed-towards-clean-energy-revolution 검색일: 2017년 5월 20일.

하지만 문제는 이러한 정책의 실현 방법이다. 재생 에너지 개발을 통해 온실가스 저감과 부가적으로 경제적 이익 창출이라는 논리에 기초한

29 https://www.nrdc.org/experts/amanda-maxwell/argentina 검색일: 2017년 5월 20일 참고.

방향성과 로드맵은 설정되었지만 이에 대한 인프라 개선과 투자가 뒷받쳐 주질 않기 때문이다. 위의 <그림 6>에서 보듯이 아르헨티나의 2014년 에너지 매트릭스 중에 재생 에너지원은 약 2%로 대부분 소수력, 풍력, 태양력과 바이오연료에서 생산되고 있다. 여전히 64% 정도가 화석연료 의존 개발이며 나머지는 대형수력 발전과 원자력발전을 통해 이루어지고 있다.

이러한 아르헨티나의 화석연료 중심 전력생산 구조에 대한 개선은 따라서 상당히 많은 시간과 예산 투자를 요구한다. 에너지개혁법(Ley N° 27.191) 이행과 설정 목표를 달성하기 위해서 요구되는 투자만 향후 150억 달러로 추정된다(아르헨티나 재생 에너지 개발청 통계). 특히 해외투자가 절실한 상황이다. 하지만 많은 에너지 전문가들은 이러한 재생 에너지 개발 프로젝트에 다소 회의적인 전망과 분석을 내놓고 있기도 하다. 특히 아르헨티나의 세일가스 개발(Moïra Jimeno 2016)과 대형 댐 건설 프로젝트에 대한 마끄리 정부의 우선 투자(중국) 진행은 재생 에너지 개발에 대한 집중도를 다소 떨어뜨리고 있다. 예를 들어, 마끄리 정부는 이미 네우켄(Neuquén) 주의 바까 무에르타(Vaca Muerta) 지역에서 약 100억 달러에 달하는 세일가스 개발 참여를 엑손모빌사에 공개적으로 요청했으며, 파타고니아 지방의 자연 보호 지역에서 중국기업이 투자에 참여하는 대형 댐(약 57억 달러 프로젝트로 향후 4%에 달하는 에너지 공급 역할) 건설 등은 미래 기후 변화 대응 혹은 지역 환경 보호(Perito Moreno 빙하 지역은 유네스코가 지정한 보호지역), 생물 다양성 보존과는 다른 유형의 토목공사라는 비판을 받고 있다. 특히 이 지역들이 이미 제도적으로 자연 보호 혹은 빙하보호 차원에서 법적으로 보호되는 지역들임에도 불구하고 토목건설 혹은 단순한 에너지공급 차원의 지속 불가능한 에너지 생산 방법이라는 비판이 커지고 있기도 하다.

이에 더하여, 재생 에너지 개발 유인으로 마끄리 정부가 추진 중인 다양한 세제 개혁에서 기존 정부와는 다른 유형의 전기세에 대한 정부 보조금 삭감/폐지는 다양한 사회적 저항을 불러오고 있다. 이전 좌파정부의 에너지부문 정부보조금 지급으로 정부지출이 2005년 1.5% 수준에서 2014년 12.3%까지 비중이 증가(2015년 아르헨티나 GDP의 5.4%를 차지했으며 약 160억 달러에 해당)해 전반적으로 아르헨티나의 재정적자의 한 원인이라는 비판과 더불어 에너지 정부 보조금 삭감을 단행한 바 있다.[30] 이에 대한 시민 사회 및 에너지 소비자들의 반응은 당장 사법부에 대한 소송으로 이어졌으며 결정은 아르헨티나 연방대법원에 달려있는 상태이다. 에너지 부문 정부보조금 삭감을 통해 재정적자를 줄이려는 마끄리 정부의 노력이 향후 물가인상 압박으로 이어지거나 혹은 이의 경제정책 실기로 이어져 다가오는 2017년 10월 의회선거에서 다수의 의석을 잃는다면 야심차게 추진 중인 재생 에너지 개발은 후퇴할 수도 있다는 평가이다.

결론적으로 이제 막 시작한 마끄리 정부의 재생 에너지 개발을 위한 정책 방향과 실질 이행을 위한 제도 개선은 상당히 진전된 상태이다. 재생 에너지 개발과 이를 중심해 둔 다양한 경제적 인센티브 제공 정책 마

30 많은 경제학자들은 이를 통해 아르헨티나 소비자들의 경우 가스비는 2015-6년에 비해 4배, 전기세는 6배 정도 증가함으로서 아르헨티나 경제에 또다시 인플레이션 위기를 초래할 수 있다고 경고하기도 했다(http://www.reuters.com/article/argentina-electricity-idUSL1N1FL11N 참고. 접속일 2017년 6월 3일).

련, 기후 변화 대응 차원의 탄소 배출량 저감 노력과 기후협상에 대한 적극적인 기후외교 참여, 관련 분야 해외투자 유인 강화 등 많은 노력을 기울이고 있다. 하지만 여전히 마끄리 정부의 개발 이행 한계도 있다. 일단 개발을 위한 투자 인센티브 제도의 비효율성, 최근의 무분별한 대형 댐 프로젝트 강행(대형 댐 건설을 통한 전력 생산은 재생 에너지원 범주에 포함되지 않음), 향후 세일가스 부문에 대한 해외투자 강화 국가 계획 마련 그리고 이런 전통 화석연료 생산 증대를 통한 해외수출 계획 마련 등은 비록 에너지 다각화 전략 차원이지만 재생 에너지 개발에 다소 역행하는 에너지 정책이라는 비판적인 목소리도 있기 때문이다.

참고문헌

대외 경제 정책 연구원. 2016. “2017년 세계경제 전망.” KIEP World Economy Today. Vol.16. No.33.

에너지경제연구원. 2016..“아르헨티나 신정부 재생 에너지 정책 동향.”세계 에너지시장 인사이트. 제16-24호.

하상섭. 2016. “아르헨티나 마끄리 정부의 재생 에너지 개발 논리와 모순.” Latin Resources & Infrastructure. Vol.66.

하상섭. 2017. “아르헨티나 정부의 기후 변화 영향 분석과 재생 에너지 대응 전망.” Emerics. 2017-19.

한국신·재생 에너지 협회. 2016. “신재생 에너지 Brief_산업·정책·기업 동향 보고서.” 동향자료. 16-6호, 16-17

한전경제경영연구원. 2015. “주요국 넷미터링 운영현황 및 전력회사 대응전략.” KEMRI 전력경제 Review. Vol 15, 1-7.

한-중남미 경제 협력 센터. 2016. “아르헨티나, 재생 에너지 분야 외국인 투자 유치 기대”동향정보. 이슈조사자료. 2016-06-14.

FS-UNEP Collaborating Centre for Climate & Sustainable Energy Finance. 2016. "Global Trends in Renewable Energy Investment 2016."

Institute of the Americas. 2016. "Argentina's Energy Transition: The Macri Government's Vision". in https://www.iamericas.org/documents/energy/reports/Argentinas_Energy_Transition_2016.pdf

IRENA. 2015. "Renewable Energy in Latin America 2015: An Overview of Policies."IRENA. Abu Dhabi.

IRENA. 2016. "Renewable Energy Market Analysis: Latin America."IRENA. Abu Dhabi.

Marina Yeslca Recalde, Daniel Hugo Bouille & Leónidas Osvaldo Girardin. 2015. "Limitation For Renewable Energy Development in Argentina."Revista Latinamericana de Economia 48: 183. Oct-Dec 2015.

MINEM. "RenovAr Project on Renewable Energies, Argentina 2016-2015." Presentacion Energia Ingles.

MINEM. 2016. "Renewable energy in Argentina, New Regulatory Framework and Outlook 2016+." New York and Washington DC Roadshow(2016. 4. 4-8) 발표자료.

Moïra Jimeno 2016. "Argentina: From and Energy Stalemate Towards Shale Gas Expansion and Creating a Renewable Market", in Sybille Roehrkasten, Sonja Thielges & Rainer Quitzow. 2016. Sustainable Energy in the G20, pp. 19-25. Potsdam: IASS.

Nicolas R. Oliver. 2016. “No small triumph : the outlook for Argentina’s renewable energy programs,” Law School International Immersion Program Papers, No. 17.

Norton Rose Fulbright. 2017. “Renewable energy in Latin America.” US Translation Company. 2016. “RenovAr, Argentina’s move toward renewable energy represents a goldmine for international firms.”

Online Materials

Anmol Vanamali. 2016.“Argentina’s renewables reboot: the good, the bad and the unknown.” in https://www.greenbiz.com/article/argentinas-renewables-reboot-good-bad-and-unknown (접속일: 2017년 5월 10일).

Enrique Maurtua Konstantinidis. 2016. “Renewables help fight the energy crisis: Argentina’s new national energy and climate policy”, Fundacion Ambiente y Recursos Naturales (FARN) and ad-hoc coordinator of the Climate Action Network International (CAN) Mitigation Group, inhttps://germanwatch.org/en/13268(접속일: 2017년 6월 11일)

Federico Godoy & Carolina Calcagno 2016), “New Government Set to Introduce

Changes to Energy Sector,” in http://www.berettagodoy.com/wp-content/uploads/2016/01/208_New_government_

set_to_introduce_changes_to_energy_sector_-_Newsletters_-_International_Law_Office.pdf(접속일: 2017년 6월 10일).

Rachel Parkes. 2016. "Argentina: The New Frontier", inhttp://www.renewableenergyfocus.com/view/44155/argentina-the-new-frontier/(11 May 2016; 접속일: 2017년 6월 10일).

http://climateactiontracker.org/countries/argentina.html

http://climateobserver.org/country-profiles/argentina/ http://climatescorecard.org/2016/08/30/argentina-emission-reduction-challenges/

https://www.nrdc.org/experts/amanda-maxwell/argentina

https://www.nrdc.org/experts/amanda-maxwell/argentina-headed-towards-clean-energy-revolution

http://www.renewableenergyworld.com/articles/2016/06/argentina-launches-innovative-renewables-program.html

http://servicios.infoleg.gob.ar/infolegInternet/anexos/255000-259999/259883/norma.htmhttp://www.thebubble.com/is-argentina-ready-for-renewable-energy/

http://www.trsym.com/en/renewable-energy-regulation-of-laws-no-26-190-and-no-27-191/

IEA Definition of Renewable Energy: https://www.iea.org/topics/renewables/

INDC Argentina: http://www4.unfccc.int/submissions/INDC/Published%20Documents/Argentina/1/INDC%20Argentina.pdf

http://www.reuters.com/article/argentina-electricity-idUSL1N1FL11N

| 4부 |

대기 오염 예측 및 평가

1장

쿠바 아바나에서 고정 오염원의 대기 오염 예측 및 평가*

박일수, 장유운, 장수환, 김희선, 오수경

I. 서론

아바나(Havana, Cuba)는 쿠바 북쪽 해안에 위치(23°08′N, 82°23′W)한 쿠바 수도이며, 쿠바에서 가장 작은 주(Province)이다. 그러나 쿠바 총 인구(1,100 만 명)의 20%를 차지하는 대도시이다. 쿠바의 기후는 아열대 기후대로 건기(11~4월)와 우기(5~10월)로 구분되어 진다. 대기 중에 포함되고 부유중인 진균류와 대기 오염 물질들은 건기와 우기의 기상 조건에 따라 이동과 확산, 그리고 침적 운동에 큰 차이를 나타낸다(Almaguer et al. 2014).

아바나만(havana bay)의 남서쪽에 발전소, 남동쪽에는 정유 정재소, 소규모 공장 들이 밀집되어 있고, 도로 폭이 좁으며 해수면에 인접하여 고도가 매우 낮다. 따라서 풍속이 약한 기상조건에서는 오염 물질의 축척이 강하게 발생되어 아바나 시에서 가장 오염농도가 높은 지역으로 SO2, TSP 농도는 쿠바 환경 기준치(SO2:20 ppb, TSP:150 μg m-3)를 초과하고 있다(Santos et al. 2016). 또한 남쪽에 위치한 Cotorro 지역에는

* 이글은 중남미연구 제36권 1호(2017년, pp 135-164)에 게재되었던 논문입니다.

제련소, 시멘트 공장 들이 밀집되어 있다. PM10 농도는 44.2 µg m-3, PM2.5 농도는 22.4 µg m-3 로 높으며 최근에 아바나 시에서 중요한 대기 오염 물질로 대두되고 있다(Zayas et al. 2009). 그러나 구형 자동차(1959년 이전 제작 차) 대수는 다른 도시에 비해 적어 발전소, 정유소, 그리고 제련소에 비해 오염 물질 배출량이 적은 편이다(Ehsani et al, 2015).

쿠바 기상청은 아바나 시에서 대기 오염 물질 배출량을 산정하고 농도를 감시하고 있으며, IAEA 기술협력 프로젝트(CUB7007) 일환으로 대기 오염을 예측하고 평가하는 시스템을 구축하고 있다. 0 ~ 50 km 격자 간격에는 AERMOD 모델 시스템, 50 ~ 300 km 격자에서는 WRF-CALMET-CALPUFF 시스템이 활용되고 있다(Ruiz et al. 2015, Santos et al. 2015). 쿠바 아바나 시의 당면하고 있는 주요 환경 문제는 대기 오염이다. 이러한 상황에서 환경당국은 대책을 수립하고 의사 결정을 위한 새로운 연구 결과와 과학적인 도구가 필요하다.

본 연구에서는 다양한 기상 상태와 대기 오염 농도를 묘사할 수 있는 3차원 수치모형인 대기 오염 모델(TAPM : The Air Pollution Model, Peter, 2013)을 활용하여 쿠바 아바나에서 건기, 우기 동안에 대기 오염 물질(SO2, NO2, PM10, PM2.5)을 대상으로 농도를 예측하고 평가하였다. TAPM 모델은 WRF-CMAQ 모델에 비해 모델링 대상 최대면적(1000 km × 1000 km)이 작으며, 제한적이나 도시규모(100 km × 100 km)에서 대기 오염 예측에 널리 활용되고 있다(TAPM, 2014, Park et al. 2004). 최근 쿠바 과학기술환경부에서는 대기 오염 감시의 일환으로 측정과 모델링에 중점을 두고 있다(osvaldo, 2015). 향후 쿠바와 외교관계가 수립될 경우 측정과 모델링분야에서 공적개발원조 사업의 수행이 기대된다. 이러한 관점에서 본 연구에서는 아바나 시에서 미세먼지 등 대기 오염 고

농도 발생 원인을 분석하고, 감시 및 감축 정책을 수립하는데 필요한 대기예측모델을 구축하고 과학적인 자료를 도출하고자 한다.

II. 쿠바 대기 오염 관리 정책

쿠바 과학기술환경부(CITMA, Ministerio de Ciencia, Tecnología y Medio Ambiente)와 관련 기관들은 대기 오염원에 대한 많은 연구를 해오고 있으며, 대기 오염에 대한 기술적 전략으로 4가지 단계로 구분하여 대안을 모색하고 있다. 즉 고정 및 이동오염원의 배출량 산정, 측정과 모델링으로 시공간적인 오염이동 예측, 광화학적 반응과 침강, 습도와 구름등과 반응 연구, 그리고 인간과 식생태계 및 토양, 대기와 기타 물질에 대한 직간접적인 영향에 대한 연구를 진행해오고 있다(Osvaldo, 2015).

쿠바 대기 오염의 근본적인 원인으로는 토지이용계획상에서 대기 오염에 대한 고려 부족, 낙후된 산업시설과 차량, 미흡한 처리기술, 환경 교육과 지역 사회에 대한 정보 제공에 대한 부족 등을 들 수 있다. 쿠바의 공공보건부(MINSAP)는 대기 오염을 모니터링하고 해결방안을 제안해 왔으며, 1980년대부터 대기 오염 관리를 위한 감시망을 제안해왔으며, 현재는 과학기술환경부(CITMA)에서 강우, 에어로졸 및 주요 배출가스의 화학적 특성에 대한 정보를 수집하는 지역감시망 1개소를 운영하고 있다. 국가 대기 오염 모니터링 시스템(SINVCA)은 과학기술환경부(CITMA)가 주도하는 국가환경모니터링 시스템의 일환으로 운영되고 있다(Osvaldo Cuesta Santos,2015).

현재 쿠바 정부는 오염관리 프로그램에 토대로 배출목록을 작성하고 있다. CITMA는 산업체에서 나오는 고정 오염원에서 발생되는 국가배출인벤토리(Inventario Nacional de Emisiones de Fuentes Fijas Industriales)를 작성 중에 있으며, 에너지 광물부(Ministerio de Energía y Minas de la República)에서는 산업오염원에서의 배출량을 추정하고 있다. 쿠바에는 약 1000개의 산업시설관련 고정 오염원이 있으며, 이중 아바나에는 179개, 비야 클라라(Villa Clara)에는 100곳이 대표적인 고정 오염원이라 할 수 있다. 현제 이동오염원과 자연오염원에서의 배출량에 대한 몇몇 연구가 진행되고 있으나 초보 단계로 더 많은 시간이 요구된다(Osvaldo Cuesta Santos,2015).

Ⅲ. 고정 오염원 현황

아바나 남쪽에 위치한 Cotorro 지역에는 제련소, 시멘트 공장 등이 밀집되어 있어 미세먼지의 주요 배출원이며, 아바나만의 남서, 남동쪽에 위치한 Habana Vieja, Regla 지역에는 화력발전소, 정유정재소 등이 밀집되어 있고 SO2, NO2 등 가스 상 오염 물질의 주요 배출원이다(Santos et al. 2016,그림 1). 아바나에서 SO2 배출량은 정유정재소, 보일러, 화력발전소, 소각장, 제련소에서 각각 14,478 ton/yr, 2,980 ton/yr, 2,925 ton/yr, 2,391 ton/yr, 1,684 ton/yr 이다. NO2 배출량은 정유정재소, 소형발전소, 화력발전소, 대형발전소, 소각장에서 각각 5,110 ton/yr, 581 ton/yr, 574 ton/yr, 363 ton/yr, 285 ton/yr 이다. PM10 배출량은 제련소, 정유정재소, 소각장, 보일러, 화력발전소에서 각각 1,621 ton/yr, 434 ton/yr, 122 ton/yr, 91 ton/yr, 32 ton/yr 이다. PM2.5 배출량은 제련소, 정유정재소, 소각장, 보일러, 화력발전소에서 각각 810 ton/yr, 219 ton/yr, 91 ton/yr, 68 ton/yr, 16 ton/yr 이다. SO2, NO2

,PM10, PM2.5 별 총 배출량은 각각 25,092 ton/yr, 7,272 ton/yr, 2,316 ton/yr, 1,212 ton/yr 이다(Santos et al. 2016). 아바나에서 주요 고정 오염원은 21개로 배출원별 굴뚝 특성과 배출량은 표 1과 같다. 굴뚝 특성에서 정유정재소는 현지 자료가 활용되었고(Colas et al. 2005), 배출원별 배출량은(g/s) 총 배출량 대비 배출원별 개수에 비례하여 산정하였고, PM2.5 배출량은 PM10의 52 % 로 고려하였다(Santos et al. 2016).

<그림 1> 아바나 지역에서 고정 오염원 및 측정망 분포

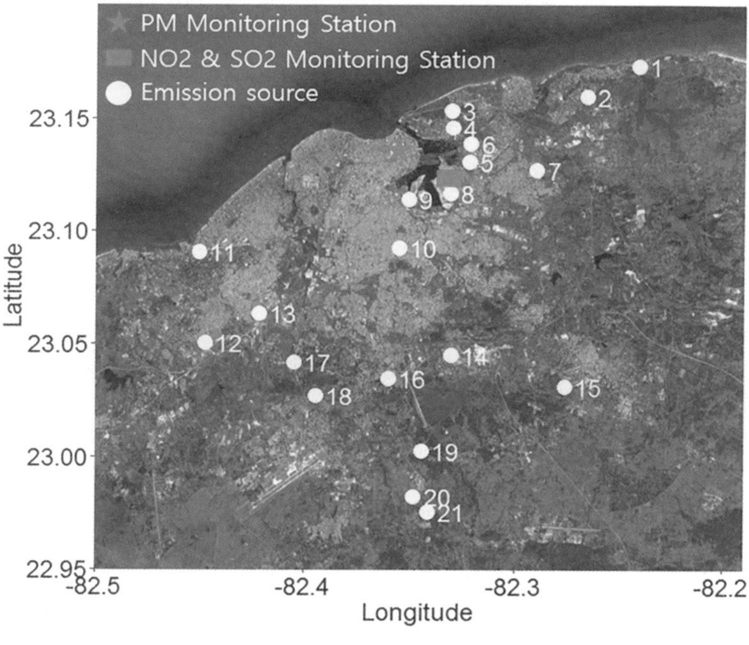

Ⅳ. 연구 내용 및 방법

1. 내용

아바나의 건기와 우기 동안 비교적 고기압이 우세하여 강수 현상이 발생하지 않아 주야간 국지 순환이 활발하게 발생하며, 검증에 필요한 관측 자료가 대체로 만족하는 건기(2015. 2.3 ~ 2.12)와 우기(2015. 9.10 ~ 9.19)에 각각 10일 동안 기상을 예측하였다. 풍향, 풍속, 기온, 습도의 시공간 분포와 출현 빈도를 분석하였다. 예측치는 아바나 국제공항(Jose Marti) 기상관측소 측정치와 비교하여 IOA(Index of Agreement)를 통해 예측치의 정확도를 확인하였다. 예측된 기상을 토대로 오염원별(SO2, NO2, PM10, PM2.5) 농도를 예측하였다. 오염원별 농도의 공간 분포와 주요 지역별로 평균 농도와 최고 농도를 확인하여 기존 측정 자료((Santos et al. 2016, Ruiz et al. 2015)와 비교 검증하였다.

<표 1> 점오염원 특성

배출원 일련 번호	배출원	굴뚝				배출량(g/s)		
		반경 (m)	높이 (m)	가스배출속도 (m/s)	가스배출온도 (°K)	SO_2	NO_2	PM10
1	Generator	1.6	50	10.2	407	1.6	1.7	0.025
2	Generator	1.6	50	10.2	407	1.6	1.7	0.025
3	Generator	1.6	50	10.2	407	1.6	1.7	0.025
4	Incinerator	0.5	50	9.4	353	37.9	4.5	1.936
5	Refinery	0.6	10	3.0	636	94.5	7.5	2.895

배출원 일련 번호	배출원	굴뚝				배출량(g/s)		
		반경 (m)	높이 (m)	가스배출속도 (m/s)	가스배출온도 (°K)	SO_2	NO_2	PM10
6	Refinery	1.5	55	1.2	863	459.1	162.0	13.768
7	Incinerator	0.5	50	9.4	353	37.9	4.5	1.936
8	Main Generator	1.6	50	10.2	407	0.7	2.9	0.013
9	Power plant	1.5	100	13.8	423	92.8	18.2	1.031
10	Main Generator	1.6	50	10.2	407	0.7	2.9	0.013
11	Generator	1.6	50	10.2	407	1.6	1.7	0.025
12	Main Generator	1.6	50	10.2	407	0.7	2.9	0.013
13	Main Generator	1.6	50	10.2	407	0.7	2.9	0.013
14	Generator	1.6	50	10.2	407	1.6	1.7	0.025
15	Steel	2.5	150	33.7	373	53.4	3.8	51.414
16	Generator	1.6	50	10.2	407	1.6	1.7	0.025
17	Generator	1.6	50	10.2	407	1.6	1.7	0.025
18	Generator	1.6	50	10.2	407	1.6	1.7	0.025
19	Generator	1.6	50	10.2	407	1.6	1.7	0.025
20	Generator	1.6	50	10.2	407	1.6	1.7	0.025
21	Generator	1.6	50	10.2	407	1.6	1.7	0.025

2. 방법

다양한 기상 및 대기 오염 변화를 묘사할 수 있는 3차원 수치모델이며 기상모델을 접합된 TAPM(Peter, 2013)이 활용되었다. TAPM은 시간에 따른 배출량과 기상 변화, 그리고 지형의 특징을 고려할 수 있다. 기상모델은 운동방정식과 연속방정식으로 구성되었고, 대기확산모델은 이류와 확산 방정식 그리고 화학반응식으로 구성되었다. 모델 원점은 아바나 도시 중심(23°4' N, -82°21'5" W)에 두고 80 의 4개 둥지 격자(12 km, 4 km, 2 km, 1km)에서 모델링을 수행하였다. 초기 입력 자료인 지형 및 토지피복도(1 km × 1 km)는 미국 지질 조사국(United States Geological Survey), 초기 기상(1° × 1°)은 호주 기상청(the Australian Bureau of Meteorology)에서 제공한 자료(LAPS : Local administrator Password Solution)를 활용하였다. 기상 및 대기 오염 예측 결과 분석은 바깥 격자(1km) 값을 활용하였다.

V. 기상 예측

1. 시공간 분포

그림 2은 건기 기간인 2월 7일에 6시간 간격으로 묘사된 바람장의 시·공간 분포를 나타낸다. 그림에 보여진 바와 같이 아바나 전 지역에서 00시에 풍향은 북동풍이 우세하며 풍속은 2.7 m/s 수준이었다. 06시에는 카리브 해에 인접한 해안에서는 북동풍 계열이 우세하나 도심에서는 동풍으로 서서히 순전되었고 풍속은 2 m/s 수준이었다. 12시에는 해안에서 북동풍 계열이 약해지고 도심 지역에서는 동풍 계열이 우세하였고, 풍속은 4.9 m/s 수준으로 높았다. 18시에는 06시의 유사하게 북

동풍이 우세하였으나, 풍속은 4.2 m/s 수준으로 강했다. 그림 3은 우기 기간인 9월 14일에 6시간 간격으로 묘사된 바람장의 시·공간적 분포를 나타낸다. 그림에 보여 진 바와 같이 아바나 도심 지역에서 00 시와 06시에 풍향은 동풍이 우세하며 풍속은 1.4 m/s 수준으로 약했다. 12시와 18시에는 전 지역은 북동풍이 우세하고 풍속은 4.5 m/s 수준이었다. 우기 동안 도심 지역에서 풍속은 건기 동안에 비해 매우 약했다. 풍향은 건기에 북동풍, 우기 에 동풍이 우세하였다. 기상 예측 결과의 정확도를 판단하기 위해 IOA(Index of Agreement)통계 방법이 널리 사용된다(Peter, 2014). 건기와 우기 동안 아바나 국제공항(Jose Marti)에 위치한 측정소(22°59'20.36" N, -82°24'36.25" W)의 측정치와 예측치의 IOA(0이면 완전 불일치, 1이면 완전 일치됨)는 풍향 0.68 ~ 0.70, 풍속 0.43 ~ 0.52, 기온 0.58 ~ 0.59, 습도 0.57 ~ 0.59 수준으로 예측 결과가 통계적으로 유의함을 알 수 있다(표 2). 그러나 아르헨티나 부에노스아이레스에서 IOA(풍향 0.79, 풍속 0.73, 기온 0.85, 습도 0.99)에 비해 유의도가 낮았으며(Park el al. 2017) 이는 측정치의 불확실성에 의해 기인되었다고 사료된다.

<표 2> 통계방법을 통한 측정치/예측치 유의 수준

기간	풍향 (Degree)	풍속(m/s)	기온(°C)	습도(%)
건조 기간 (2015.2.3.~2.12)	0.7041	0.5159	0.5926	0.5923
습한 기간 (2015.9.10.~9.19)	0.6810	0.4345	0.5833	0.5700

<그림 2> 건기 기간(2015. 2. 7)바람장의 시·공간 분포

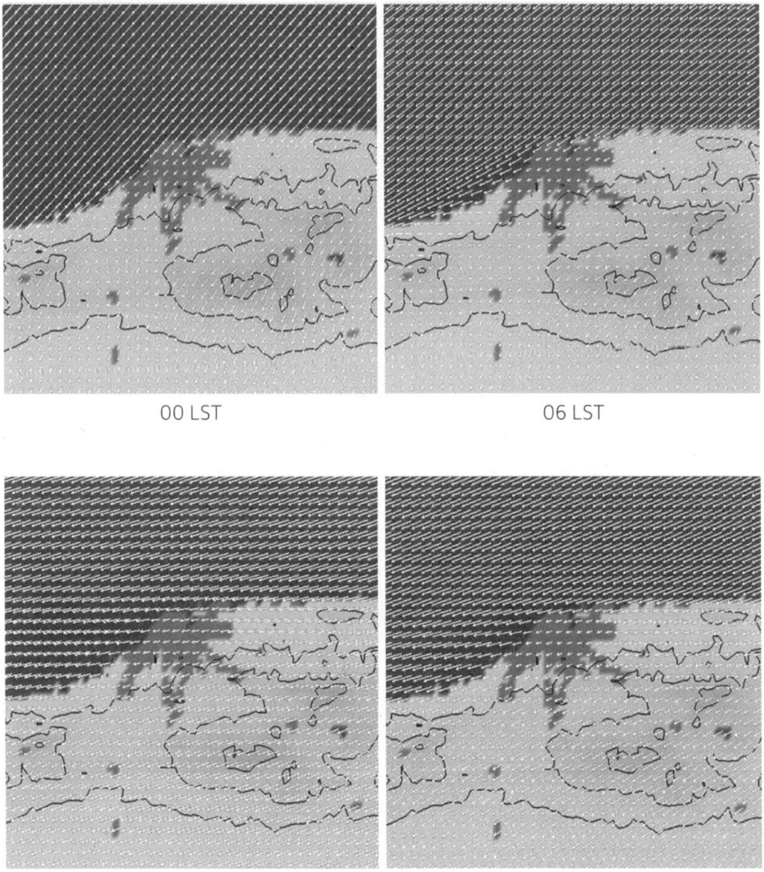

00 LST　06 LST

12 LST　18 LST

<그림 3> 우기 기간(2015. 9. 14)바람장의 시·공간 분포

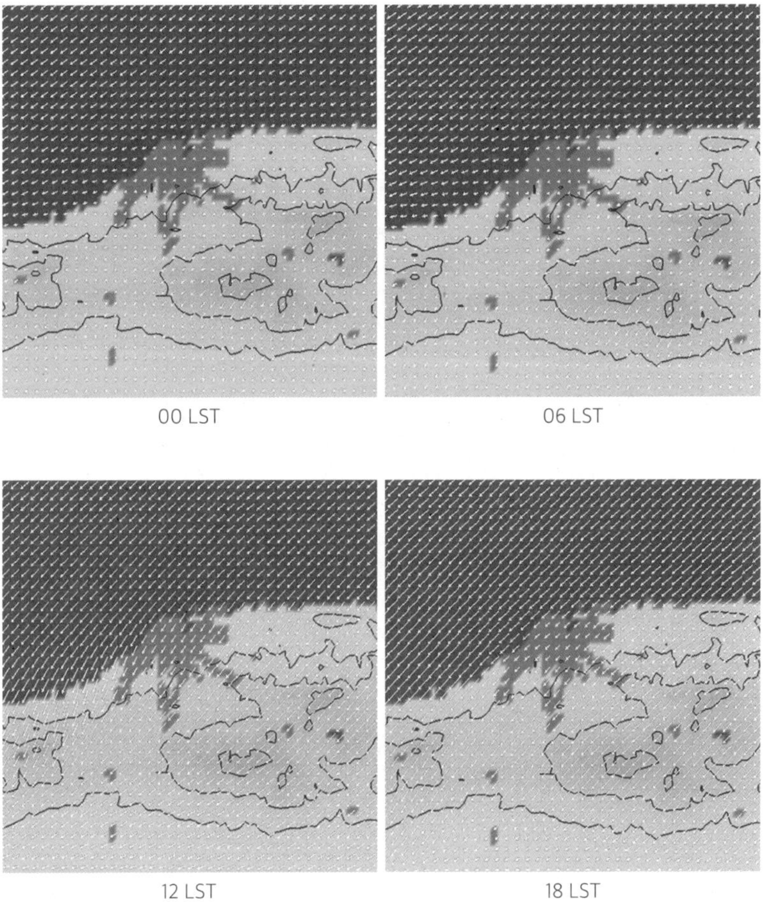

2. 발생 빈도

그림 4와 5는 건기(2015. 2.3 ~ 2.12), 그림 6와 7은 우기(2015. 9.10 ~ 9.19) 동안 풍향, 풍속, 기온, 습도의 확률밀도함수(pdf)와 히스토그램을 나타낸다. 풍향은 건기에 북동 계열(30 ~ 90 도)이 117번 발생, 우기에는 동풍 계열(60 ~ 120 도)이 124번 발생으로 우세하였고, 풍속은 건기에 2 ~3 m/s이 141번으로 우기에는 2 m/s가 130번으로 최대 발생하였다. 건기에 밀도함수에서 5 m/s는 0.12인 반면 우기에는 0.08 로 낮았다. 기온은 건기에 22 ℃에서 73번 발생하여 0.30으로 최대이나 우기에는 28 ℃에서 72번 발생하여 0.28로 최대를 보였다. 습도 90 %는 건기에서 70번 발생하여 0.28로 최대이나, 우기에서는 100 % 가 50번 발생하여 0.22로 최대를 보였다.

<그림 4> 건기 기간 풍향, 풍속, 기온, 습도의 확률밀도함수

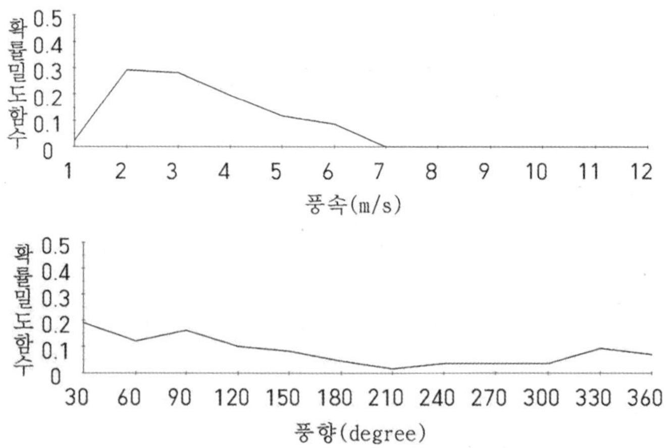

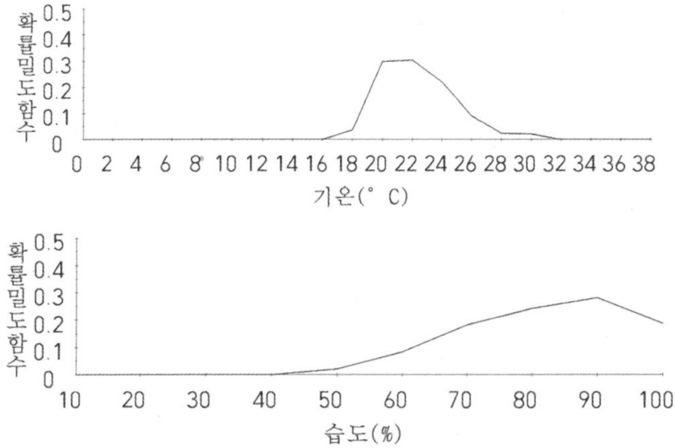

<그림 5> 건기 기간 풍향, 풍속, 기온, 습도의 히스토그램

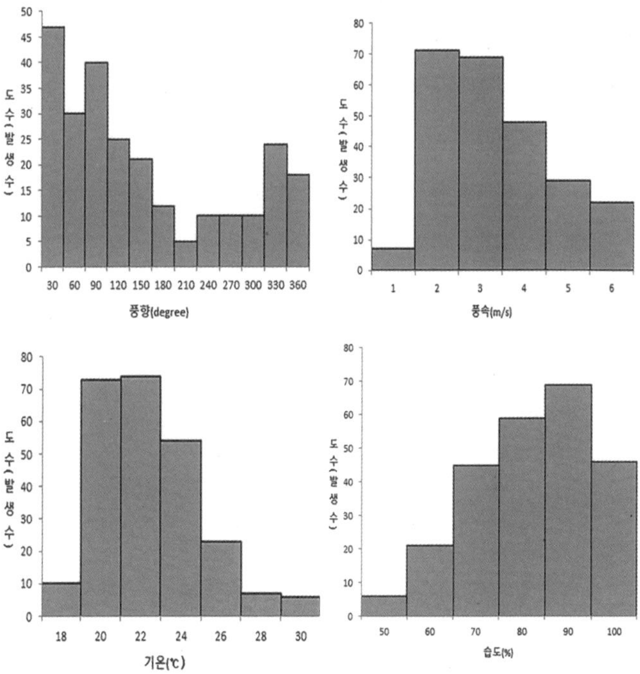

<그림 6> 우기 기간 풍향, 풍속, 기온, 습도의 확률밀도함수

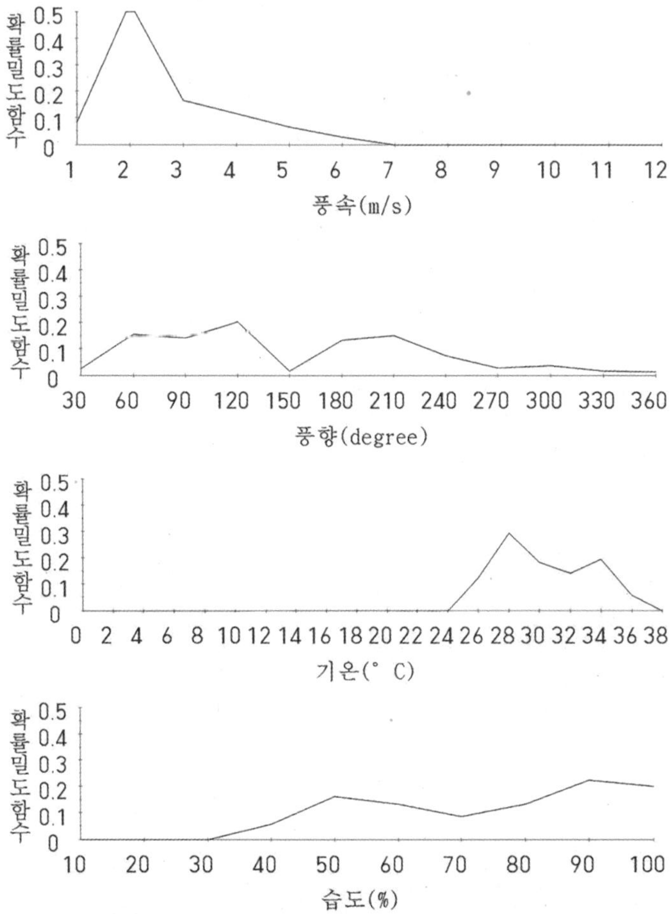

<그림 7 > 우기 기간 풍향, 풍속, 기온, 습도의 히스토그램

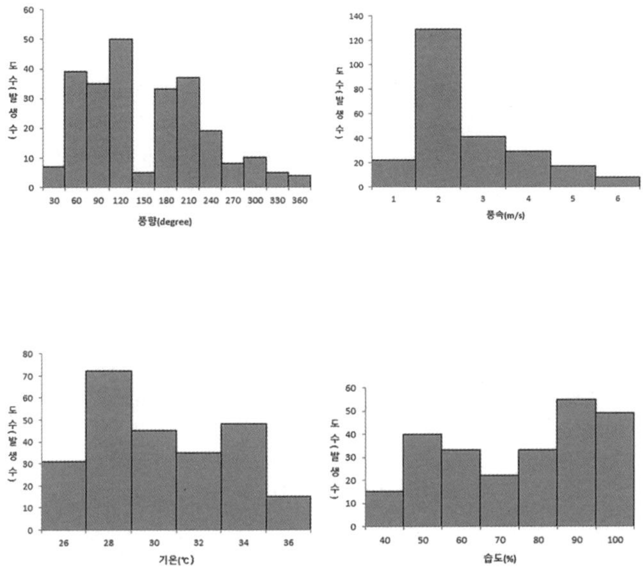

VI. 대기 오염 예측

1. 공간 분포

그림 8은 건기 동안 SO2, NO2, PM10, PM2.5 농도의 공간 분포를 나타낸다. 모델링 기간 동안 북동풍 47 %, 남동풍 23 %, 남서풍 9 %, 북서풍 21 % 발생하였다. 모든 오염 물질의 최고 농도는 아바나만 부근 지역에서 발생하였다. 아바나만에 인접한 Habana Vieja, Regla 지역에는 화력발전소, 정유정재소 등이 밀집되어 있고 SO2, NO2 등 가스 상 오염 물질의 주요 배출원이다. 아바나 남쪽 Cotorro 지역에는 제련소, 시멘트 공장 등이 밀집되어 있어 미세먼지의 주요 배출 지역이다. 그러나

PM10, PM2.5 최고 농도는 지표면 고도와 풍속이 낮은 아바나만 부근 지역에서 발생하였다. 모든 오염 물질은 주풍인 북동풍의 영향으로 남서 방향으로 이동되어 도시 지역에 고농도를 나타냈다. 그림 9은 우기 동안 SO2, NO2, PM10, PM2.5 농도의 공간 분포를 나타낸다. 모델링 기간 동안 북동풍 33 %, 남동풍 35 %, 남서풍 25 %, 북서풍 7 % 발생하였다. 모든 오염 물질의 최고 농도는 건기 동안과 같이 아바나만 부근 지역에서 발생하였다. 그러나 모든 오염 물질은 주풍인 남동풍의 영향으로 북서쪽 방향으로 이동되어 해안 지역에 고농도를 나타냈다.

<그림 8> 건기 기간 대기 오염 농도의 공간 분포

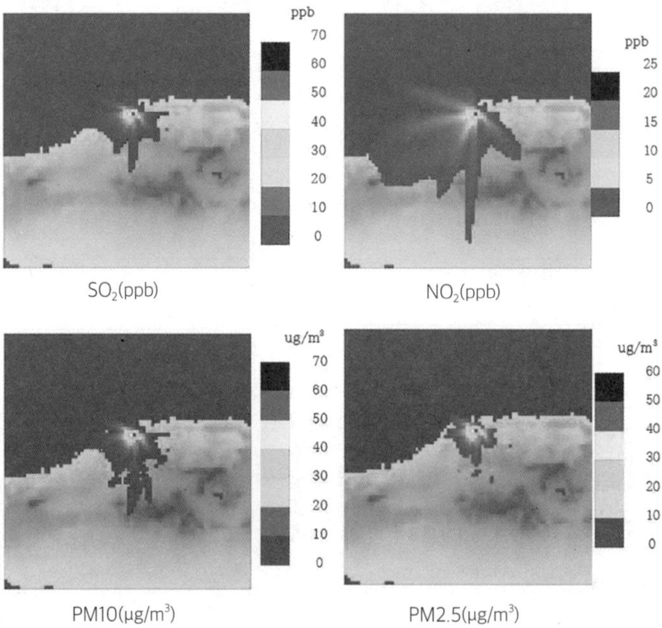

<그림 9> 우기 기간 대기 오염 농도의 공간 분포

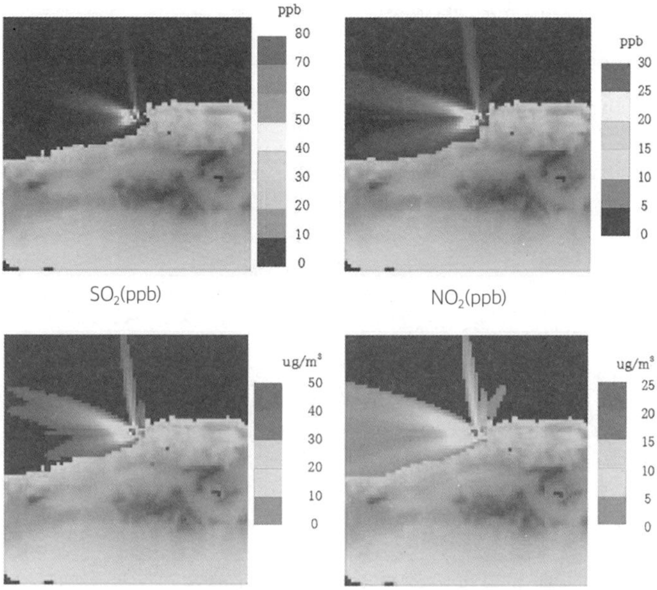

SO_2(ppb) NO_2(ppb)

PM10(μg/m^3) PM2.5(μg/m^3)

2. 농도 발생 빈도

그림 10 ~13은 건기와 우기 동안 아바나만 부근에서 SO2, NO2, PM10, PM2.5 농도의 누적 발생 빈도와 히스토그램을 나타낸다. SO2은 건기에 최고 농도는 100 ppb 이며 30번, 우기에 최고 농도는 100 ppb 이며 48번 발생하였다. NO2은 건기에 최고 농도는 30 ppb 이며 1번, 15 ppb 는 16번 발생하였고, 우기에 최고 농도는 65 ppb 이며 1번, 5 ppb 는 25번 발생하였다. PM10은 건기에 최고 농도는 85 μg m-3 으로 2번, 5 μg m-3 는 29번 발생하였고, 우기에 최고 농도는 55 μg m-3 으로 1번, 5 μg m-3 는 104번 발생하였다. PM2.5은 건기에 최고 농도는 45 μg m-3 으로 2번, 5 μg m-3 는 12번 발생하였고, 우기에 최고 농도는 30 μg m-3 으로 1번, 5 μg m-3 는 115번 발생하였다. SO2, NO2의 최고 농도는 우기에 높았고, PM10, PM2.5 의 최고 농도는 건기에 높았다.

<그림 10> 건기 기간 아바나만 부근에서 대기 오염 농도의 누적 발생 빈도

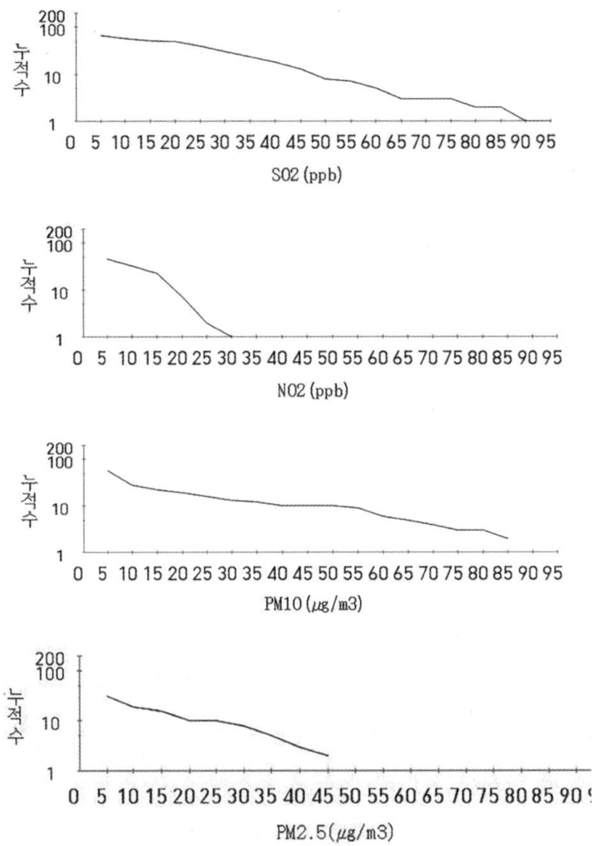

<그림 11 > 건기 기간 아바나만 부근에서 대기 오염 농도의 히스토그램

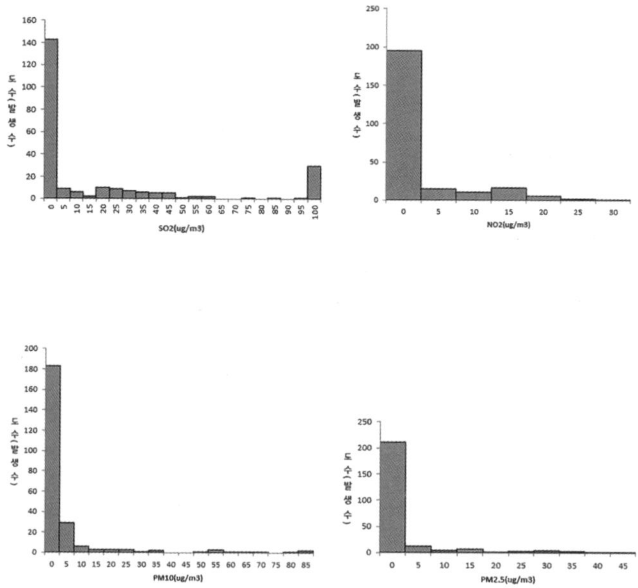

<그림 12> 우기 기간 아바나만 부근에서 대기 오염 농도의 누적 발생 빈도

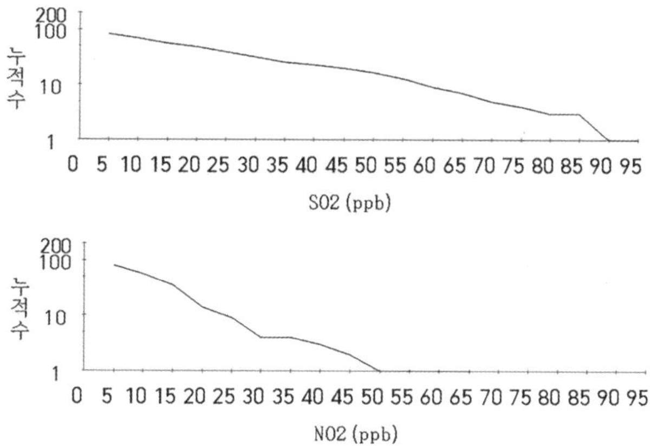

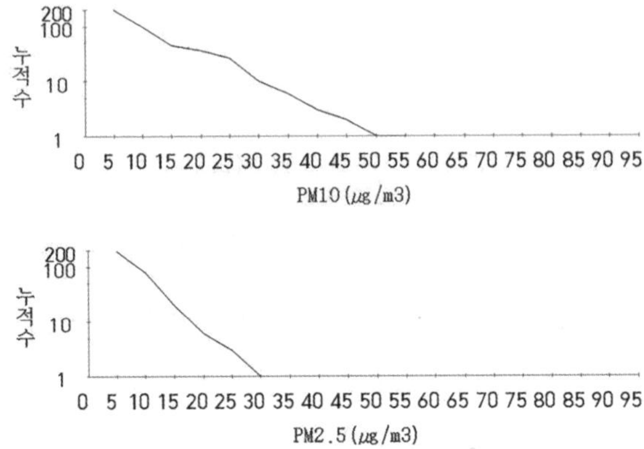

<그림 13> 우기 기간 아바나만 부근에서 대기 오염 농도의 히스토그램

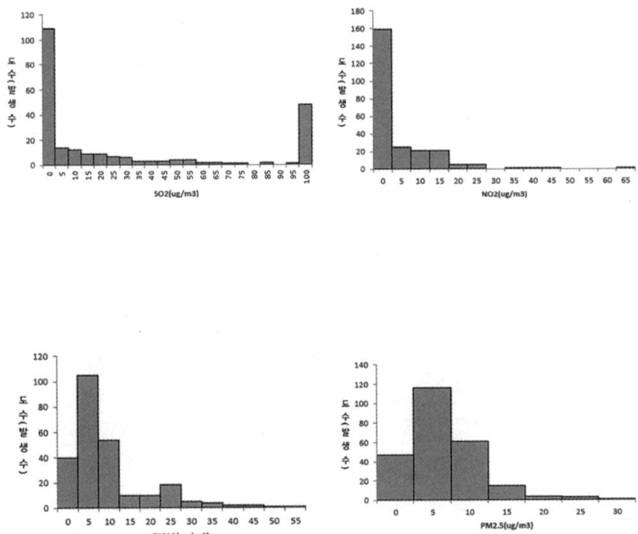

Ⅶ. 대기 오염 평가

표 3은 건기 및 우기 동안 아바나만 부근에서 대기 오염(SO2, NO2, PM10, PM2.5) 예측 농도의 최저, 평균, 최고치를 나타낸다. SO2는 건기에 최저, 평균, 최고 농도는 각각 0.0 ppb, 63.4 ppb, 1,115 ppb 이였으며, 우기에 평균 농도는 65.2 ppb로 측정(Santos et al. 2016)된 평균 농도 76.6 ppb에 비해 17% 낮았다. NO2의 경우 건기에 최저, 평균, 최고 농도는 각각 0.0 ppb, 3.6 ppb, 34.4 ppb이였으며, 우기에 평균 농도는 5.8 ppb로 측정(Santos et al. 2015)된 평균 농도 10.7 ppb에 비해 85% 낮았다. 대도시 지역에서 SO2, NO2 연평균 농도는 월평균 최고 및 최저 농도에 비해 일반적으로 각각 ±60%, ±35% 의 농도차를 보인다(KOREAN MINISTRY of Environment,2016). 모델링과 측정 기간이 동일하지 않음을 고려할 때 SO2 예측치는 통계적으로 유의하나, NO2 경우는 배출량의 불확실성 등에 의해 과소평가 되었다고 판단된다.

PM10는 건기에 최저, 평균, 최고 농도는 각각 0.0 μg m-3, 6.6 μg m-3, 89.6 μg m-3 이였으며, 최고 농도는 측정(Ruiz et al. 2015)된 최고 농도 89.8 μg m-3 와 거의 동일하였다. PM2.5는 건기에 최저, 평균, 최고 농도는 각각 0.0 μg m-3, 4.0 μg m-3, 46.7 μg m-3 이였으며, 최고 농도는 측정(Ruiz et al. 2015)된 최고 농도 43.6 μg m-3 와 거의 유사하였다. 모든 오염 물질의 평균 농도는 건기 보다 우기에 높았다. 표 3에 보여 진 바와 같이 PM10와 PM2.5 예측농도의 최소 및 평균 농도는 측정 농도에 비해 매우 낮았다. 이는 모델링에 이동오염원이 고려되지 않은 결과로 해석된다.

<표 3> 건기와 우기 동안 대기 오염 예측 및 측정 농도

	SO_2 (ppb)	NO_2 (ppb)	PM10 (㎍/m^3)	PM2.5 (㎍/m^3)
최소	0.0(0.0)[1)] 0.0[2)]	0.0(0.0)[1)] 0.0[2)]	0.0(2.4)[1)] 15.7[2)]	0.0(2.3)[1)] 6.1[2)]
평균	63.4(65.2)[1)] 76.6[2)]	3.6(5.8)[1)] 10.7[2)]	6.6(11.5)[1)] 37.4[2)]	4.0(8.9)[1)] 20.1[2)]
최대	1,115(691.7)[1)] Na	34.3(68.8)[1)] Na	89.6(59.6)[1)] 89.8[2)]	46.7(33.2)[1)] 43.6[2)]

주): 1)은 예측된 건기와 우기( )농도, 2)는 측정 농도를 나타냄

Ⅷ. 결론

건기 기간에는 북동풍, 우기에는 동풍이 우세하였고, 풍속은 건기에 비해 우기에 약했다. 대기 오염 농도는 우기에 높았으며, 정유 정재소, 화력 발전소 등이 밀집된 아바나만 주변에서 최고 농도가 발생하였다. 아바나 남쪽 외곽에 위치한 PM10 최대 배출원인 제철소 부근에서는 상대적으로 높은 고도와 강한 풍속으로 인해 아바나만 주변 보다 낮은 농도를 보였다. 해발고도가 낮고 풍속이 약한 아바나만 주변 지역에서 집중적으로 대기 오염 감시 시스템이 구축되어야 하겠다. 아바나 지역에서 TAPM 모델에 의해 예측된 기상 및 대기 오염 농도 예측치는 통계적으로 유의하였고, 대기 오염 예보 등 감시 시스템의 구축에 TAPM 모델을 과학적으로 유용한 도구로 활용할 수 있음을 확인하였다.

향후 쿠바와 국교 수립이 이루어지면 공적 개발원조 사업의 일환으로 대기 환경 개선에 관한 로드맵 수립 등 국제 협력에 본 연구 결과와 과학적 도구가 큰 기여를 할 것으로 기대된다.

참고문헌

1. Almaguer et al.(2014),"Temporal dynamics of airborne fungi in Havana(Cuba) during dry and rainy seasons: influence of meteorological parameter",International Journal of Biometeorology, Vol.58, No.7, pp. 1459-1470.
2. Santos et al.(2016), Air Quality Comparation in Outdoor and Indoor Environment in Humid Tropic(Cuba), Atmospheric Environmental Research Centre, Meteorological Institute, Havana, Cuba.
3. Zayas et al.(2009),"Use of PIXE analysis to study urban atmospheric aerosols from downtown Havana City",Ciencias Nucleares, No.7, pp. 27-33.
4. Ehsani(2015), Air Quality Policies in Havana(Cuba), UNEP.
5. Ruiz et al.(2015), Assessing the Atmospheric Pollution of Energy Facilities for Supporting Energy Policy Decisions, Centre for information Management and Energy

Development, Havana, Cuba.

6. Santos et al.(2015),Impacts of Emissions from Havana'Stationary Sources, Cuban Meteorological Institute, Havana, Cuba.

7. Peter Hurley,(2013), Technical Report of The Air Pollution Model(TAPM). CSIRO. Australia.

8. Park et al.(2004),"Simulating Urban-Scale Air pollutants and their Predicting Capabilities over the Seoul Metropolitan Area", J. Air & Waste Manage. Assoc. 54, pp. 695-710.

9. Osvaldo Cuesta Santos,(2015),"Impacts of Emissions from Havana's Stationary Sources"in Conference 7th GEIA Conference Program and Presentations.

10. Colas et al.(2005), "Emission and Atmospheric Impact of A Cuban Refinery", Thermal Engineering, Vol.4, No.1, pp. 41-45.

11. Peter Hurley(2014), The Air Pollution Model Version 2. Summary of Some Verification Studies. CSIRO. Australia.

12. Park et al,(2017),"The Analyses of Micro-meteorology in Buenos Aires, Argentina"in HUFS-ITBA International Conference for Climate Change, Renewable Energy and Cultural cooperation.

13. Korean Ministry of Environment,(2016),"Annual Report of

Air Quality in Korea 2016"in National Institute of Environmental Research.

2장

멕시코시티의 측정망 자료 분석을 통한 대기질 연구 -오존을 중심으로*

장유운 이강웅

1. 서론

대기 오염은 산업 혁명 이후부터 정책적으로 해결하기에 복잡하고 난해한 현상으로 인식되는 문제이다. 특히 대도시는 인간의 건강과 환경 피해를 발생시킬 수 있는 다량의 대기 오염 물질이 상시적으로 배출되고 있다. 멕시코시티는 2,000만명 이상이 거주하며, 공기가 상대적으로 부족한 고지대의 분지에 위치하고 있어서 대기 오염 물질에 따른 환경 보건이 더욱 중요한 지역으로 인식되고 있다(Molina and Molina, 2002). 이러한 환경·보건적 특성에 따라 MCMA-2003(Mexico City Metropolitan Area Field Campaign, 2003)과 MILAGRO(Megacity Initiative: Local and Global Research Observations, 2006)와 같은 국제적 환경 협력 연구 프로젝트들이 시행되었다(Chowdhary, et al., 2012; Moya et al., 2011). 프로젝트에 참가한 세계 여러 지역의 연구자들은 어떻게 대기 오염 물질이 멕시코시티에서 배출되고 있는지 그리고 기상 영향에 따라 물리적 확

* 이글은 중남미연구 제35권 2호(2016년, pp 217-236)에 게재되었던 논문입니다.

산과 화학적 변화를 평가하였다. 이러한 대형 연구 프로젝트에서 도출된 결과들은 세계 여러 도시의 대기 환경 개선 정책에 기여하였다.

멕시코시티는 이미 1990년 초에 지구상에서 가장 대기 오염이 심한 도시로 특히 아이들의 건강이 큰 위협을 받는 도시로 UN에서 지정한 바 있다. 멕시코는 심각한 대기 오염 문제를 해결하기 위하여 발전소 연료 전환(1987년 도입)과 운행제한(1989년 도입) 그리고 1991년에 대기 오염 방지 통합 프로그램(Programa Integral contra Contaminación del Aire; PICCA, 이후 PROAIRE)등 강력한 정책을 시행해왔다(Estado de Mexico, 2011; Gómez-Perales et al., 2007). 멕시코는 PROAIRE 정책 시행을 계기로 대기 오염문제를 최고 해결 과제로 선정하였으며, 이후 대기질 상시 측정과 대기 오염 물질의 피해 현황 그리고 국제적 협력을 통한 대기질 개선 노력을 지속하고 있다. 2011년에는 PROAIRE IV가 시작되었으며, 대기질 개선과 함께 기후 변화와 관련한 이산화탄소 감축을 목표로 2020년까지 계획되어 있다.

멕시코시티를 대상으로 한 여러 연구에 따르면, 대기질 문제는 산업체와 자동차 그리고 비효율적인 공공 교통체계에 따른 것으로 평가되고 있다(De Foy et al., 2006; Gómez-Perales et al., 2007; Lei et al., 2008; Raga and Raga, 2000). 2011년도의 경우 멕시코시티의 대기질 지표(IMECA)에 따르면 241일 동안 안정하지 못한 등급으로 평가되었다(Garzon., et al., 2015). 대기에서 고농도 오존(O_3) 생성은 인간 건강에 위해하고 특히 호흡기 질환을 야기하여 정상적 활동을 방해하는 폐기능 저하를 유발할 수 있다(Borrego-Hernández et al., 2014). 또한 검댕과 메탄 그리고 이산화탄소와 함께 지구 온난화를 통한 기후 변화에도 기여하고 있다(Kuhlbusch and Crutzen, 1995; Kou et al., 2015).

대기의 오존은 강한 일사량 조건에서 자동차에서 주로 배출되는 질소 산화물(NOx)과 휘발성유기화합물(Volatile Organic Carbons, VOCs)의 결합으로 발생된다(Sosa et al., 2009). 멕시코시티에서 질소 산화물은 환경 기준 물질로 상시 관측하는 반면, 휘발성유기화합물은 간헐적으로 여러 프로젝트를 통하여 평가되어왔다(Calderón-Garcidueñas et al., 2015). 최근에는 도시 내에서 풍하방향을 따라 4곳의 측정소에 휘발성유기화합물을 상시적으로 측정하고 있다(Garzón, 2015).

멕시코시티에서도 1986년에 비하여 오존 농도가 크게 감소되고 있지만, 최근 5년간 오존 농도는 여전히 연 21% 이상 환경기준을 초과하는 것으로 평가되었다. 멕시코시티는 2014년에 오존의 대기 환경 기준을 13.6%를 강화함으로서 대기질 개선 의지를 재확인하였다.

멕시코 정부는 2015년 UN에 제출한 자발적기여방안(INDC)에서 2030년까지 BAU 대비 25%인 832만톤CO_2e를 감축하기로 결정하였다. PROAIRE IV를 통해서도 이미 2020년까지 550만톤 CO_2e를 감축하기로 계획하였다. 기존의 대규모 연구 사례는 멕시코시티 전역을 대상으로 대기 오염 물질 배출량을 산정하거나, 이들이 화학·물리적 과정을 통하여 멕시코시티와 주변 지역의 대기질 미치는 영향에 관한 연구가 대부분이었다(Kar et al., 2015; Tie et al., 2009). 따라서, 본 연구에서는 대기 오존의 장기간 감소 특성을 분석하고, 최근 5년간 대기질 개선 현황을 연구하였다. 그리고 도시내 지역별 오존 농도를 분석하여, 멕시코 정부에서 정책적으로 추진하고 있는 기후 변화 완화를 위한 이산화탄소 저감과 대기질 개선의 복잡성을 제시하고자 하였다.

2. 연구 방법

멕시코시티는 1986년부터 대기질 측정망을 운영하고 있으며, 도시 대기질 변화에 따라 운영 측정소를 변경하였으며 현재까지 42개의 측정소가 운영되었다. 대기 자동 측정망에서는 오존, 일산화질소(NO), 이산화질소(NO_2), 미세먼지(PM10), 일산화탄소(CO), 이산화황(SO_2) 등 환경기준물질을 측정하고 있으며, 1시간 평균 자료를 공개하고 있다(http://aire.df.gob.mx).

본 연구에서는 오존 농도의 연간 변화를 평가하기 위하여 1986년부터 2015년까지의 자료를 이용하였다. 그리고 최근 오존 농도 특성을 평가하기 위하여 2011년~2015년 기간의 측정 자료를 분석하였다.

멕시코시티는 31개 측정소에서 5단계로 구분한 대기질 지표(IMECA)를 공개하고 있다. 멕시코의 대기 환경기준은 대상 오염 물질에 따라 시간별·농도별로 차등적으로 적용하고 있다. 오존과 미세먼지 그리고 초미세먼지(PM2.5)는 2014년에 새롭게 강화된 기준을 마련하여 적용하고 있다.

<표 1> 멕시코시티의 대기 환경기준

대기 오염 물질	환경 기준	적용 날짜
이산화황(SO_2)	24시간 기준 0.110 ppm 1시간 기준 0.2 ppm 연간 기준 0.025 ppm	2010.9.8
일산화탄소(CO)	8시간 이동 평균 11 ppm	1994.12.23
이산화질소(NO_2)	1시간 기준 : 0.210 ppm	1994.12.23
오존 (O_3)	1시간 기준 : 0.095 ppm 8시간 이동 평균의 연간 최고 농도 기준 : 70 ppm	2014.8.19

대기 오염 물질	환경 기준	적용 날짜
미세먼지(PM10)	24시간 기준 : 75 ug/m^3 연간 기준 : 40 ug/m^3	2014.8.20
초미세먼지($PM_{2.5}$)	24시간 기준 : 45 ug/m^3 연간 기준 : 12 ug/m^3	2014.8.20
납(Pb)	3개월 평균 기준 : 1.5 ug/m^3	1994.12.23

기상 자료는 멕시코시티에서 운영하고 있는 16개의 기상자동측정망 자료를 활용하였다. 기상 자동 측정망은 모두 대기자동 측정망과 함께 운영되고 있다. 기상 자료는 풍속, 풍향, 온도, 습도, 일사량으로 대기 오염 물질의 화학 물리적 변화 과정을 이해하는데 중요하게 활용된다.

<그림 1> 멕시코시티 대기자동측정소 위치

(파란색 원 : 기상측정소와 동시 운영 측정소)

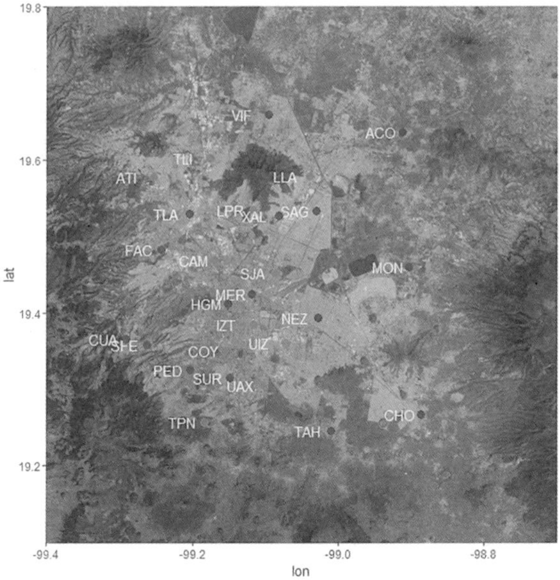

3. 연구 결과

3.1 멕시코시티의 대기질 개선 효과

멕시코시티의 대표적 오염 물질인 질소 산화물(NOx)은 1986년부터 2015년 까지 29년 동안 45% 감소하였으며, 오존은 19% 감소하였다(그림 1). UN에서 멕시코시티를 최악의 대기 오염 도시로 지정한 1992년을 기준으로 보면 질소 산화물과 오존 농도는 2015년에 48%와 54%씩 감소하여 멕시코 정부의 PROAIRE 정책이 성공적으로 시행되고 있음을 잘 보여주고 있다.

<그림 2> 1986~2015년 오염 물질의 경향성 (a) 질소 산화물, (b) 오존

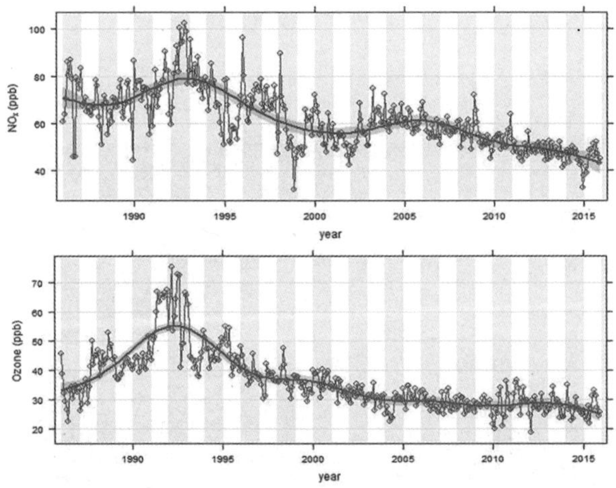

반면, 최근 5년(2011년~2015년) 동안 대기 오염 물질의 연평균 농도 감소율은 종류에 따라 0.6% ~ 4.9%로 낮아졌다. 최근 5년 동안 환경기준을 초과한 경우는 주로 오존과 미세먼지에서 발생하였다. 1시간 환경기

준을 보면 대부분 오염 물질은 환경기준 이내에서 측정되었지만(이산화질소는 1% 초과), 오존은 평균 14%를 초과하였다. 연간 환경기준은 미세먼지와 초미세먼지가 환경기준을 주로 초과하였다.

<표 2> 2011년~2015년 연평균 대기 오염 물질 농도

연도	오존	일산화 질소	이산화 질소	질소 산화물	이산 화황	일산화 탄소	미세 먼지	초미세 먼지
	ppb						ug/m^3	
2011	30.6	23.9	26.8	48.8	5.8	0.8	55.2	25.9
2012	27.8	23.6	27.0	49.0	5.5	0.8	48.4	24.2
2013	28.3	21.8	26.0	47.1	6.1	0.8	48.9	25.6
2014	27.3	20.5	25.6	45.7	4.7	0.8	44.4	22.8
2015	27.6	19.3	26.1	45.0	4.7	0.7	44.8	24.1
평균	30.6	21.8	26.3	47.1	5.4	0.8	48.3	24.5
표준편차	3.4	2.0	0.6	1.8	0.7	0.0	4.4	1.3

3.2 오존의 시·공간적 특성

오존은 산화력이 뛰어나서 호흡기 질환에 치명적 영향을 미칠 수가 있다. 오존은 대기 오염 물질의 종류와 배출량 그리고 기상 조건에 따라 도시 내에서도 지역적으로 차이가 날 수 있다. 멕시코시티는 지형적으로 분지를 이루고 있어서 산곡풍이 잘 발달되어 있으며, 북풍이 우세하여 오염 물질이 남부 지역으로 이동·확산되는 반면 높은 산으로 막혀서 오염 물질의 정체가 발생하는 특성을 갖고 있다(장유운외, 2014). 멕시코시티에서 대기 오존이 여전히 인간에게 유해한 수준으로 분포하는지 고찰하기 위하여 오존을 포함한 대기 오존의 물질의 시간적(월별, 주간, 일간)·

공간적 분포 그리고 도시 기상 특성 분석하였다.

3.2.1 월별, 주간, 일간 분석

멕시코시티는 건기와 우기로 구분할 수 있으며, 대부분의 오염 물질은 건기(1월~5월, 12월)에 최대 농도 분포를 나타내었다(그림 3). 화석연료 연소에서 발생하는 일산화질소와 일산화탄소는 모두 아침 출근 시간에 최대 농도를 나타낸 반면, 미세먼지는 9시부터 13시에 상대적으로 높은 농도가 분포하였다. 오존은 그림 3c)에서 보듯 일사량이 강하고 온도가 높은 시간에 광화학 반응을 통하여 생성된다. 멕시코시티에서는 13시~17시에 고농도 오존이 발생하는 것으로 평가되었다. 그림 3e)의 월별 온도 분포에서 3월~5월의 낮 기온이 최대여서 활발한 광화학 반응이 발생될 수 있다. 반면 질소 산화물 농도가 가장 높은 겨울(11월~2월)에 오존 농도가 높지 않은 것은 식 1) 에서와 같이 도시 지역의 오존 생성 특성을 잘 보여주고 있다.

$P_{O3} \propto \frac{[RH]}{[NO_2]}$: 도시지역에서 오존 생성 특성 식 1)

$P_{O3} \propto [NO]$: 청정지역에서 오존 생성 특성 식 2)

PO_3 : 오존 생성농도, [RH] : 휘발성유기화합물 농도,

$[NO_2]$: 이산화질소 농도, [NO] : 일산화질소 농도

그림 3f)는 멕시코시티의 월별·시간별 풍향 특성을 잘 나타내고 있다. 러시아워 시간에 배출되는 오염 물질의 이동·확산에 영향을 끼치는 풍향은 주로 미풍의 북풍계열이었다. 새벽과 이른 아침에는 대부분 북서풍 계열의 바람이 주 풍향을 이루었지만, 주간에는 남동풍 계열의 풍향

이 유입되었다.

일사량이 가장 강한 3~5월에는 오염 물질의 확산·혼합으로 인하여 오후에 고농도 오존이 발생한다. 고농도 오존이 발생하는 이 시기에 일요일과 주중의 오존 농도 분포의 차이를 그림 4a에 나타내었다. 일산화질소(NO)의 일요일과 주중의 농도 차이는 대부분 음의 값을 나타내어서 일요일에 차량 통행 감소의 영향을 잘 나타내고 있으며, 주로 북서지역에서 효과가 크게 나타났다. 오존의 경우, 일요일과 주중 농도 차이는 도심 지역과 북서지역에서 증가한 반면, 남동부지역과 남서부 지역에서는 감소하는 특성을 나타내었다. 그림 4b는 도심과 인접한 곳에 위치한 북동 지역의 XAL 측정소에서 대기 오염 물질의 주중 일변화와 일요일의 일변화를 나타낸 것이다. 그림 4b에서 실선은 일요일의 오염 물질 농도 변화고, 점선은 주중의 오염 물질 농도를 나타낸 것이다. 일산화질소와 일산화탄소는 주중 농도가 높게 분포하는 반면, 오존 농도는 일요일에 더 높게 측정되는 것을 확인할 수 있다. 도심 지역과 북서부 지역의 경우는 일산화질소가 감소하였음에도 오존 농도가 증가하는 것은 휘발성유기화합물(VOCs) 농도가 이 지역의 대기 오존 농도를 결정하기 때문이다. 남부지역에서는 일요일에 질소 산화물 농도 감소가 오존 농도에 직접적으로 반영되었으며, 이 지역에서는 차량에서 주로 배출되는 질소 산화물이 오존 농도 증감에 중요한 역할을 하는 것으로 평가된다. 이와 같이, 일요일과 주중의 오존 농도 차이가 지역에 따라 다른 것은 대규모 도시에서 대기질 개선 정책의 복잡성과 어려움을 잘 보여주고 있다(Stephens et al., 2008).

<그림 3> 멕시코시티의 주요 대기 오염 물질과 기상의 월·시간 분포

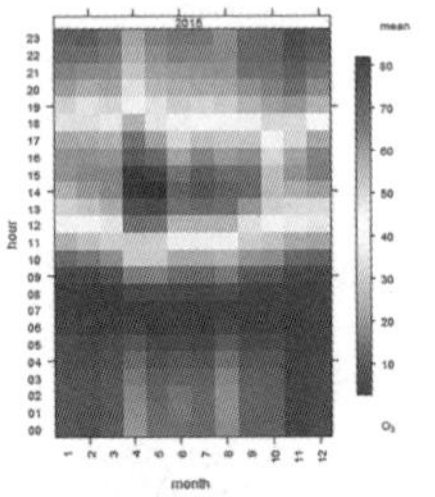

a) 오존(ppb)

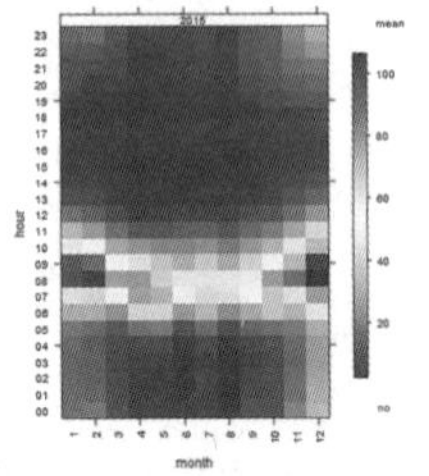

b) 일산화질소(ppb)

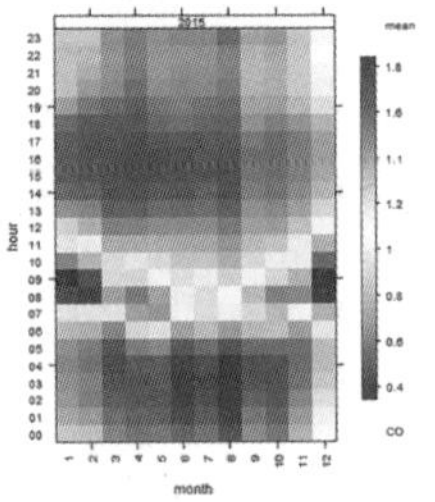

c) 일산화탄소(ppb)

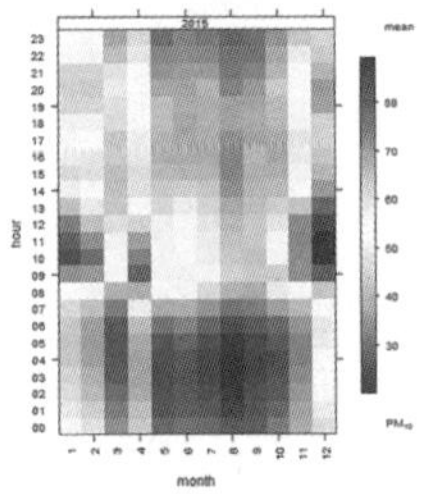

d) 미세먼지(ug/m^3)

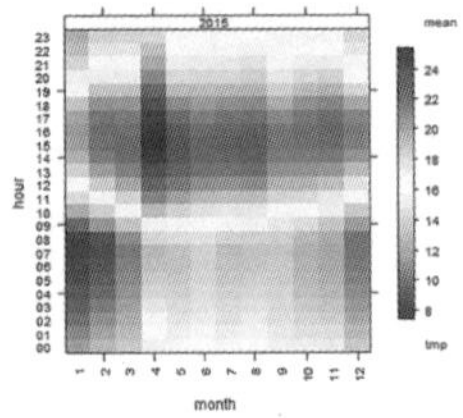

e) 온도(℃)

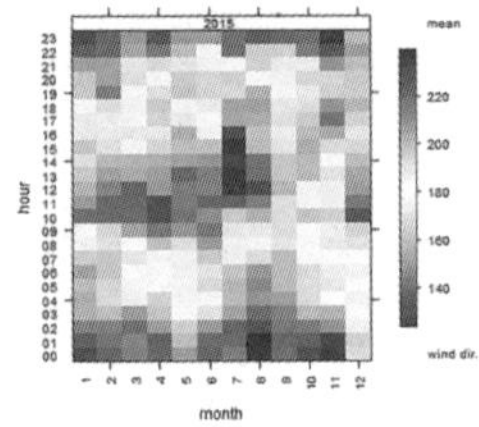

f) 풍향(degrees)

<그림 4> a) 오존과 일산화질소에 대한 일요일과 주중 농도의차이,

b) XAL측정소에서 일요일(실선)과 주중(점선)의 대기 오염 물질의 일변화

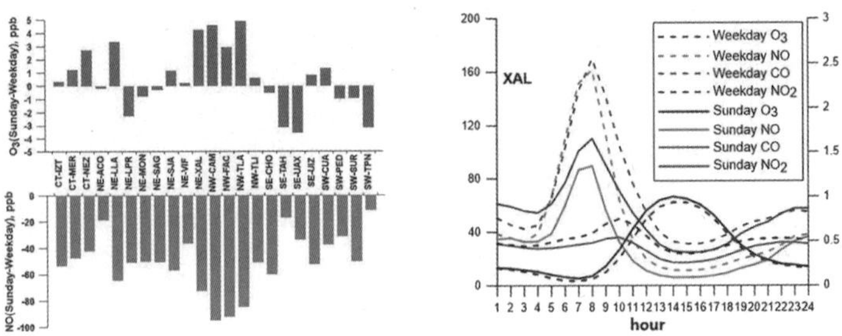

3.2.2 도시의 공간분포

그림5는 멕시코시티의 대기자동측정소를 중심으로 오염 물질의 상대적 평균 농도를 나타낸 것이다. 그림 5a의 일산화질소는 도시와 인접한 북부지역(XAL, CAM, FAC, TLA, SJA)과 도시 중심지역(MER)에서 높게 분포하였다. 산업체에서 주로 발생하는 이산화황(SO2)성분도 북서지역에 위치한 TLA, FAC, CAM TLI 측정소에서 상대적으로 고농도로 측정되었다(그림 5b). 미세먼지는 멕시코시티와 인접한 북부 수도권 측정소(XAL, VIF, TLI, CHO, TLA)와 멕시코시티 중심 지역(MER, HGM)에서 높게 관측되었다(그림 5c).

<그림 5> 2011~2015년 기간 동안 대기 오염 물질 평균 농도의 상대적 공간 분포

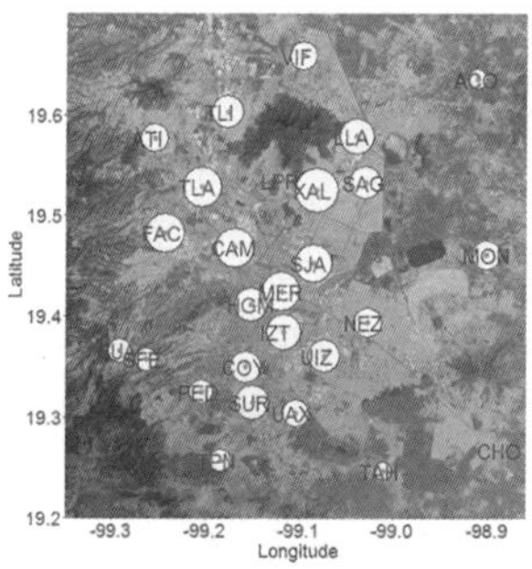

a) 일산화질소

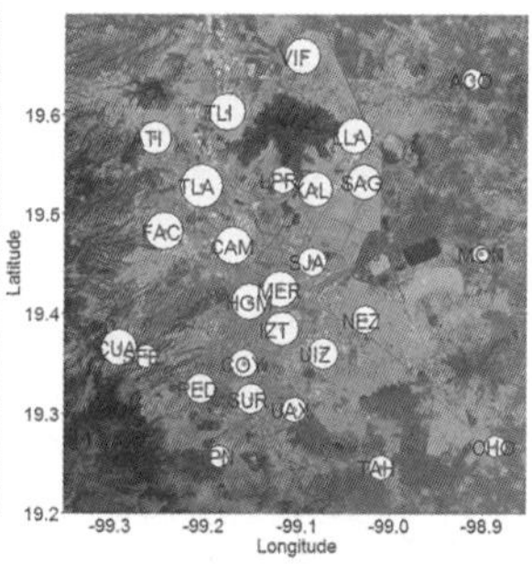

b) 이산화황

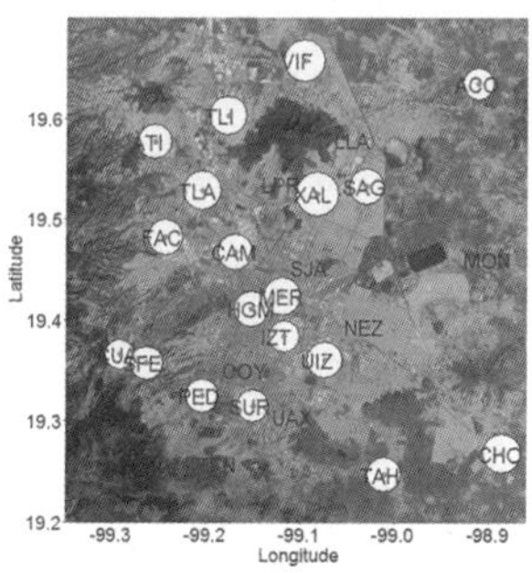

c) 미세먼지

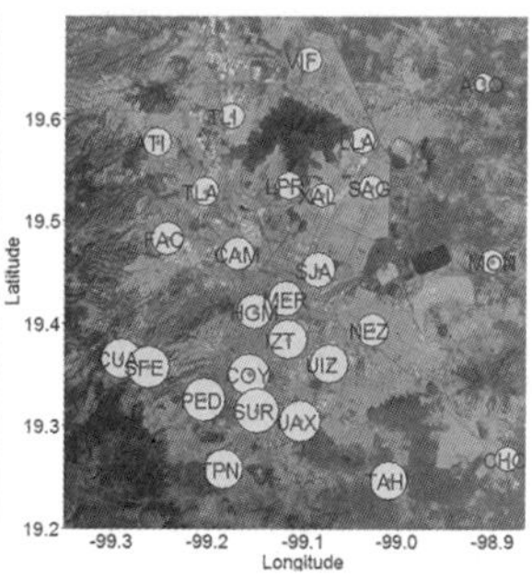

d) 오존

멕시코시티의 배출량 자료(2012)에 따르면, 수도권 북부 지역에서 배출되는 질소 산화물과 이산화황 그리고 미세먼지는 각각 59%와 79% 그리고 74%로 북부지역이 산업지역으로 대기 오염 물질의 주요 배출원 역할을 하고 있다. 반면, 남부 지역(멕시코시티 면적의 12%, 인구의 9.8%)의 배출량은 이산화질소와 이산화황 그리고 미세먼지가 각각 4.6%, 0.6%, 5.4%로 낮은 비중을 나타내었다.

그림 5d의 오존은 질소 산화물과 이산화황 그리고 미세먼지와 달리 주로 남부지역에서 고농도가 측정되었다. 오존이 환경기준을 초과한 날은 남부지역에 위치한 SUR, PED, SFE, UAX, COY 측정소에서 30% 이상 발생하였다. 그리고 중부 지역과 북부 지역에서는 각각 20%와 10%~15% 수준으로 상대적으로 낮게 발생하였다. 일산화질소와 미세먼지 농도가 높게 측정되었던 XAL 측정소에서 오존의 환경 기준 초과일은 9.8%로 북동지역의 변두리에 위치한 ACO 측정소(7.2%) 다음으로 낮았으며, 식 1)의 도시특성에 따른 NOx의 오존 희석효과를 보였다.

그림 6은 도시 중심지역에 위치한 MER 측정소와 환경기준 초과횟수가 가장 많은 남부지역(PED 측정소)과 오존 농도가 가장 낮은 북부지역(XAL 측정소)에서 풍향과 풍속에 따른 오존 농도 분포를 나타낸 것이다. 세 지역 모두 공기가 정체되어 있을 때는 대기 오존 농도가 낮았다. MER 지역은 북동풍 계열의 2~3 m/s의 미풍 조건에서 상대적으로 오존 농도가 증가하였다. 반면, PED 측정소는 2~3 m/s의 풍속에서 고농도 오존 분포를 보였지만, 남서풍을 제외한 8 m/s의 풍속에서도 다른 지역에 비하여 높은 오존 농도를 나타내었다. 상위 95%에 해당하는 고농도 오존 발생 가능성 분석(conditional probability function)에서는 두 지역은 1.5~3 m/s의 북동풍 계열에서 25%~32%의 높은 수준을 나타낸

반면, 4m/s 이상의 풍속과 서풍계열에서는 고농도 오존의 발생 가능성이 매우 낮았다.

PED를 포함한 남부지역에서 그림 4a)에서처럼 오존 주말효과가 발생하지 않고, 그림 5a)와 같이 질소 산화물 농도가 낮은 점을 고려하면, 북풍으로 인한 질소 산화물의 유입 그리고 지형적 영향으로 오염 물질이 축적되는 조건에서 식 1)의 도시 특성 보다는 식2)에 의해 고농도 오존이 지속적으로 발생할 가능성이 있다.

<그림 6> 풍향에 따른 오존 농도의 분포(위) 그리고 90% 오존 농도가 발생할 확률(아래)
(a)(d) : 도심 중부 MER 측정소, (b)(e) : 남부 PED 측정소, (c)(f) : 북부 XAL 측정소

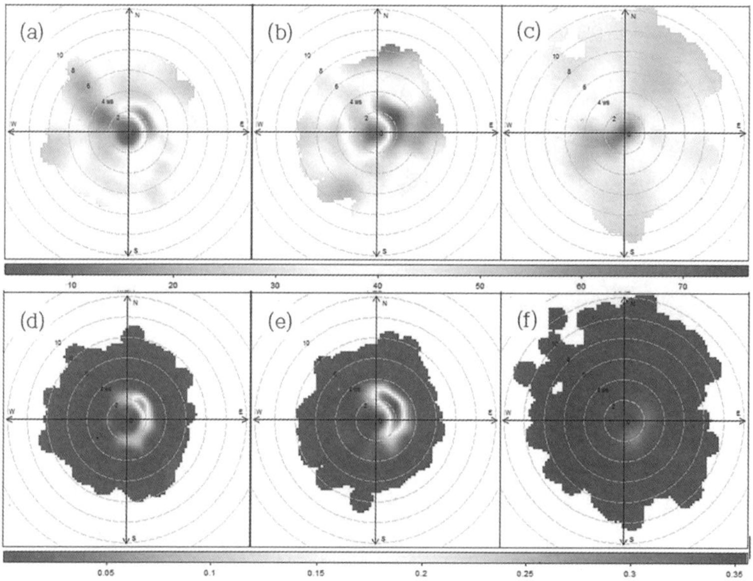

3.2.3 멕시코시티의 오염 물질 배출 특성

멕시코시티와 같은 대도시에서 시민의 건강을 위협하는 고농도 오존 발생은 에너지 사용으로 인한 휘발성유기화합물과 질소 산화물의 배출과 밀접한 관련이 있다. 휘발성유기화합물과 질소 산화물은 멕시코시티에서 각각 632,712톤과 238,000톤이 배출되어서 2.6:1의 배출 비율을 보였다.

멕시코시티의 도심지인 중부지역과 남부지역에서 휘발성유기화합물과 질소 산화물 비율은 각각 2.0과 6.1로 큰 차이를 나타내었다. 이동오염원에서 발생하는 휘발성유기화합물과 질소 산화물은 각각 총 배출량의 35%와 91%로 나타났다.

2011년부터 2014년 동안 연속 측정한 일부 휘발성유기화합물(벤젠, 톨루엔, 에틸벤젠, 자일렌, BTEX)은 도심지역인 MER 측정소에서 PED 측정소보다 약 2배 높게 분포하였다.

남부 지역에서는 질소 산화물의 농도가 낮기 때문에 풍상지역인 중·북부 지역의 질소 산화물 배출량을 감축하여야 한다. 그러나 이것은 주말효과에서 보았듯이 중·북부 지역의 대기 오존 농도를 오히려 증가시킬 수 있다.

Ying et al(2009)은 정책적으로는 실행이 어렵지만 멕시코시티에서 아침에 오염 물질 배출을 2시간 늦출 경우 질소 산화물과 휘발성유기화합물의 농도 감소 효과로 오존농도가 감소하는 결과를 발표하였다.

멕시코시티는 2015년 파리 기후 변화 당사국 총회에 2030년까지 이산화탄소 감축 계획을 발표하였다. 에너지 저감 정책으로 대기 오염 물질이 감소할 경우 현재 한국과 같이 질소 산화물 저감과 달리 오존 농도는 개선되지 않을 수 있다. 이를 해결하기 위해서 에너지 저감에 따른 질소 산화물 배출 감소와 함께 휘발성유기화합물의 관리를 통한 사용량 감축 또는 타 지역으로 이전을 통하여 오존 생성에 관여하는 두 물질의 배출량을 함께 제어해야할 필요가 있다.

4. 결론

멕시코시티는 1992년 PROAIRE 정책을 도입하여 지속적인 대기질 개선을 이루었으며, 2020년까지 기후 변화 완화를 위한 이산화탄소 감축을 위한 대기 환경 개선을 진행하고 있다. 이러한 노력으로 일산화탄소와 질소 산화물 그리고 이산화황과 같은 대표적인 도시 대기 오염 물질이 환경 기준 이하로 개선되었다. 최근 5년(2011~2015년) 동안의 멕시코시티 대기측정망 자료를 분석한 결과 오존 농도는 여전히 환경기준을 7%~37%(측정일 기준) 초과하였고, 2012년 이후 대부분 대기 오염 물질의 연평균 농도의 개선은 미미한 것으로 나타났다. 본 연구에서는 대기자동측정망 자료를 활용하여 환경 보건측면에서 중요한 오존을 대상으로 멕시코시티의 대기질 특성을 연구하였다.

멕시코시티에서 대기 오염 물질은 대부분 건기에 농도가 높아지는 특성을 나타내었으며, 대기 오염 물질의 이동에 영향을 미치는 일별 풍향은 새벽과 이른 아침에 북풍이 우세하고, 아침 9시부터 오후 15시까지 남동풍이 발달하였다.

주중보다 일요일에 오존 농도가 높아지는 주말효과가 멕시코시티 중부(도심) 지역과 인접한 북부지역에서 주로 발생하였다. 일요일에 질소 산화물이 감소한 조건에서 휘발성유기화합물의 배출량 감소를 통해서 오존 농도를 감소할 수 있는 지역으로 평가할 수 있다.

질소 산화물과 일산화탄소 그리고 미세먼지와 이산화황 등 대부분의 대기 오염 물질은 도시가 밀집한 중부 지역과 산업이 발달한 북부지역에서 높게 관측된 반면, 오존 농도는 배출원이 가장 적은 남부지역에서 고농도로 분포하였다. 그리고 환경기준을 초과하는 오존 발생일 또한 북부, 중부, 남부 지역에서 각각 10~15%, 20% 그리고 30% 이상으로 나타났다. 남부지역에서는 대기 오존 농도를 감소하는 것이 시급한 문제이며 이를 위해서는 풍상지역 즉 중·북부 지역의 질소 산화물의 농도를 감소시켜야 한다. 그러나 풍상지역에서는 질소 산화물 배출을 감소할 경우 오히려 오존이 증가하는 어려움이 따른다.

따라서 멕시코 정부가 기후 변화 완화를 위한 이산화탄소 감축 계획을 진행하기 위하여 에너지 이용을 줄여야하는 과정에서 도시의 오존 농도 개선에 어려움이 따를 수 있다. 한국에서도 서울의 경우 질소 산화물이 감소한 반면 오존 농도는 개선되지 않는 현상과 같다. 국내에서는 2016년과 2017년에 NASA와 함께 한반도의 대기질 개선을 위한 국제협력 연구를 진행할 예정이다. 향후 국내 대기 환경 개선을 위한 기술적·정책적 제안이 한국과 유사한 오존 특성을 갖는 멕시코시티와 협력을 통하여 양국의 대기질 개선에 기여할 것으로 기대한다.

참고문헌

장유운, 하상섭, 박일수, 이강웅, 정경원(2014) "멕시코시티 대기 오염 저감 정책과 대기측정망의 대기 오염 물질 특성 연구" 국제지역연구 17, 121-144.

Borrego-Hernández, O., J.A. García-Reynoso, M.M. Ojeda-Ramírez, M.Suárez-Lastra(2014) "Retrospective health impact assessment for ozone pollution in Mexico City from 1991 to 2011" Atmósfera, Volume 27, 261-271.

Calderón-Garcidueñas, L., Randy J. Kulesza, Richard L. Doty, Amedeo D'Angiulli, Ricardo Torres-Jardón(2015) "Megacities air pollution problems: Mexico City Metropolitan Area critical issues on the central nervous system pediatric impact" Environmental Research 137, 157-169.

Chowdhary, J., Brian Cairns, Fabien Waquet, Kirk Knobelspiesse, Matteo Ottaviani, Jens Redemann, Larry Travis, Michael Mishchenko(2012) "Sensitivity of multiangle, multispectral polarimetric remote sensing over open oceans to water-leaving radiance: Analyses of RSP data acquired during the MILAGRO Campaign" Remote Sensing of Environment, 284-308/

De Foy, Clappier, B.A., Molina, L.T., Molina, M.J.(2006) "Distinct wind convergence patterns in the Mexico City basin due to the interaction of the gap winds with the synoptic flow" Atmos. Chem. Phys., 6, 1249–1265

Estado de Mexico(2011) "Programa para mejorar la calidad del aire de la Zona Metropolitana del Valle de Mexico 2011-2020" http://www.sedema.df.gob.mx/flippingbook/proaire2011-2020/#p=1

Garzón, J.P., José I. Huertas, Miguel Magaña, María E. Huertas, Beatriz Cárdenas, Takuro Watanabe, Tsuneaki Maeda, Shinji Wakamatsu, Salvador Blanco(2015) "Volatile organic compounds in the atmosphere of Mexico City" Atmospheric Environment 119, 415-429.

Gómez-Perales, J.E., R.N. Colvile, A.A. Fernández-Bremauntz, V. Gutiérrez-Avedoy, V.H. Páramo-Figueroa, S. Blanco-Jiménez, E. Bueno-López, R. Bernabé-Cabanillas, F. Mandujano, M. Hidalgo-Navarro, M.J. Nieuwenhuijsen(2007) "Bus, minibus, metro inter-comparison of commuters' exposure to air pollution in Mexico City" Atmospheric Environment 41, 890-901.

Kar,J., M.A. Vaughan, Z. Liu, A.H. Omar, C.R. Trepte, J. Tackett, T.D. Fairlie, R. Kowch(2015) "Detection of pollution outflow from Mexico City using CALIPSO lidar measurements" Remote Sensing of Environment 169, 205-211.

Kou, T.J., X.H. Cheng, J.G. Zhu, Z.B. Xie(2015) "The influence of ozone pollution on CO_2, CH4, and N2O emissions from a Chinese subtropical rice–wheat rotation system under free-air O3 exposure" Agriculture, Ecosystems & Environment 204, 72-81.

Kuhlbusch, T.A.J. and P. J. Crutzen(1995) "Toward a global estimate of black carbon in residues of vegetation fires representing a sink of atmospheric CO_2 and a source of O2" Global Biogeochemical Cycles 9, 491-501.

Lei, W., Zavala, M., de Foy, B., Volkamer, R., Molina, L.T.(2008) "Characterizing ozone production and response under different meteorological conditions in Mexico City" Atmos. Chem. Phys. Discuss 8, 12053–12079.

Molina,L., Molina. M.(2002) Air Quality in the Mexico Megacity: an Integrated Assessment. Kluwer Academic Publisher

Moya, M., S. Madronich, A. Retama, R. Weber, K. Baumann, A. Nenes, M. Castillejos, C. Ponce de León(2011) "Identification of chemistry-dependent artifacts on gravimetric PM fine readings at the T1 site during the MILAGRO field campaign" Atmospheric Environment 45, 244-252.

Raga, G.B., Raga, A.C.(2000) "On the formation of an elevated ozone peak in Mexico City" Atmos. Environ., 34, 4097–4102.

Sosa, E.R., A. Humberto Bravo, A. Violeta Mugica, A. Pablo Sanchez, L. Emma Bueno, Sagar Krupa(2009) "Levels and source apportionment of volatile organic compounds in southwestern area of Mexico City" Environmental Pollution 157, 1038-1044.

Tie, X., S. Madronich, G. Li, Z. Ying, R. Zhang, A. Garcia, J. Lee-Taylor, Y. Liu(2007) "Characterizations of chemical oxidants in Mexico City: a regional chemical/dynamical Model (WRF-Chem) study" Atmos. Environ., 41, 1989–2008.

Ying, Z., Tie, X., Li, G.(2009) "Sensitivity of ozone concentrations to diurnal variations of surface emissions in Mexico City: A WRF/Chem modeling study" Atmospheric Environment 43, 851-859.

Wang, G., S. Cheng, W. Wei, Y. Zhou, S. Yao, H. Zhang(2016) "Characteristics and source apportionment of VOCs in the suburban area of Beijing, China"Atmospheric Pollution Research, In Press, Corrected Proof, Available online 7 April 2016

3장

브라질 상파울로시의 미세먼지 발생, 특성 및 정책적 대응 연구*

장유운, 하상섭, 박일수, 이강웅

I. 서론

미세먼지는 인간과 생태계에 유해한 대기 오염 물질로 전 세계 대도시 측정망에서 상시 측정하는 항목이다(An et al., 2013). 대서양에서 50 km 거리에 위치하고 있는 브라질의 상파울로시는 1,800만 명이 거주하는 대도시로 자동차와 산업시설 같은 대기배출오염원이 산재해 있는 메가시티이다.

세계 2차 대전 이후 급증한 도시화로 인구집중과 산업화로 인해 다양하고 심각한 대기 오염을 경험해 오고 있으며 이에 대한 대기 과학적 대응 차원에서 늦게나마 1990년 초에 CICPAA(Creation of the Inter Pollution Control of Weather and Air)를 설립하여 대기의 황성분과 (미세)먼지 성분 등을 측정, 분석해 정책적 자료로 활용하기 시작했다. 하지만 이보다 먼저 이미 1972년부터는 14개의 대기측정망을 설치하여 이산화황(SO_2)과 스모그(black smoke)를 일일(per day) 단위로 측정하기 시

* 이글은 한국포르투갈-브라질학회 제11권 1호(2014, pp 27-59)에 게재되었던 논문입니다.

작했으며, 1981년에는 대기자동측정망을 운영해 이산화황과 미세먼지(PM10), 오존(O_3), 일산화질소(NO), 이산화질소(NO_2), 질소 산화물(NOx), 일산화탄소(CO), 비메탄계탄화수소(NMHC)를 측정하고 있다. 현재 미세먼지를 관측하고 있는 측정소는 상파울로시 중심부에 14곳이 설치되어 있다. 시의 인접 지역에는 10곳에서 시간 단위(per time)로 미세먼지를 측정하고 있다.

미세먼지는 가시도와 구름입자의 생성 그리고 강수의 산성화에 영향을 미치는 것으로 잘 알려져 있다(Salma et al., 2002). 또한 대기의 미세먼지 농도가 증가할 경우 호흡기와 심장 질환 그리고 유전적 변형에도 영향을 줄 수 있다. 따라서 미세먼지 농도 증가와 더불어 상파울로시민들의 건강에 어떤 영향을 미치고 있는가라는 연구들(Mercedes A. Bravo and Michelle L. Bell, 2011; Diego Velloso Veronez et al., 2012)은 물론, 좀 더 과학적인 차원에서 미세먼지의 화학적 특성을 규명하기 위한 연구들도 진행되고 있다(Künzli et al., 2006; Viana et al., 2008). 이와 동시에 미세먼지 발생에 직접적 원인인 교통 및 에너지(특히 자동차)와의 상관관계(교통정책 대응 포함)를 분석의 중심에 놓은 연구들도 최근에는 많이 증가하고 있다(Haroldo Machado Filho, 2001; Oswaldo Lucon and José Goldemberg, 2010). 예를 들어, 브라질 정부는 1980년 초부터 기존 화석연료에 대한 대체에너지원으로 바이오연료(에탄올)를 자동차용 연료(E100)로 보급함으로써 대기에서 온실가스 배출은 물론 미세먼지를 감축해 오고 있다(Mauro D. Berni and Paulo C. Manduca, 2014). 더 나아가, 바이오디젤과 디젤유의 혼합유(B5)에 따른 미세먼지와 초미세먼지의 특성 연구에서 바이오디젤이 불완전 연소 조건에서 디젤보다 이산화탄소(CO_2) 전환율이 높아서 미세먼지 감소에 기여할 것으로 분석도 존재한다(Mkoma et al., 2004).

하지만 위와 같은 대체에너지원인 바이오연료 개발과 대기 오염 상관관계 연구에서 부정적인 평가와 연구들도 존재한다. 브라질은 미국에 이어 세계 2위의 바이오에탄올 생산국으로 상파울로주는 브라질 사탕수수의 60%를 생산하고 있다. 상파울로시에서 230km 떨어진 북서부에 위치한 Araraquara 지역에서는 사탕수수 처리 과정에서 다량의 방향족다환화합물(PAH)이 발생하는 것으로 연구되었다(de Andrade et al., 2010; Silva et al., 2010). Souza and Carvalho, 2013[1] 또한 Araraquara 지역에서 발암물질인 PAH의 발생은 대부분 사탕수수 소각에서 기인하는 것으로 평가하였다. Allen et al(2010)은 상파울로주에서 초미세먼지와 미세먼지의 주성분은 바이오매스 소각에서 각각 43%와 19%가 기인하는 것으로 평가하였다. 초미세먼지는 대기로 다량 배출되는 물질로 제어가 어렵기 때문에 국내뿐 아니라 세계적으로 관심이 높은 대기 오염 물질이다. 상파울로시는 4곳의 초미세먼지 측정소에서 실시간 관측을 하고 있다.

본 연구는 위와 같은 미세먼지를 둘러싼 기존 연구들을 확대하여 상파울로시의 대기 자동측정망 자료를 이용해 미세먼지(PM10)의 공간 분포를 평가하고 특히 기존 연구가 고찰해내지 못하고 있는 기상 조건에 따른 고농도 미세먼지의 발생 특성을 분석해보고자 한다. 이를 토대로

1 PAH(다환방향족탄화수소)는 "석유 및 석탄에서 많이 발견되는 화학적 화합물로서 자연분자가 방향족탄화수소로 화학적으로 변환될 때 발생하며 인체 내에서 암을 유발할 수 있고 인간과 동물에게 피부 질환을 일으키며, 인간 발달 및 생식에 유해한 영향을 준다. 인간 활동 및 산업 활동 중(산불 및 특정 지역 소각, 기초 알루미늄 생산, 요리용 오븐, 가정용 난로, 폐타이어 소각, 무단 소각, 주행 차량, 아스팔트 루핑 제조, 산업용 보일러, 숯불구이 등)에 발생"하는 물질이다. 참고: http://www.nemko.com/ko/services/environmental-impact-environment/pah-polycyclic-aromatic-hydrocarbons

현재 상파울로시의 미세먼지를 포함한 대기 오염 저감 정책의 발전과 한계를 고찰해 보고자 한다. 브라질과 같은 개발 도상국의 경우, 대기 오염(미세먼지 증가)의 증가 원인은 교통 부문에서 '오래된 차량의 도로운행 지속, 에너지 부문에서 쓰레기 및 바이오매스의 소각' 그리고 산업 부문에서 여타 특정 지역의 경제에 특화된 작물 혹은 산업 생산과 더불어, 지역 특유의 자연 환경적 특성이 반영되어 다양한 대기 오염 물질 배출에 영향을 준다(Mercedes A. Bravo and Michelle L. Bell, 2011: 74). 예를 들어, 특정 지역의 기후 및 날씨변화 또한 대기 오염(미세먼지) 발생에 직·간접적으로 영향을 미치고 있는 원인들이다. 따라서 바람의 방향, 날씨의 패턴, 기상 조건 등의 변수들도 미세먼지 발생 및 대기 오염 물질 분포(시공간) 연구의 특성이나 분석의 통일성을 위해 반드시 고려해야 하는 사항들이다. 본 연구는 이러한 확장된 분석변수들과 분석방법 및 현지의 실질 대기측정 데이터를 활용하여 상파울로시의 대기 오염(미세먼지 및 초미세먼지)의 특성을 파악해 보고자 한다. 이를 통해 대기 오염의 정책적 대응 측면에서 발전과 한계를 살펴보고자 한다. 특히 대기과학측정 데이터들을 활용하여 미세먼지의 발생원인과 화학적 특성 분석은 물론 기존 연구들과는 차별화된 상파울로시의 초미세먼지의 발생 원인을 조명해 미래 정책 발전에 일조하고자 한다.

II. 중남미 지역 미세먼지 대응: 대기 측정 분야

중남미 지역에서 11개 국가(브라질, 멕시코, 에콰도르, 푸에르토리코, 칠레, 페루, 우루과이, 콜롬비아, 볼리비아, 엘살바도르, 도미니카 공화국)가 대기자동측정망을 운영하고 있다(Jang et al., 2014a; Park et al., 2014). 대기자동측정망을 2개 지역 이상에서 운영하는 국가는 멕시코(6개), 브라질(3개), 볼리비아(3개), 콜롬비아(2개)가 있다. 나머지 국가들은 1곳의 지역을 대상으로 대기자동측정망을 운영하고 있다.

CAI(2013)의 대기자동측정망 자료 분석에 따르면, 중남미지역에서 미세먼지 농도가 가장 심각한 곳은 멕시코의 Monterrey 지역과 Guadalajara 지역으로 연평균 86 ug/m^3과 70 ug/m^3으로 관측되었으며, 초미세먼지는 보고타와 산티아고에서 35 ug/m^3과 32 ug/m^3 수준으로 관측되었다. 대부분 국가의 연평균 미세먼지의 환경 기준은 50 ug/m^3으로 산티아고와 리마 그리고 보고타시도 환경기준을 초과하였다. 초미세먼지의 연평균 환경 기준은 국가별로 10~20 ug/m^3으로 멕시코의 도시들과 보고타, 리마 그리고 산티아고에서 시민의 건강에 영향을 끼치는 수준이었다.

Mugica et al(2009)은 2006년 3월에 멕시코시티의 미세먼지와 초미세먼지 농도가 51~132 ug/m^3과 31~70 ug/m^3 인 것으로 보고하였으며, 초미세먼지의 42%는 자동차에서 배출되는 오염 물질에 기인하는 것으로 보고하였다. López et al(2011)은 2009년 6월부터 2010년 4월에 아르헨티나 Córdoba 지역의 미세먼지 농도는 평균 101~107 ug/m^3이며, 초미세먼지는 67~75 ug/m^3의 수준이라고 밝혔다. 이 지역의 미세먼지와 초미세먼지의 주요 성분도 도로의 차량에 기인하였다. Minguillón et al(2009)의 멕시코 Tijuana 지역에 대한 연구에 따르면 2010년 5월 17일~6월 27일 동안 미세먼지와 초미세 먼지의 평균 농도가 32 ug/m^3과 17 ug/m^3으로 낮은 수준이었다. 초미세먼지의 유기화합물 성분 또한 28~33%로 낮았으며, 이는 멕시코시티와 달리 상대적으로 적은 교통량에 기인하는 것으로 추정하였다. Iorquera and Barraza(2013)는 2007

년 12월 17일~2008년 1월 20일에 칠레의 북부 사막 지역에서 미세먼지와 초미세먼지의 농도가 평균 161 ug/m^{3}과 42 ug/m^{3}인 것으로 연구하였다. 그리고 미세먼지와 초미세먼지의 주요 성분은 34~38%가 시멘트 공장에서 발생하고, 22~31%는 토양에서 기인하는 것으로 연구되었다.

중남미 지역의 미세먼지와 초미세먼지 발생 공간은 도시와 사막 등 지역에 따라 농도분포가 달라지는 특성을 나타낸다. 상파울로시의 경우 중남미 지역의 다른 대도시에 비하여 미세먼지 농도는 최소 43% 낮았으며 초미세먼지의 농도는 유의한 수준이었다. 상파울로주는 환경기준을 MI1, MI2, MI3, PF로 구분하여 설정하고 있으며, MI1은 현재 준수하여야 할 기준이다. 법령 59113호에 따르면, 미세먼지의 MI1 환경기준은 120 ug/m^3(24시간 평균)과 40 ug/m^3(연평균)으로 규정하고 있다. 초미세먼지의 MI1 기준은 24시간과 연간 기준으로 각각 60 ug/m^{3}과 20 ug/m^{3}을 기준으로 선정하고 있다. 미세먼지의 MI2와 MI3 그리고 PF의 24시간 기준은 100, 75, 50 ug/m^3 이고 연간 기준은 35, 30, 20 ug/m^3 을 점진적으로 엄격하게 적용할 계획을 명시하고 있다. 초미세먼지의 경우도 24시간 기준으로 50, 37 그리고 25 ug/m^{3}으로 정해져 있으며, 연평균 농도는 17, 15 그리고 10 ug/m^{3}으로 제한하고 있다. 그리고 고농도 대기 오염 발생을 가정하여 피해 상황에 따라 주의(Attention), 경보(Alert), 응급상황(Emergency)의 3단계로 범주화해 제도적으로 관리하고 있다.

Ⅲ. 상파울로시의 미세먼지 특성 분석

1. 상파울로시의 대기 오염 발생조건: 기상, 기후, 지리, 교통 및 산업

상파울로는 브라질 산업과 경제의 허브(hub)지역으로 브라질 국내총생산(GNP)의 5분의 1을 담당하고 있는 메가 도시이다. 상파울로 메트로폴리탄 지역의 경우는 40,000개 이상의 대기 오염에 영향을 주는 산업 활동이 이루어지고 있으며, 브라질 전체 차량의 약 20%에 해당하는 570만대의 차량이 운집해 있다. 일일 기준 3백만 대의 차량이 운행하고 있으며, 35만대에 달하는 운송트럭을 포함하여 1백만 대 이상의 차량이 매일 상파울로 외부에서 이 도시에 진입하고 있다(Mercedes A. Bravo and Michelle L. Bell, 2014: 70). 도시의 대중교통 시스템은 세계에서 가장 복잡한 구조로 이루어져 있고 많은 상파울로시민들은 이러한 대중교통서비스를 그들의 중요한 교통수단으로 활용하고 있다. 이에 더하여 개인의 사적차량 증가, 광범위한 규모의 대중교통시스템, 빈번하게 발생하는 교통 혼잡 등은 상파울로 대기 오염의 주원인이 교통부문에 있음을 쉽게 이해할 수 있다. 기후 및 지리적 조건을 보면 상파울로는 아열대습윤기후 지역에 위치해 있으며 우기는 10월~4월 사이이고 건기는 5월~9월 사이에 있다. 지리적으로 해발 860 미터에 위치해 있고 해발 1200~1600 미터에 달하는 산들이 이 도시를 둘러싸고 있다. 이런 특징으로 상파울로에서는 건기 시에 종종 '기온역전(thermal inversion)' 현상이 발생하며, 상파울로 저지대에 미세먼지를 포함하여 (대기)오염원들을 정체시키는 원인을 제공하고 있다(Bravo and Bell, 2014).

2. 연구방법 및 데이터 활용

오늘날 상파울로시는 도시 중심부와 인근 지역에서 24개의 미세먼지 측정망을 운영하고 있다(그림 1). 그리고 상파울로주에서도 20개의 관측소를 운영하고 있다(표 1).[2] 미세먼지의 경우 해염입자와 토양 입자 그리고 자동차 배출원에 기인하는 다양한 오염원의 영향을 받지만, 초미세먼지의 경우는 대부분 산업 활동이나 자동차 배출원에서 기인하는 오염 물질이 대부분인 것으로 알려져 있다. 상파울로의 환경 규제 기구인 CETESB(Companhia de Tecnologia de Saneamento Ambiental, 2012) 보고서에 따르면 2011년 연간 미세먼지 배출량은 4,460 톤에 이르고 있으며, 발생원으로는 대형자동차에서 35%로 가장 많았으며, 비산먼지에서 25% 그리고 대기 오염 물질의 2차 화학반응을 통하여 25%가 발생하였으며 산업단지에서 10%가 발생하였다.

미세먼지는 인구밀도가 높은 도시일수록 농도가 높은 것으로 알려져 있다(An et al., 2013). 그리고 풍향과 같은 기상조건에 따라서 산업단지, 도로, 해양, 토양 등 다양한 오염원의 영향을 받을 수 있다(Alleman et al., 2010). 상파울로시는 도시 중심부에서 9개의 기상 측정소를 운영하고 있으며, 인근 지역에도 7개의 기상측정소가 있다. 미세먼지와 기상특성을 함께 측정하는 곳은 13개 측정소에서 이루어지고 있다.

상파울로시에서 측정소별로 관측한 미세먼지의 유효 자료수는 관측일수가 적은 3개 측정소(Itaim Paulista, Capão Redondo, Marginal Tiete

2 상파울로시의 대기자동 측정망과 관련된 정보와 자료는 CETESB의 측정망 소개(http://www.cetesb.sp.gov.br/ar/Informa??es-B?sicas/24-Configura??es-da-Rede- Autom?tica), 측정소 위치(http://sistemasinter.cetesb.sp.gov.br/Ar/php/ mapa_qualidade_ rmsp.php), 연간 대기질 보고서 그리고 브라질 실시간 대기질 사이트(http://aqicn.org/map/brazil/) 에서 공개하고 있다.

Pinte dos 측정소)를 제외하면 대부분 80% 이상이었다(표 2). 초미세먼지의 경우 CONGO 측정소와 IPEN 측정소가 89%와 63%의 유효자료를 확보하였고, 나머지 지역은 유효자료 확보율이 30% 이하로 낮았다. 풍향과 풍속의 경우는 각각 8개와 7개 측정소에서만 75% 이상의 자료가 축적되었다.

<그림 1> 상파울로시 도심과 인접 지역의 미세먼지 측정소 위치(번호는 표 1 참조)

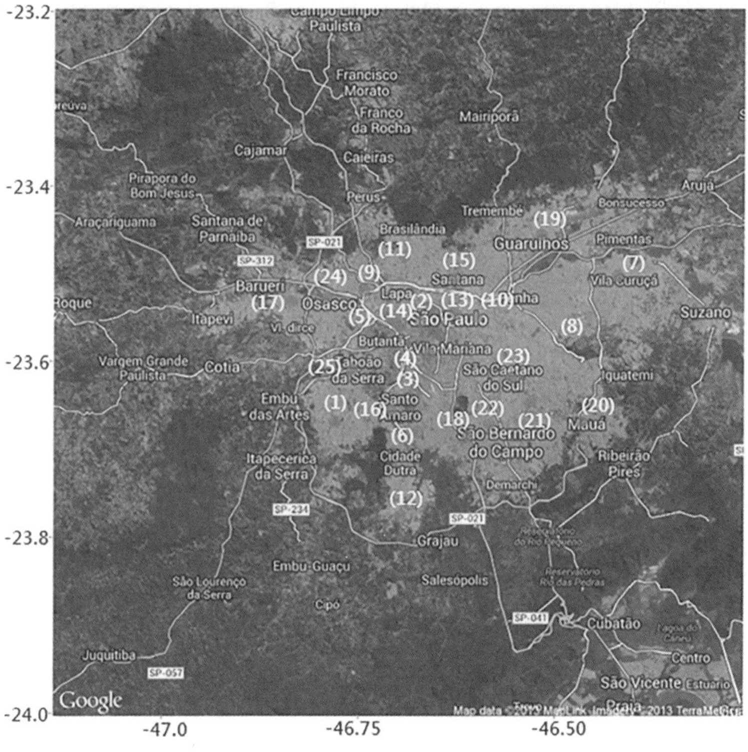

<표 1> 상파울로 의 대기측정소

상파울로시	시 인접지역	외곽지역	연안지역
Capão Redondo(1) Cerqueira César(2) Congonhas(3) Ibirapuera(4) Cid.Universitária USP-Ipen(5)* Interlagos(6) Itaim Paulista(7) Itaquera(8)** Marg.Tietê Remedios(9) Moóca(10) Nossa Senhora do Ó(11) Parelheiros(12)* Parque D. Pedro II(13) Pinheiros(14) Santana(15) Santo Amaro(16)	Carapicuíba(17) Diadema(18) Guarulhos-P.Munic.(19) Mauá(20) S. André-P. Munic.(21) S. André-Capuava(22) S.B. do Campo(23) S. Caetano do Sul(24) Osasco(25) Taboão da Serra(26)	Americana Araçatuba Araraquara Bauru Campinas Catanduva Jacareí Jaú Jundiaí Marília Paulínia Paulínia-sul Piracicaba Pirassununga*** Presidente Prudente Ribeirão Preto S. J. do Rio Preto S. J. dos Campos Sorocaba Tatuí	Cubatão-centro Cubatão-V. Parisi Cubatão-V. do Mogi Santos Santos-Ponta da Praia***

*초미세먼지 측정소, **오존 측정소, ***이동측정소

<표 2> 측정소 별 유효 측정자료 비율(%)

측정소명	미세 먼지	초미세 먼지	온도	풍향	풍속	상대 습도
Capão Redondo (CAPAO)	26.9		29.6	29.6	27.4	29.6
Carapicuíba (CARAP) 81.6 84.2				12.1	83.3	84.2
Cerqueira César (CERQU)	94.2					
Congonhas (CONGO)	93.8	89.1				
Diadema (DIADE)	91.7					
Guarulhos Paco Mun (GUARU)	79.5		83.9	83.9	76.4	83.9

측정소명	미세 먼지	초미세 먼지	온도	풍향	풍속	상대 습도
Ibirapuera (IBIRA)	98.3			58.9	40.3	
Interlagos (INTER)	83.9		84.2	84.2	83.1	84.2
Cid.Univ USP IPEN (IPEN)		67.3				
Itaim Paulista (ITAIM)	0					
Itaquera (ITAQU)						
Marginal Tietê Pinte dos Remedios (MARGI)	26.5	14.5	26.5	26.5	26.6	26.5
Mauá (MAUA)	84.6					
Moóca (MOOCA)	91.6			73.2	36.2	
Nossa Senhora do Ó (NOSSA)	95.6					
Osasco (OSASC)	99.1			99.2	91.4	
Parelheiros (PAREL)	86.6					
Pinheiros (PINHE)		21.2	98.2	98.7	88.2	
Parque D. Pedro II (PARQU)	95.1					
S.André Capuava (CAPUA)	99.6					
S.André Pacò Mnicipal (PACOM)	97.5					
S.Bernardo do Campo(BERNA)	98.3			64.6	57	
Santana (SANTA)	96.4			96.5	80.4	
Santo Amaro (SANTO)	87.5			79.5	74.3	
Sao Caetano do Sul (CAETA)	98.9		99.7	57.3		99.5
Taboão da Serra(TABOA)	98.4		98.9			90.8

3. 상파울로시의 기상특성 분석 평가

기상은 오염 물질의 확산과 이동 그리고 화학반응을 통한 2차 대기 오염 물질 생성에 중요한 역할을 한다. 브라질에서는 5~6월에 라니냐의 영향으로 예년보다 강수량이 많았다. 8월과 9월에는 이례적으로 남동지역에 고기압이 발달하여 강수량이 낮았다. 상파울로시의 연평균 온도는 21.2℃로 2월과 12월에 26℃와 25℃ 였으며, 5월~7월에는 월평균 17.8~

18.6℃로 분포하였다(그림 2). 새벽에는 평균 16℃ 이상을 유지하였다. 일사량이 강한 12시~15시의 온도는 평균 27℃ 였고, 2월에는 평균 30℃였다. 월 평균 온도가 가장 낮은 6월에도 12시~15시의 온도가 21℃를 유지하고 있어서 주간에 대기 오염 물질의 화학반응으로 인한 광화학 오염 물질 생성이 활발할 것으로 추정되었다.

상파울로시의 연 평균 풍속은 1.9 m/s로 낮았다. 9월과 11월에 평균 풍속이 2.1 m/s 이었으며, 2월과 6월에는 1.6 m/s로 가장 낮게 분포하였다. 시간별 풍속은 13시부터 17시까지 2.3~2.5 m/s로 강하였으며, 새벽인 1~7시에는 1.5 m/s의 낮았다. 12시부터 15시까지 평균 풍속은 2.4 m/s로 새벽보다 약 60% 높았다. 월별로는 12월에 12시~15까지 주간 풍속이 2.7 m/s 가장 강한 반면 2월에는 2.1 m/s 수준이었다.

습도는 연평균 77%로 조사되었으며, 4~6월에 81~85%로 분포하였으며 7~10월에는 70~75%의 수준이었다. 밤 21시부터 아침 9시까지 습도는 81%~89%였으며, 오전 5시~7시에는 평균 89% 이상 높았다. 일사량이 강한 13시~15시에는 연평균 57%~63% 였으며, 6월에는 70% 로 다소 높았고 8월에는 45%로 낮게 관측되었다.

<그림 2> 상파울로시의 월별 시간별 평균 기상 분포

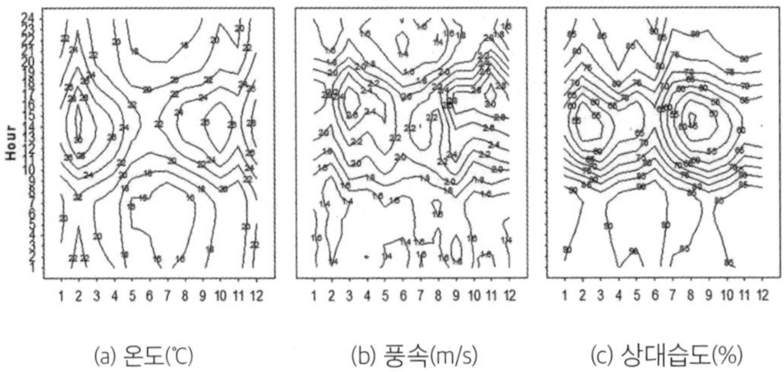

(a) 온도(℃) (b) 풍속(m/s) (c) 상대습도(%)

상파울로시의 13개 기상 측정소의 풍향 자료 중 최종적으로 7개(GUARU, INTER, MOOCA, OSASC, PINHE, SANTA, SANTO) 측정소 자료가 유효하였다. 상파울로시의 중북부와 중남부에 위치한 SANTA 측정소와 INTER 측정소는 남동풍이 주 풍향이었으며, GUARU 측정소는 동풍이 주 풍향이었다(그림 3). 나머지 측정소들도 대부분 남동풍이 주 풍향을 이루고 있지만, 측정소에 따라서 북동풍(MOOCA), 서풍(OSASC), 남서풍(PINHE), 북풍(SANTO)을 함께 동반하였다.

MOOCA 지역의 경우 동풍은 주로 오전 5시~12시에 약 50% 발생하였다. 월별로는 8월에 약 21%의 발생빈도를 나타내었다. OSASC 측정소에서 서풍이 유입되는 경우는 오후 13시~18시에 약 32% 정도 발생하였다. 월별로는 7월에 약 15% 정도의 서풍이 유입되었다. PIMHE 측정소의 남서풍은 야간(18시~23시)에 약 32% 발생하였고, 10월~11월에 약 40% 나타났다. SANTO 측정소의 서풍 계열은 11시~13시에서 약 34% 출현하였고, 월별로는 1월, 2월, 7월 그리고 12월에 52% 발생하였다.

<그림 3> 기상측정소의 바람 장미

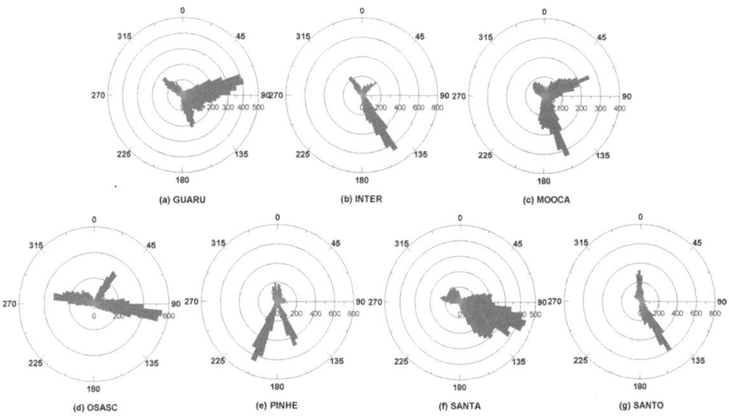

4. 미세먼지의 농도 분포

상파울로시의 24개 측정소에서 관측된 미세먼지의 연평균 농도는 OSASC와 CAETA 측정소에서 40 ug/m^3 이상으로 연평균 기준을 초과하였고, 나머지 22개 측정소는 32 ~ 39 ug/m^{3}의 범위에 분포하였다(표 3). 브라질의 MI2 기준(연평균 35 ug/m^3)을 적용할 경우 상파울로시의 약 73% 지역에 대하여 그리고 세계 보건기구(WHO)의 연평균 기준(20 ug/m^3)을 적용할 경우는 전 지역에 대한 미세먼지 개선책이 필요할 수 있다.

유럽연합(EU)과 세계보건기구의 24시간 미세먼지의 환경기준은 50 ug/m^{3}으로 상파울로시의 24개 측정소에 적용할 경우 측정소에 따라서 39 ~ 121일이 초과하였다. OSASC 측정소와 CAETA 측정소에서 각각 121회와 87회 발생하고, CARAP와 CONGO 그리고 SANTA 측정소에서 60회 이상 초과하였다.

상파울로시의 월별 미세먼지의 평균 농도는 7~10월에 41~49 ug/m^3 였으며, 11~1월에는 15~30 ug/m^{3}으로 낮았다. 월별 미세먼지의 표준편차는 7.4 ug/m^{3}으로 9월에 49 ug/m^{3}으로 가장 높았고, 1월에 25 ug/m^{3}으로 낮았다.

<표 3> 상파울로 미세먼지 자동 측정소의 평균 농도

Month	1	2	3	4	5	6	7	8	9	10	11	12	연간
SANTO	-	32	30	29	27	35	42	40	43	38	24	29	34
BERNA	23	36	35	33	28	29	41	49	51	41	28	26	35
CAETA	27	40	35	32	32	39	54	49	56	47	31	34	40
CAPAO	-	-	-	-	-	-	-	-	47	41	24	29	35
CAPUA	26	41	33	30	30	34	42	43	52	43	30	31	36
CARAP		31	31	29	30	34	45	42	45	37	23	25	34

Month	1	2	3	4	5	6	7	8	9	10	11	12	연간
CERQU	23	35	29	28	26	31	39	38	45	38	27	32	32
CONGO	27	39	36	33	36	37	45	46	50	44	33	31	39
DIADE	24	38	35	33	32	32	43	42	46	42	31	31	36
GUARU	-	34	29	28	26	28	40	39	51	36	24	25	33
IBIRA	22	35	31	30	26	29	42	42	54	39	26	29	34
INTER		31	29	29	25	30	40	39	44	38	25	27	33
MARGI	-	-	-	-	-	-	-	-	59	50	32	41	44
MAUA	26	40	34	29	30	32	43	36	45	39	34	35	35
MOOCA	23	32	29	26	28	34	44	47	49	42	28	30	34
NOSSA	23	34	31	31	31	35	41	46	49	43	30	32	36
OSASC	34	45	42	41	43	47	57	55	54	48	34	37	45
PACOM	28	38	34	32	31	33	46	40	46	39	28	29	35
PAREL	24	34	31	30	37	42	50	47	49	39	26	26	37
PARQU	27	38	34	34	30	32	45	47	45	38	25	27	35
SANTA	23	36	33	33	31	36	44	43	52	46	29	28	36
TABOA	25	35	34	31	34	36	49	45	44	38	25	28	35

풍속은 오염 물질의 확산과 이동에 중요한 역할을 한다. 상파울로시에서 미세먼지의 농도 분포는 풍속이 강할 경우 감소하는 경향을 보였다. 풍속과 미세먼지의 자료가 유효한 6개 측정소(CARAP, GUARU, INTER, OSASC, SANTO, SANTA)에서 100 ug/m^3 이상의 고농도 미세먼지의 발생율은 풍속이 1m/s 이하일 때 51%였으며, 1~ 2m/s 일 때 84%였다. 풍속이 4 m/s 이상인 경우는 고농도 미세먼지의 발생율은 4% 수준이었다. 그러나 200 ug/m^3 이상의 고농도 미세먼지의 경우 풍속이 1 m/s 이하일 때 12%이었으며, 2 m/s 이하는 35%로 나타났다. 그리고 풍속이 4 m/s 이상일 때는 23%로 높게 발생하였다.

측정된 자료 중 100 ug/m^3 이상의 고농도 미세먼지는 오전 6시~오후 6시 동안 약 23% 발생하였으며, 밤 10시~새벽 2시에는 45%로 높게 분포하였다. 200 ug/m^3 이상의 고농도 미세먼지는 오전 6시 ~ 오후 6시에 약 59%가 발생하였고, 교통량이 많은 저녁 7시~9시에는 약 18 %가 발생하였다.

상파울로시에서 교통량이 많은 주간의 미세먼지 농도가 야간 농도에 비하여 높을 것으로 예상되었지만, CERQU 측정소와 MARGI 측정소를 제외한 지역에서는 야간 농도보다 오히려 0.4%~8.7% 낮게 측정되었다. 이러한 현상은 주간에 대서양에서 기인하는 동풍과 남동풍의 희석 효과로 추정된다. 도시지역에서 미세먼지는 주중에 활발한 경제활동으로 인한 인위적 오염 물질 배출 증가로 주말보다 높은 특성을 나타낼 수 있다(Lonati et al., 2006). 상파울로시의 경우도 주중 미세먼지 농도가 주말보다 약 12% 높았다. MARGI 측정소와 DIADE 측정소는 29%와 20%로 주간의 미세먼지의 평균 농도가 높았다(그림 4).

<그림 4> 상파울로시의 주중과 주말의 미세먼지 평균 농도(ug/m^3)

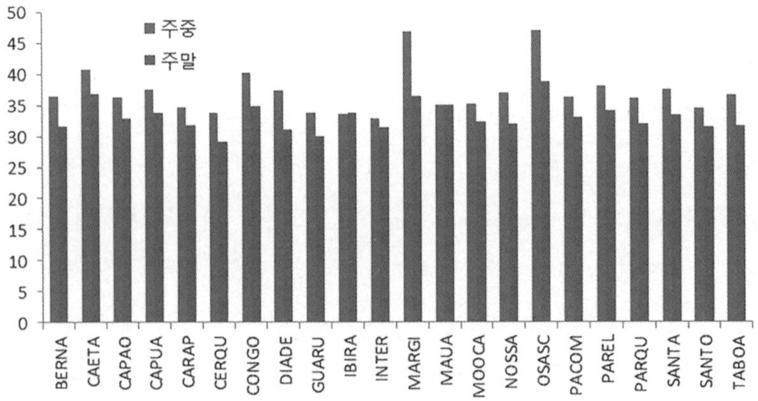

미세먼지 자료와 풍향 자료를 함께 활용할 수 있는 측정소는 6개(GUARU, INTER, MOOCA, OSASC, SANTA, SANTA) 지역 이었으며, 풍향에 따른 미세먼지 평균 농도는 대부분 측정소에서 낮은 편차를 나타내었다. 그림 5는 미세먼지의 고농도 발생 특성을 이해하기 위하여 풍향에 따른 일 최대 미세먼지 농도 현황을 나타낸 것이다. 측정소별 일 최대 농도는 서쪽 지역과 북부지역에 위치한 OSASC와 SANTA 측정소에서 북풍계열에서 높았으며, 남부지역에 위치한 INTER와 SANTO 측정소는 북풍과 남풍계열에 모두 높게 측정되었다. 풍향에 따른 미세먼지의 일 최대농도 발생빈도는 그림 2에서처럼 주풍향인 남풍계열 외에 북풍계열도 중요한 기여를 하는 것으로 분석되었다.

<그림 5> 풍향에 따른 미세먼지의 일 최대 농도 분포

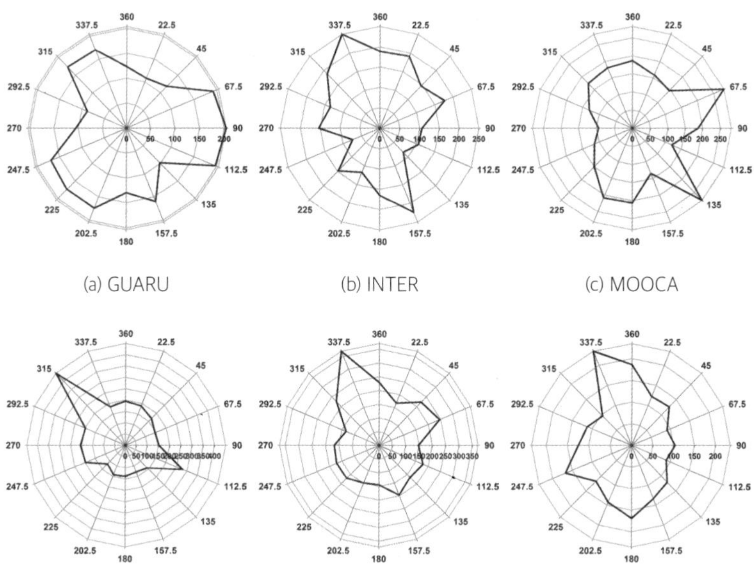

(a) GUARU (b) INTER (c) MOOCA

(d) OSASC (e) SANTA (f) SANTO

미세먼지와 초미세먼지가 함께 측정된 곳은 CONGO 측정소와 MARGI 측정소로 각각 89%와 14%의 자료가 축적되었다. CONGO 측정소의 미세먼지는 초미세먼지에 비하여 약 2배 높은 농도를 나타내었으며, MARGI는 약 1.5배 더 높게 분포하였다. Mkoma et al(2014)은 브라질의 버스정류장에서 측정한 미세먼지와 초미세먼지가 인위적 오염물질의 영향으로 상관성이 높은 것으로 발표하였다. 도시지역에서 측정되는 미세먼지는 자동차에서 주로 배출되는 이산화질소와 상관성이 있는 것으로 알려져 있다(Aurangojeb, 2011). CONGO 측정소와 MARGI 측정소의 미세먼지와 초미세먼지의 상관성은 각각 0.78과 0.89로 높게 관측되었다(그림 6). 이산화질소와 미세먼지의 상관성 또한 0.55와 0.60으로 도시 지역의 영향을 반영하는 것으로 분석되었다.

<그림 6> 미세먼지와 초미세먼지 그리고 이산화질소의 상관성

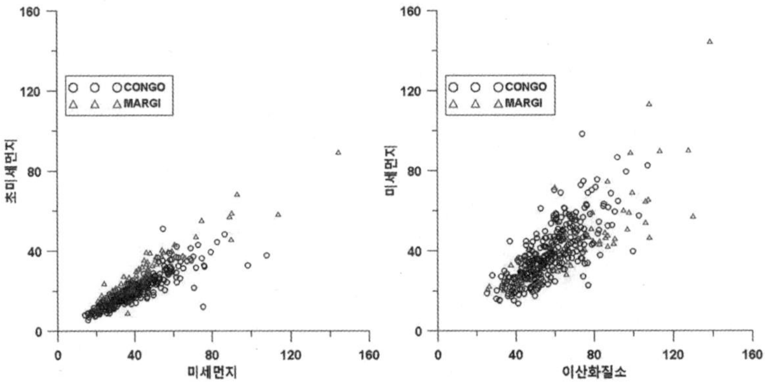

5. 초미세 먼지 특성

초미세먼지는 대부분 질산염과 황산염 그리고 유기화합물로 구성된 인위적 오염 물질의 영향을 받으며, 미세먼지에 비하여 건강 위해도가 높은 것으로 알려져 있다. Manuel et al(2013)의 연구에 따르면 초미세먼지가 10 ug/m^3 증가하면 심장질환으로 입원하는 환자수가 1.29% 증가하는 것으로 조사되었다. 상파울로시에서는 4개의 측정소에서 초미세먼지를 측정하고 있지만, 관측 자료 수는 매우 낮은 것으로 알려져 있다. CONGO 측정소와 IPEN 측정소는 355일과 271일 동안 관측 자료를 확보하고 있지만, PINHE 측정소는 1월 1일~3월 13일 까지 86일의 자료만 확보하였고, MARGI 측정소는 9/1~12/12일 동안 69일의 관측 자료를 확보하였다.

4개 측정소의 초미세 먼지의 평균 농도는 MARGI 측정소에서 34 ug/m^{3}으로 가장 높았으며, 나머지 측정소는 약 20 ug/m^3 내외로 분포하였다. 24시간 초미세먼지의 환경기준인 20 ug/m^{3}을 초과한 경우는 IPEN과 MARGI 측정소에서 각각 2회(7월1일, 9월18일)와 3회(9월 17일~18일, 10월 30일) 발생하였다. 9월 18일은 상파울로시의 8개 측정소에서 100 ug/m^3 이상의 고농도 미세먼지가 동시에 관측되어서 초미세먼지 또한 장거리 이동에 의한 인위적 오염원의 영향을 받을 가능성이 많을 것으로 분석되었다.

그림 7은 초미세먼지와 기상 성분을 함께 측정하는 2개 측정소의 풍향에 따른 일 최대 초미세먼지의 평균 농도를 나타낸 것이다. PINHE 지역에서는 북풍이 유입될 때 일 최대 초미세먼지가 발생율이 높았으며, MARGI 측정소에서는 서풍이 유입될 때 일 최대 초미세먼지의 발생 빈도가 높았다. 지역적으로는 MARGI 측정소의 일 최대 미세먼지 농도는

PINHE 측정소에 비하여 평균 1.75배 높았으며, 이는 미세먼지 농도가 높고 서쪽에 인접한 OSASC 지역의 영향에 따른 것으로 추정되었다.

<그림 7> 초미세먼지의 풍향별 농도 분포

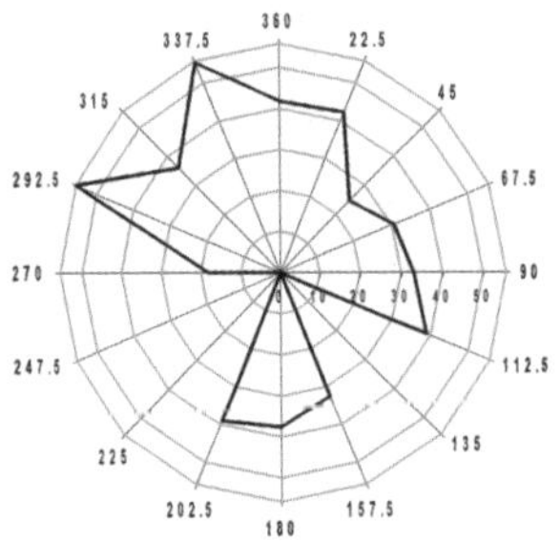

(a) PINHE

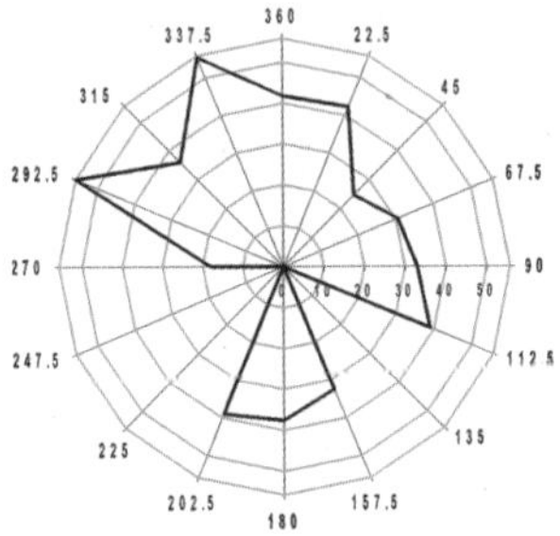

(b) MARGI

6. 미세먼지의 에피소드 특성

미세먼지는 유기화합물, 질소 산화물, 황산화물 그리고 중금속등 다양한 유해물질을 포함하고 있어서 에피소드 발생 시 시민의 건강에 위협이 될 수 있다(Gao et al., 2014; Sillapapiromsuk et al., 2013). 상파울로시에서 미세먼지의 환경기준 초과일은 전체 측정소에서 18회에 머물렀고, 2차 권고 기준도 60회로 낮은 초과율을 보였다. 반면에 9월 18일에는 일 평균 100 ug/m^3 이상의 고농도 미세먼지가 6개 측정소에서 동시에 발생하였다. 그리고 9월 19일에도 5개 지역에서 100 ug/m^{3}을 동시에 초과하였다.

<그림 8> 9월 17일-18일 고농도 에피소드의 풍향, 풍속, PM10 특성

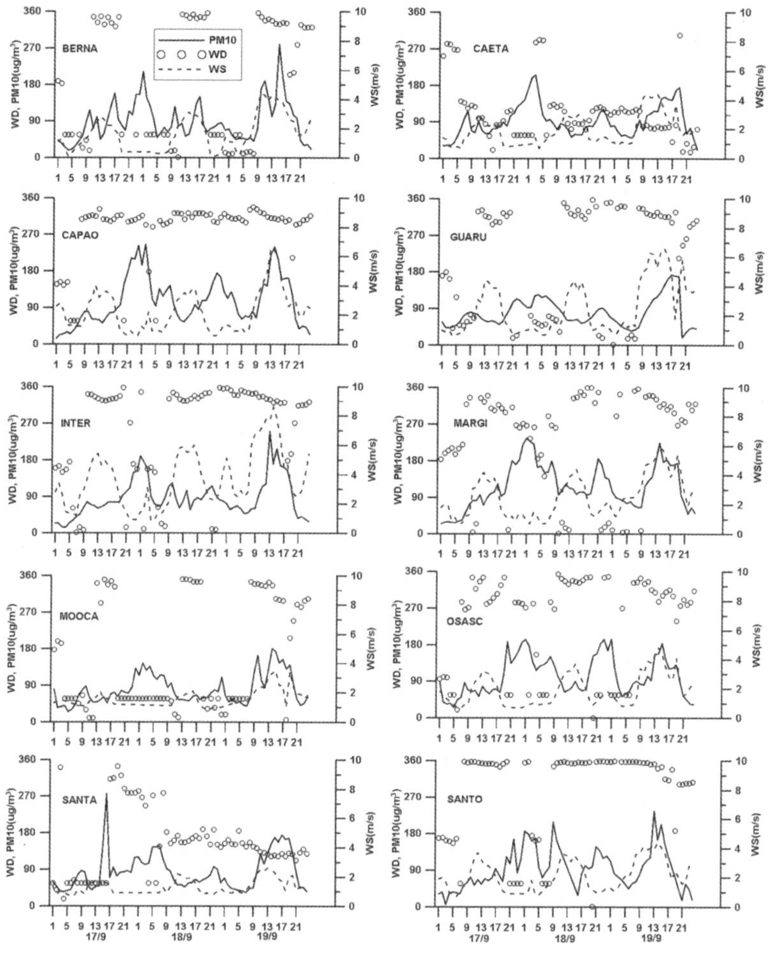

그림 8은 9월 17일-19일 3일 동안의 기상 조건과 미세먼지 농도 분포를 나타낸 것이다. 10개 측정소에서 관측된 풍향은 7개 측정소(BERNA, CAPAO, GUARU, INTER, MARGI, OSASC, SANTO)에서 대부분 북서풍

계열의 공기가 유입되었다. 대부분 측정소에서 풍속은 아침 9시부터 증가하여 정오에 최대 풍속이 관측되었다. 미세먼지의 일 농도 또한 아침 9시 전후로 증가하였다. 일 최대 농도는 9월 17일과 18일에 야간에 최대였으며, 9월 19일에는 정오에 최대를 나타내었다.

9월 17일 새벽과 9월 19일 저녁 7시 이후의 미세먼지의 농도는 강수에 의하여 급격하게 감소하였다. 풍속과 미세먼지 농도가 증가하는 오전 9시의 습도는 평균 47%로 낮았다. 9월 18일 새벽 1시 전후로 미세먼지 에피소드 발생 시간의 습도는 58%로 낮았다. 9월 19일의 오후 1시에 최대 농도가 발생하였을 때 평균 습도는 26%로 하루 중 가장 낮은 수준이었다. 그림 2에서처럼 상파울로시의 대부분 지역에 남동풍이 주 풍향으로 분석되었지만, 북서풍이 유입되는 시기에는 고농도 에피소드가 발생하는 특성을 보였다.

Pateraki et al(2012)는 장거리 이동으로 인근의 도시지역에서 기인하는 미세먼지가 유입될 수 있다는 연구를 발표하였다. Vieira-Filho et al(2013)은 역궤적 분석을 통하여 중남미 지역에서 발생한 산불이 7개의 장거리 이동 경로를 통하여 상파울로시에 영향을 미치는 현상을 보고하였다. 상파울로주는 브라질의 사탕수수 재배지의 60% 를 차지하고 있으며 사탕수수 소각 시 미세먼지와 초미세먼지에 중요한 영향을 미치는 것으로 알려져 있다. 그리고 상파울로주의 사탕수수 재배지는 상파울로시의 북부지역에 산재해있다.

9월 18일과 9월 19일의 장거리 이동에 의한 미세먼지의 농도 변화를 평가하기 위하여 상파울로시의 상층 500 m의 공기의 72시간 동안의 역궤적을 분석하였다(그림 9). 미세먼지 농도가 낮았던 9월 17일 12시에는 남풍에서 기인하는 공기가 상파울로시 북부를 거쳐 다시 유입하였다. 9

월 18일과 19일에는 대서양에서 기인하는 공기가 브라질 북부 지역과 상파울로주를 통과하여 유입되었다. 이러한 북풍 계열의 풍향이 9월 18일과 19일의 에피소드 발생에 기인하는 것으로 추정된다.

그림 10은 지표면에서 50 m 높이에서 에피소드 기간의 바람장을 평가한 것이다. 9월 17일의 경우 상층 500 m 공기와 같이 새벽에는 남풍이 유입되었지만, 오전에는 대부분 지역에서 북풍이 우세하였다. 21시 이후에는 낮 동안 동풍이 우세하였던 동부 지역을 포함하여 모든 지역에서 북풍이 우세하였다. 9월 18일은 새벽과 오전에 남부 지역에서 서풍과 남풍 계열이 유입되었지만 중북부 지역에는 대부분 북풍이 유입되었다. 9월 19일에는 하루 종일 북풍 계열이 유입되었다. 상층에서와 같이 지표면 50 m의 바람장에서도 북풍계열의 바람이 유입됨으로써 고농도 미세먼지가 출현한 것으로 분석되었다.

<그림 9> 9월17일-9월 19일 12시(정오)의 역궤적 분석

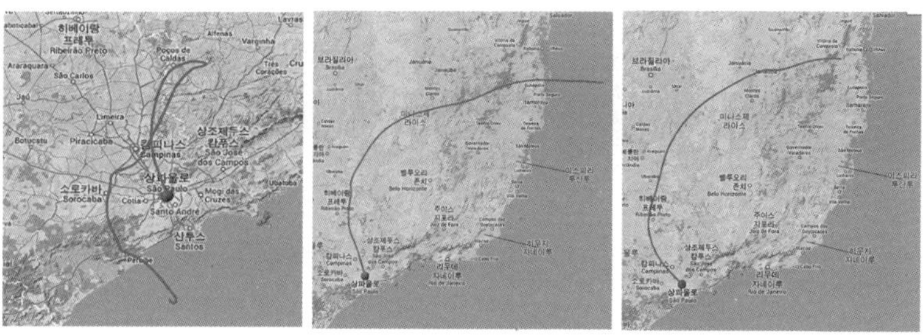

(a) 9월 17일 12시　(b) 9월 18일 12시　(c) 9월 19일 12시

<그림 10> 9월 27일-9월 28일 50m 높이에서의 1 시간 동안의 역궤적 분석

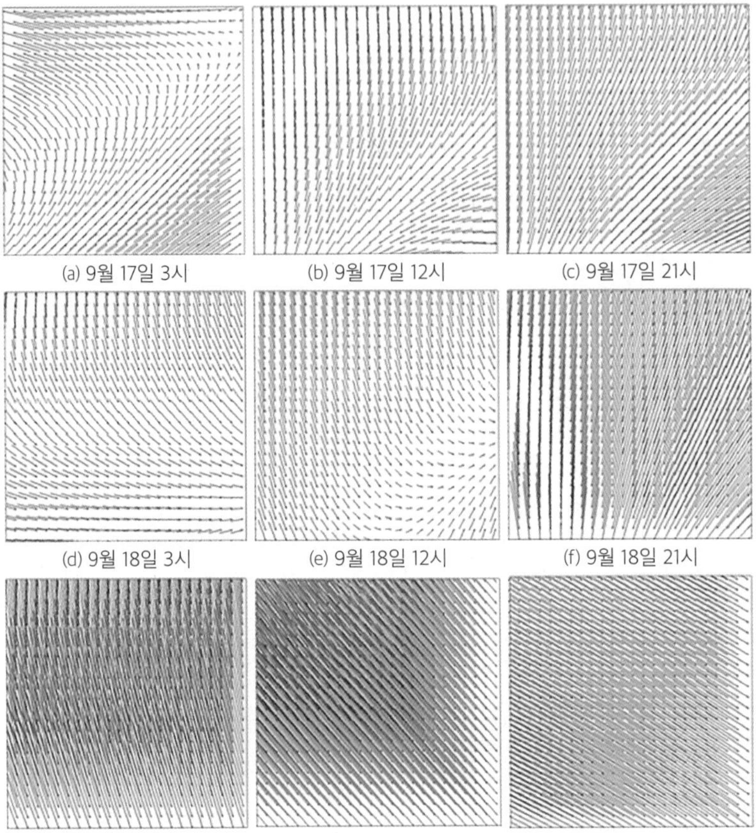

(a) 9월 17일 3시 (b) 9월 17일 12시 (c) 9월 17일 21시
(d) 9월 18일 3시 (e) 9월 18일 12시 (f) 9월 18일 21시
(g) 9월 19일 3시 (h) 9월 19일 12시 (i) 9월 19일 21시

상파울로시의 상층 50 m 기상 조건은 9월 17일에는 새벽에 남풍과 남동풍이 우세하였고, 아침에는 북동풍과 남서풍이 혼재하여 남서지역은 공기의 상층 현상이 발생하였다. 그리고 중부지역에서는 서풍이 우세하였으며 낮에는 대서양에서 동풍이 유입되었다. 9월 18일에도 시간에

따라 북풍, 서풍, 남풍 그리고 북서풍으로 바람이 순환하는 특성을 보였다. 반면, 9월 19일에는 북풍과 북서풍이 강하게 유입되었다. 상파울로시의 미세먼지 농도는 동풍이나 남풍계열의 풍향에서 낮아지는 특성을 나타내었다.

상파울로시에서 100 ug/m^3 이상의 고농도가 발생한 경우는 OSASC 측정소에서 423회로 가장 많이 발생하였고, CAETA에서 381회 발생하였다. 각 측정소에서 100 ug/m^3 이상의 고농도 발생일의 등농도선을 그림 11에 나타내었다. 상파울로시의 고농도 미세먼지 발생은 주로 CAETA 측정소 주변에서 발생 비율이 높았으며, MARGI와 CERQU 측정소의 고농도 미세먼지 발생율이 가장 낮은 것으로 평가되었다.

<그림 11> 미세먼지 자동 측정망의 100 ug/m^3 초과 횟수 분포

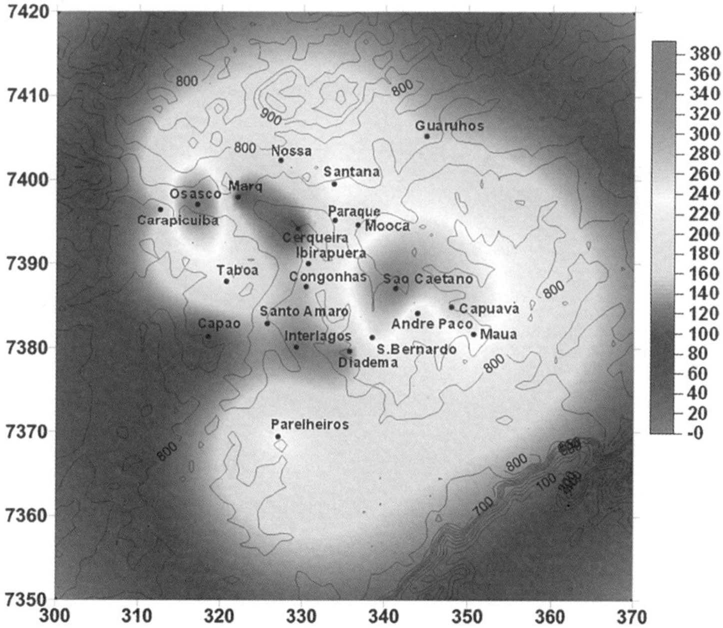

IV. 상파울로의 미세먼지 및 대기 오염 저감 정책적 대응과 한계

2013년 기준 거의 1,800만에 육박하는 엄청난 인구가 거주하고 있는 상파울로의 대기 오염은 높은 인구밀도만큼 대기 오염에 대한 문제는 심각하며 동시에 다양하고 복잡한 오염 발생 원인들이 존재한다. 인구 및 메가시티 규모에 맞게 여타 다른 대도시들과 비교해도 더욱 복잡하고 큰 규모의 교통시스템을 가지고 있으며 대기 오염의 가장 큰 원인인 자동차의 수도 상대적으로 많다. 이들 교통 차량들이 소비하는 연료 및 에너지원도 가솔린, 디젤, 에탄올, 천연가스 그리고 도시철도나 지하철에서 사용되는 전력 등으로 복잡하며 따라서 이들 에너지연료 소비에서 발생시키는 대기 오염원들도 다양하다고 볼 수 있는데, 이는 에너지연료 소비패턴이나 규모에 따라 대기에 서로 다른 오염원을 배출하기 때문이다. 이에 더하여 교통 시스템의 관리부족은 종종 교통 혼잡을 유발해 미세먼지 및 다양한 대기 오염원 배출을 증가시키는 원인으로 작용하기도 한다. 특히 브라질 상파울로의 대기 오염 악화에 가장 영향을 주는 원인은 서론에서 언급했듯이 교통 부문으로 대기 오염은 물론 미세먼지(PM10) 배출의 90%를 이 부문이 담당하고 있을 정도이다. 이로 인해 상파울로시민들에게 호흡기 및 심혈관 질환의 원인을 제공하고 건강 악화는 물론 일상적인 삶의 질 악화에 영향을 주고 있다(Diego Velloso Veronez et al., 2012: 1161).

2012년 기준으로 상파울로 메트로폴리탄지역(SPMR)에 등록된 차량(경차)만도 6백 50만대에 달하며, 디젤 버스는 거의 15,000대 그리고 58만대의 가솔린 엔진 모터바이크와 14만대에 달하는 화물용 트럭의 운행 등이 상파울로 대기 오염의 주원인으로 보고되고 있다(Companhia de Tecnologia de Saneamento Ambiental de Brasil, 2008;

2012: CETESB). 이들 차량에서 배출되는 오염원들은 미세먼지(PM), 지상 오존(ground-level ozone; O_3), 이산화황(SO_2), 질소 산화물(NOx) 그리고 일산화탄소(CO), 휘발성유기화합물(VOCs) 및 여타 스모그(black smoke) 등 다양한 대기 오염 물질의 배출을 증가시키고 있다. 이들 중에서도 브라질의 미세먼지 및 대기분야 전문가들에 의하면, 브라질 상파울로의 가장 큰 오염 물질은 디젤연료에서 배출되는 황(sulphur)으로 분석되고 있다(Oswaldo Lucon and José Goldemberg 2010: 340). 특히 미세먼지(PM10)의 경우 상파울로시민들의 유해 건강 영향이 큰 것으로 여겨지고 있다(Diego Velloso Veronez et al., 2012).

1. 교통정책: 차량 대기 오염 규제 정책

브라질은 이미 이러한 대기 오염 악화를 방지하기 위해 1980년대 중반(1986)부터 브라질 국가 환경 위원회(CONAMA, Resolution No.18)에 의해 '차량 대기 오염 통제 프로그램(일명, PROCONVE: Programa de Controle da Poluição por Veículos Automotores)을 통해 대기 오염을 해결하기 위한 장기적이 노력을 해 오고 있다. 이 정책에서 가장 주목해 봐야하는 것은 정책 이행의 필수조건으로 새로운 차량기술 도입(예를 들어, 연료분사장치 그리고 흡입관의 배기가스 촉매변환장치 도입 등)과 더불어 연료 사용에서 반드시 청정한 대체연료 사용으로 개선되어야 한다는 것과 대기 오염 배출에 대해 처음으로 차량으로부터 오염가스 배출 한계를 설정했다는 것이었다.[3] 이 정책은 또한 모든 자동차 산업의 의무적 참여는 물론 여타 시멘트산업 및 알루미늄 산업 등의 대기 오염 배출 산업들에 대한 자발적 참여를 유도했다.

더 나아가 1990년에는 연방법(Resolução CONAMA N.3)을 제도화해 대중들의 건강 증진을 위한 대기 오염 물질의 최대 배출 한도를 설정해 장기적으로 대기 오염을 줄인다는 목표를 더욱 강화했다. PROCONVE 정책은 제조업 분야 특히, 자동차산업에서의 오염배출 방지기술 개선을 유도하고 차량과 엔진 부문에 대한 규제 강화가 제일 우선시 되었다. 1989년 브라질의 국영석유회사 페트로브라(PETROBRAS)의 노력, 예를 들어 가솔린에서 테트라에틸 납(tetraethyl lead)의 제거 기술 발전은 이러한 정책의 긍정적 결과로 나타났으며 이를 통해 '브라질은 연료 매트릭스에서 유독성 물질을 완전하게 제거한 최초의 국가'로 등장했다(Haroldo Machado Filho 2001). 이를 보완해 1993년 이후 명확하게 범주화한 차량오염 배출 기준에 대한 제도적 접근이 정책 이행으로 적용되기 시작했다(법령 N. 8723). 특히 수입된 차량들도 1993년 이후 동일한 규제를 받기 시작했다.

하지만 미세먼지 및 대기 오염 저감을 위한 가장 획기적인 정책은 2002년에 상파울로주가 도입한 '버스차량개선' 정책으로 2002년 기준 10,000대에 달했던 버스를 2005년까지 8,500대까지 줄이면서 대기 오염을 방지하고 미세먼지 농도를 낮춘 정책이었다(비록 2006년 다시 14,000대로 증가했지만).[4] 이러한 정책 이행 덕분으로 1996년에 60.69

---

3 PROCONVE 정책은 국내 생산 차량 및 수입 차량(1993년 이후 동일 규정 적용) 모두에 적용되는 것으로 대체연료의 사용 증진, 차량에 대한 모니터링 제도 도입, 이를 담당할 IBAMA(Brazulian Institute for the Environment and Renewable Natural Resource)라는 규제 기구 확보, 자동차의 검사 및 정비 제도(I/M)를 강화했다. 또한 차량은 3가지 범주(경차, 상업용 경차 그리고 버스와 트럭이 포함된 중차량)으로 분류해 관리하기 시작했다(Haroldo Machado Filho, 2001:3 참조).

4 이러한 도시 대중버스 차량개선 정책으로 2006년 상파울로의 버스차량은 평균적으로 5년 이하의 새로운 차량으로 교체되었으며 이는 전체 버스 차량의 73%에 달했다(Diego Velloso Veronez et al, 2012: 1163).

ug/m^{3}에 달하던 미세먼지(PM10)농도가 10년 후인 2006년에는 그 절반 수준인 32.62 ug/m^{3}로 감소하는 결과를 낳기도 했다(Diego Velloso Veronez et al., 2012: 1163).

2. 재생 에너지-바이오에탄올 개발 정책

또 하나의 정책적 노력은 재생 에너지 개발정책에서 찾아볼 수 있다(Jang et al., 2012a). 바이오에탄올 대체에너지 공급정책은 브라질의 에너지부문에서 전통적인 화석연료 의존도를 줄임과 동시에 대기질 개선에도 많은 영향을 미치고 있다. 1970년대 초반 세계적인 오일쇼크 이후 브라질 정부는 에너지 자립을 위해 연방법 (N.76,593, 1975년)을 통해 '국가알코올프로그램(Proalcool)'을 만들어 가솔린 연료에 첨가제 개발에 착수했다. 이후 1979-1980년에는 브라질 산업통상부와 국가바이오에탄올위원회(CENAL) 및 연방법(N. 83,700)을 통해 사탕수수 생산지역을 확대하고 에탄올을 가솔린에 대한 첨가제가 아닌 대체제로서 기능 가능한 순수연료(E100)로서 개발하기 시작했다. 1990년대 중반까지 이 프로그램은 바이오에탄올 공급 부족과 국제시장에서 낮은 오일 가격으로 인해 거의 발전하지 못했지만 2003년 가솔린-에탄올 겸용연료(75%/25%) 자동차의 개발(Flex-Fuel Car)로 인해 2009년까지 생산은 폭발적으로 증가하여 2010년에는 세계 2위의 생산국으로 등장했다. 증가하는 생산량 때문에 원료인 사탕수수 생산도 더욱 증가하게 되었다. 1975년-1976년 사이 8천 9백만 미터톤에서 2009년-2010년 사이에는 6억 9천 6백만 미터톤으로 증가했으며 바이오에탄올 생산량도 동일 시기 동안 각각 6억 리터에서 약 2백 6십억 리터로 증가했다(Mauro D. Berni and Paulo C.Manduca 2014: 58). 이러한 재생 에너지 개발과 대기 오염 상관관계

분석에서 기존의 많은 연구들은 자동차의 배기가스에서 온실가스인 이산화탄소 배출을 현저하게 줄이고 있으며 특히 상파울로 같은 대도시에서의 대기 오염 감축, 사탕수수 찌꺼기를 이용한 폐열 발전 등에 중요한 영향을 미치고 있다고 주장하고 있다(ibid: 59; Jang et al., 2012b; Jang et al., 2014b).

하지만 위와 같은 단순하게 교통 및 차량 규제 정책, 혹은 이와 관련된 재생 에너지 개발에 국한된 미세먼지 및 대기 오염 방지 정책이라는 한계를 지니고 있다. 제II장과 제III장의 과학적 데이터와 대기 측정 자료들을 중심으로 상파울로시의 미세먼지 및 초미세먼지의 시공간적 발생과 화학적 특성을 살펴보았듯이, 오염의 발생 원인은 비록 교통 및 에너지 그리고 산업 부문이 상당할 정도로 큰 영향을 미치고 있지만 이외에도 다른 발생 요인들에 의해 간접적인 영향을 받고 있음을 확인할 수 있었다. 예를 들어, 본 연구의 중요 분석 대상인 대기의 흐름 특히 풍향, 풍속 등의 기상변화는 대기 오염 물질의 확산과 이동 그리고 화학 반응을 통한 2차 대기 오염 물질 생성에 중요한 역할을 하고 있기 때문이다. 상파울로의 미세먼지 혹은 초미세먼지에 대한 미래 연구에서 반드시 고려해야 하는 분석 변수들이다. 특히 현재 논의되고 있는 에탄올 생산을 위한 사탕수수 생산 확대와 처리과정(소각)에서 발생하는 다양한 오염 물질의 증가, 이의 풍향과 풍속에 의해 상파울로로 유입되는 미세먼지의 문제는 브라질의 미래 정책 전략 구상에 반드시 포함되어 고려되어야 하는 변수이다.

V. 결론

상파울로시는 인구 1,800만 명이 거주하는 대도시로 대서양에서 약 50km 떨어진 곳에 위치하고 있다. 풍향은 대부분 측정소에서 남동풍계열이 우세하였지만 MOOCA, OSASC, PINHE 그리고 SANTO 측정소는 북동풍, 서풍, 남서풍, 북풍 계열의 바람이 동시에 우세하였다. 미세먼지의 일 최대 농도는 남풍계열 외에 북풍의 바람이 유입될 때도 많이 발생하였다.

상파울로시의 연평균 미세먼지는 OSASC 측정소와 CAETA 측정소를 제외하고 대부분 환경기준인 40 ug/m^3 이하로 분포하였다. 24시간 환경기준 또한 전체 측정소에서 5회만 초과할 정도로 대부분 환경기준 이내로 측정되었다. 브라질의 권고 환경기준인 MI2를 적용할 경우 미세먼지 대책이 필요한 지역은 73%에 달하였다. 월별 미세먼지농도는 7월-10월에 41-48 ug/m^{3}의 수준인 반면, 11월-1월에는 15-30 ug/m^{3}으로 낮게 분포하였다.

9월 18일과 19일에는 24시간 평균 농도가 MI2 환경 기준을 초과한 측정소가 6곳과 5곳에서 발생하였다. 그리고 Hysplit 4 모델을 이용한 역궤적 분석에서 상파울로시의 500m 상층 공기는 브라질의 북동쪽 대서양에서 기인한 공기가 상파울로주를 통과하면서 유입되는 것으로 모사되었다. 50 m 상층의 바람장 분석에서도 9월 18일과 19일에는 시 대부분 지역에서 북풍이 우세한 것으로 모사되었다.

상파울로시에서 야간 미세먼지 농도가 주간보다 높았으며, 주중의 농도가 주말보다 높게 관측되었다. 이는 도시의 인위적 오염원인 교통량에 기인하는 것으로 추정된다. 미세먼지와 초미세먼지의 높은 상관성은 북풍계열의 바람에 의해 미세먼지 농도가 증가하고, 사탕수수의 소각에서 기인하는 발암성 물질인 다환방향족화합물(PAH)를 포함하고 있는 초미세먼지의 농도가 증가할 가능성을 뒷받침하고 있다.

상파울로시의 측정소에서 관측된 미세먼지와 초미세먼지는 대서양에서 기인하는 남동풍의 희석효과로 대부분 측정소에서는 농도 분포가 낮았다. 반면 북풍계열에서는 사탕수수 소각과 같은 바이오매스의 영향으로 미세먼지 농도가 증가되며, PAH와 같은 유해물질 또한 증가할 것으로 전망되었다.

이에 대한 정책적 대응으로 상파울로주정부의 대기 오염 저감 정책은 1980년에서 차량 대기 오염 통제를 시작으로 대응하기 시작했다. 기술의 개발과 교통 부문에 대한 효율적인 관리시스템 확대를 통해 많은 제도와 프로그램이 만들어 졌으며 정책적 이행으로 옮겨졌다. 특히 비록 에너지자립이라는 에너지안보 정책으로 시작되었지만 새로운 대체에너지원으로 바이오에탄올 개발은 대기 오염을 줄이는 데에 많은 기여를 한 것으로 분석된다. 다만 오늘날 새로운 시각으로 등장한 에탄올생산으로 인해 부가적으로 발생하고 있는 부작용(소각과 이의 상파울로 도시로 장거리 이동)의 문제들은 향후 브라질 정부의 대기 오염 저감 혹은 미세먼지 정책에서 추가적으로 고려해야 하는 사항으로 등장하고 있다. 본 논문은 이러한 추가적인 하지만 중요한 분석변수에 대해 과학적 데이터(풍속, 풍향 그리고 화학 물질 구성 등)들을 통해 확인해 보았으며 향후 이 분야에 대한 추가적인 연구 가능성을 열어 놓고자 한다.

참고문헌

Allen, A.G. Cardoso, A.A., Wiatr, A.G., Machado, C.M.D., Paterlini, W. C., Baker, J.(2010) “Influence of intensive agriculture on dry deposition of aerosol nutrients”. Journal of the Brazilian Chemical Society. vol. 21, 89-97.

An, X., Hou, Q., Li, N., Zhai, S.(2013) “Assessment of human exposure level to PM10 in China”. Atmospheric Environment. vol. 70, 376-386.

Aurangojeb, M.(2011) “Relationship between PM10, NO2 and particle number concentration : validity of air quality controls”. Precedia Environmental Sciences. vol. 6, 60-69.

Bravo, M.A and M. L. Bell(2011), “Spatial Heterogeneity of PM10 and O3 in São Paulo, Brazil, and Implications for Human Health Studies”, Journal of the Air & Waste Management Association, vol. 61, 69-77.

CAI(2013) "Air Quality in Latin America : An Overview", http://www.cleanairinstitute.org/calidaddelaireamericalatina/cai-report-english.pdf(Search 23.11.2013)

de Andrade, S.J., Cristale, J., Silva, F.S., Zocolo, G.J., Marchi, M.R.R(2010) "Contribution of sugar-cane harvesting season to atmospheric contamination by polycyclic aromatic hydrocarbons (PAHs) in Araraquara city, Southeast Brazil". Atmospheric Environment. vol. 44, 2913-2919.

Diego Velloso Veronez, Luiz Alexandre Kulay, Paulo Hilário Nascimento Saldiva, Simone Georges El Khouri Miraglia(2012), "A Cost-Benefit Evaluation of the Air Quality and Health Impacts in São Paulo, Brazil, Journal of Environmental Protection. vol. 3, 1161-1166.

Gao, X., Rahim, M.U., Chen, X., Wu, H.(2014) "Significant contribution of organically-bound Mg, Ca, and Fe to inorganic PM10 emission during the combustion of pulverized Victorian brown coal", Fuel. vol. 117 Part A, 825-832.

Haroldo Machado Filho(2001), "Brazilian Efforts Towards Reducing Greenhouse Gas Emission in the Transport Sector and in the Energy Intensive Industry", Workshop on the Good Practices in Policies and Measures, 8-10 October 2001, Copenhagen, 1-8.

Jang, Y.W., I.-.S.., Park, G,. Lee(2012a) "The analysis of wind energy characteristics at five monitored locations in Chile". Korean Journal of Latin American and Caribbean Studies. vol 31, 121-144.

Jang, Y.W., I.-.S.., Park, S-S., Ha, S.-H., Jang, K.-W., Jung, G,. Lee, W.-H., Kim, Y.-J., Choi, C.-H., Cho.(2014a) "Preliminary analysis of the development of the Carbon Tracker system in Latin America and the Carribbean". Atmosfera. vol. 27, 61-76.

Jang, Y.W., S.-H., Jang, I.-.S.., Park, G,. Lee(2012b) "The study for the evaluation of the resource and the economic feasibility of the wind energy in Brazil". Korean Journal of Latin American and Caribbean Studies. vol 31, 105-126.

Jang, Y.W., S-S., , Ha, I.-.S.., Park, G,. Lee, K.-W., Jung(2014b) "A Study of Reducing Policy of Air Pollution and Characteristics of Air Pollutants Using an Air Pollution monitoring Network in Mexico city". Journal of International Area Studies. vol 17, 121-144

Jorquera, H., Barraza, F.(2013) "Source apportionment of PM10 and PM2.5 in a desert region in northern Chile". Science of The Total Environment. vol. 444, 327-335.

López, M.L, Ceppi, S., Palancar, G.G., Olcese, L.E., Tirao, G., Toselli, B.M.(2011) "Elemental concentration and source identification of PM10 and PM2.5 by SR-XRF in Córdoba City, Argentina". Atmospheric Environment. vol. 45, pp. 5450-5457.

Lonati, G., Giugliano, M., Cernuschi, S.(2006) "The role of traffic emissions from weekends' and weekdays' fine PM data in Milan", Atmospheric Environment. vol. 40, pp. 5998-6011.

Manuel, A.L.G, Daniela A.S., Sergio, I.E, Patricia, M.C, Rodrigo, S.A (2013) "Five-year study of particulate matter (PM2.5) and cerebrovascular diseases", Environmental Pollution. vol. 181, 1-6,

Mauro D.Berni and Paulo C. Manduca(2014), "Bioethanol Program in Brazil: Production and Utilization of Trade-offs for CO_2 Abatement", Journal of Clean Energy Technologies, Vol. 2, 57-60.

Minguillón, M.C., Campos, A.A., Cárdenas, B., Blanco, S., Molina, L.T., Querol, X.(2014) "Mass concentration, composition and sources of fine and coarse particulate matter in Tijuana, Mexico, during Cal-Mex campaign". Atmospheric Environment, vol. 88, 320-329.

Mkoma, S.L., da Rocha, G.O., Regis, A.C.D, Domingos, J.S.S., Santos, J.V.S, de Andrade, S.J., Carvalho, L.S., de Andrade, J.B.(2014) "Major ions in PM2.5 and PM10 released from buses: The use of diesel/biodiesel fuels under real conditions". Fuel. vol. 115, 109-117.

Mugica, V., Oritz, E., Molina, L., Vizcaya-Ruiz, A.D, Quintana, R., Alcántara, E.(2009) "PM composition and source reconciliation in Mexico City". Atmospheric Environment. vol. 32, 5068-5074.

Oswaldo Lucon and José Goldemberg(2010), "São Paulo-The 'Other' Brazil: Different Pathways on Climate Change for State and Federal Governments", The Journal of Environment & Development. vol. 19(3), 335-357.

Park, Il-Soo, C.-K., Kang, Y.W., Jang(2014) "In-depth Review for Improvement Plan of Air Pollution Monitoring System in Chile". Korean Journal of Latin American and Caribbean Studies. vol 33, 347-372.

Pateraki St., Asimakopoulos, D.N., Flocas, H.A., Maggos, Th., Vasilakos, Ch.(2012) "The role of meteorology on different sized aerosol fraction(PM10, PM2.5, PM2.5-10)". Science of The Total Environment. vol. 419, 124-135.

Sillapapiromsuk, S., Chantara, S., Tengjaroenkul, U., Prasitwattanaseree, S., Prapamontol, T.(2013) "Determination of PM10 and its ion composition emitted from biomass burning in the chamber for estimation of open burning emissions". Chemosphere. vol. 93, 1912-1919.

Silva, F.S., Cristale, J., Andé, P.A., Saldiva, P.H.N., Marchi,M. R.R(2010) "PM2.5 and PM10: The influence of sugarcane burning on potential cancer risk". Atmospheric Environment. vol. 44, 5133-5138.

Souzaa, K.F., Carvalho, L.R.F.(2013) "Diurnal and Nocturnal Measurements of PAH, Nitro-PAH, and Oxy-PAH Compounds in Atmospheric Particulate Matter of a Sugar Cane Burning Region".. vol. 83, 193-201

Vieira-Filho, M.S., Pedrotti, J.J., Fornaro, A.(2013) "Contribution of long and mid-range transport on the sodium and potassium concentrations in rainwater samples, São Paulo megacity, Brazil". Atmospheric Environment. vol. 79, 299-307.

웹사이트 정보

http://www.cetesb.sp.gov.br/ar/Informa??es-B?sicas/24-Configura??es-da-Rede- Autom?tica

http://sistemasinter.cetesb.sp.gov.br/Ar/php/ mapa_qualidade_rmsp.php

http://aqicn.org/map/brazil/

http://www.nemko.com/ko/services/environmental-impact-environment/pah-polycyclic-aromatic-hydrocarbons

4장

칠레 산티아고시의 대기 오염 분석 및 한-칠레 협력 이슈 연구*

하상섭, 장유운, 박일수, 장수환, 정경원

I. 서론

1980년대 중남미 외채 위기 경험과 함께 글로벌 차원에서 요구되었던 경제구조조정 과정에서 칠레는 중남미 지역에서 가장 먼저 신자유주의 경제개혁(피노체트와 시카고 보이즈)을 추진한 국가이다. 1989년 피노체트 군부정권의 실각과 더불어 진행된 민주화와 민선 정부(좌파연합정부)의 탄생에도 불구하고 1990년 이래 그 어떤 국가들보다 가장 먼저 다변화한 수출 주도형 경제 발전 모델을 추진해 왔다(T. Skidmore et al., 2010: 278). 전체 33개국의 중남미 개별 국가들 중에서 가장 많은 자유무역 협정(FTA)을 맺고 있을 정도로 대외무역 개방과 국제 협력의 수준이 높은 국가이다(2004년 우리나라와 FTA 체결). 풍부한 구리 광물과 산림자원, 다양한 농작물 수출, 태평양 홈볼트 해류 유역에서 어업 발전과 양식업 발전은 칠레의 경제 성장을 리드하고 있다. 자유 무역 협정 이후 양국 간의 농수산물 교역의 증가, 디지털 및 정보통신(IT) 산업 교역도

* 이글은 국제지역연구 제19권 2호(2015, pp 61-86)에 게재되었던 논문입니다.

활발하게 진행하고 있다(FTA종합지원포털, 2013). 최근에는 외교부의 칠레 신재생 에너지 로드맵 마련과 산림청의 양국 산림 책임자간 협정서 체결 그리고 한국 전산원의 한·칠레 IT 센터 지원 등 다양한 분야에서 국제 협력이 진행되고 있다(MFA, 2013).

위와 같은 다양한 분야에서의 양국간 국제 협력과 더불어 또 다른 협력 가능성이 큰 분야로 기후 변화 대응 및 대기 오염 저감 분야가 떠오르고 있다. 현재 한국은 급속한 경제 성장과 더불어 온실가스 배출 10위권 국가로 기후 변화에 대한 국제적 책임을 져야할 상황에 직면해 있고, 칠레 또한 경제 발전을 위한 산업투자 증가, 화력발전 에너지안보 증가, 교통에서 자동차 사용 및 가정에서 화목 연료 사용 증가 등의 다양한 원인으로 심각한 대기 오염을 경험하고 있다. 우리나라와 칠레간 도시 대기질 개선을 위한 협력은 향후 에너지 사용에 기인한 오염 물질을 제어하고 관리함으로서 궁극적으로 글로벌 차원의 지구 온난화와 기후 변화 대응에 대해 공동 기여를 할 수 있다(Jang et al., 2014).

본 연구는 산티아고 시의 대기 오염 실측 자료를 과학적 방법으로 분석해 현재 이 도시에 가장 심각한 대기 오염 현상은 무엇이며, 오염원의 원인은 어디에 있고 그리고 오염 저감을 위한 정부의 노력과 한계는 무엇인지를 살펴보고자 한다. 특히 대기질 개선을 위해 향후 우리나라와 협력이 필요하다면 그 분야는 무엇인지를 고찰, 추적해 보고자 한다. 이러한 연구 질문에 답을 찾기 위해 먼저 제II장에서 칠레 산티아고시를 둘러싼 수도권 지역에서 발생하는 대기 오염의 다양한 원인들을 살펴보고자 한다. 이러한 원인 분석의 주목적은 인과관계를 중심으로 오늘날 칠레 정부의 대기 오염 저감 정책이 오염원 제거에 부합하는 정책이나 제도적 노력을 해 왔는지 혹은 이행 한계는 무엇인지를 살펴보는 데에 중요한 단초를 제공해 줄 수 있기 때문이다. 제III장과 제IV장에서는 산티아고시의 대기질 현황과 특히 대기과학기술 측면에서 대기 오염 특성 및 데이터 분석(측정망 운영)을 통해 실질적인 대기질 현황 파악은 물론 이를 통한 협력 이슈를 전망해 보겠다. 이는 향후 우리나라와의 대기 분야(과학기술) 협력 가능성 탐색을 위해 혹은 정책 협력 차원에서 현재 칠레에 요구되는 대기 오염 저감 협력 이슈는 무엇인지를 진단해 보기 위해 중요하다. 물론 양국 간의 협력 이슈 관찰은 칠레의 대기 오염 저감 정책 발전과 한계를 극복하기 위한 범위 내에서 진행되어야 함을 인지하면서(제V장), 이후 현재 가장 요구되는 협력 분야는 무엇인지 그리고 협력의 가능성은 존재하는지를 다양한 시각을 통해 진단해 보고자 한다(결론).

II. 산티아고 시의 지형/기후적 특징과 대기 오염의 원인 분석

산티아고시는 위도 32°55′~34°19′와 경도 69°46′~71°43′에 위치하고 있으며 해발 450-650 미터 사이 고지대에 인구는 약 600만 명에 이르며 약 15,000평방킬로미터(칠레 전체 면적은 약 760,000 평방킬로미터)의 면적을 차지하고 있다. 지리적으로 중부권에 속해 있어서 기후는 온화하고 상대적으로 긴 건조한 기후를 갖는다. 산티아고시는 경제적으로 칠레 GDP(Gross domestic product) 생산의 41.5%를 차지하면서 칠레 최대의 행정·산업·상업·문화의 중심지 역할을 하고 있다. 칠레의 수도인 산티아고는 지형적으로 그 주변으로 해발 2,000미터 이상의 고지대인 태평양 연안 및 안데스 산맥들이 둘러싼 다소 폐쇄된 내륙 분지에 위치해 있다.

기상학적으로 남태평양 아열대 고기압 때문에 침강 역전 층(permanent subsidence and thermal inversion layers) 아래에 놓여있다. 칠레의 산티아고시를 중심으로 수도권은 동쪽에 안데스 산맥과 서쪽으로 해안 융기 산맥이 위치하고 북쪽으로는 차까부꼬(Chacabuco) 산맥이 있다(Elshorbany et al., 2009). 남쪽으로는 안고스뚜라(Angostura)와 차다(Chada)와 같은 3,200미터 높이의 산봉우리가 위치하여 산티아고시를 감싸고 있다(Rutllant and Garreaud., 1995). 이와 같은 내륙 분지 도시의 특징은 바람이 매우 안정적이어서 오염 물질의 외부 확산이 방해 혹은 차단되기 때문에 도시 규모가 확대될수록 대기 오염 물질의 분지 내 축적으로 심각한 대기 오염을 경험하게 된다(Puertas et al., 2014). 물론 질적인 면에서 미세먼지의 축적은 시민 건강에 치명적이기까지 하다(Valdés et al. 2012: 1).

경제 사회적으로 산티아고가 칠레의 수도인 만큼 급속한 도시화(주택 및 인간거주지 시외로 확대)를 경험하면서 이로 인한 인간 활동 증가(1998년 버스 및 자동차 80만대에서 10년 후 2008년에는 120만대로 증가), 산업 활동의 증가(1999년 통계로 총 70% 집중) 등이 그동안 수도 산티아고의 대기 오염 증가의 문제로 주목 받아왔다(Romero, 1999: 4039).[1] 이에 더하여 산티아고는 가을철과 겨울철에 미세먼지의 영향을 받고 봄철과 여름철에는 오존과 같은 광화학스모그의 영향을 받는 것으로 알려져 있다(Gramsch et al., 2006; Ragsdale et al., 2013). 미세먼지 발생은 산업

1 1975년 서비스를 시작한 산티아고 지하철(Metro de Santiago)은 남미에서 가장 긴 노선을 가지고 있다. 멕시코 지하철 시스템에 이어 2번째 긴 도시교통 서비스이며 하루에 약 2백만 명이 넘는 산티아고 시민들의 교통을 담당한다.

공정과 자동차 그리고 도로에서의 재비산과 가정 난방에서 주로 기인하며, 오존 농도의 증가는 화력발전소와 차량의 배기가스 배출에서 기인한다. 특히 겨울철에는 대도시에서 발생하는 '열 역전(thermal inversion)' 현상(일종의 기상현상으로 상층부의 따뜻한 공기가 차가운 공기를 지표면으로 누르고 있는 현상)으로 스모그를 포함한 심각한 대기 오염이 집중 발생되고 있다.

2004년 칠레 콘셉션 대학(Univ. of Concepción) 연구에 따르면 대기 오염은 산티아고가 1위, 테무코(Temuco)가 2위 그리고 콥셉시온(Concepción)이 3위를 기록했으며 4위는 산티아고 남부에 위치한 칠란(Chillán)으로 평가되었다. 특히 대기 오염 원인에 대한 진단에서 조사팀은 "테무코와 마찬가지로 칠란에서 대기 오염 증가는 대부분 가정용 화목 난로 사용 증가가 원인인데 칠란의 경우 62%에 달하는 가정이 이 겨울 난방 시스템을 사용하고 있으며 동시에 칠란 시민들의 인식이 화목 난방 시에 젖은 화목이 장시간에 걸쳐 온기를 유지/생성해 낸다는 잘못된 화목 사용 인식으로 인해 대기 오염은 더욱 더 증가하고 있다"고 비판 분석하고 있다.[2]

위의 같은 오염원인 분석에서 보듯이 산티아고시의 대기 오염은 칠레의 여러 도시들 중에서도 대기 오염이 가장 심각하다. 비록 1990년

---

2 2007년 6월 29일자 칠레의 산티아고 타임즈(The Santiago Times)의 헤드라인은 "추운 겨울과 바람이 전혀 없는 산티아고와 칠란의 경우 대기질의 문제는 심각"으로 오염의 위기감을 표시.http://en.mercopress.com/2007/06/29/severe-air-pollution-plagues-chilean-cities (방문 2015년 3월 20일자).

대 들어 정부의 다양한 대기 오염 저감 노력으로 눈에 보이는 대기 오염 정도는 많이 줄었지만 2000년대 들어 실질적으로 대기 오염은 2배로 증가했다. 특히 이러한 증가에 영향을 미친 대기 오염 물질은 미세입자(Particulate Matter; PM10) 오염원으로 2010년에 들어 2배 증가했다는 분석이 많이 있다.[3] 실질적으로 PM 농도가 미국 EPA(Environmental Protection Agency) 표준이나 WHO(World Health Organization) 기준을 초과해 대기 중에 존재함으로써 칠레 시민들의 건강에 적신호가 켜졌다고 경고의 목소리가 나오기도 했다(Valdez, Ana et al., 2012).

다른 원인들을 추적해 보면 디젤 트럭에서 발생하는 배기가스도 칠레 겨울철 스모그의 주범이다. 칠레 정부가 대기 오염 저감 정책으로 2005년-2010년 사이 장기간에 걸쳐 추진했던 산티아고시 공공교통시스템(일명 BRT 트란산티아고; Transantiago 2007년 도입해 버스와 지하철을 통합적으로 연결) 개선 정책에서 문제도 존재했다. 초기의 대기 오염 저감 목적 및 정책 디자인에 비해 정책 이행 과정에서 많은 문제점들을 야기 시키면서 실질적으로 대기 오염 저감을 위한 정책적 실효성은 많이 부족하다는 비판이 나왔다.[4] 이에 더하여 2008년 산티아고 시는 스모그가 심한 겨울철에 '촉매변환장치 비부착 차량 운행금지'와 홀/짝제 도입을 통한 '차 없는 날' 정책을 실시하였다. 그럼에도 불구하고 실질적으로 이러한 정책들은 개인자동차 소유자들의 2-3개 정도의 추가적 자

3 파멜라 모랄레스(Pamela Morales)의 기사에 의하면, "칠레 대학 연구진은 산티아고 대기 오염이 2배 증가했다"로 보고하고 있다(The Santiago Times, 2010년 1월 27일자 기사 참고).

4 이코노미스트의 "The slow lane: Fallout from a botched transport reform"분석 인용 (2008 2월 7일자) in http://www.economist.com/node/10650631.

동차 소유(홀/짝 번호판 모두 소유) 등의 문제, 엄격한 정부규제 이행 소홀 등의 문제로 그리 큰 실효성은 없었다(Louis de Grange and Rodrigo Troncoso 2011).

칠레의 구리 생산 기업인 '엘 테니엔도(El Teniente)' 제련소에서 1년 365일 발생시키는 오염 물질도 산티아고시의 대기 오염의 큰 원인이다. 산티아고 시내 중심에서 외곽에서(약 110 킬로미터) 배출되던 상당량의 오염원 물질의 존재에도 불구하고 대기 오염 모니터링 및 리포팅 관련 정부 기관 담당자들은 이 부문에 대한 오염배출 정보를 일반 시민에 잘 공개하지 않아 이에 대한 정부 정책 대응도 상당히 소홀했다는 비판도 존재했다. 일종의 대기 오염 저감 정책에 대한 국가능력 부족(예를 들어, 예산, 인력 및 규제 이행 등에서 능력 부족)의 대표적인 사례이다(WMO, 2012: 158-59).

산티아고시에서 대기 오염원은 위에서 처럼 자원 개발 산업시설, 디젤 차량 그리고 난방용 화목 연료의 잘못된 사용, 비효율적 오염 저감 정책 등으로 알려져 있다(Romero et al., 2010; Garcia-Chevesich et al., 2014). 차량 2부제의 실시에도 칠레 차량의 42%가 산티아고시에서 운행되어서 질소 산화물과 같은 오염 물질 배출량이 증가 추세에 있다. 그리고 도시 개발과 팽창에 따라 호흡기에 영향을 미치는 미세먼지 또한 약 91%가 차량에 의해서 발생되는 것으로 알려졌다(Lee et al., 2010; KECO, 2013). 칠레의 대기 오염 물질에 대한 환경 기준은 1997년 미세먼지를 시작으로 1998년에는 납 그리고 1999년에는 나머지 대기 오염 물질을 대상으로 설정되었다(Caceres and Lopez, 2013). 최근 환경기준은 2006년에 개정되었으며, 칠레정부는 강화된 환경기준을 충족하기 위하여 다양한 정책을 추진해 오고 있지만 여전히 한계도 존재한다. 칠레가 2010년 OECD(Organization for Economic Co-operation and Development) 가입국이 되어 ODA(Official Development Assistance, 공적개발원조) 차원의 국제 협력의 어려움과 다양한 대기 환경산업의 민영화로 인한 국가 대 국가(G to G) 차원의 협력은 어렵다 하더라도 인도주의 차원의 혹은 환경산업 투자협력 차원의 노력이나 접근을 고려해 보아야 할 것이다.

다음은 이러한 측정 및 모니터링 능력에 대한 칠레 정부의 과학적 노력에 대한 논의이다.

Ⅲ. 산티아고시의 대기 오염 물질 현황과 측정 시스템 분석

1. 칠레의 대기 오염 측정 분야 발전: 자동측정망

산티아고시의 대기 측정은 1974년에 WHO의 지원으로 산성비와 먼지 성분을 분석하는 수동 측정소를 15개 설치하여 운영하였다.[5] 1980년대에는 US EPA의 운영 규정을 따라 기체상 물질과 입자상 물질을 분석할 수 있도록 측정망을 8개로 재조정하였다. 1980년 말에는 수도

5 산티아고시의 대기 오염 측정망 자료는 MACAM(Red de Monitoreo de Contaminantes)과 SINCA(Sistema de Información Nacional de Calidad del Aire)에서 공개되고 있다. MACAM은 산티아고시의 대기자동측정망에서 산출된 실시간 자료만 공개하고 있다. 오존과 이산화황 그리고 이산화질소 성분은 8시간 이동 평균값으로 공개하고 있으며, 미세먼지와 초미세먼지는 24시간 이동 평균값으로 공개하고 있다. 풍속·풍향·온도·습도와 같은 기상 자료는 1시간 측정값으로 제공되고 있다. SINCA는 칠레 전역의 대기측정망 자료를 공개하고 있으며, 측정물질은 1일 평균 자료로 제공된다. 기상자료는 MACAM과 같이 1시간 간격의 자료를 기본으로 제공하고 있다.

권 지역에 IDB(the Inter-American Development Bank)의 지원으로 자동대기측정망(MACAM1)을 구성하였으며 일산화탄소(CO), 오존(O_3), 이산화질소(NO_2), 이산화황(SO_2), 메탄(CH_4), 미세먼지(PM10)를 자동으로 측정하였다. 1997년에는 일본 정부의 지원으로 2세대 자동측정망(MACAM2)을 구성하여 벤젠(Benzene)과 톨루엔(Toluene) 성분 그리고 탄화수소(HC) 항목을 추가하여 운영하였다. 2008년에는 3개 측정소를 추가하였으며, 현재 11개의 측정소가 운영되고 있다(그림 1 참조).

<그림 1> 산티아고시 대기자동측정망

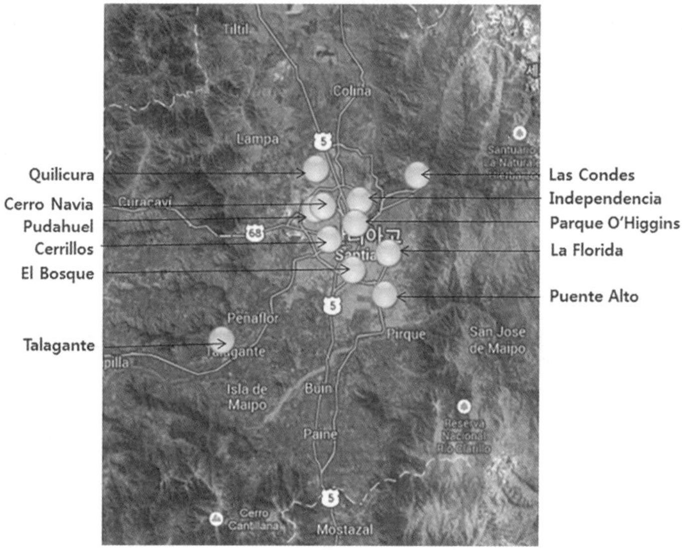

2. 기상 특성

기상 요소는 공기의 이동과 밀접하게 관련되어 있어서 대기 오염 물질의 정체와 확산에 중요한 역할을 한다. 일반적으로 도시 기상은 주간과 야간 그리고 계절에 따라 다양한 특성을 갖고 있어서 대기 오염 물질은 본 연구에서는 2012년 1월부터 2013년 12월까지 축적된 시간단위의 실측 기상자료를 분석하였다. 또한 산티아고시의 대기 오염 물질 특성을 이해하기 위하여 주간과 월간 그리고 공간 분포에 따른 기상 특성을 연구하였다.

1) 일별 기상 특성

<그림 2> 산타이고시의 풍속, 온도, 습도의 일변화

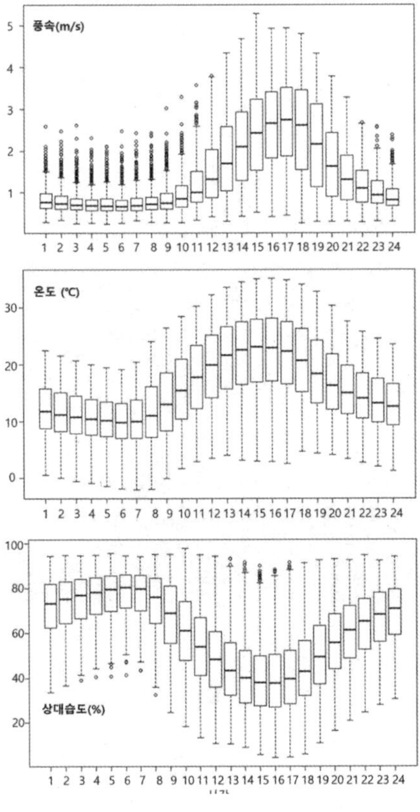

<그림 3> 산티아고시의 2010~2012년 월평균 풍속, 온도, 습도 특성

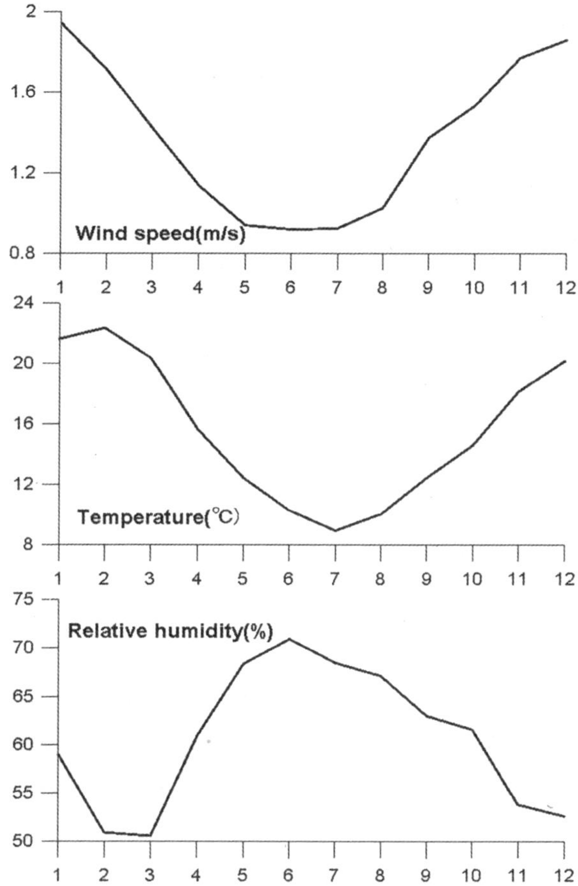

산티아고시의 모든 측정소에서 측정된 기상자료를 평균하여 일변화를 분석하였다(그림 2). 낮 동안의 평균 풍속은 1.7 m/s였으며 야간에는 대부분 1 m/s 이하로 낮은 풍속을 보였다. 16시~18시에 평균 2.6 m/s로 하루 중 가장 강한 풍속을 나타내었다. 강한 일사량과 혼합고 상승 그리

고 불균일한 지표면 가열의 영향으로 주간 풍속이 야간에 비하여 54% 증가하는 특성을 보였다.

산티아고시의 온도 일변화는 풍속의 일변화와 유의한 변화를 나타내었다. 주·야간 온도는 각각 18℃와 13℃로 측정되었다. 주·야간 온도 차이는 38%로 풍속 변화보다 낮았지만 시간의 변동을 나타내는 표준편차는 58%로 풍속의 시간변화보다 21% 높아서 계절적 변화가 풍속보다 큰 것으로 분석되었다. 아침 6시에 평균 온도가 9.8℃로 가장 낮으며, 9시부터 증가하여 14시~17시에 일중 최대 온도인 22.9℃를 나타내었다.

습도는 대기로 배출된 대기 오염 물질이 오존이나 미세입자 생성에 중요한 역할을 한다. 산티아고시의 주·야간 상대 습도는 53%와 68%로 야간 습도가 약 28.5% 높았다. 일중 평균 습도는 새벽 6시에 78%로 최대를 나타내었고, 오후 15~16시에 40%로 가장 낮았다.

2) 월별 기상 특성

2년 동안 산티아고시의 평균 풍속은 1.4 m/s 이었으며 월별 표준편차는 0.4 m/sec로 측정되었다. 여름철에 평균 1.8 m/s로 풍속이 가장 강하였고, 늦가을과 초겨울에 평균 0.9 m/s로 약 2배 낮았다. 월별 풍속이 계절에 따라 큰 차이를 나타내는 것은 일변화와 같이 산티아고시의 월별 온도 차이에 기인하고 있다(그림 3). 측정 기간 동안 도시의 평균 온도는 5.6℃이었으며, 월별 표준편차는 4.8℃ 이었다. 여름에는 월 평균 21.4 ℃로 일사량이 강한 반면 겨울에는 54% 감소한 9.8℃로 분석되었다. 월 평균 습도는 50% 이상을 유지하였으며, 2~3월에 가장 낮은 반면 풍속이 약한 시기인 5~7월에 높게 분포하였다.

IV. 산티아고시 대기 오염 물질 특성 시공간 분포 분석과 모니터링

1. 대기 오염 물질 현황

산티아고시는 산업공정과 자동차 그리고 난방을 위한 화목 등 다양한 대기 오염원이 산재해 있다. 도시 대기질은 이러한 오염 물질과 더불어 주간과 야간 그리고 월별·계절별 기상조건에 따라 영향을 받기 때문에 시·공간에 따른 대기 오염 물질의 특성 분석이 선행되어야 한다. 본 연구에서는 2012년 1월 ~ 2013. 12월까지의 대기 오염 자료를 분석하였다.

일별 특성

산업시설과 자동차에서 배출되는 일산화탄소의 일 평균 농도는 아침 출근시간에 증가하고 17시~20시에는 감소하는 특성을 나타내었다(그림 4). 반면 고농도의 일산화탄소 발생율은 새벽에 가장 높았으며, 낮 시간에는 대기화학 반응과 기상 인자의 영향으로 감소하였다.

차량과 화석 연료 사용 시 배출되는 이산화질소의 일 평균 농도 또한 통행량이 많은 오전 시간과 야간에 증가하는 특성을 보였다. 오존 또한 일사량이 강한 오후에 광화학 반응을 통하여 생성되는 특성에 따라 18~19시 사이에 최대 농도를 나타내었다. 미세먼지는 일산화탄소와 이산화질소 그리고 오존과 같은 특정한 일변화를 나타내지 않았다. 이것은 산티아고시에서 미세먼지의 배출원이 차량과 더불어 산업체 그리고 자연 배출원 등 다양한 원인에서 비롯되고 있는 것을 보여주고 있다.

월별 특성

대기 오염 물질의 월간 분포를 <그림 5>에 나타내었다. 도시의 대기 오염 물질은 겨울철에 대체로 높게 분포하였지만, 오존 성분은 온도와 일사량 감소로 가장 낮게 분포하였다. 산티아고 시는 겨울철 풍속이 낮은 시기에 화목 사용으로 인한 미세먼지의 영향이 증가하고, 여름철에는 광화학반응에 의한 오존과 같은 광화학 스모그에 크게 영향을 받는 지역으로 평가할 수 있다. 따라서 호흡기 질환 발생의 대표 물질인 미세먼지 또는 미세먼지의 겨울철 농도를 감소하기 위하여 시민들의 난방용 연료 전환을 위한 정책 도입이 필요할 것으로 사료된다.

<그림 4> 산티아고시의 CO NO2, O3, PM10의 일 변화

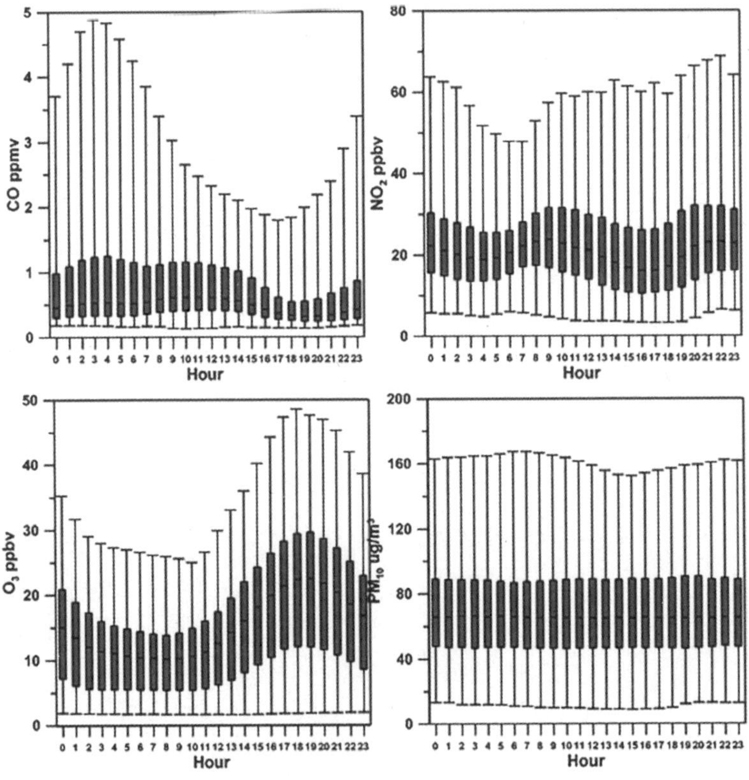

<그림 5> 산티아고시의 대기 오염 물질의 월 변화

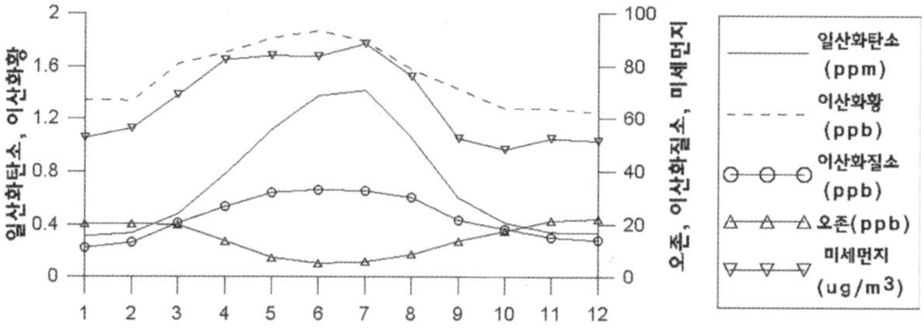

2. 측정소의 풍향 특성

도시지역에서 풍향은 오존 생성에 필요한 질소 산화물과 휘발성유기화합물질이 서로 혼합될 수 있는 조건을 제공하여 특정 지역에서 고농도 오존을 발생시킬 수 있다. 산티아고시의 경우 주변 산맥으로 인한 산곡풍이 발생하면 주·야간의 풍향이 대립하여 발생할 수 있다. 산티아고시의 11개 측정소의 풍향을 분석한 결과 대부분 지역에서 남서풍 계열의 바람이 유입되었다(그림 6). 도시의 남쪽에 위치한 딸라간떼(Talagante), 푸엔떼 알또(Puente Alto), 엘 보스께(El Bosque) 지역은 서풍이 더 우세하였고 도시 북쪽에 위치한 뀔리꾸라(Quilicura) 지역은 남풍이 주 풍향이었다. 동쪽에 위치한 라스 꼰데스(Las Condes)와 라 플로리다(La Florida) 지역은 남서풍과 더불어 동풍계열의 풍향이 함께 유입되었으며, 그림 7에서와 같이 주·야간의 산곡풍에 기인하고 있다. 주·야간에 산곡풍에 의한 풍향 변화는 여러 대기 오염 물질을 혼합시켜 광화학오염 물질과 미세먼지의 고농도 발생에 기여한다.

<그림 6> 측정기간 동안 산티아고 기상측정소의 바람장미

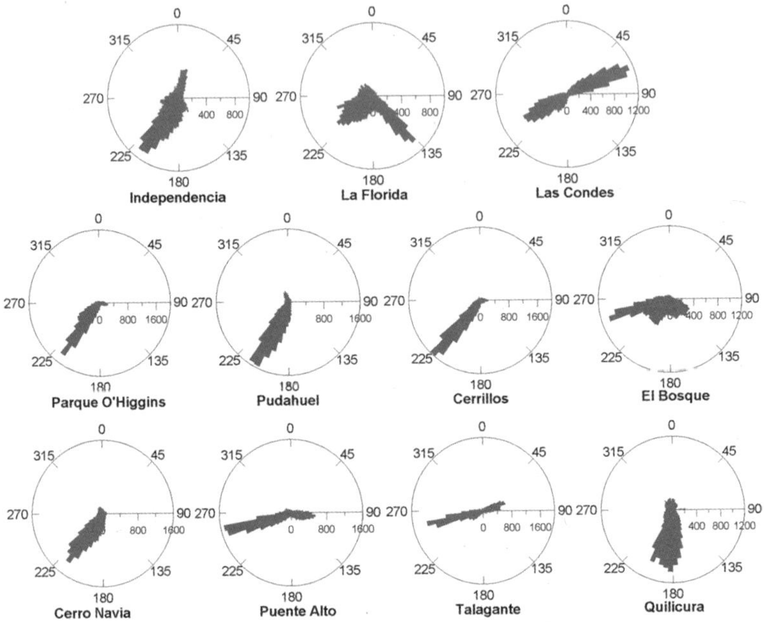

<그림 7> 라스 꼰데스(Las Condes)와 라 플로리다(La Florida) 측정소의 주·야간 풍향

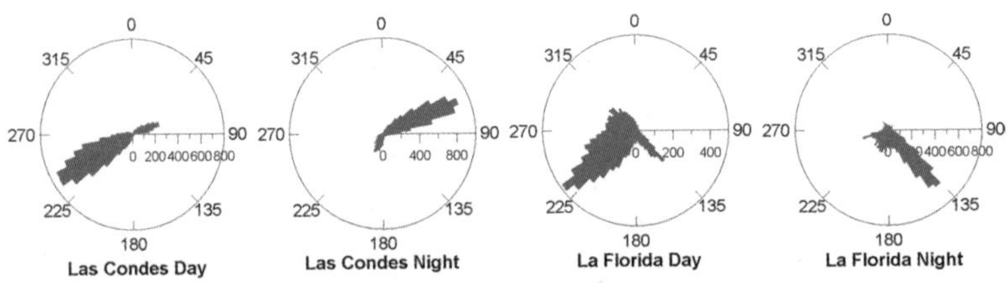

3. 오염 물질 공간 분포

칠레 정부의 저유황 연료 사용과 배출가스 장치 부착 그리고 노후차량 교체 등의 차량 정책에 힘입어 일산화탄소와 이산화황과 같은 1차 오염 물질의 대기 농도가 11개 측정소에서 모두 환경기준 이내로 분포하였다. 차량의 출·퇴근 시간에 생성되는 이산화질소는 도시 남부에 위치한 딸라간떼(Talagante) 측정소에 가장 낮았으며, 나머지 지역은 18~33 ppb 수준이었다. 이산화질소 농도는 오존 생성에 중요한 역할을 하기 때문에, 정체지역 해소 방안 또는 교통량 제한을 통하여 지역적 피해를 감소시킬 수 있다. 오존은 라스 꼰데스(Las Condes) 측정소에서 높게 분포하였으며, 여름철에 산곡풍의 영향으로 고농도 오존이 가장 빈번하게 발생하고 있다. 미세먼지는 겨울철에 모든 측정소에서 높게 분포하였다.

<표 1> 산티아고 대기측정망에서 관측한
2012~2013년의 측정기간의 대기 오염 물질 평균 농도

	일산화탄소 (ppm)	이산화황 (ppb)	이산화질소 (ppb)	오존 (ppb)	미세먼지 (ug/m^3)
Independencia	0.8	1.5	33.3	11.9	65.3
La Florida	0.7	1.2	21.5	13.1	73.9
Las Condes	0.6	*	27.5	17.4	54.9
Parque O'Higgins	0.6	2.0	21.9	14.7	73.9
Pudahuel	0.9	*	20.2	14.0	63.9
Cerrillos	0.7	*	21.3	15.4	66.7
El Bosque	0.9	1.5	25.4	12.6	72.4
Cerro Navia	0.8	*	20.8	14.5	67.8
Puente Alto	0.6	1.4	18.8	15.8	71.3
Talagante	0.6	1.7	10.2	15.8	42.2
Quilicura	0.6	1.3	22.6	16.3	79.6

* 측정 오류로 분석 자료 불충분

4. 미세먼지와 오존의 고농도 발생 사례

대기 오염 물질은 측정소 위치에 따라 11~18%로 큰 차이가 없었다. 이러한 결과는 인간의 건강에 해를 끼칠 수 있는 오존과 미세먼지 같은 물질이 대기에 축적되어 고농도 상태로 존재할 경우 도시 전역에 걸쳐 피해가 발생할 수 있다(Préndez et al., 2011). 산티아고시에서 고농도 오존과 미세먼지 발생 규모를 파악하고 이들의 발생 원인을 제시하기 위하여 오염 물질 간 그리고 기상 영향을 분석하였다. 칠레의 선행연구 자료에 따르면 2006년의 경우 이산화황과 이산화질소 그리고 일산화탄소와 같은 1차 오염 물질은 환경기준을 만족하였지만, 미세먼지와 오존은 환경기준을 초과하는 사례가 빈번하였다.

측정기간에 오존이 환경기준을 초과한 경우는 주로 라스 꼰데스(Las Condes) 측정소에서 94일 발생하였으며, 세리요스(Cerrillos), 뿌다우엘(Pudahuel), 낄리꾸라(Quilcura), 세로 나비아(Cerro Navia) 측정소에서 각각 6일, 4일, 2일, 4일 발생하였다. 산티아고시에서는 위의 5개 측정소를 제외하고 오존의 환경기준을 초과한 사례는 발생하지 않았다. 5개 측정소에서 고농도 오존이 모두 발생하는 시기는 주로 11월~2월이었으며 3~10월에는 발생하지 않았다.

미세먼지는 낄리꾸라(Quilicura), 세로 나비아(Cerro Navia), 빠르께 오이긴스(Parque O'Higgins), 뿌다우엘(Pudahuel), 라 플로리다(La Florida)지역에서는 각각 66일, 57일, 50일, 43일, 41일 씩 환경기준을 초과하였고 라 꼰데스(Las Condes)와 딸라간떼(Talagante) 측정소에서는 환경기준 이내로 분포하였다. 고농도 미세먼지가 주로 발생하는 지역은 칠레의 서쪽 측정소에서 많이 발생하였다. 고농도 미세먼지는 오존과 달리 주로 4월~8월에 발생하였으며, 9월~3월에는 발생하지 않았다. 라스꼰데스(Las Condes) 지역에서 고농도 오존 출현 빈도가 높은 것은 그림 7에서처럼 산곡풍(주간 : 서풍, 야간 : 동풍)과 도시 동쪽에 위치한 산맥으로 인하여 대기 오염 물질이 정체되어서 일사량이 강한 낮 동안 고농도 오존을 발생시키는 것으로 사료된다.

2012년 7월 14일에는 미세먼지가 모든 측정소에서 환경기준을 초과하여 관측되었다. 미국국가해양대기청(NOAA)의 Hysplit4(Hybrid Single Particle Lagrangian Integrated Trajectory Model) 모델에 따르면, 주풍향은 새벽과 아침에 북풍이었으며 주간과 오후에는 서풍이었다. 풍속은 정오부터 증가하여 오후에 최대였으며, 지역별로는 도시의 동쪽 지역에서 강한 풍속이 분포하였다. 혼합고 또한 고농도 오존이 관측된 날(2012.02.28) 보다 64% 감소한 평균 332m로 낮게 형성되어서, 오염 물질의 확산을 방해하는 요인으로 작용하였다.

산티아고 지역의 겨울철(6~8월) 오존은 일사량 감소로 광화학 반응이 제한되어서 대기 농도가 낮게 분포하지만, 대부분 오염 물질은 낮은 혼합고의 영향으로 오염 물질이 축적되는 현상이 발생하게 된다(Gramsch et al., 2000). 따라서 경제적으로 어려운 시민들의 난방용 화목 사용은 산티아고 시의 고농도 미세먼지 발생율을 증가시킬 수 있다(Jorquera et al., 1998). 도시 대기질 개선을 위해서는 화목연료 사용량을 제한하고 천연가스를 이용한 난방 또는 열병합 발전소를 통한 대규모 난방 시스템과 같이 시민들이 경제적으로 활용 가능하고 청정한 연료 공급을 위한 지원책이 마련되어야 한다.

V. 산티아고시의 대기 오염 저감 정책 대응 및 한계 분석

대기 오염 저감을 위한 제도적 노력

칠레의 대기 오염은 1990년 초반에 최대로 심각한 수준에 다다랐으며, 산티아고 시민들의 건강과 환경에 영향을 주기 시작하자 이를 해결하기 위한 많은 정책 논쟁과 더불어 1994년에 이에 대한 구체적인 환경 법안이 마련되었다. 칠레 환경법에 기초하여 국가 환경 위원회 CONAMA(the National Commission for the Environment)가 신설되어서 환경 문제 예방, 오염방지 해결, 환경영향평가 수립과 이행 등의 역할을 담당하기 시작했다. 환경법의 제도적 시행으로 환경 오염 예방과 방지를 통한 환경 개선이 이루어졌지만 CONAMA의 법적 권한이 부여되지 않아서 2000년 후반까지 실질적 환경 문제 해결에 어려움이 따랐다.

<그림 8> 1988~2011년 동안 Paraque측정소의 연평균 대기 오염 물질

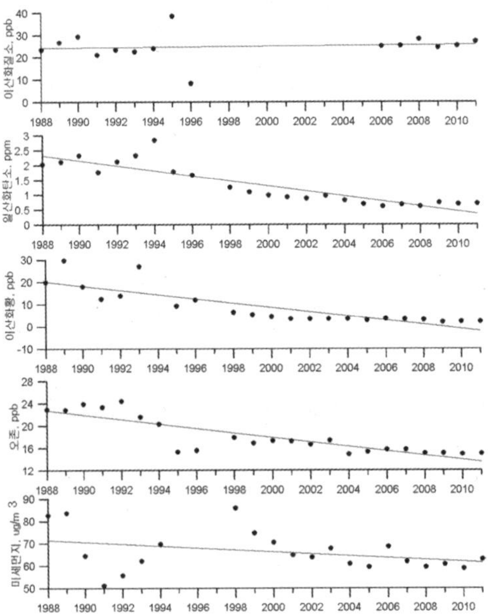

실질적인 대기 오염 저감과 관련된 정책은 1995년에는 '수도권 대기 오염 방지 계획'인 PPDA(Plan de Prevención y Descontaminación de la Región Metropolitana)가 수립되었으며, 1998년과 2003년 그리고 2009년 개정을 통하여 현재까지 산티아고시 등 수도권의 대기 오염 관리에 중요한 역할을 하고 있다. 구체적으로 PPDA에는 수송 분야, 산업분야, 주거용 연료, 차량연료, 휘발성유기화합물질 등 12개 분야에 대한 대기 오염 저감 목표와 운영 방안이 마련되어 있다.

칠레 정부는 CONAMMA의 역할 확대를 위하여 2010년 환경법을 개정하였으며, 환경부, 환경건강서비스부 SESMA(Servicio De Salud Metropolitano Del Ambiente), 환경감독부 SMA (Superintendencia del Medio Ambiente)를 신설하였다. 또한 2012년에는 환경법원을 설립하여 공공정책 설계와 프로젝트 인가 그리고 환경 논쟁의 중재를 담당하도록 하였다. 이러한 정부의 제도 및 정책의 노력으로 1988년부터 현재까지 일산화탄소, 이산화황, 오존, 미세먼지 성분은 각각 65%, 89%, 35%, 23% 씩 감소하였다(그림 8). 반면 차량에서 배출되는 이산화질소는 교통량 증가와 교통체증의 영향으로 약 16% 증가하였다. 5년 단위의 대기 오염 물질 농도 감소율 또한 1990~1995년 평균 52%에서 2005~2010년에는 6%로 낮아졌다.

위와 같은 제도적 장치(법안과 기구 설립)를 통해 실질적으로 칠레 정부는 다양한 정책적 대응을 해 오고 있는데 거시적 관점에서 보면 2가지 큰 방향에서 이루어져 왔음을 알 수 있다. 점오염원 규제 차원에서 대기 오염 물질 배출량 감축안을 구상하여 화력발전소와 같은 산업시설 규제와 이동오염원에서 저감을 위해 노후자동차 교체 그리고 저유황 연료의 품질 강화 방안을 정책적으로 운영하고 있다. 점오염원과 이동오염원 규제에서 가장 큰 역할을 한 것은 연료질 개선 정책으로 평가된다. OECD 평가에 의하면 2000년 이후 산티아고시에서 대기 오염에 대한 긴급한 위기 기록은 발생하고 있지 않다고 보고하고 있다(OECD 2005:4).

2. 대기 오염 저감을 위한 다양한 정책 노력

교동정책의 개선을 통해 교통 혼잡 관리가 효율적으로 이루어지고 있으며 특히 천연가스 연료 도입으로 인해 미세먼지 및 고농도 미세먼지가 대규모로 감소했고 석탄 보조금 제거 또한 대기질 개선에 도움을 준 것으로 분석되고 있다. 구리 생산(제련소)으로부터 발생하는 이산화황, 미세먼지 그리고 비소물질 배출이 상당할 정도로 감축되었다. 산티아고시의 경우 '배출량 감축지역'을 설정하여 오염 물질 배출이 많은 차량의 통행을 규제하고 있다. 대기질 개선을 위한 정부의 환경 법규 강화와 더불어 민간 참여와 투자를 통한 대기질 개선을 위해 정책적 노력을 경주해 오고 있다. 또한 차량 분야에서는 천연가스 버스 확대와 디젤 차량의 촉매장치 개발 및 부착, 자동차 정기검사제 그리고 자전거 공유와 같은 구체적 정책 이행도 강화해 오고 있다.

물론 위와 같은 다양한 정책들의 도입과 이행 강화를 위해 칠레 정부는 라틴아메리카 국가들 중에서는 처음으로 오염원 거래 메커니즘(trade mechanism)을 도입하여 효율성을 증진시켜 오기도 했다. 특히 규제 방식으로 '오염자 및 사용자 부담 원칙(polluter pays and user pays principles)'을 대기 환경 정책에 적극적으로 반영하여 강하게 규제해 오고 있다. 그럼에도 불구하고 위와 같은 산티아고 시의 대기질 향상 제도 개선과 정책 이행은 실질적으로 대기질 개선에 영향을 미치는지에 대한 사후평가 모니터링 방법 등에서 여전히 미흡하다는 지적이 있다(상시적 대기 오염 물질의 측정과 평가).

현재 수준에서 다양한 국제 환경 기구들과 측정 관련 연구 및 전문가들의 의견을 종합해 보면, 예를 들어 CAI(2012)의 라틴아메리카 도시 지역 미세먼지 분석에 의하면 산티아고 시의 미세먼지 수준은 심각한 대기 오염을 겪고 있는 멕시코시티와 상파울로시보다 각각 18%와 83% 이상 높은 수준으로 보고되고 있다. 산티아고 시가 위에서 보듯이 지속적인 수준에서 다양한 제도와 정책을 통해 대기 오염 물질의 농도를 줄이려고 노력해 왔지만 여전히 오존과 미세먼지같은 경우에는 환경기준을 초과하는 사례가 빈번한 것으로 발생하였다. 세겔(Seguel et al. 2012)의 연구에 따르면 산티아고 시에서도 주말의 오존 농도가 증가하는 현상이 발생하였다. 이것은 질소 산화물을 감소시키는 정책이 오히려 대기 오존농도를 증가시킬 가능성을 의미한다. 따라서 향후 산티아고 시의 대기질 개선 효과를 높이기 위해서는 지역별로 세밀한 접근이 필요하고 이를 위해서 보다 많은 측정망을 확대할 필요가 있다고 정책 제안 및 진단을 할 정도이다.

언급한 것처럼 인구의 40%이상 그리고 GDP 생산의 48%를 점하고 있는 산티아고 수도권 지역과 칠레의 수출에서 중요한 역할을 하고 있는 광물(구리) 생산 부문(황산화물, 미세먼지 그리고 비소 등의 오염원 배출)은 여전히 칠레 정부의 대기 오염 저감 정책에서 집중적이고 지속적인 도전을 요하고 있는 지역과 부문이다. 국가 전체적으로 보면 OECD 회원국이면서도 광물개발 및 산업 부문의 일반 오염원 배출 수준은 여전히 국제기준을 따라가지 못하고 있다(구리 제련 과정에서 비소 배출 기준은 제외). 물론 대기질은 모니터링 되고 있고 배출원 인벤토리 구축 국가 능력도 발전해 있다. 그럼에도 불구하고 이는 특정 지역에 집중되어 있으며 좀 더 상시적인 모니터링과 오염원 정보 구축 및 평가에 기여를 못하고 있다고 많은 전문가들의 지적을 받고 있다(KEITI 2012; KECO 2013).

IV. 결론 및 제언

산티아고시의 대기질은 여름에는 광화학 스모그의 영향을 받고 겨울에는 미세먼지의 피해를 받고 있다. 브라질의 상파울로시 보다 악화된 대기질의 원인은 해안산맥과 안데스 산맥의 중간에 위치함으로서 산곡풍의 영향으로 고농도 오존이 빈번하게 발생하고, 겨울철에는 혼합고가 낮아짐으로써 오염 물질이 도시 내에 정체되기 때문에 고농도 미세먼지의 출현이 증가하였다.

그동안 칠레 정부는 위와 같은 대기질 개선을 위하여 환경법, 대기질 개선을 위한 국가 계획 마련 등 다양한 제도와 정책을 도입해 왔으며 특히 교통정책의 강화(교통량 감소, 트럭과 버스의 오염 물질 제거필터 부착, 화목연료 사용의 규격화)를 통해 노력해 왔다. 좀 더 구체적으로 도시 대기질 개선을 위해서 오존과 미세먼지 생성에 주요하게 관여하는 질소 산화물의 배출량을 줄이기 위하여 교통량 감소와 트럭과 버스에 모든 오염 물질 제거 필터를 부착을 권장하고 있다. 그럼에도 불구하고 여전히 오염 저감 도전은 존재한다. 예를 들어, 지금은 규격화된 화목연료 사용을 권장하고 있지만, 앞으로는 화목연료 사용을 완전히 금지할 필요가 있다. 산티아고 시의 지형과 기후라는 고정 변수를 고려하면, 시민의 건강과 대기질 개선을 위해서는 필터와 청정연료 전환을 위한 정부 보조금 지원 마련 대책도 따라야 한다.

그람스체(Gramsch et al., 2006)는 산티아고 시의 미세먼지와 오존은 4개 지역으로 특성화를 이룬다는 연구를 발표하였다. 산티아고시의 11개 대기측정망은 대부분 서부지역과 남부지역에 밀집한 형태를 이루고 있다. 오존의 경우 동북부 지역에서 높은 분포를 나타낸 반면 측정소는 1개만 운영되고 있다. 산티아고 시에서 대기질 개선을 위해 차량 오염 물질 배출 제한 지역 설정이나 노후차량 교체 그리고 정기 배출검사제 도입과 같은 노력을 수행하고 있지만, 오존의 주말효과를 고려하여 이러한 정부 정책의 효율성을 평가하기 위해서는 현재보다 밀집된 대기자동측정망을 운영할 필요가 있다고 판단된다. 예를 들어, 산티아고 시의 행정구역을 기준으로 기상 자료 관측할 수 있는 5개(동부 3개, 중부 1개, 남부 1개) 이상의 대기자동측정소를 추가할 필요가 있다(KEITI, KECO). 조밀하게 구성된 측정망의 측정 결과는 모델링을 통한 지역별 대기질을 예측 전망하고, 대기질 개선을 위한 효과적인 정책을 도입하는데 기초 자료로 활용될 수 있기 때문이다.

현재 산티아고 시의 대기자동측정망은 국제 협력 차원에서 일본 정부의 재원으로 설치되었다. 그러나 칠레 환경부가 2012년에 운영을 맡은 이후 측정망 분야에서 한국과 협력이 증가하고 있는 추세이다. 한국환경공단은 칠레 측정소 관련 공무원의 연수를 진행하였고, 한국환경산업기술원은 칠레 대기측정망 구축을 위한 마스터플랜을 수립한 바도 있다. 하지만 실질적인 ODA 사업으로 연결은 어려운 상태이다. 다른 중남미 국가들과 비교해 칠레는 OECD 국가라는 특징 그리고 왕왕 대기 환경산업의 경우 민간업체들의 서비스가 많아 한국 ODA 지원 대상(집중과 선택)에서 기회가 상당히 적기 때문이다. 본 논문이 과학적 분석 방법을 통해 최종적으로 확인한 것은 산티아고 시의 기존과는 다른 유형의 대기 오염의 심각성 그리고 양 국가 간 첨단 굴뚝감시시스템 구축과 정보·기술력을 바탕으로 한 안정적 측정망 운영 등의 협력 필요성이다. 하지만 위와 같은 양국 간 실질 협력을 위해 넘어야 하는 현실적 장벽들이 존재하는 것도 현실이다. 국제 협력의 가능성 부문에서 대기 오염 저감 모니터링 대기과학기술의 협력이 요구되지만 이를 실현할 방법은 실질적인 국제개발협력(ODA) 대상국가에서 칠레는 다소 벗어나 있기 때문이다. 칠레 산티아고 시민들의 환경권 보장과 공공서비스 개선 차원에서 반드시 필요한 대기 오염 모니터링 기술의 도입, 이를 위한 재원 확보, 인력수급 등의 분야에서 칠레 정부의 고민은 더욱 깊어지고 있는 현실이다.

참고문헌

Ana Valdés , Antonella Zanobetti, Jaana I Halonen, Luis Cifuentes, Diego Morata6 and Joel Schwartz (2012), "Elemental concentrations of ambient particles and cause specific mortality in Santiago, Chile: a time series study, Environmental Health, in http://www.ehjournal.net/content/pdf/1476-069X-11-82.pdf

Elshorbany, Y.F., et al.(2009). "Summertime photochemical ozone formation in Santiago, Chile." Atmospheric Environment, 43, 6398-6407.

H. Romero, M. Ihl, A. Rivera, P. Zalazar, P. Azocar(1999), "Rapid urban growth, land-use changes and air pollution in Santiago, Chile", Atmospheric Environment 33 ,pp. 4039-47.

Garcia-Chevesich, Pablo A., et al.(2014). "Respiratory disease and particulate air pollution in Santiago Chile: Contribution of erosion particles from fine sediments." Environmental Pollution, 187, 202-205.

Gramsch, E., et al.(2000). “Traffic and seasonal dependence of the light absorption coefficient in Santiago de Chile.” Applied Optics, 39, 4895–4901.

Gramsch, E., et al.(2006). “Examination of pollution trends in Santiago de Chile with cluster analysis of PM10 and Ozone data.” Atmospheric Environment 40, 5464–5475.

Jorquera, H., et al.(1998). “Forecasting ozone daily maximum levels at Santiago, Chile.” Atmospheric Environment, 32, 3415-3424.

Jang, Yu Woon, et al.(2012). “The analysis of wind energy characteristics at five monitored locations in Chile”. Korean Journal of Latin American and Caribbean Studies. vol 31, 121-144.

Jang, Yu Woon, et al.(2014) “Preliminary analysis of the development of the Carbon Tracker system in Latin America and the Caribbean.” Atmosfera. vol. 27, 61-76.

KECO(2013). Master plan to improve air quality management in Chile

KEITI(2012), Air Quality Improvement Master Plan of Chile in http://webbook.me.go.kr/DLi-File/F004/000/141116.pdf

Lee, S.A., et al.(2000). “Fine particulate air pollution (PM2.5) and medical visits for lower respiratory tract illnesses among children in Santiago, Chile.” Journal of Investigative Medicine, 48, 524.

Louis de Grange and Rodrigo Troncoso(2011), “Impacts of vehicle restrictions on urban transport flows: the case of Santiago, Chile, Acto XV Chileno de Ingenieria de Transporte.

OECD(2005), “The Environmental Performance Review of Chile”, OECD Working Party Meeting 24, Jan 2005.

Puertas, O.L., et al.(2014). “Assessing spatial dynamics of urban growth using an integrated land use model. Application in Santiago Metropolitan Area, 2010–2045”. Land Use Policy, 38, 415-425.

Ragsdale, K.M., et al.(2013). “Variability of particulate matter (PM10) in Santiago, Chile by phase of the Madden–Julian Oscillation (MJO).” Atmospheric Environment, 81, 304–310.

Romero, H., et al.(2010). “Climas urbanos y contaminación atmosférica en Santiago de Chile.” EURE, 36, 35–62.

Rutllant, J., et al.(1995). “Meteorological air pollution potential for Santiago, Chile: towards an objective episode forecasting.” Environ. Monit. Assess., 34, 223–244.

Santiago, Z.C., et al.(2013). “Association Rules in the measurement of air pollution in the city of Santiago de Chile." Proceedings of the 2013 International Conference on Environment, Energy, Ecosystems and Development.

Seguel, R.J., et al.(2012). "Ozone weekend effect in Santiago, Chile." Environmental Pollution, 162, 72-79.

T.E.. Skidmore, P.H. Smith & J.N. Green(2010), Modern Latin America,(7th edition), Oxford University Press.

WMO(2012), "WMO/IGAC Impacts of Megacities on Air Pollution and Climate, WMO/IGAC in http://www.igacproject.org/sites/all/themes/bluemasters/images/GAW%20Report%20205.pdf

(인터넷 자료)

CAI. 2012. "Air quality in Latin America : An Overview." in www.cleanairinstitute.org(2014년 3월 5일 검색)

MFA.2013. "Roadmap of Renewable Energy in Chile.", http://www.mofa.go.kr/world/chl_energy.pdf (2014년 3월 5일 검색)

http://www.ftahub.go.kr/kr/situation/take/index.jsp(2014년 3월 5일 검색)

http://www.ilovechile.cl/2012/07/02/air-pollution-in-santiago-needs-continuos-preventive-measures-evaluates-expert/61635(2014년 3월 5일 검색)

http://www.intechopen.com/books/air-qualitymonitoring (2014년 3월 5일 검색)

저자약력

정경원

한국외국어대학교 스페인어과(학사)를 졸업하고 국립멕시코자치대학교에서 석사·박사학위를 받았다. 한국스페인어문학회 회장과 한국외국어대학교 대외부총장과 교무처장을 역임했다. <저탄소 녹색성장을 위한 한국-중남미간 환경협력 모델 연구> 프로젝트를 연구책임자로 수행했다. 현재 한국외국어대학교 중남미연구소 소장으로 재직 중이며, 중남미 문학 및 문화 연구를 하고 있다. 저서로는 [라틴아메리카 문화의 이해]외 다수 있으며, 논문으로는 <예술을 통해 본 라틴아메리카의 다문화 현상>외 다수 있다.

김원호

한국외국어대학교 스페인어과 (학사), 서울대학교 법학과 (석사)를 졸업하고, 미국 텍사스-오스틴대학교 대학원에서 중남미지역학 박사학위를 받았다. 대외경제정책연구원 세계지역연구센터 소장, 아시아대양주라틴아메리카학회 회장 등을 역임하고 현재 한국외국어대학교 국제지역대학원 교수로 재직중이다. 저서로는 [북미의 작은 거인 멕시코가 기지개를 켠다], [중남미의 신경제질서와 우리의 경제협력 정책 방향], [Latin America and East Asia: Attempts at Diversification] (편저) 등이 있다.

조희문

한국외대 로스쿨 교수로 재직 중이며 국제법과 중남미법을 강의하고 있다. 브라질에서 교수와 변호사로 국제법무에 풍부한 이론과 실무를 바탕으로 정부와 기업 등에 법률자문을 해주고 있다. 한국외대 포르투갈어과, 고려대 법학석사와 브라질 상파울로 대학교에서 법학박사학위를 취득했다. 브라질 상프란시스코대학교와 프랑카대학교에서 법과대학 교수를 역임하고, 데마레스트로펌의 변호사로 근무했다. 저서로는 『Moderno Direito International Privado』,『Introducao ao Direito International』『브라질 외국인 투자법』 및 다수의 연구논문이 있다.

문남권

한국외국어대학교를 졸업하고 멕시코국립자치대학교에서 국제관계학 박사학위를 받았다. 현재 한국외국어대학교 스페인어과와 국제지역대학원 중남미학과 교수로 재직 중이며, 중남미 정치경제 연구를 하고 있다. 저서로는 [질문으로 풀어주는 멕시코](공저) 등이 있다.

박일수

연세대학교 대기과학과(학사, 석사, 박사)를 졸업하고 박사학위를 받았다. 현재 한국외국어대학교 황사 및 장거리이동 오염물질 연구센터 소장으로 재직 중이며, 미세먼지의 고농도 발생에 관한 연구를 수행하고 있다. 최근 연구 논문으로는 [화력발전소에서 배출량 감축시나리오에 대한 미세먼지 농도 감축 효과] 등이 있으며, 대기오염기상 관련 100여 편 있다.

하상섭

한국외국어대학교 스페인어학과(학사), 중남지지역학(석사)을 졸업하고 영국 버밍험대학에서 국제정치경제(IPE 석사), 리버플대학에서 중남미지역학을 전공해 박사학위를 받았다. 현재 한국외국어대학교 중남미연구소에서 재직 중이며, 학부 및 국제지역대학원 중남미 정치경제 및 중남미 환경정치 관련 강의와 연구를 하고 있다. 저서로는 [라틴아메리카 역동적인 발전 정책에 대해, 지만지](역서), [라틴아메리카 좌파정부: 성공과 실패의 정치경제학](역서), [현대 카리브의 삶과 문화](역서), [중앙아메리카: 분열된 국가](역서) 등이 있으며, 라틴아메리카 환경 분야 관련 저서로는 [라틴아메리카 환경정의: 쟁점, 약속, 실행](역서), 등 다수 저서 활동을 하고 있다.

장유운

한국외국어대학교 환경학과 대학원에서 환경학(대기화학) 박사학위를 받았다.
현재, 한국외국어대학교에서 '고농도 오존 규명'에 관한 연구에 참여하고 있다.
공저로는 [한-쿠바 기후환경 협력], [4차 산업혁명과 한·중남미 기후환경협력], [한-라틴아메리카 환경협력]이 있다.

장수환

경희대학교 지리학과를 졸업하고 서울대학교 환경대학원에서 석사와 박사학위를 받았다. 현재 한국외국어대학교 강사로 재직 중이며 쿠바 도시연구 및 중남미 환경관련 연구를 하고 있다. 저서로는 [라틴아메리카 대기환경과 기후변화](공저), 공동 번역서로는 [글로벌 이슈-세계화의 도전과 대응], [라틴아메리카에서의 환경정의-쟁점, 약속, 실행] 등이 있다.

한·라틴아메리카 기후협력

초판 인쇄	2018년 8월 30일
초판 발행	2018년 8월 30일
지은이	정경원 외
발행인	김인철
총괄·기획	가정준 Director, University Knowledge Press
편집장	신선호 Executive Knowledge Contents Creator
도서편집	박현정 Contents Creator
전자책편집	이리나 e-Contents Creator
재무관리	문수진 Managing Creator
마케팅 파트장	백승이 Chief Marketing Creator
마케팅	이현진 Marketing Creator
발행처	한국외국어대학교 지식출판콘텐츠원 02450 서울특별시 동대문구 이문로 107 전화 02)2173-2493~7 팩스 02)2173-3363 홈페이지 http://press.hufs.ac.kr 전자우편 press@hufs.ac.kr 출판등록 제6-6호(1969. 4. 30)
디자인·편집	(주)피플커뮤니케이션 02)733-9008
인쇄·제본	(주)피플커뮤니케이션 02)733-9008

ISBN 979-11-5901-391-1 93950　　정가 32,000원

*잘못된 책은 교환하여 드립니다.

HU:NE 은 한국외국어대학교 지식출판원의 어학도서, 사회과학도서, 지역학 도서 Sub Brand이다. 한국외대의 영문명인 HUFS, 현명한 국제전문가 양성(International +Intelligent)의 의미를 담고 있으며, 휴인(携引)의 뜻인 '이끌다, 끌고 나가다'라는 의미처럼 출판계를 이끄는 리더로서, 혁신의 이미지를 담고 있다.